论俄国革命

思想與社會 Logos & Polis | 韦伯作品集

论俄国革命

[德] 马克斯 · 韦伯 著　潘建雷　何雯雯 译

上海三联书店

总　序

λόγος和πόλις是古代希腊人理解人的自然的两个出发点。人要活着,就必须生活在一个共同体中;在共同体中,人不仅能活下来,还能活得好;而在所有共同体中,城邦最重要,因为城邦规定的不是一时的好处,而是人整个生活的好坏;人只有在城邦这个政治共同体中才有可能成全人的天性。在这个意义上,人是政治的动物。然而,所有人天性上都想要知道,学习对他们来说是最快乐的事情;所以,人要活得好,不仅要过得好,还要看到这种好;人要知道他的生活是不是好的,为什么是好的,要讲出好的道理;于是,政治共同体对人的整个生活的规定,必然指向这种生活方式的根基和目的,要求理解包括人在内的整个自然秩序的本原。在这个意义上,人是讲理的动物。自从古代希腊以来,人生活的基本共同体经历了从"城邦"(πόλις)到"社会"(societas)与现代"国家"(stato)的不同形式;伴随这种转变,人理解和表达自身生活的理性也先后面对"自然"(φύσις)、"上帝"(deus)与"我思"(cogito)的不同困难。然而,思想与社会,作为人的根本处境的双重规定,始终是人的幸福生活不可逃避的问题。

不过,在希腊人看来,人的这种命运,并非所有人的命运。野蛮人,不仅没有真正意义上的政治共同体,更重要的是,他们不能正确地说话,讲不出他们生活的道理。政治和理性作为人的处境的双重规定,通过特殊的政治生活与其道理之间的内在关联和微妙张力,恰恰构成了西方传统的根本动力,是西方的历史命运。当西方的历史命运成为现代性的传统,这个共同体为自己生活讲出的道理,逐渐要求越来越多的社会在它的道理面前衡量他们生活的好坏。幻想包容越来越多的社会的思想,注定是越来越少的生活。在将越来越多的生活变成尾随者时，自身也成了尾随者。西方的现代性传统，在思想和社会上，面临着摧毁自身传统的危险。现代中国在思想和社会上的困境，正是现代性的根本问题。

对于中国人来说，现代性的处境意味着我们必须正视渗透在我们自己的思想与社会中的这一西方历史命运。现代中国人的生活同时担负着西方历史命运的外来危险和自身历史传统的内在困难。一旦我们惧怕正视自己的命运带来的不安，到别人的命运中去寻求安全，或者当我们躲进自己的历史，回避我们的现在要面对的危险，听不见自己传统令人困扰的问题，在我们手中，两个传统就同时荒废了。社会敌视思想，思想藐视社会，好还是不好，成了我们活着无法面对的问题。如果我们不想尾随西方的历史命运，让它成为我们的未来，我们就必须让它成为我们造就自己历史命运的传统；如果我们不想窒息自身的历史传统，让它只停留在我们的过去，我们就需要借助另一个传统，思考我们自身的困难，面对我们现在的危机，从而造就中国人的历史命运。

“维天之命，於穆不已。”任何活的思想，都必定是在这个社会的生活中仍然活着的，仍然说话的传统。《思想与社会》丛书的使命，就是召唤我们的两个传统，让它们重新开口说话，用我们的话来说，面对我们说话，为我们说话。传统是希腊的鬼魂，要靠活的血来喂养，才能说话。否则海伦的美也不过是沉默的幻影。而中国思想的任务，就是用我们的血气，滋养我们的传统，让它们重新讲出我们生活的道理。“终始惟一，时乃日新。”只有日新的传统，才有止于至善的生活。《思想与社会》丛书，是正在形成的现代中国传统的一部分，它要造就活的思想，和活着的中国人一起思考，为什么中国人的生活是好的生活。

目录

中译者说明

戈登·威尔斯与彼得·巴赫两位学者，经过数年艰苦卓绝的努力之后，于1995年完成了马克斯·韦伯《论俄国革命》的编译工作。这项工作的难度令无数同仁望而却步，所以他们的贡献也不言而喻了。这里我们只就这本书的来龙去脉做一点简要的介绍。

1974年，欧美学术界成立了以霍斯特·拜尔、芮纳·李普瑟斯、沃尔夫纲·蒙森、沃尔夫纲·施路赫特、尤哈纳斯·维克尔曼等人为核心的学术委员会，负责编辑出版《马克斯·韦伯全集》。出版活动受到德国研究协会（DFG）的财政支持，巴伐利亚科学院、莱默斯基金会（Werner－Reimers－Stiftung）与Mohr Siebeck出版社协助出版，精力财力的投入难有与之比肩者。《全集》分三大部分：第一部分是著作和演讲，第二部分是书信，第三部分是课堂讲义，预计总共超过30卷，目前尚未全部完成。

戈登·威尔斯与彼得·巴赫从《全集》的第10卷与15卷选取了关于1905年与1917年俄国革命的文章，汇集成这本《论俄国革命》。这里译者必须就“题名”说明一点，严格地讲，按韦伯的原意，本书名译成“俄国革命”更为合适。这并非译者咬文嚼字，若就严谨的文体而论，的确应当去掉“论”字，因为韦伯本人以为自己的作品只是“编年纪实”。但是，考虑到韦伯的作品不仅“传事”，也传了“义”，译者自作主张给本书加了一个论字，不周之处，还请方家指正。

本书各篇文章的情况大致如下：《俄国的资产阶级民主》与《俄国向伪立宪主义的转变》可以在马克斯·韦伯的《1905年的俄国革命》一书中找到，它们分别收录在《论文集与讲演：1905年—1912年》这一卷的第86—279页，第293—679页，这是《马克斯·韦伯全集》第10卷。

这两篇论文最初是作为《社会科学与社会政策文库》1906 年的增刊发表，分别载于第 22 卷与第 23 卷。

《俄国向伪民主的转变》与《俄国革命与和平》(＝"Die russische Revolution und der Friede")在马克斯·韦伯的《世界战争中的政治》一书可以找到，收录在《论文集与讲演：1914 年—1918 年》这一卷的第 238—260 页，第 291—297 页，这是《马克斯·韦伯全集》第 15 卷(*MWG* Ⅰ/15，Tübingen，J. C. B. Mohr[Paul Siebeck]，1984)，这一卷是由沃尔夫纲·蒙森和冈国夫·胡宾根(Gangolf Hübinger)共同编注的。《伪民主》最初发表在弗里德里希·瑙曼的周刊《救助》第 23 期上(23[17]，1917 年 4 月 26 日)；《俄国革命与和平》最初发表在《海德堡日报》第 241 期晚间版上(1917 年 5 月 12 日)。

1917 年的论文(《俄国向伪民主的转变》与《俄国革命与和平》)是以完整的样式呈现给读者的；1905—1906 年的论文(《俄国的资产阶级民主》与《俄国向伪立宪主义的转变》)则经过英译者的裁减，大约省略了原文一半稍多的内容，这些英译者在编者导言中都作了交代，这里就不多谈了，只待读者自己去品评。

本书是中国社会科学院渠敬东老师若干年前交代给我的任务，中间多有耽搁，也修改了三次。然则译书无止境，今天翻来看，几乎每一页都能读到不妥之处，将来若有机会订正，再好不过；若有行家里手能重译，本书也算起到抛砖引玉的功效，也不枉辛苦一场。译书中间得到了同窗马强、俄语系某师姐(竟忘记了人家的名字，实在抱歉)、北大未名俄语系某同学(通过网络认识，三年后不记得其姓名，抱歉之至)，最重要的是，得到了北京大学哲学系东正教研究专家徐凤林老师的帮助，让我省却了俄文翻译的痛苦。当然，本书是我个人最后统稿，所有错误系我一人负责。

潘建雷

北京市委党校社会学教研部

编者导言

1905年秋，马克斯·韦伯开始从事一项事业，这项事业即使按韦伯本人的严格标准来看，也是苛刻和勇敢无畏的。俄国发生的革命着实让韦伯感兴趣，但德国报界关于革命的鄙夷和不友好的报道却让他感到失望，于是韦伯开始撰写他自己关于这场危机的“编年史”。这里译出的《俄国的资产阶级民主》(Bourgeois Democracy in Russia，以下简称 BD)与《俄国向伪立宪主义的转变》(Russia's Transition to Pseudo-constitutionalism，以下简称 PC)等论文就是这项事业的部分成果。除涉及大量其他的事件外，这两篇论文还着重考察了俄国自由主义的前景与徒有其表的立宪，正是独裁制(autocracy)一手造成了这种徒有其表，其目的是遏制公民自由和议会改革。

这两篇论文在很多方面值得称道，尤其是它们的成稿更令人赞叹：在那个令人眩晕的时期[1]，政党纲领与宪法方案如雪片般飞扬，让人应接不暇、不明所以，而韦伯仅在三个月的时间里，就学会了足够多的俄语，能够剖析、剥离这些幻象。我们必须认识到，韦伯的研究包含大量的细节，这并不是想让读者在疑惑中摇摆不定。韦伯论文的主要目的是让读者了解情况，而不是娱乐，他的一丝不苟使得文章有了一种平淡乏味的风格，这种风格常常是费劲的、晦涩难懂的。作为一种补偿，韦伯的论文也有一些特别激动人心的段落。其中最引人注目的是，在《俄国的资产阶级民主》一文中长篇的慷慨陈词。这篇慷慨陈词的主题是，在生态学意义上萎缩的、官僚制支配的世界里，个人自由的斗争问题。韦伯对这幕戏剧的某些关键特征的刻画可谓入木三分，对“坚如磐石的理想、永不衰竭的活力、涌动的希望此起彼伏，还有，他们深陷斗争的迷雾，体会到的撕心裂肺般的失望”(PC:231)的叙述更是抑扬顿挫，韦伯的这些刻画和叙述直接针对同时代的现实政治家(realpoliticker)，它们也会给读者留下深刻印象。

韦伯 1905—1906 年撰写的两篇关于俄国的论文包含大量的论题，下文我们会就其中一些进行论述。同时这两篇论文也怀着韦伯的特殊心态，即理想主义者的自由主义困境引起了韦伯的同情，也得到了他的支持。韦伯是一个自由派，尽管其自由信念独辟蹊径[2]，同时他也是一个坚定的德意志民族主义者；这一点很好地解释了弥漫于韦伯另外两篇关于俄国论文中的迥异气氛，那两篇论文写于 1917 年，也收入了本书。在 1905—1906 年，各种自由主义势力在俄国正为他们的生存而斗争，韦伯自己的自由信念也和他们的信念产生了共鸣，他们的奋斗饱含英雄式的悲悯，这种悲悯也令韦伯感动不已。对公民正义、法治以及自由的关注超越了可能的地缘政治的影响，以至于一切俄国的重大变化都好像发生在他的祖国一样。然而，到 1917 年，欧洲的政治地理版图已经发生了戏剧性的变化。现在是德国自己在为生存而斗争——而俄国正是德国的敌人之一。相应地，在《俄国向伪民主的转变》(以下简称 PD)和《俄国革命与和平》(以下简称 P)中，他看待俄国的切入点都弥漫着爱国主义，在应对策略上也是防卫性质的：1917 年在韦伯的心中，德意志民族国家的利益和安全比什么都重要。

确切地说，人们不应该夸大 1905—1906 年论文与 1917 年论文之间这种宽泛的区别[3]。至少从 1905 年以后，韦伯就深切意识到，在地缘政治上俄国国内的起义对德国利益具有重要意义。就在这一时期，韦伯对俄国那种有原则的自由主义一直都抱有同情，即使到 1917 年，他认识到自由主义萎靡不振的情况下，仍然如此。按照韦伯的说法，俄国立宪民主党人(Kadets)已经慢慢抛弃了俄国的自由主义，由于在国内的失败与消沉，他们在很大程度上已经变成了帝国主义分子和机会主义者。尽管有这样一个判断，但据此认为在 1905—1906 年的论文中“最令韦伯忧心的问题是俄国的事件对德国发展的影响”(Marianne Weber，1988[1926]：328)，是极具误导性的。这个判断(指玛丽安娜·韦伯的判断)产生于第一次世界大战后，而不是韦伯论文成文的 1905—1906 年，而且它也使早期论文与晚期论文相互牴牾，因此很有可能是玛丽安娜·韦伯自己的看法。

在导言的剩余部分，我们首先描述了社会政治背景的概况与韦伯论文的内容(下面的两个部分)。考虑到 1917 年的论文主要是为了论辩，我们将集中讨论 1905—1906 年的研究，与 1917 年的论文相比，1905—1906 年研究的实质内容要多得多。在以下章节中，我们试图更一般地定位关于俄国的作品在韦伯著作中的地位。然后我们会考察它们之于当下的政治意义。 3

1905—1906 年的论文

“当代史”是所有叙事形式中最容易过时的。当前的报道可能会因其巨大力量带给我们震撼，然而一个星期以后人们就能证明它是错误的或者过分简单化了。因此韦伯在写作关于俄国的文章的过程中，无疑内心也充满了矛盾。一方面，韦伯似乎很少宣称什么；他认为 1905—1906 年的论文只是“编年史”，是“编排非常蹩脚的记录集合”，而不是真正的历史。另一方面，韦伯对俄国状况的考察绝不仅仅是一个简单的叙述；韦伯以一种不同于马克思对波拿巴的分析[①]，他试图揭示出什么对“总形势”是“重要”的(BD：113，第 2 个注释)，以及总形势的趋势和动力(Scaff and Arnold，1985)。不管怎么说，从 1905 年进行尝试性分析开始，韦伯就以一种一丝不苟的节奏进行，力图与形势发展的步调保持一致，以身体允许的尽可能多的精力和可能得到的文件资料从事报道。

① 应指马克思的《路易·波拿巴的雾月十八日》。——译注

到韦伯全身心关注俄国之时，1905 年的革命已进入谢幕阶段。1904 年，正值日俄战争搅得沙皇尼古拉二世的独裁政府焦头烂额之际，政府为了稳定政权，力图与自由改革运动取得某种和解，但尼古拉二世的政策朝令夕改。自由主义运动的核心是地方自治会(zemstvos)，各省和各地区的地方自治会是俄国在 1864 年建立的(Samuely，1974：226)。地方自治会日益要求公民自由和能起作用的议会。从独裁政府的立场来看，地方自治会要求得实在太多了，从效果上看，独裁政府也没有理会他们的要求——1904 年 11 月[4]第一次地方自治大会的《十一条纲领》有力地阐发了这些要求。强大的压力已经形成。在"流血星期日"(1905[5]年 1 月 9/22 日)，很多人在沙皇的冬宫外面请愿要求基本的公民权利、改善工作条件，政府军队对他们进行了大屠杀，这加速了罢工和兵变的爆发，这场罢工和兵变断断续续经历了很长时间，从冬天持续到春夏。到 2 月底沙皇尼古拉二世做出

让步，8 月份再次让步，8 月份的让步产生了所谓的布理金杜马。这个筹划之中的杜马允许有限的人民代表制度，并且这一代表制度要以一种政治区域选举制为基础，并给予议员组成的下院以商讨与建议的权力(Doctorow，1975：124f)。然而这个让步完全没有遏制农村和城市的起义；筹划中的布理金杜马也胎死腹中。

10 月，恐怖主义、农民暴动、武力兵变，还有乌克兰、波罗的海地区、波兰和芬兰等地民族主义者发动起义，再加上一次总罢工，这突如其来的一切终于迫使独裁政府作出了进一步的让步。后来列宁称这场革命为"在社会实质上是一场资产阶级民主革命，在斗争方法上是无产阶级革命"(Lenin，1967[1925]：790)，面对这场革命，沙皇颁布了《10 月 17/30 日宣言》①。这个宣言本质上承诺："有效"的公民思想、言论、集会和结社自由，以签署一项人身保护状(Habeas corpus)汇编条款的方式来保证这些权利；加强人民代表制度；以及"永恒不变的原则"，即一切法律必须获得帝国杜马的表决同意。沙皇及其任命的总

① 又称《整顿国家秩序宣言》，由维特亲自主持起草。——译注

理舍基·维特伯爵试图借助这个宣言来分裂反对力量，分裂改革的自由派与马克思主义者，还有其他的激进人士。从这个角度看，这个宣言的条款以及后来作出的廓清获得了局部的成功（Doctorow，1975：135）。直到下一次对独裁权力重大挑战，也就是 12 月的总罢工以及随之而来的莫斯科武装起义出现之前，政府组织得更好了。政府凭借武力迅速镇压了 12 月的起义，并最终在新一年[①]的 3 月举行了杜马选举。

读者必须把这种大动乱带到《俄国的资产阶级民主》这篇文章中去。这篇文章最初是用德文写成的，部头跟书一般长，它带我们回到了 1905 年 12 月。这篇文章的着眼点是考察一部宪法草案，这部草案出自有自由倾向的解放联盟（Union of Liberation）之手，它是由法律专家柯克斯金（F. F. Kokoshkin）和科特历尔热夫斯基（Kotliarevskii）起草的，在 1905 年 12 月之前以《俄罗斯帝国基本法》为名在巴黎出版。韦伯在《俄国的资产阶级民主》第一句提到的“之前的说明”是指舍基·芝瓦格对这部宪法草案的评论；韦伯曾向《社会科学与社会政策文库》递交了芝瓦格的文章，这份杂志是当时德国社会科学的主要刊物，由魏纳·桑巴特、埃德加·雅费与韦伯本人担任编辑。对于芝瓦格的评论，韦伯不只是附加了他曾应允的“少量评论”，而是详细考察了“自由与民主运动的担当者（BD：41）、那些聚集起来反对它们的力量，以及正处在迈向西方式立宪道路上的俄国政治体制的前景。

韦伯丝毫不怀疑俄国独裁政府最终会败落。政权已经民心尽失，
以至于在国内，与政权的“永久妥协”“没有任何实践的可能性”（BD： 5
74），尽管如此，很可能还是需要一场重大的欧洲战争来完成最后一击（BD：142，第 200 个注释）[6]。即便败落了，自由民主体制也不会自动取代沙皇政权。相反，农民地位的改善更有可能鼓励“共产主义者的激进主义”（communist radicalism，BD：90）而不是自由个人主义。韦伯还考察了某些社会主义者的纲领与人物（众所周知的是列宁与普列汉

① 1906 年。——译注

诺夫，但“社会主义革命者”帕斯克霍诺夫[7]更为重要，韦伯称这个人是一个现代雅各宾派），通过这样一次考察，韦伯觉察到了“存在一种令人担忧的预兆，也就是，在激进理论家的影响下，俄国很容易走上这条中央集权-官僚制的道路（centralist-bureaucratic）”道路（BD：89）。那么，自由民主的力量到底由什么人组成？在不久的将来，他们政治成功的机遇又是什么呢？

关于第一个问题，韦伯十分明确地区分了作为一个社会阶级的俄国资产阶级和作为一个地位群体的俄国资产阶级。作为一个社会阶级的俄国资产阶级，具有五花八门的资本家分裂成分（fraction），如巨大的产业、产品、金融资本等等，因而对自由立宪主义态度冷漠，或者（也更为常见）在政治性情上明确表示不友好，甚至持“反动”态度（BD：74）。相比之下，作为一个地位群体的资产阶级则是自由主义运动的中坚力量，他们事实上是“对生活持有某种一般态度并具有一定教育水准”的资产阶级（BD：45）。作为一个地位群体的资产阶级是由地方自治会中无薪的（honorary）①、有地产的成员（所谓的第二要素）、解放联盟的成员以及立宪民主党（成立 1905 年 10 月）的成员组成的，而立宪民主党本身就脱胎于地方自治会与解放联盟，这群“名流”力图以法治国（Rechtsstaat）为导向，也就是基于法律统治的国家[8]，来推进俄国政治生活的现代化。此外就是第三要素，也就是“地方自治会领薪工作人员中的准无产阶级知识分子”，包括学校老师、农艺人员、统计人员、记者、医生以及护士，第三要素与这群名流保持着某种紧张关系，与他们出身世家贵族的地方自治会同僚相比，第三要素的世界观在性质上更具有左派分子与民粹主义的色彩，他们的生活方式也更接近于被统治阶级（BD：45，71；PD：242；参见 Perrie 1972：125）[9]。

韦伯以不同的理由赞扬了地方自治会中的这两大群体。更为重要的是，在韦伯看来，地方自治会作为一个设置整全的机构，最有力地驳斥了一种信口开河的观点，这种观点声称俄国是一个还没有准备好

---

① 此处的 honorary 字面意思是荣誉的，不领薪的，从韦伯正文中对第三要素的讨论，可以看出荣誉的主要意思是不领薪，因为第三要素是领薪的，所以译成“无薪的”。——译注

自治的社会。地方自治会在教育、卫生健康、道路建设、税务评价等领域，以及在其他领域的治理成果都给人留下了深刻的印象，尤其考虑到这些成果是在中央官僚机构咬牙切齿的反对中做到的，就更让人铭记于心。韦伯就俄国的地方自治会和美国的地方政府进行了赞许性的比较，他预见到作为一项制度的地方自治会，在其萌芽时期就预示着一个扩大的自治体制会遍及整个俄罗斯帝国。然而，让人特别痛惜 6
的是，解放联盟的宪法文案没能充分利用地方自治会的潜能。诚然，这种遗憾在立宪民主党更具有联邦主义色彩的纲领中找到了一些补偿(BD:49)。但是即使是立宪民主党的纲领也要以民族问题的复杂性为基础，民族问题是一个巨大的漩涡，它威胁着把全部的联邦规划都变成民族充分自治的要求，在当时只有个别自由派人士能心平气和地接受这样一个未来。

根据韦伯的观点，地方自治会在双重意义上为俄国的自由主义准备了条件。一方面，地方自治会提供了一个自由派可以合法鼓动变革的场所。另一方面，有一个长期的地方自治会委员会，这个委员会承担着准备自治会大会的议程和设备的职责，它为自由观点的游说提供了一个持久、长期的工具。尽管如此，在《俄国的资产阶级民主》中，韦伯关于地方自治会知识阶层的分歧、自由宪政纲领的局限性，以及民族问题的一些症结等一系列问题的讨论，很早就以一个悲观的预测为基础：自由民主在革命中成功的机会微乎其微。自由派本身有限的支持者以及它努力的方向只是一部分原因。某些重要的历史条件也对立宪运动不利，这一点我们还会加以讨论。各种各样的固执己见和势不两立，使自由派联合那些与国家政权关系密切的群体，或者反对国家政权的社会阶级的能力也大打折扣。

可以预见的是，中央官僚制度的古老卫士(old guard)必定会厌恶自由派。教会也不会给予他们丝毫的支持。总的来说，教会的制度性利益和信仰取向使它成为独裁制的铁杆支持者，并因此对变革百般阻挠，只是在重要的例外时才会赞成变革。自由派在更广阔的社会层面上也没有任何坚实的支持力量。显然，各大社会主义政党是沙皇的死敌。因为这些社会主义政党受到了一种具有俄国特色的“实用理性主义”(pragmatic rationalism)的影响,这种实用理性主义宣称一个社会主义社会的形成可以不依赖之前的资产阶级发展阶段,因而它们就鄙视“自然主义者的理性主义”(naturalist rationalism),这种理性主义主张马克思主义的经济视角与进化论视角。不过这些社会主义政党也因其自身的欠缺(liabilities)而受害,韦伯尤其憎恨俄国社会民主党的布尔什维克派。布尔什维克的“实用理性主义”使自己从机械历史主义中得到了解放,但只是促成了一种武力革命的心态和实践活动。布尔什维克派对自由主义运动的态度是冷嘲热讽和机会主义的。宗派
7 仇恨也弄得他们自己的成员支离破碎。结果,“与任何敌对要素达成同意都是……不可能的”(BD:69)。

韦伯认为,所有这些党派都不能成为城市“民众”成熟、负责的领袖,或者引领大众与自由主义进行有原则的联合(principled alliance)。自由派,或者任何其他与之有共同目标的群体,也不能指望反复无常的小资产阶级。小资产阶级有反犹太主义倾向,并且与警察同流合污,这让他们成为了最反动的力量与最嗜血的阶层。最后,自由主义运动的近期前景尤其不能寄希望于农民。在《俄国的资产阶级民主》最长的那一部分中,韦伯运用了他渊博的土地政治经济学学识,认为俄国农民共同体的“共产主义”(communism)传统使他们极端反自由的个人主义。农民在土地改革中获得了经济利益,比如取消了土地赎金,提供了更多的土地来解决农村人口的增加与“地荒”(land hunger)问题,然而我们不要把这些经济利益与一种对资本主义经济体系的渴求混为一谈,这种经济体系是以个体创业者与“经济选择”为核心的,也不能把它们与对一个议会制政府的渴求混为一谈。因为,首先就农民在土地改革中获得的经济利益而言,农民的传统强调的是集体使用土地的权利。对集体使用土地的权利来说,经济技术的效率是有益的,但私有制与集体使用土地的权利背道而驰。第二,尽管农民对地方乡绅、贵族与公务人员怒不可遏或敢怒不敢言,这些人肆无忌惮地蹂躏他们,但农民对沙皇的评价却有天渊之别。农民没有把自己的艰

难困苦归咎于他们的“君主”，而是归罪于那些口口声声为沙皇服务却又中饱私囊的官吏。对于如何改变这种危机四伏的状况，农民的要求与其说是一个代表的议会体制，即在沙皇和农民之间再插入一个机构，不如说是让沙皇能直接聆听他们的诉求（BD：98－9）。由于这个原因，加上其他原因，也就是众所周知的资助土地改革的巨额费用（BD：101），自由派面临着一系列令人却步的挑战。然而，这些挑战都是他们必须要尽力直面的。韦伯总结道：

> 资本主义的进一步发展会终结“民粹主义者的”浪漫主义。无疑马克思主义会在很大程度上取代这种浪漫主义的位置。但是，令人深思、又至关重要的土地问题所涉及的工作，却又不是马克思主义者的知识水平能承担的。这些工作显然只能由自治机构来完成，并且仅仅由于这个原因，自由主义就要继续把与官僚的和雅各宾式的中央集权主义进行斗争，以及用古老的个人主义“不可让渡的人权”等基本理念对民众进行渗透视作是它的天职，这一点是事关全局的，我们西欧人对这些基本理念的厌恶程度，就像 8
> 吃够了黑面包的人对黑面包厌恶的程度一样。（BD：107－108）

在《俄国的资产阶级民主》一文中，韦伯试图集中讨论反独裁运动的各种人物、纲领、斗争以及困境，而《俄国向伪立宪主义的转变》一文，也就是我们译出的第二篇文章，主要涉及沙皇的政治体制，尤其是“临时内阁”（interim ministry）期间的政治体制。这个临时内阁是从1905年10月维特担任总理一直到他4月14/27日辞职（在某种意义上讲，它实际上一直持续到第一届帝国杜马于1906年4月27日/5月10日开会的时候）。这篇文章[①]可能在1906年3月中旬动笔（Mommsen and Dahlmann 1989c：282－3）；它主要涉及了1906年1月到7月（PC：224）这段时间，沙皇在7月解散杜马。革命运动在10

---

① 即《俄国向伪立宪主义的转变》。——译注

月份的衰落正是韦伯论述的背景。韦伯的主要论题是独裁权力的紧缩开支，它的机制因此受到的影响，以及立宪民主党令人吃惊的选举成功的时代背景。

《俄国向伪立宪主义的转变》一文以独裁政府为了重新获得政治主动权采取的手段为入手点。独裁政府的第一个手段就是残酷镇压政策，这些政策由内政大臣多诺夫以及各省的省长一同贯彻，各省“事实上……已经成了各个省长的地区性辖地(regional satrapies)”(PC：154)。为了让镇压政策发挥作用，沙皇政府不得不对各种强制性力量进行安抚和贿赂，主要是警察、军队以及哥萨克人[1]，以获得他们对沙皇政权的支持，而沙皇政府适时进行了安抚和贿赂，并获得了一定的成功。不过，如果说赤裸裸运用强力是为了重建秩序，而不是为了打击报复那些曾鲁莽挑战独裁统治的人的话，那么镇压政策在很大程度上就是失败之举。警察暴力，这种“纯粹‘任意妄为的’、毫无意义的残暴权力”，只不过是助长了总体上的无法无天。

与这种镇压策略同步，沙皇政府还采用了另一个策略。政府试图“创制一些制度，这些制度会让外界产生《10 月 17 日宣言》正在得到贯彻的印象，尽管官僚制度的权力没有受到严重的损害”(PC：158)。这些“对外”(abroad)制造的印象不过是为了欺骗一些国外的金融利益集团(financial interests)，这些金融集团，以某种含糊其词的方式，要求社会秩序与一部西方风格的宪法，以此作为贷款的条件。韦伯提醒
9 他的读者，“俄国是一个债务国”(PC：152)，甚至是沙皇难以忍受的傲慢自大也不是“货币市场非人性的且无孔不入的权力”的对手(PC：151)。俄国对国外金融资本的依赖，以及国外金融资本对沙俄国内政策的影响，一直是整篇文章的主题(PD:《俄国向伪民主的转变》以及P:《俄国革命与和平》都是如此)。特别重要的是，韦伯阐述了国外金融资本的压力如何在俄国催生了一场伪立宪的闹剧，而不是真正的改革。之后韦伯就通过一种外科手术式的笔法，说明了《10 月宣言》无法

---

① 哥萨克人(cossacks)是居住在黑海沿岸和里海以北内陆的一个民族，隶属俄国南部，历史上向来以独立、剽悍、骁勇善战而著称，常常成为各国雇佣军的来源。——译注

兑现的承诺，并借此揭露了伪立宪的诡计，而《10月宣言》这个拙劣的模仿物却神圣地载入了1906年5月10日/4月27日的《基本法》。

首先让我们考察一下建立基本的公民自由的承诺。虽然在宗教事务的领域里人们已经获得了某些良知自由，但出版、结社、集会、运动以及人身自由最终是竹篮打水一场空。进行统治的是行政专断，而不是法治。俄国的情况几乎不可能有其他道路。人身保护状以及对其他权利的有力保护“假定了某些机构的存在，这些机构拥有基于宪法保障的独立性，它们能有效地控制政府”（PC：171）。对沙皇来说，“只有治安的利益”（PC：152），他不可能容许任何迈向这种自主的事情发生。让我们再来考察一下扩大选举权的诉求与确立“杜马能实际参与对国家权威部门的‘行动合法性的监督’”的诉求（PC：158）。就扩大选举权的诉求而言，选举权确实扩大了，尽管采用了异常复杂且间接的选举方式，韦伯描述了这个过程。选举过程费用巨大，而且引导迟缓、缺乏效率，它的目的就是迷惑、挫败反对派，而不是方便他们说话。此外，独裁权力采取禁止集会和恐吓选民的手段以确保有利于自己的结果。然而，所有这些手段结果都适得其反，“在城市民众和农民的眼中，凡是官僚制禁止的东西都是好东西，对此我们无需惊讶”（PC：188）。

《10月宣言》给予杜马监督国家活动的实权的承诺，最终又如何了呢？答案是一样的，这个承诺也是海市蜃楼。沙皇体制给予了杜马尽可能少的实权。“政府与人民代表制度（representation）之间的全部关系以一个预先假定为前提，即人民的代表机构过去是而且将来一直都是国家权力天然的敌人，这一点是不证自明的”（PC：181；加重号省略）。因此，一个钦定的帝国参议会存在就是取消了杜马审议提案的权威，这个参议会拥有与杜马近似的特权（PC：181）。而且，至关重要的是，过多的对抗性的规定和约束条件，否定了杜马批准国家开支和提高税收的权力，而预算控制是“一切立宪主义的中枢神经”（PC： 10
182），这样“议会的一举一动都会遭遇到布满钩刺的法律铁丝网”（PC：184）。其结果就是一个虚伪的议会体制，是一场“闹剧”（PC：

183)，不是真正的立宪主义，而是一种伪装。韦伯预言，这种结果最终会对沙皇政府本身的信用产生致命的打击。

> 政府机器死气沉沉地运转着，似乎一切都风平浪静。然而政府作出了再也不可能逆转的事情。自由得到了官方的承认，而当人们正要使用这些自由时，它们转手又被收回了，这种伪善必然成为持续不断的冲突和可怕仇恨的源泉，这要比之前的明目张胆、难以忍受的压迫体制更有挑衅性。(PC：173)

这个评述也强调了一个观点，即从长远来看，独裁"骗子"为了重获控制权而运用的权力机器会让它垮台，这个观点搭建了《俄国的资产阶级民主》和《俄国向伪立宪主义的转变》两篇文章的关系。

不过与此同时，政府内部的一次重组对这些镇压策略和诡计策略形成了一种补充(PC：174－180)。这次重组引发了政权的派系分裂，这使沙皇更加依赖中央政府的官僚和总理。尤其1905年10月颁布的一个法令彻底改变了大臣会议与沙皇的关系。大臣会议原先主要是一个咨询机构，由各部大臣和其他沙皇任命或控制的人组成，现在却变成了一个听命于总理的机构，总理的权力也相应得到了增强。从前，沙皇会惯常性地主持大臣会议的工作；现在这种事情却成了例外，相反总理掌管了大臣会议并牢牢控制了议事日程。从前，大臣会议的大臣们可以直接向沙皇报告；现在则要求他们经过总理办公室这个渠道与过滤器。从前，各部为了向沙皇争宠而相互明争暗斗，而正是他们的斗争，使政府总体上的有效运转受到了限制。现在，这个体制已经理性化了，它令人担忧的协调合作使总理有了更多权力。简而言之，一个"内阁"体制加在了一个君主体制之上，并危害着它。更具讽刺意味的是，沙皇本人渴望的是伪立宪体制，而不是实质的立宪体制，但他的渴望反过来削减了他的特权。如果沙皇之前实行真正的立宪体制，有一个能运作的议会，官僚制度就会有很多理由与沙皇联合来
11 反对新秩序。相反，近来一些变化的结果是，中央官僚制度牺牲了沙

皇来强化自己的自主性。

尽管有种种的诡计、种种的内部变化、种种的残暴行为，但选举仍然产生了一个在很大程度上反对专制体制的议会。当第一届杜马于4月27日/5月10日召开时，立宪民主党历经千辛万苦终于获得了179代表席位，刚好超过37%，成为议会第一大党。在有关选举背景的一个长篇部分中，韦伯追溯了合力促成立宪民主党成功的各种力量和过程。他描述了工人运动的重要重组、特点、困境以及各大鼓吹变革、稳定或者反动的党派之间的冲突和党派内部的冲突。农民和土地问题是首先需要讨论的问题（下文我们会重提这个问题）；韦伯还重新回顾了沙皇的镇压策略。韦伯认为，立宪民主党的成功仍然是非常不稳定的。他们的选举成功，从根本上说，更多是归于沙皇政权无能的策略和极左派的顽固，[①]而不是因为一个自由、民主纲领本身（perse）获得了广泛支持。由于沙皇政权无法为一部真正的宪法提供保证，它失去了很多资产阶级的选票，主要是失去了右翼组织的选票，比如贸易和工业党、自由秩序党等，这些组织转而投了立宪民主党的票。更为普遍的是，沙皇政权的极端自私和残暴激起了很多阶层的抗议性投票，这些阶层为了惩罚独裁政府暂时超越了阶级利益，而且他们发现立宪民主党是严惩沙皇政权的最好工具。最后，社会民主党的领导对选举的正式抵制，极大加强了立宪民主党的地位，不过他们也急切寻找其他途径来表达他们的感受——于是就投了立宪民主党的票。但是所有这些，包括农民对立宪民主党土地纲领内容的支持，组成了一个极为起伏不定的选民群体。立宪民主党的命运取决于一个松散的选民联合人群，这个联合人群的解体可能与它的形成一样迅速。政权的让步也可能会分化资产阶级的选票。对农民来说，立宪民主党的土地纲领可能不够激进。社会民主党可能会放弃正式抵制选举的行为，提名自己的候选人，经验表明工人更倾向于选社会主义者而不是自由派。

① 指的是社会民主党宣布不参加杜马选举的举动，具体见文章的相关论述。——译注

韦伯通过考察各大政党选举结果之后的状态、沙俄政府在财政上对欧洲银行团体的屈从，以及杜马各个集团与独裁政府的对抗等问题，总结了这篇论文。独裁政府对付反对力量的方式有拖延战术、挑衅，并最终在1906年7月7/20日解散了杜马。第一届帝国杜马维持了不到两个半月。

12

1917年的论文

1906年革命运动的浪潮偃旗息鼓之后，韦伯转而关注其他的计划。不过他对俄国的事务依然兴致不减。韦伯继续订购了大量俄国报纸，与俄国的知识分子保持接触(Mommsen and Dahlmann, 1989a: 22-3)，并在很多公共场合对俄国的境况进行评论。结果，在一场1908年11月举行的关于议会君主制的讨论中，以及1909年3月的一次问题澄清中，韦伯认为，与沙皇制俄国相比，一个议会的与民主的体制会使俄国成为一股更可怕的力量(Weber, 1989:85-92)。1912年12月，为了纪念海德堡俄国读书室(Heidelberg Russian Reading Room)成立15周年，韦伯发表了一篇演说，这篇演说陈述了近来俄德两国学生之间爆发的冲突，谈论了俄德两国文化上的关系。(我们只有报纸，以及当时其他人对1912年的干涉事件的概要性说明。演说稿件原文连只言片语都没有留下。)韦伯也曾计划写一篇关于托尔斯泰伦理学的论文，不过这个计划没有付诸实践。

当韦伯再次开始(以政治报道的形式)专门撰文讨论俄国问题时，德国与盎格鲁(英国)—法兰克(法国)—俄罗斯“三国协约”(Triple Entente)的战争进入了收官阶段[①]。韦伯关于这场战争的原因，以及德国在战争中应当采取的方法与策略等问题的观点太复杂了，以至于不能在这里详细论述(可参见 Mommsen, 1984[1974, 1959]: 137-282)。只需要说明以下问题就足够了，韦伯认为这场战争的爆发是德

① 1917年第一次世界大战进入尾声；Triple Entente 是英、法、俄三国于1907年签订互相谅解和互相支持的协议，史称三国协约，旨在对抗德国、奥地利、意大利三国同盟。——译注

国外交政策的失误导致的,更根本问题的是,他认为战争是三国协约阻止德国成为欧洲一股"伟大"力量的坚决举措。不过韦伯认为,成为欧洲大国绝对是德国为之奋斗的事业:首先,这是为了释放德国1871年统一的潜力;第二,为了能在盎格鲁-撒克逊与俄罗斯的霸权分割世界之外,塑造一股能抗衡的力量。即便如此,韦伯并没有把德国"西方和东方"的对手等量齐观。考虑到狂飙的人口、扩张的趋势,以及在巴尔干的政治地理利益等原因,俄国对德国构成了更大的威胁。而且,不论是独裁政府还是立宪民主党人都带有俄国沙文主义的光环(mantle)。所以德国非常有必要思考这场战争之后的未来,也非常有必要在短期之内不做任何使德国在潜在的西方联盟中遭到排挤的事情(Weber,1984b[1916]:161 - 94;参见 Pipes,1954 - 5:388 - 9;Mommsen,1984[1959]:140,尤其是第13个注释)。

1917年俄国爆发二月"革命",随后发生了一系列事件,这些事件包括沙皇的退位、3月1/14日临时政府的成立,临时政府的领导者有 13
格·业·李沃夫亲王(任总理[1]),立宪民主党领袖保罗·米留可夫(任外交部长),社会主义革命党领袖亚历山大·克伦斯基(任司法部长),这些事件促成了《俄国向伪民主的转变》与《俄国革命与和平》这两篇论文。在李沃夫亲王的临时政府周围,还出现了另一个可供选择的影子政府,这个政府以彼得格勒工人和士兵委员会(Petrograd Workers'and Soldiers'Council,Soviet 苏维埃)为中心。孟什维克派的齐赫泽是苏维埃的主席,克伦斯基是副主席,他也是临时政府和彼得格勒苏维埃之间的调停人。1917年3月,彼得格勒苏维埃呼吁立即"没有任何条件或赔偿"的停战,纵使韦伯怀疑苏维埃促成和平的能力,但他对苏维埃的主张仍表示欢迎。尽管德国社会民主党曾支持俄国苏维埃的要求,但韦伯认为,德国社会民主党不能理解苏维埃是否有能力促成和平,这使得德国更加底气不足。结果是,临时政府(仍然在形式上忠于法国和英国)与彼得格勒苏维埃在战争问题上意见不

① 李沃夫当时还兼任了内政部长。——译注

合，这令时局动荡不安。米留可夫辞职，所谓的第一届联合政府在5月6/19日成立，其中有社会主义政党的成员。这个“文人共和政府”(republic of literati)，不久就寿终正寝了，克伦斯基在其中担任国防部长一职(Weber, 1978b[1917]: 1406)。7月25日/8月7日成立的第二届联合政府取而代之。在第二届政府中，克伦斯基担任总理一职，达到了他政治生涯的顶峰，他在9月科尔尼洛夫将军[①]一次笨拙不堪的反革命政变中侥幸存活，但也仅仅是等待着最终由布尔什维克于1917年9月/10月取而代之罢了。

韦伯撰写的两篇1917年论文就是针对这样的背景，我们会一起对它们进行总结。尽管韦伯早先曾预言只有一场欧洲战争才会摧毁独裁制，然而像其他评论家一样，二月革命和沙皇的退位令他惊讶不已。至少有三点原因让这两件事情不可思议。首先，自1906年以来，斯托雷平的土地改革已经逐渐把农民分裂为两大对抗性群体，即在沙皇政权的持存中有利可图的私有地产主与大多数贫苦、缺乏土地的农民。农民阶层的这种分裂比以往任何时候都要严重，与1905—1906年展现的力量相比，1917年的力量显得弱了许多。第二，虽然激进的工业无产阶级在过去十年里“猛增”，但相对来说它的数量仍然很少，数量稀少使工业无产阶级不能和资产阶级分子形成持久的联盟，这也是第三个原因。韦伯宣称，一切经验都表明没有工业无产阶级与资产阶级的联盟，革命就注定要失败。原因很简单：只有资产阶级能够确保信用度(credit-worthiness)[②]，对“一个持久的政府组织”必需的财政资助来说，这种信用度是不可或缺的(PD: 243)。那么，问题就在于
14 “资产阶级人士如何去回应另一场革命”(PD: 243)。在这种特殊情况下，不仅“重工业”资产阶级强烈反对革命，这也是意料之中的。另外，“资产阶级知识分子和地方自治会的成员”，在国内历经多年的挫折之后，也已经放弃了革命运动，并把他们的注意力投向了对外冒险主义(foreign adventurism)。

---

① 科尔尼洛夫将军，时任俄军最高总司令。——译注

② 是指唯有资产阶级才能得到贷款，详见正文。——译注

既然如此，为什么会发生这场革命呢？韦伯把大部分责任归咎于尼古拉二世。在有关俄国的四篇论文中，韦伯对沙皇及其政权的评论都是极其刻薄的。在《俄国的资产阶级民主》一文中，他由于沙皇体制的残暴、肤浅以及伪善而不断谴责之。在《俄国向伪立宪主义的转变》一文中，韦伯详细论述了他的责难后，甚至认为沙皇政权骇人听闻的暴行就是要把可能推翻沙皇政权的政治技巧和倾向扼杀在摇篮之中。因为与沙皇体制的斗争，"仅仅在'战术'方面就已经不可避免地要耗掉如此之多的力量"，还特别需要强调"党派技巧方面的考虑"，以至于几乎没有给"伟大领袖"(PC：231)留有任何发挥的空间。韦伯还补充说道："一个人在害群之马从中作梗的情况下，根本无法完成伟大的功业"(PC：231)。这些语句透露出来的愤恨在《俄国向伪民主的转变》一文中也显而易见，在这篇文章里韦伯宣称，沙皇希望维持一个权力空架子具有的"虚荣的浪漫主义和自哀自怜"(PD：246)，而不是权力的实质，事实表明这种希望带来的结果是灾难性的。如果尼古拉二世愿意接受立宪君主制，他很可能可以成功地筛选资产者阶层。他也能够维持那些不满官员的忠诚，延缓中产阶级和无产阶级知识分子的联盟(PD：247－248)。相反，尼古拉二世反而促成了各种不满力量的暂时联合，结果失去了王位。

然而一场革命的到来，并不意味着和平或者民主会紧随其后。一方是临时政府，另一方是彼得格勒苏维埃，这种二元权力体制产生了极为混乱的"外交动荡"(P：261)。首先说临时政府，米留可夫继续发表挑衅言论；他对一个"民主与联邦制的俄国"根本毫无兴趣(P：261)。支持临时政府的是杜马内的反动分子，尤其是大地主。事实上，不论是临时政府还是杜马中的统治集团，都没有立即实现和平或民主的意图。相反，战争发挥了难以估量的作用，在军事纪律管治下革命的农民在壕沟中不得动弹。而且，临时政府及其盟友需要资金来维持权力，唯有达成一种谅解(understanding)才能从国内与国外的银行那里获得他们需要的资金，这种谅解就是"必须镇压激进和革命的农民，继续战争"(P：265；亦可参见PD：256)。因此战争的动力不再来自与德 15

国的冲突，或者是害怕日本进攻俄国在亚洲的殖民地。战争之所以持续是基于国内政治的考虑：主要原因是，害怕农民参与选举一个制宪会议（constituent assembly），害怕农民要求土地产生的后果（PD：250－251）。而农民自己就可以从迅速停战中获益颇多，包括可能随之而来的“非农民土地的全部没收”，以及“俄国外债的废除”（PD：249；着重号省略），政府总是想着法子强迫农民支付外债的利息。但农民不受控制。社会主义者克伦斯基，曾有一段时间不愿意在临时政府与彼得格勒苏维埃之间来回游走，但他也不愿停战。克伦斯基能想到的、任何不同于当前局势的政治出路，都需要资金的支持，但是他很难满足各个银行对秩序和利润的要求，这使克伦斯基的期盼化成泡影。因此克伦斯基，这个“俄国幼小自由的掘墓人”（Weber，1978b [1917]：1465，第17个注释；参见PD：252－253），被迫进行一场既骗人又毫无意义的游戏。

这场政府拉锯战的另一边，彼得格勒苏维埃，又如何呢？韦伯总结道，彼得格勒苏维埃的主席齐赫泽是一个典型的俄国知识分子，然而一旦他积极卷入到国家事务中，就变成了民主主义者和帝国主义者。韦伯坚称，“只有一个可靠的办法可以检验一个真正民主的和非帝国主义的态度。”“我们讨论的政治家是否严格要求自己厘清自己的阵地，也就是说，是否要在他的祖国创建一个民主政权？如果不是，那他就是一个帝国主义者，不论他是否想成为一个帝国主义者。”（P：263）。韦伯影射齐赫泽，因为他号召德国人废黜皇帝（Kaiser[①]），这暴露了他自己是一个社会主义－帝国主义的双面人（socialist-imperialist），“不论俄国的帝国主义采取专制、自由或者社会主义的形式都是万变不离其宗”（P：263）。

俄国1917年4月/5月存在的东西是伪民主，某些人正是借助这种伪民主才对真正民主和联邦主义先发制人。因此，韦伯告诫他的同胞，立即与俄国和解的希望很可能会是一场空。

① Kaiser是1918年以前德国皇帝的称号。——译注

俄国论文在韦伯作品中的位置

我们如何在更一般的意义上在韦伯的作品中定位论述俄国的论文，尤其是1905—1906年那篇重要文章？至少可以采取两种显而易 16
见的策略。第一种策略是把1905—1906年的文章置于一个特殊的、韦伯式“时期”或“阶段”。然而这种做法的问题很明显，即选择哪个时期或哪个阶段[10]。如何从整体上把握韦伯的作品，以及如何“权衡”新康德主义、国民经济学（Nationalokonomie）、文化哲学、历史以及社会学在韦伯作品中的分量，韦伯的研究者在这些问题上莫衷一是。但是有一件事情我们是可以确定的。在撰写关于俄国的论文的前后几年间，韦伯发表了两部作品，它们已经成为具有韦伯特色的“社会科学”研究方法的扛鼎之作：1904年，《社会科学与社会政策中的“客观性”》，韦伯在这篇文章中阐明了《社会科学与社会政策文库》办刊的路线方针；1905年，《新教伦理与资本主义“精神”》。如果说这两篇论文对1905—1906年的俄国论文产生了影响，那么是什么样的影响呢？

各种各样的答案都有可能。但如果我们视这几篇论文是“串”（cluster），而不是截然分离的出版物，那么韦伯对历史唯物主义的批判性评论就非常重要。众所周知，《社会科学与社会政策中的“客观性”》一文记录了韦伯说明文化科学的各种假定（目标、特征），以及适合于文化科学的概念形塑的类型（Type of concept-formation）的努力。不过韦伯的努力不可能仅仅是纲要式的；他要用自己的理论来攻击他的对手（参见Wolin, 1981）。马克思主义首当其冲，韦伯既要对历史唯物主义进行批判，又要试图“战胜”它。韦伯的程式（formula）是既要反对“最受重视的”“所谓作为一种世界观”（Weltanschauung）的“唯物史观”，同时又要坚持认为“我们杂志最重要的目标就是推进对历史的经济解释”（Weber, 1949a[1904]:68）。正如我们在这部分的结尾处表明的那样，韦伯力图在1905—1906年的俄国研究中阐明他的做法。

（除其他事情外）认为这两篇俄国论文是一种与著名的方法论声

明相对应的东西，也是说得过去的，韦伯的方法论说明以《新教伦理与资本主义精神》作为总结。在方法论说明中，韦伯坚称他的目的绝不是“要用同样单向度的，对文化和历史的精神主义（spiritualistic）因果解释来取代单向度的唯物主义解释”（Weber，1930[1905]：183）。韦伯的认识论并不要求这种方法的转变[11]。梅洛-庞蒂（Merleau-Ponty）曾就韦伯的认识论评价道：

> 历史事实的多义性、它们的多面性（vielseitigkeit）、面相的复杂性……允许我们在一个宗教事实中发现经济系统最重要的概貌，或者在一个经济系统中发现专制君主（the absolute）占有的
> 17 位置。宗教、法律与经济一起编织了历史，因为发生于三大秩序的某一秩序里的任何事实，在某种程度上，都起因于另外两大秩序。

在关于俄国的论文里，韦伯通过考察经济、组织以及宗教等条件，落实了在《新教伦理与资本主义精神》结尾处提到的各种限制条件，俄国的这些条件无疑不利于资本主义“精神”和自由民主体制的建立。在这些文章里，韦伯同时还批判了马克思主义，批判了它的“知识工具”的局限性，以及它推进现代化的政治策略。

上文我们已经提到了至少可以用两种策略来定位韦伯关于俄国的论著在他作品集中的位置。上一段提及的诸种条件是资产阶级民主的基础，这些条件也很容易让我们想起《俄国向伪立宪主义的转变》这篇论文。考虑到这种情况，我们就应该把更多精力放在认识关于俄国的几篇文章和韦伯毕生的兴趣与实质关怀之间的关系，而不是把俄国研究分配到某个时期或者某个阶段中去。大卫·边沁（David Beetham）（1985[1974]：183－184，203－210）强调了韦伯关于俄国的论文和他早先（以及后来）讨论德国困境的著作之间有主题上的关联，我们认为他的论点是很有说服力的。（而且，在这里我们可以清晰地看到韦伯与历史唯物主义长期争论的回响。）正如大卫·边沁指出的

那样，在德、俄这两个国家，韦伯致力于辨别那些有利于或者有害于一个充满生气的议会和民主体制兴起的历史条件。韦伯在《俄国的资产阶级民主》一文的结尾处略微谈及了这些条件，而德国和俄国在很大程度上都没有这些条件。这些条件包括“海外扩张”“西欧社会在‘早期资本主义’时代的经济结构的特殊性与社会结构的特殊性”、科学的兴起及其对社会生活的支配，以及“某些理想的价值（ideal value），这些理想价值来自一个特定宗教思想世界的、具体的历史特殊性，这些理想的价值，与大量特殊的政治精英（political constellation）一起，再加上（上段文字中提及的）那些物质条件的配合，三者共同形塑了现代人特殊的‘伦理’个性（character）和文化价值”（BD：109）。

相反，自由民主制度最大的障碍，首先是俄国和德国相对迟缓的工业化。韦伯对此的解释是，在资本主义初生的阶段，物质利益和个人主义的精神气质倾向于相互合作，以形成对晚期封建社会的钳形夹击。相反，俄国和德国缺失了这个发展阶段，结果是，现在个人主义发现自己要与“物欲的‘洪流’搏斗”（BD：109）。韦伯反复强调了这一点，同时他还补充道，在俄国，所有“那些中间阶段都缺失了，而在西方 18
正是这些阶段使有产阶层强有力的经济利益为市民的自由主义运动服务”（PC：232）。就建立自由民主制度而言，德国和俄国共有的第二个障碍是“资产阶级”本身依附性的政治地位。重工业、大工厂、金融资本、富有的商业利益，不但远没有获得政治权力，而且在很大程度上都屈从于权威主义国家。而且，发展的境况是关键因素。在中产阶级的权力和信心尚未凝固之前，出现了一个躁动不安的工人阶级，这个阶级的出现和其他因素一道迫使资产阶级与传统的统治阶层联合，资产阶级对这种联合既担忧又依赖。最后，宗教传统的存在，如路德宗和俄国的东正教，这些宗教在品性上是极端的国家主义派、政治上的墨守成规派，对自由个人主义的前进来说，这些宗教传统也是不利的条件。事实上在俄国，甚至连那些激进的宗教运动，比如“基督教战斗兄弟会”，面对现存秩序的过滤都相当脆弱而且容易被戕害。“另一方面，任何一场纯宗教的、尊奉圣经的、禁欲苦行的运动，都可能对东正教教会构成一个严重的危险，因而也对独裁政权构成一种危险，现在这个政权连外表都很虚弱，但是资本主义充分发展的时代几乎没有为这种运动提供可能。”(BD:128，第84个注释)[12]。

因此，考虑到所有这些相关的原因，与早期的英国或者美国的情况相比，俄国民主自由派可能获得成功的机会与德国一样小。不过，我们不应该夸大德国和俄国之间的相似性。因为，首先，韦伯认识到俄国具有潜力，这种潜力是德国显然缺乏的。像美国一样，俄国拥有“几乎无垠的地理领土”(BD:110)。它的经济和政治现代化相对晚近和不平衡。俄国缺乏各个国家的骄傲自大和死气沉沉，“人权”概念再也不能激发出这些东西来了，正因如此，俄国最终倒有可能产生出一些独一无二的东西来[13]。

但是俄国也有欠缺。韦伯意识到，相比于当时德国的经济状况，俄国经济状况的一个特征就是，发达的资本主义和家长制的社会关系之间的裂痕要大得多。实际上，俄国是“这样一个国家，甚至在100年之前，它的大多数‘国家’制度都与戴克里先式的君主制国家有九分相似”(BD:46)。尤其是俄国的乡村带有古老的农民“共产主义”难以磨灭的印记，即公社体制[14](obshchina① system)。公社(village 或 peasant community)在很大程度上是一个“强制性的联合体”(BD:
19 77)，它具有控制个人活动的能力，有权利使用个人的劳动力。因此，韦伯宣称，俄国的农民还没有真正解放，依然“被束缚在他的公社里”(BD:77)。进一步讲，俄国农民阶级的经济处境经常是很悲惨的，在公社中“可以看到经济方面最惨绝人寰的奴役”(Weber，1989:211，第62个注释)，公社的功用是对农民进行条块分割。比方说，一些人可能会觉得，公社对经济收获构成了一个难以接受的压制。但是：

> 在有村公社的地区，绝大多数的农民，无疑倾向于支持村公社的基本原则：对土地的权利要以需要为根据，也支持村公社根

① 俄语obshchina，指俄国沙皇体制下农村的组织形式，又名Mir(米尔)。——译注

本的制度功能,即当家庭规模和土地占有之间"适当"的比例出现变化时,就要重新分配土地。(PC:210;着重号省略)

这就是为什么伴有个人主义、资本主义路线的改革会遭遇到诸多问题的另一个原因,也是立宪民主党对哪一种土地要没收,以及用什么规则没收等问题的讨论会如此富有争议和复杂的原因(PC:196–200;参见 Fleischhauer,1979:179–180)。而且,对一个群体(比如,地荒的人)有利就有可能引起另一个群体的反对(比如富农 kulaks[①]);"'价值与价值的对抗'如此频繁"(PC:211)。

德国的土地构成状况与俄国迥异,韦伯在 1918 年关于"社会主义"的演讲中就试图澄清这一点。虽然马克思主义者的信条和那些"习惯于土地共产主义"且"地荒"的俄国农民(peasants)的愿望,可能存在某种亲和关系,不过德国的自耕农(farmer)"现在是个人主义者,他们牢牢掌控自己获得的遗产和土地。这些自耕农绝不会让他自己与这些东西分开。如果他认为自己受到了威胁,那么他很快就会与地产主(landed proprietor)联合,而不是与激进的社会主义工人联合"(Weber, 1971[1918]:216,218)。

同样,与它的西部邻居相比,俄国的独裁政权和国内压迫要严重得多。韦伯确实经常通过他的俄国论文,直接或含沙射影地攻击俾斯麦的遗产与威廉二世(Wilhelm Ⅱ)的"个人专断"(比如,BD:107 页,121 页第 47 个注释,PD:246 页)。然而,韦伯很清楚应在何处停止两国的比较。甚至连最为基本的政治与公民自由,俄国都更有可能会实现,因为它有一个能起作用的议会。后来韦伯曾说,德意志帝国议会,是一个"消极政治"的载体,它无力承担负责任的、决定性的领导,应该受到谴责,正是俾斯麦强加的宪法,以及这部宪法促成的意识形态化面目导致了这种结果。不过 1905 年的德国至少已经有了一个现存的议会,为了推行社会和政治改革,各大政党在相当程度上可以借助这

① Kulaks 这个词在俄语中的意思比较复杂,可以泛指一般有土地的农民,很多时候也可译为富农。——译注

20 个议会公开、合法地动员人民。自 1867 年以来，德国（普鲁士是个例外）已经保证了普遍的成年人选举、不记名投票以及投票的平等权重。而且到 1912 年，社会民主党成为了帝国议会的第一大党。相反，俄国第一届帝国杜马要直到 1906 年 5 月才召开，而且还是基于分级的选举权（graded franchise）。当历尽艰辛之后，俄国还是成功地造就了一个善于斗争的议会，但沙皇立即就解散了它。而保皇党在德国皇帝治下，搞得德国乌烟瘴气，对韦伯来说，这简直就是政治生活的一场滑稽剧和国家的耻辱[15]。但是德国的这种情况并不是一种“只是由朝令夕改的政治举动维续的机制”，1909 年韦伯曾用朝令夕改的政治举动这个词来描述罗曼诺夫王朝[①]的独裁（Weber，1989：691）[16]。德国与俄国的这些区分仅仅说明了韦伯对完全的独裁体制的评价。除了俾斯麦的恺撒主义（参见 Baehr，1988），以及威廉二世的帝制之外，还有一类“私人的政权”，即尼古拉二世的秩序与他炮制的“恺撒-教皇主义（Caesaropapist）”秩序[17]。

我们上文讨论的事情表明，韦伯关于俄国的论文与他早期关注的问题有非常明显的连续性。但是如果认为这就是这些论文的全部，那么我们对它们的兴趣就会大减。因为除此之外，这些论文还包含了一些略显散乱的观点和论述，这些观点与论述和韦伯后期的社会学有一定的关联。实际上，我们几乎不能清晰区分韦伯的政治论著与学术论著（参见 Giddens，1972）。韦伯经常有文本重构的习惯，他会重塑最初出现在政治文本中的评论，并扩展成为更客观、更抽象的程式（formulae），这些程式就成了韦伯式“理想类型”的范例。比如，在《经济与社会》（1910—1914 年版）中，当韦伯勾勒统治者对官僚制的依赖时，他就用了德国皇帝和俄国沙皇来说明之。在俄国沙皇的例子里，韦伯就直接（虽然强调的重点有变化）采用了他在《俄国向伪立宪主义的转变》一文中的评述（1978a：993－994，PC：174－179）。类似的文本重塑在法律社会学里也很明显，在相应的文本里韦伯讨论了小农阶层

① 罗曼诺夫王朝始于 1613 年，第一位沙皇为米哈伊尔·罗曼诺夫，1917 年尼古拉二世沙皇被废黜，前后统治俄国大约三百年。——译注

的自然法思想体系(1978a:87:1－2;PC:198)。或许有些人可能会想到讨论知识分子与世俗拯救思想体系的那些篇章(1978a:500－517),在这些篇章中“俄国的革命知识分子阶层”(1978a:516)占有非常重要的位置,就如同这些知识分子在以下翻译的四篇文章里的位置一样。(也可以参见1918—1920年版的《经济与社会》,其中提及了列宁与普列汉诺夫之间的争论,可与《俄国的资产阶级民主》一文作比较:Weber,1978a:112; BD:67页、131页第103个注释;参见PC:194、217。)

我们也可以通过韦伯关于俄国的文章,追溯他的政治观点的形成
与精炼的过程。作为一个极富政治敏感的人,韦伯总是对那些投身于 21
政治的人的品性非常好奇,对政治人物希望能在从政中得到什么好处非常好奇,他也对这些从政者到底能承担多少不确定性,以及特定制度安排“选择”具体的人格特征的方法等等感到好奇。韦伯对俄国的研究包含了有关这个主题的某些相关材料。其中比较特别的记录是韦伯描述俄国社会民主党宗派主义的章节:

> 虔诚的马克思主义者,就像彻头彻尾的耶稣会士一样,自以为借助他的信条就会有一种愉快的优越性和梦游般的自我确证。马克思主义者鄙视为了长久的政治胜利而奋斗,他坚信自己能尽善尽美,当他无法战胜自己与其他群体的共同死敌之时,他仍能以一种镇定自若和奚落嘲讽的态度接受这种希望的破灭,包括自己希望的破灭;马克思主义者总是执著于保持纯粹的信念,如果可能的话,也执著于依靠三三两两的几个人来扩张自己的派系;并总是在邻近群体的旮旯里到处揭露“那些同样是天主教徒的人”以及“人民的叛徒”。(BD:69;参见132—133,第114个注释)

研读韦伯的人一下子就能辨识出韦伯对使徒[①]“无条件的伦理命令”酸溜溜的描述(BD:52);韦伯在《政治作为天职》一文中对“信念伦

① 指马克思主义者。——译注

理”的坚信者有更为充分的讨论，这一段描述可以说是铺垫。在其中一篇关于俄国的论文里，我们可以看到相对应的政治类型：“责任伦理”的坚信者；这就是，韦伯在《俄国向伪民主的转变》一文中提到，“政治这一领域要求严格的客观性、恰如其分的眼光、有节制的自我控制，还有谨慎行事的能力”，所有这些都是一个有作为的政治家必备的核心品质(PD：245；可与 Weber，1948b[1919]：115－117 比较)。

不过，这几篇论文除了这些实质内容外，还有另外两个特征也值得一提：第一是韦伯一直以来的悖论感(sense of the paradoxical)；第二是他对社会关系与人的行为更为一般意义上的研究。众所周知，韦伯的著作中充满了各种概念反题：比如，官僚制与克里斯玛、信念政治与责任政治、形式理性与实质理性等。但是显而易见的是，韦伯之所以构造这些极点概念(polarities)，并不是因为他本人认为社会世界真的是二元结构，二元结构是宗派主义者幻想的或乌托邦视角的心理机制，经常遭到韦伯的批判，韦伯的做法恰恰是出于相反的原因。我们可以运用这些极端的、可以调和的反题概念描述历史的真正进程，历史就在这些极端概念之间步伐错乱地推进(参见 Scaff，1989：181－185)。韦伯认识到我们的推理能力以及我们的解释框架，不可避免地
22 会试图把某种规则的东西加在我们周围的社会世界之上。然而，历史本身是流动的、变动不居的，它并不是直接呈现在我们范畴图式里，只有在很少的情况下历史才是编年史式的。理解这个观点有助于我们解释韦伯在《俄国的资产阶级民主》一文有关民粹主义者与社会主义革命党的纲领的长篇讨论。“正是大获全胜的资本主义创造的这个充满裂隙又相互交织的思想世界”，令韦伯心驰神往，这个思想世界的概念空间，“一边是资产阶级与现代无产阶级的思想世界，另一边是浪漫革命派的乌托邦主义”(Weber，1989：209 页第 61 注释)。从相似的、更为广阔的角度看，韦伯认为俄国“资产阶级民主”的担当者实际上不是经济意义上的资产阶级；俄国的“独裁政府，如果政府不重创自身，就不能解决任何一个重大的社会问题”(BD：111)；立即实行普选并不会让地方自治会实现民主和自由，反而会造成“地方自治会治理的全面官

僚化”(BD:51);“任何试图实现系统性的、普遍的土地分配的举动……都会要求这样一个政府,它既是产生于绝对的民主理想,又准备以铁的权威和力量来镇压任何反对其命令的行为”(PC:200;加重号省略)。

第二,关于俄国的论著应该有助于进一步消解韦伯作为一个偏向于“对社会生活进行理想主义解释”的著作者的声名残迹。这种声名的存在是毋庸置疑的;我们不只是在一些教科书的解读中看到这种说法[18]。因此,就韦伯在《经济与社会》第9—13章对“国家/社会关系”的分析,热达·斯科克波承认受益良多,但同时她也写下了如下的告诫(Theda Skocpol,1979:304页第4个注释)。

> 韦伯试图借助主要的理念类型,即传统型、克里斯玛型、法理规范型(rational-legal norms),对政治结构的主要形式进行理论化,正是通过这些理念类型,统治者或他们的官吏的权威获得了合法化,然而韦伯这里的关注点更多放在了国家权力的物质基础与组织形式上(比如,在斯科克波自己关于法国、俄国、中国的革命比较研究中关注的问题)。第二,就韦伯总是想把社会(societal)的社会政治结构作为整体进行理论分析来说,他试图使用那些仅仅指涉诸种政治形式的范畴,这些范畴与社会经济结构没有关系。

热达·斯科克波的观点,至多也就是代表了一种对《经济与社会》很偏颇、也很特别的解读(相反的观点参见Collins,1986:2-3,145-209)。而且斯科克波的说法显然忽略了韦伯关于俄国革命的全部政治著作。韦伯在俄国著作中的目标是非常明确的,也是深思细致的。 23
他要说明当理想的势力(ideal-interests)与信条原则面对坚决反对它们的社会阶级与国家机构时,这些理想的势力与信条原则的限度在哪里,特别是1905—1906年论文,韦伯的目标贯彻得淋漓尽致。韦伯说明了,各种自由主义力量之所以失败,是因为他们缺乏有力的载体(如机构、社会阶层)来宣扬他们的自由主义观点,同时也缺乏资源来维系他们的观点。至于个人行动者，韦伯的研究也是颇有启发性的。比较典型的是，韦伯在1905—1906年的研究中把个人刻画为一种精英式的社会存在，这种社会存在处在历史遗产、意识形态的承诺以及个人抱负的交叉口上。对他们来说，"外部的"、制度的条件已经是无法逃避的处境，在这种处境的人必须直面内在的"要求"与挑战（参见Schlucher，1979[1971]：71）。因此，韦伯能对在意识形态上相距甚远的人物，诸如普列夫（Plehve）、普列汉诺夫等人物作出评价，他并不是以某种理性主义或者道德家分毫必争的计算方式，而是根据普列夫等人面对的组织方面的与纲领方面的各种困境这个背景来评价，普列夫等人要么被迫与这些困境抗争，要么各凭才能逃之夭夭。

要进一步指出，韦伯在1905—1906年的论文中对自由主义的强调，不应该遮蔽他对"俄国激进主义"（PC：230）潮流"不屈不挠的力量"的真正尊重，激进主义的力量在信念上无疑是反自由的，而且有利于工人运动的理想主义和"阶级团结"（PC：193）。韦伯对社会权力的残酷现实有深刻的理解，这意味着他很乐于在他觉得合适的场合使用马克思主义的用词，事实上他经常这么做；因此也就有了韦伯在《俄国向伪立宪主义的转变》一文中提及的，诸如"失业储备大军""阶级团结""阶级利益""由基于阶级差别的法院处理的……阶级侵犯"等用语（分别参见，PC：192，193，172，172；着重号省略）。关于各种货币市场对俄国国内政策的影响力问题，韦伯同样是感情无涉的：

> 它们的影响是最重要的。在上一次的革命中，我们可以清清楚楚地看到维特伯爵领导的政府的所做作为，只要是国外银行和证券交易所认为有利于增加政权信用的事情，他们无所不作，不论是作出让步还是采取镇压行为。当前这个政权的资产阶级领袖们，如果他们想具备信用的话，也只能如此，他们没有任何选择的余地。（PD：248）

尽管如此，在其他方面，韦伯与马克思主义的距离还是非常大的。

在历史哲学中，韦伯拓展了能够担当推动力的因素的范围，同时从决定论的逻辑等级中解放了这些因素。在政治上，韦伯的首要敌人与其说是市场或者国家本身，不如说是它们的现代表现：官僚家长制（Bureaucratic paternalism）；官僚家长制是一个社会等级，在这个等级中，无以复加的例行化、工具理性以及非人格化，以牺牲个人责任为代 24
价，获得了胜利。在韦伯看来，社会主义倾向于增强官僚家长制，而不是消灭它。而且因为性格使然，韦伯的思想世界和他批判的马克思主义大相径庭。韦伯对“非理性”充满了困惑感，这个非理性的世界必定表现为“不应有的痛苦、不受惩罚的为非作歹以及无可救药的愚蠢”（Weber：1948b[1919]：122），对韦伯来说，这种困惑感让他丧失了各种千禧年般的希望，反而拉近了走向与真理、德性或进步的任何一种“最终的”合宜的距离，一种颇具反讽意味的距离。

1905—1906 年的论文在德国首次出版之时，基本上无人问津（Mommsen and Dahlmann，1989a：44 - 47）。相反，在第一次世界大战前，它们在俄国的命运要好一些：《俄国的资产阶级民主》一文 1906 年被译成俄文，并在自由派中间广为流传，尽管列宁不同意韦伯的观点，认为“愚蠢的”、“诉诸武力的”十二月起义并不是“一场怯懦的资产阶级发动的、具有学究睿智的起义”（Lenin，1967[1925]：800）。《俄国向伪立宪主义的转变》的观点也引起了关注，“历史学家和教授宪法的教师们”接受了它，例如“柏罗丁、热斯纳、可瓦列夫斯基以及米留可夫”（Mommsen and Dahlmann，1989a：48 - 49）。最近正在兴起一个学术群体，他们正在明确地或者无意地检验韦伯的各种假设与研究，比如韦伯对 1906 年杜马选举的研究[19]。这部书的译者无力对韦伯的俄国论文的经验准确性与历史准确性作出评判。评判应该由这个领域的方家给出（不过要特别注意 Asher，1988，1992），我们希望《韦伯全集》（*MWG*），以及我们对全集这个部分的翻译，会对他们的评判有帮助。

这些论文在今日的政治意义

让人们在学术上接受一位复杂的著作家的作品从来都不是一帆

风顺的过程。人们总是有选择地阅读作品，在这一方面韦伯的命运是众所周知的。毫无疑问，盎格鲁-撒克逊人（Anglo-Saxon）之所以视韦伯为一位涉猎广泛的社会学思想家，《编自马克斯·韦伯》（*from Max Weber*）[20]这部文集功劳最大。这部文集由汉斯·格斯和怀特·米尔斯编撰，自 1948 年首次出版以来，它的销量已经突破了 200000 册（Roth，1992：454）。不过除编者导言引用的一长段《俄国的资产阶级民主》的文字之外，这部文集没有涉及任何关于俄国的实质内容。汉德森和塔尔科特·帕森斯编撰的《社会与经济组织的理论》（*Theory of Social and Economy Organization*，Weber，1947），是人们接受韦
25 伯作为社会学家的过程中的第二部最重要作品，它也没有涉及任何关于俄国的东西，这个译本是韦伯《经济与社会》（*Economy and Society*）第一部分的译文，第一本全英文的《经济与社会》（Weber，1978a；英文版本还包含了一篇重要的政治论文作为附录：Weber，1978b）直到 1968 年才出版。可以肯定的是，与米尔斯的译本相比，《经济与社会》确实涉及了更多关于俄国的情况，尽管书中最长的相关内容也没有多于四页（关于"沙皇的家父长制"，1978a：1064－1068）。

即使这三部作品相对来说都很少专门涉及俄国的东西，它们也蕴涵了某些至关重要的内容：对官僚制的分析与三种正当支配或者说权威的分类（传统型、法理型以及克里斯玛型），这些概念最能让韦伯成为一个社会学家。当学者们试图把韦伯的观点应用到俄国/苏维埃的例子中时，或者更为常见的是，当学者们试图论证韦伯的地缘政治①或者"新马基雅维利主义"[21]研究方法和他对社会生活的研究之间的关联时，正是韦伯对这些概念影响深远的讨论[22]引起了学者们的兴趣（参见，比如，Rigby，1980；Feher et al.，1983；Breuer，1992）[23]。冉达尔·科林斯（Randall Collins）在他的《韦伯主义的社会学理论》（*Weberian Sociological Theory*）一书中进行了一次讨论，他的讨论是诸多讨论中颇有启发性的，却遭到了不应有的忽视。这本书第 8 章名为"俄罗斯

① Geopolitical 一译为地理政治。——译注

帝国未来的衰落”，科林斯在这一章中大胆预言“诸多特殊事件的融合可能会……导致未来三十年内领土权的严重丧失”(1986:187)[24]。

然而，如果说人们有可能论证《经济与社会》的范畴依然有用，那么现在翻译成书的这些论文里的范畴又如何呢？这里我们应该对这些范畴承担的任务更加小心谨慎、细加琢磨。1905—1906年的俄国研究缺少《经济与社会》中那些概念工具，而且韦伯为了一个不同的目的限定了这次研究。如果有人希望从这些论文中获得它们从未试图完成的东西，那他一定会徒劳无功。诚然，有些学者已经注意到了，俄国现在的情况和1905年的情况有着极为显眼的相似之处。比如，阿兰·克姆柏(Alan Kimball)和戈黎·阿门(Gary Ulmen)(1991)，在比较了“1905年的俄罗斯帝国”和“1991年苏维埃帝国”之后，阐述了以下相似之处：

> 进行了一场不受欢迎的帝国主义战争，遭到失败且损失惨重，对手都是一个小小的亚洲死敌，而且都认为实力悬殊(之前是日本，现在是阿富汗)，主张改革的官员和知识分子日益躁动不安……穷人普遍躁动不安、分裂分子的各种压力，这些分裂分子来自被迫屈从于中央帝国权威的那些国家，还有让人目瞪口呆的筹划，这些筹划是为了实现政治领袖主导的大规模变革而推行的，以及官员和公共活跃分子派系争斗、各自为政。与1991年的举措相比，在1905年危机的解决措施中，国家主导(state-directed)的程度也不相上下，1905年与1991年都找到了引进资本主义的解决方法。1905年，上层人物策划和发动的革命，抓住了下层人民的想象力，下层人民要求所谓的民主，就跟现在一样。当时，或者限制沙皇，或者废除沙皇，否则民主的未来就无从谈起。而现在，如果不铲除统治者，民主的未来也无从谈起。(1991:189；也可参见195页) 26

阿兰和戈黎写下这些文字后，苏联已经全盘解体了，苏联的结局在提供了类比材料的同时，也给我们提供了反思的悖论。诚然，这个悖论的悖理程度甚至可能会让马克斯·韦伯都感到惊讶。俄国议会大厦满目疮痍地伫立在那里，如同一座幽灵般的、“民主重生”的纪念物。民族主义者的狂热和经济的步履维艰在同一个地方凝聚，这是为了支持一个人们戏称为“自由民主”的政党。在俄国目前的状况下，各种事件让人目不暇接。各种人物和纲领你来我往，以至于“在局外人看来，所有这些人的命运，本身如此富有戏剧性，它们相互交织编造了一张无法穿透的谜团”(PC:231)。面对更为可怕的挑战，政治决断无能为力。有人想从韦伯的政治论文中获得太多的启发，但这不太现实，而且也是反历史的做法。当然，也是反韦伯的做法。作为一个政治著作者和历史学家的韦伯，让他更为感兴趣的是每次形成的“个性”，而不是“类比”和“相似”。认识到各种差异会让我们去“确定引起这些差异的原因”(Weber,1976[1909]:385)。在任何情况下，对韦伯关于当时俄国的作品的冷静考察，都会表明预见性并不是这些作品的唯一特征；它们还包括了一些观点，一些有待质疑与证伪的观点。1917 年 4 月，韦伯预计保守的君主派会迅速回到之前的状况(1984a:236－237)。而韦伯后来对布尔什维克政府的描述，即一个“真正的、由下士而不是将军组成的军事独裁政府”，更多带有论辩性的指摘，而不是分析的洞见。

但即使这些论著没有提供简单的、能应用于当前情况的“经验教训”，也没有提供如同《经济与社会》那样拥有理论视野和精致图式，它们却真正提供了一种各种类型的历史回应。这种历史回应超越了 1917 年和 1989 年各位在任领袖扮演的重要推动角色。在 1917 年的事例中，尼古拉二世一直拒绝批准大规模的变革，直至为时已晚；在
27 1989 年的事例中，米哈伊尔·戈尔巴乔夫鼓励变革，直到他无力控制“改革”的结果时，他才认识到变革的充分意涵。这种历史回应也超越了韦伯描述的民族问题的本性，超越了他对正当性丧失的分析，这种丧失一直伴随着政权走向覆灭。不过韦伯的分析中还有一些更重要的东西值得我们去细究。

1905—1906年期间，韦伯认为人们并没有期望仅仅引进发达资本主义就能给俄国带来自由民主制度。他认识到沙皇制的毁灭是一回事；立宪民主制度的巩固却是另一回事。因为：

> 高度发展的资本主义是“不可避免”的经济发展趋势，它已经在美国落地生根，如今人们正把它输入到俄国，倘若竟有人认为高度发展的资本主义与“民主”存在选择性亲和关系，那简直就是荒谬至极，更不用说与“自由”(liberty)了(不论是在任何一种意义上理解自由这个词)。问题毋宁说是：在资本主义的支配之下，民主与自由这些东西到底能够存在多长时间？事实上，当且仅当一个民族拥有一种拒绝像羊群一样被统治的坚定意志，并且这种意志支持民主与自由时，民主与自由才有可能。(BD:109)

今天的局势又如何呢？一个权威主义秩序毁灭了，移植了一个资本主义取而代之，但这并不能确保今天的俄罗斯能有一个稳定的立宪民主体制，与沙皇时代相比，不过半斤八两。的确，俄罗斯应该进行重大变革，不过它的财政状况极为令人心寒。在西方世界，现在人们最憎恨的事情就是公共管理、受控制的兑换率以及福利国家，他们的憎恨清清楚楚地证明了非管制经济的成功。在俄罗斯目前的状况产生的各种自然结果中，社会裂解和日益壮大的下层阶级的赤贫化是应有之义。这些类似的力量和结果都在一股脑地涌入俄罗斯。诚然，人们也正在采取一些方法有意识地阻挡它们进入，但他们的方法还不成熟。俄罗斯的全体选民决定坚决采用多元主义民主，但面对可怕的障碍，其中有些来自俄罗斯内部，也有一些来自外部，全体选民的这个决定显然是非常混乱的。如果政府的各项政策不能与全球金融市场的各项政策，以及全球金融市场对俄罗斯“信用价值和承受能力”的判断保持一致的步调(Hutton，1994:21)，那么国家的通货就会遭受冲击，政府面对压力又必须退回界线之内。不论当前的情况是什么，它一定不是民主制度，还有另一种可能就是它假装民主、欺世盗名。马克思主义在俄罗斯已经声名不佳，但是一个货真价实的多元主义和代议制度，要在俄罗斯稳固下来尚需时日，也需要努力。并且不仅仅需要经济条件，更需要文化和政治的条件[25]。

摆在俄罗斯面前的道路，再一次，充满了崎岖不平和未曾可知
28 的命数。政治担当者们，再一次，需要“内心的持重，甚至面对全部希望的破灭而勇敢依然”（Weber，1948b[1919]：128）。几乎没有人预见到苏联会以那样的方式灰飞烟灭，那样让人措手不及。今天，我们只能设想，最近可能发生的俄国革命会采取什么方式。即便如此，韦伯在 1905 年第一次伟大革命期间表达的情感，与现在依然休戚相关：

> “你生之生前，悠悠千载已逝，但未来还会有千百年的默默期待，期待着你如何了却一生。”①卡莱尔这席令人心潮涌动的话本来是讲给个人听的，但现在它们在某种程度上不仅能如实地适用于美国，也能适用于俄罗斯，而且再过一代人之后很可能更适用。这就是为什么，尽管民族特征有种种不同，这一点请让我们诚实以对，国家利益可能也相去甚远，面对俄罗斯争取自由的斗争与参与斗争的人们，不论他们有什么样的“取向”（orientation）或者属于哪个“阶级”，我们能做的，唯有怀着深深的内心情感和关怀。（BD：111；参见 Weber，1948a[1906]：385）

译本的注解

这个译本是根据已经出版的《马克斯·韦伯全集》（*Max Weber Gesamtausgabe*，简称 *MWG*）其中的两卷，这个全集是韦伯全部作品的注释本，由霍斯特·拜尔、芮纳·李普瑟斯、沃尔夫纲·蒙森、沃尔夫纲·施路赫特以及后来加入的尤哈纳斯·维克尔曼共同编辑。当这个《马克

① “millennia had to pass before you came into being, and more millennia wait silently to see what you will do with your life.”

斯·韦伯全集》(*MWG*,*1984*——)注释本完成之时,预计会有三十多卷。

《俄国的资产阶级民主》(Bourgeois Democracy in Russia="Zur Lage der bürgerlichen Demokratie in Rußland"),《俄国向伪立宪主义的转变》(Russia's Transition to Pseudo-constitutionalism = "Rußlands Übergang zum Scheinkonconstitutionalismus"),我们可以在马克斯·韦伯的《1905 年的俄国革命》(*Zur Russischen Revolution von 1905*)一书中找到这些论文。这两篇论文在《论文集与讲演:1905 年—1912 年》(*Schriften und Reden 1905 - 1912*)一书的第 86—279 页,第 293—679 页,这本书是《马克斯·韦伯全集》第 10 卷(*MWG* Ⅰ/10)(Tübingen,J. C. B. Mohr[Paul Siebeck],1989),这一卷是由沃尔夫纲·蒙森和迪特马·达尔曼(Dittmar Dahlmann)共同编注的。这两篇论文最初作为 1906 年《社会科学与社会政策文库》的增刊发表,分别在第 22 卷第 1 期(Vol. 22(1))和第 23 卷第 1 期(Vol. 23(1)),这个期刊是由韦伯、魏纳·桑巴特、埃德加·雅费共同编辑的[26]。

韦伯在写这两篇研究论文时,就怀着它们应该是紧跟时局变化的目的,而文章的发表却因种种原因推迟了,这些原因包括排版的困难、韦伯字迹的潦草难辨、韦伯为了跟进事件的进程不断修改论文,以及韦伯与雅费在期刊风格问题上意见相左等等,韦伯因为文章延期发表而异常苦恼和暴躁。玛格丽特·韦伯在 1906 年 7 月 13 日写给她婆婆亨利娜·韦伯的一封信中,写道:"幸好,我是唯一听他破口大骂别人的人。"(Weber,1989:285) 29

《俄国的资产阶级民主》一文,最后在 1906 年 2 月 6 日发表了(韦伯在 1 月 29 日就给印刷商发去了最后的修订稿);《俄国向伪立宪主义的转变》一文在 1906 年 8 月 25 日面世;韦伯已经在 8 月 6 日递交了最后的校样。由于这些契合时势的增刊是韦伯本人的主张,他掏自己的腰包支付了出版费用。这两篇论文都印刷了 2000 份,其中 1200 份免费赠送给《社会科学与社会政策文库》的订阅者,其余的 800 份出售(前面这两段引用了蒙森和达尔曼的著作,Mommsen and Dahlmann,1989b,1989c)。

我们可以在马克斯·韦伯的《世界战争中的政治》(*Zur Politik im Weltkrieg*)一书中找到《俄国向伪民主的转变》(="Ruβland Übergang zur Scheindemokratie")以及《俄国革命与和平》(="Die russische Revolution und der Friede")这两篇论文。这两篇论文在《论文集与讲演:1914—1918 年》一书的第 238—260 页,第 291—297 页,这本书是《马克斯·韦伯全集》第 15 卷(*MWG* Ⅰ/15)(Tübingen, J. C. B. Mohr[Paul Siebeck],1984),这一卷是由沃尔夫纲·蒙森和冈国夫·胡宾根(Gangolf Hübinger)共同编注的。第一篇论文最初发表在弗里德里希·瑙曼的周刊《救助》第 23 期上(23(17),1917 年 4 月 26 日);第 2 篇最初发表在《海德堡日报》第 241 期晚间版上(1917 年 5 月 12 日)。

所有这些文章的手稿都没有保存下来。

我们非常感激《马克斯·韦伯全集》的德文编者;我们使用的这两卷书饱含学术精神,尤其是《马克斯·韦伯全集》第 10 卷(*MWG* Ⅰ/10),真乃叹为观止。有些读者可能对"德国人细致入微"的说法有些怀疑,应该请他们看看《马克斯·韦伯全集》的文本,在这些文本里他们会发现,德文编者们校对了韦伯数量庞大的注释的原始资料和统计计算,在全部有需要的地方都进行了修正;编者们尽一切可能、仔细查对了所有诗句或者典故的出处;所有历史事件都得到了解释和互文注解。我们在认为合适的地方,利用了这些充实的工具。这些注释在应该标出的地方,前面都会有[M-D]或者[M-H]①;韦伯本人的注释则加上[韦伯];作为英文编者和译者,我们自己的注释是加[Tr.],或者简单地用方框标出。这本书结尾处附加的术语表与组织和党派列表,几乎全部是摘自《马克斯·韦伯全集》第 10 卷(*MWG* Ⅰ/10)。

1917 年的论文(《俄国向伪民主的转变》与《俄国革命与和平》)是以完整的样式呈现给读者的。而 1905—1906 年的论文(《俄国的资产阶级民主》与《俄国向伪立宪主义的转变》)是经过裁减的;大约省略了

---

① [M-D]指沃尔夫纲·蒙森(Wolfgang J. Mommsen)和迪特马·达尔曼(Dittmar Dahlmann);[M-H]指沃尔夫纲·蒙森和冈国夫·胡宾根(Gangolf Hübinger)。——译注

原文一半稍多的内容。尤其是我们不得不大规模精简韦伯原书的注释,这些注释的内容包括他的资料来源、各式各样的统计计算、证明以及其他种类繁杂的附录。决定删除哪些东西,以及如何翻译,绝非易事,但是我们力图在主要文本中取得某种平衡,即在对韦伯本人强调的内容的忠诚与现代读者的兴趣之间、在韦伯的语言和英语的可读性之间取得平衡。某些人自然会热切提醒我们,这些人对历史主义者和现在主义者(historicist-presentist)之间的争论(比如,参见 Jones, 1983)或者对概念史(Begriffsgeschichte, 特别是 Koselleck, 1985 [1979])如数家珍,正如他们的提醒所言,我们试图做这样的平衡是有危险的。不过,坚持原汁原味(他们甚至假定出版社会接受这样的原汁原味!)也是有危险的,其中某些不明智之处是一眼就能看出来的。

一切翻译同时也是对作品的解释,不过至少有一个理由可以让人们相信,与他的哲学—方法论论著相比,韦伯的政治论著在解释上的难度要小一些。基撒拉·亨可(Gisela Hinkle,1986)已经雄辩地指出,翻译韦伯的哲学—方法论论著,要求对新康德主义的词语有透彻的理解,包括逻辑学、认识论等,因为韦伯比较赞同新康德主义,而出自盎格鲁-撒克逊学理传统的译者们总是倾向于低估或者忽略新康德主义。导致这种低估或忽略状况的原因很多,包括从粗枝大叶到某位译者有意或无意的本土化,这位译者会热衷于联结一个具体的文本和一项特别的科学研究(更多有关接受作品的过程的讨论,参见 Baehr and O'Brien,1994:第 4 章)。另一方面,对于韦伯的政治论著,我们有一种不同的情况。在政治上,韦伯是作为一个自由的、亲盎格鲁人士进行写作的,他向德国的读者们宣讲,让他们相信某些英美政治和伦理传统的德性。因此,对英语读者来说,相比于他的方法论论著,他们对韦伯的政治论著运用的词汇和概念工具要熟悉得多,也容易理解得多。当然,这不是说任何对韦伯的翻译都是直白的,也不是说任何翻译都是确切无疑的。任何翻译都不会是这样,这不仅是因为译著是一种不同于原著的东西,对译著的"改进"是"改进了译著,而不是原著本身”(Greenberg，1993:32)。对不相上下的词语进行语义的选择，也是一部译著常常会遇到的问题。

对主要文本一句以上内容的删除，都以如下方式注出：……对主体文本一句或一句以上内容的删除标注如下[……]。在我们认为对读者可能有帮助的地方，我们对省略的内容进行了总结，用自己的话插入文本。为了省略德文注释，我们一般尽量避免这么做。

31 由于韦伯顺其自然地用德文的形式来表达涉及的俄文词汇，这使俄文词汇的拼写变得复杂了。在把这些词汇译成英文的过程中，我们力图确定原来的俄文拼写，并采用前后一致的转译词汇表。在多数情况下，我们直接用对应的英文字母表示。但是在少数情况下，可供选择的字母可能不止一个。涉及的情况主要有：(1)俄文字母“e”，既可以用英文字母“e”表示(这种方法我们已经采用)，也可以选择发音一样的字母表示(“ye”或者“yo”，视情况不同而定)，比如我们用“Solovev”而不是“Solovyov”。(2)俄文字母 И 可以用“i”或“y”来表示。我们更喜欢用“i”。不过那些大家熟知的俄国人名，英语已经有了约定俗成的拼法，我们也对词汇表做了权变，保留了约定俗成的拼法(如“Gorky”，而不是“Gorkii”)。

致　谢

请允许我们向考文垂大学(Coventry University)和纽芬兰麦茅里大学(Memorial University of Newfoundland)的同事表示感谢，他们在这项翻译工作期间自始至终都给予了我们帮助和鼓励。在考文垂大学，我们要热情感谢：国家研究和国际法律学院的前任主任，米歇尔·史密斯，由于他的努力，我们的教学任务减少了；罗伊·邦维尔，她帮助我们进行了文字处理工作，以及安娜·邦维尔和其他从事德国研究的人员，韦伯语言的艰涩难懂产生了很多复杂的问题，安娜·邦维尔等人过去和现在一直都参与和支持这些问题的讨论。同样感谢俄罗斯研究领域和历史学领域的各位同事，尤其是帕维克·科尼斯和亚历山大·楚巴洛甫，科尼斯在俄文词语转译问题上给予了建议，楚巴洛甫则慷慨地和我们分享了他的俄语和俄国历史的知识。

在麦茅里大学，我们也从以下人士的建议中受益良多，他们是克姆·杜希、马克·耐顿、贺达·苏曼、荣·斯沃特、比特·斯卡拉、维克多·扎斯拉卫斯基，尤其是比尔·马克雷斯、沃尔克·麦加。我们同样感激麦茅里大学，因为由于文学院前任主任的友好帮助，这项翻译工作得到了麦茅里大学的资金支持。由于这项支持，我们才有可能在纽芬兰和考文垂之间往返，这样编者才能进行面对面的工作。比特·巴赫还要感谢他之前在莱斯特（Leicester）大学社会学系的老师们，尤其是克莱夫·阿希沃斯、克力斯·旦德科以及特里·约翰逊。莱斯特大学在1970年代的一段时期内，以长期的学术分化而著称，当时为社会学的讨论举办了一个让人耳目一新的开放式全球论坛；在这个论坛中，韦伯的作品格外受人青睐。我们也非常幸运地有安德鲁·维纳这 32
样的编辑，他是政体出版社（Polity Press）一位能干、负责、有效率的编辑。在这项工作的初期，著作家社团的译者协会（Translator's Association of the Society of Authors）的凯特·波尔和高顿·费尔顿两位曾给予了有益的建议和帮助，对此我们应该表示感谢。当然，这部译著最后结果的责任一概由译者自己负责。

最后，一份非常特殊的感谢，应该给予我们各自的家人，他们在这项工作的过程中给予了我们无限的支持，由于他们的大量牺牲，我们才能抽出精力从事翻译工作。

韦伯论俄国著作的英译本编者向安妮特、佩尼、撒拉·维尔斯以及贺达·苏曼献上他们的工作。

注释

1 海德堡是韦伯的家和大本营，它作为德国最有活力的俄国"殖民地"之一而为世人称道，这里聚集了一批活跃的、高度政治化的俄国移民（émigré）和学术群体。这些俄国的知识分子集中在大学、俱乐部和海德堡阅览室的周围，热烈讨论当前的文化和政治事件。韦伯因此能够和俄国学者以及激进人士一道讨论问题,并能接触到俄国的报纸(经常是在俄国境外出版的)、杂志还有其他文件。博格丹·克斯提雅克福斯基,他是维尔海姆·韦德邦和乔治·齐美尔以前的一位学生,这个人在引导韦伯关注俄国 1905 年开展的自由立宪运动上起了特别重要的作用。他还帮助韦伯获得了很多关键的研究资料。克斯提雅克福斯基是“解放联盟”(Union of Liberation)的一位成员,这个社团试图以自由民主为导向寻求俄国的政治现代化。解放联盟制定了一部宪法草案,并在巴黎出版,它首先于 1905 年 3 月份在俄国出现,之后 1905 年 8 月以《俄罗斯帝国基本法》(loi fondamentale de l'Empire Russe)为名出版了法文版,这部宪法草案正是韦伯在《俄国的资产阶级民主》一文中考察的对象,也是韦伯分析俄国状况的起点。

关于俄国殖民地以及韦伯和它的接触,参见蒙森和达尔曼(Mommensen and Dahlmann,1989a:5 - 8),我们就是从那里引用了这个注释。

2 韦伯自由主义的本质仍然是颇具争论的主题。参见 Bellay,1992:ch. 4; Beetham, 1989; Hennis, 1988:ch. 5; Warren, 1988。

3 1909 年 3 月韦伯在写给一家俄国报纸的信中说道,下面是从中摘取的段落,“我坚信俄国的重建终会到来,并且从结果上看,俄国尽快重建正符合德国的33 利益,这样我们就能通过国与国之间的直接接触,解决一些让我们处于敌对状态的问题。因此,我对俄国自由主义运动长期以来的全部同情,不仅是考虑到我们共同的、高尚的文化任务,而且是考虑到德国利益面对的紧迫任务”(韦伯,1989:692)。

4 这次大会的《十一条纲领》的译本可以在哈卡夫的附录中找到(Harcave, 1964:279 - 281)。

5 此时俄国通行的日历(儒略历,Julian)比今天通行的格里高利历要晚 13 天。这两种日历的计算方法在这个导言里都提到了。

6 除有说明外,凡是文中有强调的字句都来自韦伯的文本。

7 从历史上看,“雅各宾”这个术语一般与所谓的“共和二年的雅各宾共和国”(Jacobin Republic of Year Ⅱ,1793 年 6 月- 1794 年 7 月)有关,法国大革命期间人们建立了民粹主义的专政政权(dictatorship),这个政权以城市劳动者与小资产者为一方(“Sansculottes”,无裤套汉),以一部分激进的中产阶级为另一方,二者在这个政权中形成了暂时的联合。专政政权的领袖包括圣·于斯德、马拉、丹东以及最恶名昭著的罗伯斯庇尔。这个政治集团由公共安全委员会领导,以“恐怖”著称,至少处决了 17000 人。霍布斯鲍姆曾对这些事实有简短的评价(Hobsbawm,1973[1962]:89－94)。

关于列宁也受到雅各宾派思想的强烈影响,尤其是他通过博特·特卡切夫的观点受到了雅各宾派思想影响的论断,可以参见斯扎穆勒的著作(Szamuely,1974:287－319)。人们可以在列宁的著作(Lenin,1964[1917])看到列宁本人对雅各宾主义的定义:"无产阶级历史学家认为雅各宾主义是一个被压迫阶级解放斗争的最高峰之一。雅各宾派给予了法国一个民主革命的最佳模式,也把应对各国君主联合反对共和国的最佳模式给予了法国",等等。

(Sansculottes 是法国大革命期间,贵族对极端激进的共和党人的蔑称。——译注)

8 解放联盟的纲领和立宪民主党的纲领可以分别参见哈卡夫的著作(Harcave,1964:273－279,292－300)。

9 在《经济与社会》(1978a[1910－14]:516)中,韦伯回到了这种分裂,也就是"世家贵族(patrician)、学院派和贵族的知识分子"(比如第二要素)和"无财产的小官员代表的平民智识主义(plebeian intellectualism)"之间的分裂,这些最下层的小官员很擅长社会学的思考,并对广泛的文化旨趣了如指掌;这个阶层主要由地方自治会的工作人员(也就是所谓的"第三要素")组成。

10 关于韦伯作品普遍接受的阶段的讨论,可参见安东尼和蒙森的作品(Antoni,1962[1959,1940]:ch. 4;Mommsen,1974:ch. 1;Scaff,1984)。

让我们来更为细致地考察一下一位英国研究韦伯的顶尖学者——凯斯·椎柏(Keith Tribe)——提供的划分方法。根据椎柏的看法,把韦伯的思想轨迹区分为三个阶段是颇有裨益的。第一个时期,大约从 1892 年到 1897 年,这"是一个'公共'政治阶段,后俾斯麦政治格局的新机构成为这个阶段的主角:社会政治协会(Verein für Sozialpolitik)、基督教福音—社会大会(Evangelisch-soziale Kongress)、泛德意志联合会(Alldeutscher Verband)——这些经常集会的机构,致力于引领'公共意见'并发行文学作品和报纸"(Tribe,1989[1983]:86)。在 1892 年到 1897 年期间,韦伯关注的是普鲁士地区的农业劳动力问 34
题以及这个问题对德意志政治的意涵。然后,就是第一次历时若干年的精神崩溃,随后是强制性的恢复,在这段时间里很多不同的问题都引起了韦伯的关注。从 1903 年到第一次世界大战,"很明显,他的关注点越来越倾向于严格的学术取向:反对大学聘任政策的某些规定,负责社会科学杂志的编辑事务,帮助筹建社会学协会"(Tribe,1989:87)。最后,从大战爆发到 1920 年去世期间,韦伯一直在"宗教论著与反思一战对德国政治的影响"的文章撰写之间来回游走(Tribe,1989:87)。

椎柏的分类是一个有用的分类,他是第一个认识到所有这些阶段并不是密不透风的人。尽管如此,我们也要注意到他的类型划分遮蔽了的东西:我们越是阅读韦伯的作品,我们就越能意识到一个想法,即抛弃韦伯解释者一切范畴性的界线划定。韦伯 1905—1906 年关于俄国的著作已经足以说明这一点。在椎柏划定的第二阶段中,韦伯的"活动领域"实际上是政治性的而不是学术性的。韦伯在这一点上的态度是很清楚的。韦伯认为《俄国的资产阶级民主》和《俄国向伪立宪主义的转变》都是"社会-政治"报告,它们是要处理紧迫的时事问题;严格来说,这些文章缺少私人的和时间的距离,韦伯认为这种距离是有见地的学术视角必需的。韦伯不但以他怪异的轻描淡写来看待他在俄国"新闻工作"方面的努力(Weber,1989:282);甚至还嘱咐他的出版商保罗·塞尔贝克:"请不要以任何理由把增刊(《俄国的资产阶级民主》一文)寄给任何学术期刊。这么做会造成一种这篇增刊是一篇具有学术质量的作品的印象。但这篇增刊并非如此,相反它是实实在在的、流传于民间的各种信息的集合"(寄给塞尔贝克的一张明信片,日期是 1906 年 1 月 26 日,引自 Weber,1989:74 页第 20 个注释;加重号是原文就有的)。针对我们漠视分阶段的观点,有人会反对说,任何分阶段都是一种强调,而且仅仅用两篇文章并不能削弱椎柏的观点。这些文章确实没有削弱,不过它们也不仅仅是僭越了"某个阶段":这几篇文章近 25 万字,它们是韦伯政治论著中部头最大的作品。

11 韦伯在他《斯塔穆勒对唯物主义历史观的"驳斥"》("Stammler's 'Refutation' of the Materialist Conception of History"),即《对斯塔穆勒的批判》(*Critique of Stammler*)(1977[1907]:62 - 70)一文中,滑稽地模仿了"精神论"对文化历史的解释。通过一个"历史精神论者"和一个"经验主义者"的一场虚拟对话,韦伯刻画了历史精神论者的还原主义推理方式,并指责了它把"学术神秘化"的做法。然而,这场对话作为一种文字设计,也可以简单地适用于批判"唯物主义历史观"如出一辙的逻辑推理,按照韦伯的说法,唯物主义历史观在一切本质问题上都复述了"历史精神主义"的荒谬之处。

韦伯对鲁道夫·斯塔穆勒的愤怒攻击(鲁道夫·斯塔穆勒是一位法学家、认识论方面的学者,《经济与法律的历史唯物主义观:一项社会哲学的研究》〔*The Historical Materialist conception of Economy and Law: A*

Sociophilosophical Investigation，1906 年第 2 版〕的作者），似乎是他中断了对“俄国革命的灾难”（这是韦伯后来对俄国革命的说法）的分析之后撰写的第一批主要作品中的其中一篇。在写完 1905—1906 年关于俄国的论著之后，韦伯曾有过精神抑郁（“罪恶者”〔the Evil One〕），这可能有助于解释韦伯论斯塔穆勒文章的愤怒口气，关于这件事的某些生平细节参见玛丽安娜·韦伯的著作（Marianne Weber，1988[1926]：361 - 366）。

12 1906 年 6 月 5 日，国家社会协会（Nationalsoziale Verein）在海德堡组织了一场讨论，海德堡日报对此进行了报道，这篇报道说：“韦伯认为，只要人民的宗教信念令他们相信现存政权是上帝安排的不变秩序，[俄国]自由派斗争就没有获得成功的可能性。而且在可以预见的未来，这件事情发生变化的可能性微乎其微”（Weber，1989：700）。

13 在这段文字中，韦伯还写到了俄国“‘历史’维度的缺失”，以及它“从零开始”构建一个自由文化的机会（BD：110—111），但有些前后不一。韦伯这里的隐喻说法最好是用来指涉这样一个俄国，即它的未来仍然极具可塑性。如果是这样的话，对俄国论著进行的分阶段就显得非常苍白无力，但这并不能证实理查德·派柏斯（Richard Pipes）据此作出的让人目瞪口呆的推理。理查德·派柏斯就韦伯的“哲学取向”与莱布尼茨的哲学取向进行了比较，派柏斯指责正是两人的哲学取向使他们没有考虑到俄国发展的具体性。“在韦伯与莱布尼茨的观点背后，都隐藏着同样静止的历史观、同样的演绎方法、同样对地方性传统的忽视、对一般价值的强调，以及同样以理性标准来判断进步的倾向”（Pipes，1955：399）。韦伯是一个万事都要回到历史情境中的人；他是一个认为作为“具体实在的科学”的社会科学旨在“理解我们身处其中的实在的特有的独一无二性”的人（Weber，1949a[1904]：72；参见 68、94 页）；一个认为地方性传统既不是自由立宪主义的中介，也不是它的障碍的人；一个认为“普遍价值”，跟“人的权利”一样，并不是本体论意义上的品质，而是文明的造物的人；一个认为当进步这个词不在纯粹技术意义上来使用时，它本身是一个内在价值有待评估也是值得争论的概念的人（Weber，1949b[1917]：27 - 37），对这样一个人来说，派柏斯的指责有可能成立吗？韦伯的科学哲学，以及在更一般意义上的关于社会生活的哲学，在形式化的意义上显然有些含糊不清，他的哲学蕴涵着主题的张力（Oakes，1982）。不过在开始撰写俄国论著前大约一年时间里，韦伯就极力批判派柏斯加在他头上的那些观点，这种批判持续到第一次世界大战结束并延续到后来。

14 俄国的公社(obshchina)是16世纪出现的,并很快成为俄罗斯国家基本的行政单位。农民称它为“Mir”(米尔)意思是世界(world)、大地(earth)、宇宙(universe)。更具体地说,这个村社(village)共同体是一个“强制性的国库税收群体,它的创制……是为了确保公社成员有秩序地支付*tiaglo*(lit.“负担”=国家税收)。公社是以成员共同支付税收的原则、以集体责任的原则作为基础,实际上公社是一个整体共同体的集体保证。为了完成任务,公社逐
36 渐获得了广泛的权力:它在成员之间分配税收的义务、强制支付、防止成员逃税(逃税就意味着剩余农民的税收会相应的增加);后来公社还承担了提供兵源、执行惩罚、流放懒惰或者犯罪的成员到西伯利亚等责任。公社最重要的功能已经变成了村社的经济管理,通过分配给每个成员相应的一块土地……这块土地大致上跟成员的家庭规模成比例,以获得支付税收所需的钱。共同体定期在它的成员之间重新分配土地”(Szamuely,1974:47)。

15 细节请参见罗尔和桑巴特(Rohl and Sombart, 1982)。

16 魏阙·莫瓦(Vatro Murvar)认为韦伯并非是一个厌俄主义者,这是正确的,但魏阙·莫瓦低估了韦伯对沙皇体制攻击的不遗余力。参见Murvar, 1984:238。斯塔分·布鲁尔(Stefan Breuer)已经有力驳斥了莫瓦关于后期沙皇的政治政权与苏维埃的政治政权是家父长制(patrimonial)的观点,参见Stefan Breuer, 1992:272 - 275。有人可能会提到韦伯对“沙皇派的家父长主义(tsarist patrimonialism)”(在1978a:1064 - 1068)的讨论,莫瓦曾多次提到这点,但韦伯的论述几乎完全集中于从彼得大帝到凯瑟琳二世(1796年去世)时期。这些篇章里根本没有提到亚历山大三世与尼古拉二世。

17 关于德国与俄国状况的比较,可以参见佩里·安德森的著作(Perry Anderson,1974:354)。安德森对韦伯著作的解读公认是非常出色的,他在《绝对主义国家的系谱》(*Lineages of Absolutist State*)一书中大量引用了韦伯的论断;然而奇怪的是,安德森完全没有提及韦伯1905—1906年关于俄国的论著。

18 这类解读中的佼佼者总是试图避免把韦伯勾画成这样。比如,参见帕金合理、透彻的解释(Parkin, 1982:40—70)。

19 有关这类文献的例子,可以参见蒙森和达尔曼列出的长长的文献记录(Mommensen and Dahlmann,1989a:51,第176个注释)。理查德·派柏(1955)在向德国和其他国家的历史学家和社会科学家等学术听众介绍韦伯的俄国著作这件事情上厥功至伟。

20 韦伯最著名的书无疑是《新教伦理与资本主义精神》(1930[1905])。虽然这本书后来是与作为“社会学家”的韦伯联系在一起的,但最初在英语世界中,它是作为一部经济史的著作受到人们的关注的。而且,即使当《新教伦理与资本主义精神》进入韦伯社会学的阵营,它也不能展现出格斯和米尔斯以及各个版本的《经济与社会》所说的“一般”社会学。人们还普遍同意,让韦伯成为德国与德国之外的社会学巨匠的人之中,最为重要是一位美国人,即塔尔科特·帕森斯。

21 克力夫·阿雪胡斯(Clive Ashworth)与克力斯托夫·旦科(Christopher Danker)近来复兴了“新马基雅维利主义”的提法(1978:3-8)。宽泛地说,“新马基雅维利主义”意味着关注“不同社会之间(inter-societal)的关系”(比如,战争、外交以及更为一般意义上的地缘政治),帕雷托、莫斯卡(Mosca)、米歇尔斯(Michels),尤其是马克斯·韦伯等人都持这样的观点。阿雪胡斯和旦科可能也提到过奥托·亨特茨(Otto Hintze)。参见奥托·亨特茨的《军事组织和国家组织》(*Military Organization and the organization of state*, 1975[1905])。亨特茨在这本书第195—196页有对马基雅维利的评论(“新时代之始最伟大的理论家之一……他结合了战争的技艺和国家治理的技艺”)。泛泛的论述亦可参见曼的著作(Mann, 1986)。

(罗伯特·米歇尔斯,德裔意大利籍政治社会学家,19世纪末德国社会民主党的重要成员之一,著有《寡头统治铁律》;加埃塔诺·莫斯卡,19世纪末意大利著名学者,著有《统治阶级》。——译注)。

22 《经济与社会》第2部分第9章“论政治共同体”,也引起了人们的注意,但程度要低一些。(格斯和米尔斯已经在他们的书中以“权利的结构”和“阶级地 37
位和政党”为题译出了这章的大部分内容。)

23 以及对后苏维埃案例的兴趣。参见亚当·米契尼克(Adam Michnik)对莱赫·瓦文萨的强烈批判(1990:47f)。米契尼克把瓦文萨描述为一个克里斯玛型的人物,他在危机时刻极富睿智而且不可或缺,然而一旦民主政府建立之后他就会成为灾难。虽然米契尼克没有提及韦伯的名字,但是在米契尼克的这篇文章中,这位德国作者的影响随处可见、毋庸置疑。

(莱赫·瓦文萨,lech Walesa,团结工会的领袖,后来成为波兰总统。——译注)

24 因为科林斯的预测是以对韦伯理论有意识的运用和发展为基础的,尤其是韦伯在《经济与社会》中形成的理论,所以值得我们稍作停顿来对科林斯的论述作若干细致的研讨。

科林斯提出的地缘政治理论包括三个可以累积和相互作用的原则：第一，规模和资源优势（“军事力量是经济与人口规模的函数，而不是每个人的经济平均量的函数”）；第二，位置优势（“与在更多方向上有强大邻国的国家［‘内陆国家’（interior states）”］相比，在更少方向上有强大邻国的国家［边陲国家］更有优势……边界优势会使规模和资源优势积累，并使它发生作用）；第三，国家的内部分裂（“当国家边境多面受敌之时，经过相当长时间后，内部领土就可能分裂为大量的小国家……这些小国家的力量不是相互累积的而是变化不定的”，Collins，1986：187－188）。就这三个原则而论，科林斯进一步把它们扩展到强国的僵局和帝国的过度扩张等让人困惑的问题上去。科林斯就是运用这个理论框架来讨论“俄罗斯帝国”（即俄罗斯起支配作用的苏维埃联盟）的案例。科林斯认为，俄罗斯帝国是极有可能要崩溃的，这是因为它有致命的结构弱点。尤其是，俄罗斯已经失去了“边界”的优势，成为了一个“内陆”国家。此外，面对冷战施加的僵局，俄罗斯正促使“多极世界的重新出现”，它在经济与政治领域的过度作为进一步加剧了这个局势。

这是对一个更为精确和细微的论证的大致描述，不过这里已经足够了。因为科林斯的分析深刻展现了韦伯式思维的丰富性，上一段文字已经表明了这一点。它们也证明了科林斯本人作为一个应用社会学家的非凡天赋。这一章我们已经总结的某些论述是非常了不起的：“从长远来看，俄国会分裂为一系列小国”（1986：196）；“任何一个附属国争取自由的成功，都会急遽增加大量邻近国家获得独立的机会”（1986：202）；“很有可能，一旦第一轮严重危机造成东欧的丧失，就会使内部弱化的累积过程运作起来，最终会导致那些次一级的国家，也就是不同族群（ethnically）的占领地区的瓦解：波罗的海诸国、乌克兰、高加索地区以及中亚穆斯林地区”（1986：203）；“族群自治国家的结构的重要性……在于它维持了族群的身份认同，同时提供了一个组织框架，一旦中央政府受到重创，这个组织框架都会让真正分离的国家有一席之地”（1986：204）。

最后，让我们注意一下科林斯的分析与很多其他可供选择的分析也是一致的（事实上科林斯的分析具有预见性与体系化），这些可供选择的分析是人们最近对苏联及其在中东欧的附属政权的解体提出的解释。这些分析包括：体制上的无效率和浪费的指令经济的长期结果；核武器军备竞赛和更普遍的社会军事化，勃列日涅夫（Brezhnev）时代军事费用侵吞了“25％到30％的

GDP”(Hirst, 1991:227),并且从民用部门夺走了各种有价值的资源;政治精英的信心流失不再能让人们相信他们有统治的权利(Ash, 1990:19);作为社会凝聚力的苏维埃-马克思主义的意识形态的解体,以及那些意图公开挑战体制的勇气(可以参见 Gellner, 1992 - 1993:191)。解体的另一个原因是苏维埃的民族政策。族群隔离和整合、偏袒和压制的技术,实际上有助于塑造民族,而不是拉平它们,这种政策引起了一场离心运动,现在它的结果已经呈现在我们眼前(Zaslavsky, 1992:esp. 105106;参见 Sunny, 1992)。

科林斯的论述(它是科林斯以前著作的精华,Collins, 1981,1978),比保罗·肯尼迪名声载道但准确度较差的《大国兴衰》(*The Rise and Fall of the Great Powers*),要早两年出版,比柏林墙(Berlin Wall)倒塌要早 3 年。

25 俄国需要剧烈的政治和经济变革,这种变革也需要领导,这里韦伯的论著再次产生了回应,或者可能是反向回应(anti-resonance)。相关讨论的落脚点是韦伯对战败与旧秩序崩塌后的德国社会面临的诸多难题的分析。韦伯呼吁,在这样的危机情况下,毫无决断力的议会以及利益群体对王室的忠心,会严重阻碍政治领袖和重大的社会变革,韦伯支持形成一种“平民选举”(plebiscitarian)的总统制:德意志帝国的总统由全体人民直接选出,而不是像法兰西第三共和国那样由议会代表选举产生。韦伯写道,一个“平民选举”的总统,面对各种离心力量时,能为初生的共和国提供巩固统一的前景;一个“平民选举”的总统,会采取各种经济措施,以促进战后德国的金融和制造业复兴的前景;一个“平民选举”的总统,会提供强有力的个人领导的前景。简而言之,由人民选举产生的总统,可以为正当性供给一个集中的源泉(不像议会,各派系和各种利益四分五裂),唯有如此,才有可能为社会的现代化提供足够的公共支持。韦伯使用了罗马共和国的习惯用语,对此他并不觉得有什 39
么羞愧,韦伯把总统描述为一个“民主专政者”,没有这位民主专政者“我们的经济重建,不论以什么东西做基础,都没有可能”(Weber, 1986[1919]:129;亦可参见 Baehr, 1989)。

对于公民(civil)自由和政治自由来说,平民选举总统的方法的危险性是显而易见的,而韦伯试图减小这种危险;在韦伯思想的这个节点上,自由至上(libertarian)和“民主”之间的张力充满了不一致之处。不过当俄罗斯第一个平民选举的总统,鲍里斯·叶利钦(Boris Yeltsin)与议会发生冲突之时,他可能正是借助韦伯的这种策略才选择了在 1993 年 10 月解散议会,并通过全民投票(referendum)和新的选举,向人民求助以获得支持。然而 1993 年 12 月的结果矛盾丛生，全民投票的结果增强了总统职位的权力，同时又产生了一个有极右倾向的议会，这个议会极力反对试图给予总统更多权力的总统制度改革。不过所有这些自然都是“当代史”，在这本书面世很久之前就会晦暗不清。

（libertarian 一词最初的英文表达是“laissez faire”，这个词是法语，最先是由一个法国的部长使用的，意思是“leave us alone”，后演变为自由至上理论的术语。在美国立宪史上，libertarian 一词是专门指把《权利法案》中的民事自由放在第一位的主张和做法。——译注）

26 《俄国的资产阶级民主》结论篇章的一部分，之前已经由艾黎克·马舍斯以《沙皇俄国自由民主制的前景》为题译出，参见卢斯曼编辑的文集（Runciman，1978：269－84）。马舍斯的译文做到了信与达的完美结合，对此我们敬佩万分，我们认为实难望其项背。

俄国的资产阶级民主

俄国的地方自治会运动①

之前经作者的慷慨允许，我们在《文库》上刊登了一篇说明性的文章[1]，这里请允许我就这篇文章做若干评论，这些评论会涉及俄国的政治形势，这种政治形势促成了一部宪法草案[2]。至于这部宪法草案在即将到来的政治论战中有什么实际意义，还不得而知；不过就我们的目的而言，这部草案已经足够了，它折射出了俄罗斯爱国人士的一种特定政治思维方式，这些爱国人士能力卓越，富有理想，考虑到他们万分艰难的处境，不论他们的事业最后能否成功，就个人而言，我们都非常喜爱他们。事实上，总体上说，这些爱国人士绝不可能是德国文化的朋友，在俄国的土地上他们常常是德国文化的仇敌，他们在政治上对德国非常不友好，但这些都不会妨碍我们对他们的尊重。宪法草案是由"解放联盟"(Soiuz Osvobozhdeniia)的成员起草的，这部草案是经过地方自治会成员大会和杜马[3]讨论的各部草案之一。

① 地方自治会(zemstvo)是俄国欧洲部分及乌克兰的地方自治机关，有省、县两级。县级自治组织由地主、城市居民和村社选出，再在此基础上选出省级自治会，后者多由贵族操持。地方自治会支持立宪改革，支持1904—1905年和1917年的两次革命。1917年改组，十月革命后撤销；详细情况参见术语表。——译注

现在要对各个组织作一下简要介绍，这些组织是自由与民主运动的担当者。

“解放联盟”是1903年[4]夏天成立的（这个组织的正式组建要到1904年[5]1月，在彼得堡完成），这个组织成立那天，人们本来是在黑森林[①]度一个公共假日，帕其可夫兹（Petrunkevich）[6]主持了组织的成立，此人是一个地产主，他和特伏省（Tver）地方自治会一起受到了普列夫的惩处[7]。组织的参与者来自截然不同的阵营，从地方自治会的立宪派到“社会主义革命党”。只有正式的社会民主党拒绝参加。大约1/3的成员是地方自治会的人。其余的人来自“知识分子阶层”的各个团体。

42 这场运动的主要宣传媒介是彼得·帕其可夫兹的双周刊《解放》，这份期刊得到了解放联盟的支持，它于1902年在斯图加特市创刊，后来，由于遭到德国警察的迫害迁往巴黎，德国警察[8]总是令人遗憾地充当俄国政府的忠实鹰犬；在这份期刊受到审查期间，它在海外的订阅者大约有4000人，在俄国大约是这个数字的两倍（?）[9]。订阅这份期刊的费用，尤其是走私进入俄国的费用，一定是很昂贵的。就资产阶级民主这个词最宽泛的意义来说，人们一定会发现这份期刊具有的影响力给“资产阶级民主”提供了很大支持，特别是考虑到它从社会改革者的脑中清除了“民粹主义者”的浪漫精神。对期刊的阅读者来说，彼得·斯楚夫（Peter Struve）这个名字如雷贯耳，这个人对资本主义见解深刻、了如指掌，他最初深受马克思主义的影响，并认定自己一生真正的使命就是与“民粹主义者”的浪漫幻想做斗争[10]。解放联盟没有资金创办自己的日报；但另一方面，它却在道德上，无疑也在补助方面支持了现有的新闻机构[11]。毫无疑问，联盟的组成要素千差万别，还有它必然要采取“阴谋性”的组织形式，这就导致了力量[12]的分散，而且，倘若不是斯楚夫将他们团结在一起，力量很有可能会分散得更厉害。

1904年秋天解放联盟的形式最终确定下来，在它周遭已经有了地

① 黑森林（Black Forest）是德国西南部一个的自然风景区。——译注

方自治会和杜马的组织。大家都知道，现在地方自治会和杜马是乡村或城市中的有产者阶级的代表机构，它们是根据"等级"和"财产选举资格"(census)[参见术语表]①定期选举产生的(每三年一次)；地方自治会是在两个地区级别上组建起来的，县级(uezd)与省级(guberniia)，地方自治会的成员，除委员会("uprava")的成员外[参见术语表]，都是无薪的(honorary)办公人员。自治会委员会是地方自治会会议选举产生的机构，有一个主席和两至五个付薪的成员。当然，地方自治会和城市杜马遭到了官方的禁止，但自1904年秋天以来，省地方自治会的"泛俄罗斯大会"和较大城市的杜马就开始组织起来了；它们代表了立宪民主运动，它们的成员的影响力也越来越大[13]。

1904年11月第一次地方自治会大会在彼得堡召开，只有20个省参加，原因是斯维亚托波克-米斯基治下政府摇摆不定，一开始只是同意大会在彼得堡召开，因为在彼得堡政府可以进行控制，在莫斯科就不行了。但在最后一刻，政府还是不允许它召开，但是没有成功，因为不论是这次大会，还是后来在莫斯科召开的大会，参与者都是不顾禁令进行集会的，他们拒绝解散，而且还让警察编撰一份关于他们会议的报告。

这一举动既让自由运动感到自己是多么的摇曳不定，又感到大会自举办以来是多么的兴盛，在第一次大会之前，他们甚至不敢奢望支持立宪决议的人会多于14人。事实上，《十一条纲领》，包括建立人民代表制度的要求，在只有斯登伯克-费谟伯爵(赫尔松省②)一人投票反对的情况下获得通过……决议并没有直接递呈沙皇，而是呈给了内政大臣(斯维亚托波克-米斯基)，事实上，因为大会本身是非法的，所以决议是由各省地方自治会递交上去的，为了征求意见，大会之前就已把决议转交到各省地方自治会手中了[14]。我们知道，后来沙皇曾把彻尼格夫省级地方自治会的相应决议称为"放肆无礼的"。 43

① census(俄文：*tsenz*)根据财富或财产的选举资格。参见术语表。此处简化译成财产选举权，下同。——译注

② 赫尔松(Kherson)是现乌克兰南部一个港口城市。——译注

1905年2月地方自治会大会再次召开，4月份又召开一次（这次2/3的省份派出代表参加）。

立宪民主党和斯拉夫派，他们都要求在5月份召开各自的大会；在对马岛战争①的影响下，两派联合成立了“联合大会”（5月24日和25日），这个大会向彼得宫②派遣了代表团（6月6日）。

沙皇曾亲口说7月份大会参与者是“言辞空洞无物的人”，同时这次会议也是所有会议中最后一次被警察视为在一定程度上“非法的”会议[15]。随后的9月份大会就没有之前那么麻烦，9月份大会是为了商讨布理金的杜马计划，在沙皇政府发表《十月宣言》之后，11月6日—13日的大会也没有遇到什么麻烦，11月6日—13日的大会让人们对维特伯爵有了信心，这种信心依赖某些普遍的“条件”，德国新闻界对这次大会做了详尽的报道[16]。前几次地方自治会大会纯粹是地方自治会的集合。各个城市的代表时不时举行各自的大会；只有在7月大会上，除一些反动的城市杜马外，他们实现了普遍的代表。地方自治会成员中的立宪民主派通常会在大会之前召开他们的会议——只有在1905年7月他们是在大会之后召开的。

自由运动和地方自治会组织的结合有两个巨大的优势：

第一，这种结合保证了一个合法性基础，这种合法性基础可以确保政府，在经历了下面将要提到的莫斯科地方自治会事件之后，至少这个时候不敢完全镇压地方自治会。

第二，有一个形式上合法的“地方自治会委员会”（“uprava”），它为大会从事筹备工作，准备并且引入各次会议的各项决议。这个委员会独立于由各个地方自治会组成的年会（通常在深秋举行）。尤其是
44 正式的省、县地方自治会会议合法任命的主席团成员，也就是贵族选举产生的各个首席贵族，当他们在个性上普遍倾向于反动时，委员会的独立性就更重要了。

---

① 对马岛（Tsushima）是朝鲜海峡同对马海峡之间的一个岛屿。——译注

② 彼得宫（Peterhof），又称夏宫，位于圣彼得堡以西29公里的芬兰湾，是彼得大帝所建的夏日皇宫。——译注

莫斯科地方自治会委员会控制了泛俄罗斯大会的领导权，委员会早在1902/1903年就已经安排了各地方自治会之间的论辩，当时它们的论辩仍然是非政治性的。普列夫曾以地方自治会反对专断统治[17]为由，解除了"温和自由派人士"斯拉夫菲勒·斯波夫的职务，通过这种方式，普列夫无意间地肯定了莫斯科地方自治会委员会非常适合担当政治运动的领导任务。斯波夫能名噪一时全仰仗于他这次被解职。人们选举了激进派人士格洛文取代斯波夫的位置，考虑到就在不久前，普列夫也以领袖人物（帕其科维茨、德·罗伯蒂以及其他人）反对专断统治为由，解散了特弗省地方自治会，所以当时他不敢干涉莫斯科地方自治会的选举。不过，按照大会参与者的说法，如果让斯波夫担任地方自治会委员会的领袖，那么在莫斯科召开的各次伟大激进的地方自治会大会不可能以在格洛文领导下的形式召开。

至于这种地方自治会自由主义的社会组成部分，的确，地方自治会和杜马有选举资格的那些成员，一部分人是根据财产所有权选举产生的，另一部分是根据各个选举阶级选举产生的，这些选举阶级取决于登记，这一部分人还必须满足财富选举资格的标准。柏林的社会民主党人学会了如何伪造获得房屋所有者的资格，比如，他们的方法有，每人分有一间房屋1%的份额。同样，比如当一个市政府特殊的行政改革需要一个专家积极参与时，地方自治会就通过虚假的财富转移，为俄罗斯"知识分子阶层"的成员创造了被选举资格（角逐选举的权利）。因此在地方自治会大会中，我们会发现在自由派地产主周边，俄国学院派的知识分子与政治作家[18]，或者至少是那些宣传自由的人在大放异彩。在可以比较的范围内，俄国地方自治会大会的组成本质多少让我们想起了1848年预备议会和法兰克福国民大会，但不是柏林国民大会[19]。

除有地方自治会的34个省之外，现有的农会，以及其他为了在大会上有一席之地的协会，还有另一些协会，我不可能一一列举，它们都创立了临时的选举机构。不管怎么说，在最后一次地方自治会大会上，就连那些没有组织起来的地区也得到了代表，包括西伯利亚和外高加索，11月的大会甚至波兰人都加入了。不过没有哪一次大会达到真正的一统，因为迄今为止，很多地方自治会和城市杜马要么拒绝参
45 加(比如基辅市)，要么只有个人代表(比如彼得堡)。(事实上很多县级地方自治会非常反动。)

如果我们不是从一个经济阶级的意义上理解资产阶级，而是从对生活的一般态度和教育水准上理解，那么选举产生的地方自治会的无薪成员(公共活动分子，或者正式的地方自治会机构成员)主要就是代表了“资产阶级”的知识分子阶层。而另一方面，真正的“资产阶级”，尤其是大实业家，在地方自治会中相对而言倒缺乏影响力。

因而早在1905年3月11日，莫斯科领导下的重要县的代表、诺贝尔(Nobel)领导下的彼得堡资本家，以及阿弗达克夫领导下的南俄罗斯矿工，一起向内政大臣布理金抗议，布理金曾接见了他们，但同时对地方自治会和城市杜马的代表可以代表“舆论”的能力提出了质疑。

从经济的角度看，地方自治会的自由派一般都是“非利益诉求的党派”，他们代表了一种政治的、社会的理想主义，这种理想主义在当前的德国也不容易组织成为一种公共生活的力量，国民社会协会(Nationalsozialer Verein)的命运已经说明了这一点[20]。根据俄国官方的说法，与地方自治会领薪工作人员中的准无产阶级[“proletaroid”]知识分子相对，地方自治会的自由派构成了地方自治会中的“第二要素”，由于第二要素这一用词的缘故，普列夫在谈到地方自治会领薪工作人员中的准无产阶级[“proletaroid”]知识分子时，偶尔会刻薄并带有威胁语气地称它们是“第三要素”[21]，正如我们之后就会看到的那样，这些知识分子还与有类似社会性特征的其他阶层实现了联合，这些阶层主要是“诸联盟的联盟”(Soiuz Soiuzov)[22]的成员，如果说不全是的话。

第三要素构成了数量庞大的官僚人员(据称有五千多人)，他们与“地方自治会委员会”一起承担了地方自治会的日常工作[23]。有人嘲笑第三要素的“体系”偏好，这种偏好激发了这个阶层激进的思想体系，而有些外国人则对地方自治会浩瀚的统计材料抱怨不已，他们经常无

力区分哪些材料是重要的、哪些是不重要的。与此同时，第三要素表现出了鲜明的理想主义和肯做牺牲的意愿，这也是真正“与人民一道并在人民中”生活的公仆的唯一范畴，他们的理想主义与意愿是在伦理上最令人满意也是最有价值的东西之一，今天的俄罗斯必须拥有这些东西。

“解放联盟”的宪法草案

“解放联盟”和地方自治会立宪派孕育了立宪民主党。地方自治会的7月大会接受了一个建议：任命40名代表与解放联盟以及诸联 46
盟的联盟的代表谈判；解放联盟也任命了40名代表，立宪民主党于12月12日至18日（旧历法）在莫斯科成立。由于罢工，当时的莫斯科与外界失去了联系，所以我没有得到关于这件事情进程的进一步报道。可以肯定的是，诸联盟的联盟没有参加立宪民主党，这个联盟的成员认为，立宪民主党太温和了。

解放联盟确实是解体了，不过是在彼得堡集团否决了米留可夫教授和斯楚夫提交加入立宪民主党的申请之后解体的，彼得堡集团猛烈攻击斯楚夫是一个“假装绅士的外国人”。彼得堡集团暂时作为残余继续存在，后来在12月份成了一个社会政治俱乐部，根据报纸报道，斯楚夫成立了一个模仿费边学社①的社团作为对彼得堡集团的反击。

现在，曾促成解放联盟团结的要素正在开始分裂，在诸联盟的联盟中得到代表的准无产阶级知识分子，开始我走我路，而“资产阶级”知识分子也一样，这些知识分子本质上是一个地方自治会党派。

地方自治会的4月大会目前采纳了一部草案作为协商的基础，它是由一些“解放联盟的成员”提出的，我们现在论述的就是这部草案[24]，同时委员会也成立了一个专门委员会修订这部草案。现在我们已经可以拿到同样题名的草案的修订版了。草案的修订版对原版的改动主要是删除了涉及“最高法院”的内容，并删减了芬兰问题（波兰问题

① 费边学社，1884年成立于英国，主张温和改良。——译注

也没有提到)。在7月大会上,经过如上修订的草案在7票反对的情况下原则上获得了通过,各个地方的自治法团也对这部草案进行了讨论[25]。目前自由派没有提出新的宪法草案;据说"合法秩序党"(下面将会提到)也撰写了一部宪法草案,不过目前我无法得到[26]。

最初可能会有反对意见认为,这里讨论的这部宪法草案完全是"没有历史的",有人可能认为,就这样一部现代国际法案而论,这种反对意见是合理的。但在今天的俄国什么是真正"有历史的"?只有教会与农民公社,下文我们会讨论这两种社会组织,除它们之外,也就只有沙皇的绝对权力有历史,这种绝对权力可以追溯到鞑靼人;如今一切"有组织"的结构都已土崩瓦解,这些社会结构塑造了17、18世纪的俄国,在它们瓦解之后,沙皇的绝对权力也就只能在完全没有历史的"自由"中徘徊。甚至在100年之前,俄罗斯大多数"国家"制度都与戴
47 克里先式的君主制国家有九分相似,这样一个国家的确无法实行任何以"历史"为向导同时又是有可行性的"改革"。俄国公共生活最重要的制度就是地方自治会,这项制度最坚实地根植于公众的意识之中,并经受了最全面的效能考验;同时,它也与古老的莫斯科维①观念毫无瓜葛,莫斯科维观念是指集体性强制执行各种义务,这些义务以等级原则为基础进行指派。地方自治会是一个自治的现代机构,它成立的时间还不到40年,并且已经进行了一次改进——从一个代表纯粹的一般土地所有制(包括农民)的机构变成一个本质上基于等级原则组建的机构[27]。

我当然不可能对地方自治会的功过得失作出判断。仅仅根据桥梁和道路的状况来衡量俄国并不是一个恰当的方法,对美国也一样不恰当,这是西欧旅行家的惯常做法,这两个国家的道路状况都要考虑到相同的经济原因。众所周知,与美国相比,俄国对"体系"和普遍理论的重要性更为坚信不疑,地方自治会最匹配的比较对象就是美国的地方政府;俄美两国的地方政府对大众教育的根本重要性的执著程度

① 莫斯科维(Muscovite)是俄国的古称。——译注

相差无几；绝大多数地方自治会都表示愿意作出财政方面的牺牲，以服务于那些“理想的”目的，他们的理想主义应该得到我们的最高尊重，并且它在各个方面都与1847年我们东普鲁士各等级代表们的行为具有同样的分量[28]。目前地方自治会的形式已经萎缩了，而它在各个地区的行为也是千差万别，从建立小学、统计数据、医疗卫生、牲畜医疗服务、修缮道路、分配税务到对那些饥荒时期实行食物供给的重要地区进行农业方面的指导，即便如此，考虑到处境的艰难，所有这一切都已说明了它的成就，这种成就毫无异议地证明了一个观点的虚伪性，即认为俄国尚未为自由的自治做好准备，现在这种观点还大有市场。甚至从国外可以获得的资料来看，这个观点的错误性也是显而易见的。对地方自治会来说，尽管国家在官僚“技术”[29]上高于地方自治会，但国家政权完全是作为寄生虫出现的，这条寄生虫的存在只不过是为了维持现有的政治权力分配，除财政关系外，它与地方自治会几乎没有什么相契合的利益，因此国家对它的对手充满了最深的不信任。

因此为了成功反对国家警察持续不断的阻碍，地方自治会必须斗争，但地方自治会依赖国家警察执行它的决议；对地方自治会的嫉妒使得政府越来越明目张胆地遏制地方自治会的工作，最后成了系统性的遏制，比如通过增加税收来阻止地方自治会的工作，这些税收是专门支持教育[30]的。在上一次战争中，为了支持腐败透顶的国家“红十字会”，政府就对地方自治会的慈善组织采取打压政策，并试图推行食物 48
供应的国家化，地方自治会正是在这样的情况下取得了这些成就。普列夫通过这些手段迫使地方自治会越来越成为一个仅仅是消极的协会的角色，这个消极协会的目的就是承担国家强加的重担、维护政府利益，政府还阻止地方自治会体制向乌克兰省和白俄罗斯各省[31]的扩展，最后普列夫在其生命的最后阶段居然想把地方自治会连根拔起，用国家官僚制度取而代之。

这部宪法草案并没有力图确立地方政府以宪法为基础的职能和权威，这一点着实让人惊讶。因而完全忽略了过去25年以来核心的政治问题，即地方自治会是否应当继续作为地方利益机构存在，还是应该成为"政府的代理人"[Delegatare][32]，或者最终成为一个被动的"协会"(Zweckverbände)[33]，在一个"民主"政府统治之下，这三种情况都还是有可能的。

宪法草案也没有为自治确定一个牢固的基础，这就更让人目瞪口呆了，因为1884年乌克兰著作家扎格马诺夫(Dragomanov)在他本人撰写的宪法草案[34]中，就曾努力通过一种最精巧独到的方式解决这个问题。这种努力包括：村、镇、乡(volost)、县和省(oblast)的代表拥有明确规定的强制性权力，而且他们可能还拥有对军队的权威，宪法规定了这些代表的任务，在遇到宪政问题时，他们受制于省长[Statthalter]合法的、有约束力的否决；所有选举团体都有权利授予他们在自治机构中的代表决断的权利；19个省的代表们同样有权利授予在帝国杜马两院中的上院，也就是"联邦议会"中的各位议员决断的权利，并有权随时召回他们；根据法律，自治机构有权质疑帝国法律是否违宪等等。可以说，这部草案中的"联邦议会"(Soiuznaia Duma)一部分是根据美国参议院的模式，还有一部分是根据瑞士联邦议会的模式，另一些则是根据德意志联邦议会的模式。

另一方面，我们这里考察的这部宪法草案，仅仅提及了帝国议会的两院，每一院都是基于"由四部分组成的"选举权，即"普遍的、平等的、直接的、不记名的"。下院是直选，上院由地方自治会间接选举产生，这里草案设计的两院是作为无权反对中央权威的集体机构。当涉及地方自治会问题时，草案也局限于这种四部分的选举法则。之后我们就会明白，在涉及去中央集权化(decentralization)这个问题时，必须采取预警措施来应对民族问题的爆发。不管怎么说，这部宪法草案毕竟涉及了地方自治会，在当时的情况下人们能期待的事件中，这样一个事实是最充分实现了"历史主义"的①。

49 另一方面，立宪民主党的党纲重新回到了扎格马诺夫的观点——实际上他们可能并不知道扎格马诺夫的观点——他们的回归达到了

① 韦伯的意思是说，在当时的政治形势下，能够涉及地方自治会已经是最难得了。——译注

如下程度:原则上国家所有地区的治理都分派给自治机构,“那些在当时情况下必须由中央政权掌控的地区除外”(第22条),(第23条)只有在出现违法情况时,中央政权在地方的代表才能行使否决权,而且他的否决必须由法院裁决——这是立宪民主党采纳的最重要的原则之一。

选举权的四部分由“普遍的、平等的、直接的、不记名的”组成,这四项原则的无条件执行,区分了立宪民主党与其他的立宪团体,立宪民主党支持这四项原则,其他的立宪团体支持财产选举资格或者间接选举来实现选举权,它也区分了立宪民主党与斯波夫反官僚的斯拉夫集团,这个集团认为现存的地方自治会应该产生一个能控制财政的、商谈性质的人民议会。

对四部分选举权的要求是整部草案最有争议的地方,对民主党人来说,他们缺乏别的“历史”基础来支持这种选举权,于是立刻就有了这样合乎逻辑的结果,这是因为25年来政府一直致力于败坏地方自治会的声誉。当然,此外,今天在任何地方,资本主义及其塑造阶级的力量,也使主张根本改革的代表不可能充分地、并怀着内心的诚实为分等级的选举权辩护。因为具体到任何一个资产阶级改革家来说,经济利益的冲突和无产者的阶级特征都是一支背后的冷箭,这一点是资产阶级改革家事业的命运,概莫能外。

只有在技术工作的优势给大多数工人提供了变得“有自主性”的机会的情况下,至少在理论上有机会,人们才可能真诚地认为一套基于财产选举资格的选举体系同样是代表那些还没有自主性的人。从西欧的意义上说,俄国(由于历史的原因)不但城市“中产阶级”本身的发展很不充分,而且资本主义也已经在俄国获得成功,改革的鼓动者们认为任何支持财产选举资格体制的企图都是一种“没有士兵的将军”的做法。各个城市的工人绝不会同意这种选举体制,这也是可以理解的。

而且,在乡村,基于财产选举资格的选举权,如果没有最具强制性力量的配合,几乎无法在村公社地区得到贯彻。在村公社,平等选举家长的权利是“由来已久”的。当然,一个独裁的政府,如果措施迅速有力的话,是可以执行一切选举规划的,诸如具备一种教育水平的选举规划或者一种复合选举权的选举规划等等。然而,一个主张改革的政党能从时局中得到的东西,差不多也就是宪法草案达成的纸上成果。如果这个政党另有打算,这也是最后引人注目的原因,那独裁政府一觉察到有来自杜马的反对,就立刻会运用权力让工人与杜马进行鹬蚌之争,至少表面上这是成功的,目的是恐吓那些涉嫌自由主义的有产阶级[35],这也是以前政权的一贯伎俩。一旦民主党同意基于财产选举资格的选举权,就意味着农民大众显然被排斥在选举之外,各种反对力量就能联合所有没有选举权的农民,因为农民大众的仇恨就是指向有选举权的私有财产主、地产主,尤其是富农(“咬牙切齿的对象”[fists]①,包括新兴的富裕农民与农村的小资本家),以及其余的“乡村资产阶级”。在农民的眼里,沙皇根本不用为他们的痛苦负责。一旦国家公务人员掌权,将来绝大多数农民都会遭到排斥,因为他们在财产选举资格中会排在所有城市无产阶级之后。反动派贵族的代表已经忙于散布自由派不让一个农民进入杜马的消息。[36]政府这招蛊惑人心的政策在布理金杜马的方案中特别明显。

根据附加的选举规则,《8月6/19日宣言》[布理金杜马计划]筹划的议会,将由26个城市与各省的选举会议选举产生,议会的任务是斟酌各种法律并控制国家预算。为了尽可能限制“知识分子阶层”的候选人资格,会从选民本身的各个等级中选举候选人。

各省选民的选举会在三大阶级之间进行分配:(1)最大的私有地产主;(2)城镇居民;(3)农民。各省有所不同。前两个阶级拥有一种极具财阀统治类型[37]的财产选举资格的选举权,工人总是完全被排除,农民选民由乡大会选举产生,乡大会由村社里所有地产主平等地轮流坐庄。

换句话说,财产选举资格唯一没有进行限制的人就是通常所说的

① 详见术语表 kulaks 词条。——译注

文盲农民。进一步说，与其他阶级相比，通过乡大会的选举产生的农民选民在选举其他杜马议员(deputies)之前，就有权利从他们自己的成员中任命一名议员。在任命一名议员之后，农民选民再与其他人一起，选举其余的杜马议员。换句话说，农民的代表具有一种类似于等级特权的选举权，可以选举至少 51 名议员(俄国欧洲部分行省的数量)，还有其余的议员，这些农民代表拥有[合格的]财产选举资格的地 51
产所有权，通常来说，他们组成了选民的 2/3 强。

《10 月 17/30 日宣言》[38]声明了一项“坚定不移的原则”，即从今以后没有杜马的同意，任何法律都不能生效；此外，一般来说，考虑到可能的短时间内这一原则有可能实现，一直受到剥夺的各个阶级应该得到选举权，普选“原则”的“进一步发展”应该留给“新近创制的法令”来推行。彼得·斯楚夫在这部正受到讨论的宪法草案的导言中可谓一语中的，他说今天的俄国，任何其他自由选举权纲领现在都“太迟了”。正是“人权”的理念与对“四部分选举权”的要求，让地方自治会中的激进资产阶级与准无产阶级知识分子(甚至包括部分的社会主义革命党人)实现了联合。唯有对人权和选举权等目标的忠诚，能遏制知识分子阶层在斗争中的分裂。

如果有人想，并且能不理会这种情况，那就连最坚定的民主人士或者社会民主党人也会怀疑，把这种特殊的选举权作为首选引入俄罗斯是否明智，尤其是在目前这个时候。[39]

因为俄国的民主派自己在以下关键问题上也是意见纷纭：四部分选举权可能的后果。不论农民(目前他们的代表被限制为少数，而且没有影响力)有必要有更多代表的呼声多么强烈，民主派对把地方自治会交给毫无经验的文盲，表现出最大的担忧。

虽然各方都承认地方自治会官员，也就是“第三要素”(tretii element)，政绩卓越，但事实上，地方自治会治理的全面科层化可能会立刻到来，法国模式的中央集权化是唯一可能的先例。地方自治会无薪成员的“经济独立”确保了地方自治会能“抗拒上头”保持自主，而在我们德国的经济秩序下，只要农民仍然束缚于他们公社的土地共产主义，这种经济独立就能确保地方自治会抗拒任何推行中央集权的议会党派政府。

普遍、平等的选举杜马的权利可能会产生什么影响，对此人们众说纷纭。我认识一些俄国民主人士，他们是持“即使世界走向凋零，也要让正义枝繁叶茂”(fiat justtitia, pereat mundus)观点的俄国民主派。[40]纵使大众拒绝了一切文化进步或者摧毁了这种进步，我们也只能问正义是什么，如果我们给予了大众选举权，因而也让他们自己承担
52 行动的责任，那我们就完成了自己的义务。这些民主派补充说道：“甚至是最极端的暴民政治也不会走到‘黑帮分子’的境地，这些黑帮分子受雇于那些权力受到威胁的公务人员。不论如何，遭受文化黑暗来临的痛苦总比犯一个政治错误要好。而且可能未来的某个时刻，选举权的教育影响力会发挥效力。”[41]

这些观点可能暗含了索洛维约夫①的某些信念[42]，索洛维约夫深信俄国人承担的政治任务具有伦理的和宗教的独特性，他之所以引起我的注意就是因为持有这种观点。索洛维约夫对“成功伦理”的绝对弃绝意味着，在政治领域中，唯有无条件的伦理命令才能有效地作为积极行动的指路明灯；只有为正义或者为神圣的克己忘我才有斗争的可能性。一旦人们认可的积极“义务”得以实现，那么，因为除伦理价值外的一切价值都已经被拒斥，所以圣经的一项律令会再次发生效力，这项律令不但在托尔斯泰(Tolstoy)的灵魂中，而且在整个俄罗斯人民的灵魂中根深蒂固：“不要与邪恶作对。”[43]

正是拒绝承认伦理冷漠的状况是一种“价值”，甚至是不承认伦理冷漠状况的存在，导致了从汹涌澎湃的行动陡然转变到听天由命，这种拒绝的态度符合索洛维约夫“神圣性”的泛道德主义，正如它符合一种纯粹伦理取向的民主一样。除这些极端的思想体系之外，还有另一些人(而且他们无疑是多数)，对民主的未来，他们要比某些外国人更乐观，这些外国人倾向于从一个事实中去推断当前政权到底有多少诚

① 索洛维约夫(Solovev, 1853－1900)，俄国哲学家与神秘主义者，代表作有《神权政治的历史与未来》。——译注

意要立宪，即沙皇政权目前还没有把算术意义上的平等选举权给予政治上没有经验的人民大众。俄国人引用了特定的经济原因来说明为什么拥有选举权的大众不得不追随自由派的政治理想与文化理想。下文我会考察这些经济原因，[44]在一些民主派领袖的眼里，这些经济原因特别重要。

他们这是在泛泛地谈论选举权的“教育”功能，如果他们真是为平等的选举权来宣称选举权的“教育”功能，这种教育功能是要求以特定的“发展”条件作为前提的，除这种泛泛之论外，唯一纯粹的政治讨论就是关于保加利亚引入普选权的经验，甚至宪法草案包含的“证据”也是这样，在草案的起草者看来，保加利亚的经验已经值得称道了。[45]在这点上，除了其他需要斟酌的事情之外，草案的起草者还低估了一个差别，一个小国与一个被迫卷入“世界政治”的大国之间的差别，就连斯楚夫这样的人都承认俄国被迫卷入了世界政治，起草者更是低估了沙皇的传统地位与一个微不足道的国王之间的差别，沙皇在国家与宗教意义上都是神圣的，而这位小国王只是保加利亚暂时雇佣的，而且 53
还是舶来品。[46]

而且需要明确强调的是，解放联盟的宪法草案并没有消除宪法律(constitutional law)的“激进”性质。的确，起草者正确拒斥了有关议会政治的本质已经“过时”的时髦论调。[47]但是他们的草案在保护沙皇的地位方面仍然谨小慎微。[48]除“治安法官”外，这个草案不允许经选举产生的官员。它既不主张英国式的议会主权，也不主张法国的议会多数统治。对君主地位的考虑区分了立宪民主党派的支持者与比他们更左的“激进”党派；这些“激进”党派，即便不是共和主义者，也强调对“制宪议会”的要求，制宪会议是人民主权原则的表现，它们还特别希望建立一种针对政策制定过程的议会决断机制。

对立宪支持者来说，起决定作用的因素，不仅有现实政治有强制力的因素，还有一种观念，认为一旦允许各个民族实现大范围的自治，那就只有君主能有效代表帝国的统一。

由于这个草案考虑了沙皇的地位，它就不能像美国一样彻底分离行政权与立法权。因此正如芝瓦格在他的评论中强调的那样，在“最高法院”(Supreme Tribunal)的形式问题上，这部宪法草案试图在法律制度的结构之外，创造一些别出心裁的东西。这个最高法院的职能可以总结如下：

1. 最高法院将根据私利牵涉其中的各方、两院之一，或者合宪的任何一个帝国最高权威机构的起诉，废除政府的违宪行为和法院的判决，包括那些依据形式上正确但实质上违宪的法律的判决。在这项职能上，宪法草案的起草者，令人好奇地认为俄国的最高法院是美国最高法院的复制品，如果考虑到俄国人对詹姆斯·布莱斯(James Bryce)著名的作品了如指掌，那宪法草案的起草者犯下的错误就会让我们惊讶不已。[49]

2. 选举监察，这项事务应该在最高法院的监察下进行。

3. 最高法院应该是任何一个立法院对大臣的政治起诉的法庭，上诉法庭的法官会辅助最高法院。

宪法草案试图分离对大臣的政治起诉与常规法院的起诉，常规法院的起诉是任何官员都有可能涉及的，而政治起诉可能只是解雇的大
54 臣或者免职5年的，理由是不适合担任公职。根据草案，可以根据以下理由进行政治起诉：(1)蓄意侵犯宪法，(2)通过滥用职权，也就是超越个人权力，以及疏忽导致“国家利益严重受损”。

政治起诉的程序显然是想把“毫无信任度可言的议会投票”变成法庭案例的形式，法庭案例能依据“客观”的标准进行裁量。然而，“国家利益”的实际内容却不能“客观地”确定，比如，没有考虑到不同的政治群体与社会群体推崇的理想和利益，也就是所谓的那些“价值判断”。因而，保卫宪法和基于法律判决什么东西“是允许做”的严肃重任，以及阐明关于什么事情是“应该得到允许”的政治情感的重任，结果都落到了同一拨人手里：这本身就是一个最值得怀疑的观点。[……]

宪法草案的第二稿[50]删除了这项制度[“最高法院”]，与《10月17日宣言》[51]相比，立宪民主党的制宪会议主张建立大臣负责制，并要求杜马

不仅要有讨论法律的权利,还要有对大臣的行动能提出建议的权利。[52]

民族与语言问题

我并不打算从宪法法律的角度来批评一部具有重大问题的宪法草案,相反,我更愿意在这里指出另一些事情,这些事情让从政治的角度理解这部草案的外国读者大为震惊。因为这部草案没有包含的东西经常比它包含的东西让人更感兴趣。

[芝瓦国,这部宪法草案的]评论者已经让我们注意到了这部宪法草案在民族问题上的讳莫如深,尤其是波兰问题。[53]

让人更感兴趣的是,正是民族问题一再使得俄国支持自由的各大政党不能实现统一。这些政党的分裂大大加强了政府的优势,而俄国地方自治会运动影响深远的政治成就之一就是在相当大的程度上帮助资产阶级自由主义克服了这些障碍,实现了统一。

在这部宪法草案撰写完毕之时,各政党之间的统一还没有实现,意见也颇有分歧,因而这部草案仅仅规定,出于与地方治理有关的特殊目的,地方自治会有权利合并成某些社团(第 70 款),作这样的规定 55
的理由是这给议会波兰(Congress Poland)①十省提供了最好的办法,能让它们自己实现能获准的那种程度的民族自治。

解放联盟的纲领公布在斯楚夫的《解放》上,但这份纲领有很不同的让步。这份纲领承诺帝国各个部分都会得到一种"完全基于历史性质的"自治,尤其是波兰、立陶宛、乌克兰与外高加索等民族。而有些民族并没有明显聚居于一个地方,而是与俄罗斯人杂居,他们应该有"文化自决"的权利,纲领对这一点作了详细规定。这份纲领特别承认了小学教授民族语言的权利与地方公职机构使用民族语言的权利。宪法草案根本没有提到这些东西。

以民主为基础解决国内民族问题的努力,在可以预见的未来会在很多地方付诸实践,考虑到这一点,人们首先必须以更细致的方式记

① 在 1815 年维也纳会议上,波兰实际上遭到了瓜分,仅仅成立了名义上有独立地位的议会波兰,另外可参见第 55 个尾注。——译注

录俄国自由化运动在这一领域取得的成绩，另外，未来应该有人从事一项更全面的学术研究，这项研究要考虑到社会阶层这个因素。

斯楚夫在他撰写的宪法草案导言中，论证了他关于波兰人(Poles)的反对意见，最让人感兴趣的是，他的论证是以什么为根据的[54]：承认 1815 年为议会波兰[55]制定的宪法，波兰自由派绝不可能满足于这种承认。实现波兰完全的政治自主并不会对俄国构成危险，尤其考虑到波兰并不是真正地脱离俄国。罗莎·卢森堡(Rusa Luxemburg)①在她名声远播的著作[56]中指出，波兰在经济上依附俄国，是俄国工业的市场，因此俄国是有办法贯彻它对波兰的任何政治要求的，它可以恢复关税国境线，这种关税国境线 1851 年就没有了，特别要考虑到波兰是俄国财政治理的一个经济援助地区，埃斯诺波尔斯基(Iasnopolskii)已经说明了这一点。[57]然而，波兰的政治自主也是对斯拉夫人“道德征服”，这一点 50 年前我们就该说了[……]波兰当前的政党境况与政治观点的发展会成为一个独立的议题。进步民主党的出现与壮大似乎是最重要的政治事件，进步民主党的纲领与俄国自由主义颇有亲和之处，它在承认波兰属于俄罗斯帝国的基础上要求民族自治。然而，直到 1905 年春天，有关波兰的决议以“最低程度”的自主涉及了议会波兰的自主问题，与斯楚夫的观点一模一样。

56 可是，在与俄罗斯民主派的谈判中，波兰人还不得不大幅度地削减了这种“最低程度”的自主。在地方自治会与各城市的 7 月大会之后，大会委员会开始与波兰代表商谈他们参与以后的地方自治会大会的问题。在俄国人公布了 7 月大会的报告之后，这些波兰代表，也就是进步民主党的代表，首先要求上文提及的 7 月大会的宪法草案第二稿[58]应该增加一个附录，这个附录要声明帝国当局的领土与自治地区的领土必须在宪法意义上实现分离，原则上帝国的法律对这些自治地区无效。此外，各民族的学校应该有合宪的自治，在所有语言混合地区应该，民族语言也应该平等。在政治上，(波兰代表认为)在引入自

① 罗莎·卢森堡(1871—1919)，著名的国际共产主义运动的活动家和理论家，德国社会民主党和第二国际左派的领袖。——译注

己的宪法与自治议会之后，波兰应该通过沙皇"与国王"[59]共同的人身，以及派遣代表参加中央杜马的方式继续与帝国保持统一，而且波兰应该由一个帝国的省长和一个国务秘书来治理，这位国务秘书要受制于波兰的地方议会[Landtag]。以下应该是帝国公务：铸币、军队、关税、国内货物税、铁路、邮政、电报与电话，尽管在波兰境内这些事务应该由波兰人治理；下文涉及的共同治理领域的收入与支出应该根据人口数量进行分配。波兰人宣称原则上同意这些事项是他们加入地方自治会的条件。

之后地方自治会大会委员会①讨论了波兰人的要求与其他民族的类似要求，并在一份非常清楚的、客观的备忘录上记录了结果，以便为下一次大会的决议作好准备。大会委员会一位不知姓名的成员曾提出了若干建议，这些建议超越了扎格马诺夫的观点，包括：将帝国分解为基于经济、地理与民族的"行省"；各省按民族比例进行选举；由最高法院来裁决省长对议会的违宪决议的否决，以及各省之间的争论；各省有命令性的授权并能召回各省在中央杜马上院的代表；宪法的修改只有以一项召开制宪会议的决议为基础，并得到三分之二的省和杜马多数同意的情况下才能进行；如遇到上院批评杜马某项决议，认为这项决议侵犯了各省的权利，所有这些其他情况都应该作类似的处理。但这位成员没有就权威部门作精确的论述。

相比之下，地方自治会大会委员会认为，去中央集权化与自治等问题确实与民族问题盘根错节，但建立行省却完全符合各民族的期望，因此应该分开处理这些问题。比如，西伯利亚的自治要求并不是出于民族原因，奥地利的民族斗争尽管部分是由于民族的原因，但部分也是因为它的省(Länder)宪法。 57

只有语言问题是具有纯粹民族性质的，在军队和中央职能机构中维护俄语作为"国家语言"是绝对至关重要的，而在中央议会，尽管使

① Bureau of the Congress，这是地方自治会大会委员会的专称，韦伯有时也用 Committee，文中统一译成地方自治会大会委员会或者大会委员会，以免混淆，下文不再一一注出。——译注

用俄语并不具有本质意义，但使用俄语是符合各民族自身利益的；法院与公务部门内部的办公语言基本上由各个权威部门自行决定：这意味着控制中央事务的各个权威部门应该使用俄语，而其他权威部门内部可以使用地方语言；在处理公众事务时，权威部门应该使用公众的地方语言，当不同的党派有不同的语言时，权威部门就要雇佣翻译。地方官员必须能说必要的语言。（仔细研究奥地利的语言问题就会发现，草案起草者没有充分理解一些重要的实践困难，尤其是，多种语言能力的要求，必定会导致官员有限的自由调动。[60]）

学校教育的格局是至关重要的。原则如下：俄语任何时候都是教育目标，而在各级私立学校里，教学语言问题由校长决定。原则上，帝国的每一个人都应该有机会接受使用本民族语言进行的教育（是作为教学语言，而不仅仅是教育目标），并且由公共开支来支付费用。因此(1)全国各地的小学都实行民族语言教学，包括少数民族；(2)对中小学和更高的教育机构中的少数民族同年纪班级予以补助。

至于去中央集权化问题，大会委员会的备忘录并没有掩饰地方自治会领导层的不同意见。在任何情况下我们都不能绝对清楚地区分，支持普遍的行政去中央集权化的观点与支持普遍的"政治"去中央集权化（也包括立法去中央集权化）的观点，而这部宪法草案表明它以一种"折中"意见表达了这两种观点，这种意见要求承认帝国特定部分的普遍政治自主，这当然主要是为了波兰，同时也要求承认普遍的行政
58 自治。大会委员会采纳了这种调和立场，[61]并通过明确、详细的论证来支持这种立场。

"行政去中央集权化"不仅意味着(1)从今往后，地方治理的各种任务必须拓展到一切"在本质上"中央不能干涉的事情，比如，关税、邮政、电报、国内货物税、铁路，更意味着(2)中央政权的代表，也就是各省的省长，他们在遇到违法情况时应该有监督和否决的权利，但不具有对自治机构主动的行政权威，包括各个地方自治会及其委员会。[……]

[有限度的]地方独立不能满足特定地区的民族在政治上的具体要求，大会委员会并没有掩饰这个事实。不过，当时就要把整个俄罗

斯变成一个联邦国家是完全没有可能的，这不仅是因为对公共舆论来说，这种转变“闻所未闻”，更是因为一个人可以在“纸上”轻而易举地进行机械“切割”，但是倘若缺乏无与伦比的经验，他根本不能缝合各地区的历史的或者“自然”的边界，这种边界要符合人民的需要。只有对帝国的少数区域来说，比如波兰，似乎才能简单地做到这一点。

而且，对“联邦”原则的普遍解释容易激发沙文主义者的情感，于是就有人提出以下原则：必须在制定出一部合适的帝国宪法之后，才能准许各个地方的自治，而不是在之前，因为必须要集中帝国的全部力量才能实现各个地方自治；因此，凡是整个地区的民众要为自己争取自治的地方，并且可能以大众请愿方式要求自治的地方，都必须采取帝国立法的形式。因而，要么每个地方通过专门的法律确立自治的实质的与区域的界限，要么就像地方自治会大会委员会的某些人建议的那样，一劳永逸地创制一个合法的方案，即一部自治“正式章程”，每个地区就能以这部法案为基础在任何它认为合适的时间创立自身，并要求这个地区的权威得到承认，这部章程可能是通过与美国的范例[62]类比得出来的。

大会委员会多数人认为第一种做法是正确的，因为每个地方的自治程度并不一定是相同的。普遍的原则只能是民主立宪原则的落实、资产阶级“基本权利”的有效性，以及自治地区参加帝国杜马等。目前解放联盟的纲领只能涉及这么多内容。考虑到“波兰问题”的历史重要性和紧迫性，“波兰沙皇属国”应该立即根据这些普遍原则推行自 59
治。其他地区应该因地制宜。

因此，1905 年 9 月在莫斯科召开的地方自治会和各城市的大会，通过了一项专门的决议，这项决议是关于波兰自治的，还通过了关于特定民族的文化自主的总决议。

［下文是为波兰和芬兰制定的立宪民主纲领，准许它们实现有限的自治。］

据报道，在地方自治会 9 月大会的要求下，（据称）有将近 300 个县级地方自治会，在随后几个星期对相关事务进行了讨论，其中大约只有 24 个地方自治会对大会的立场持反对态度。

在针对 9 月大会的各项决议和立宪民主党的纲领评论中，反对的声音要更激烈。有人指摘这些决议和纲领是分裂俄罗斯，当时"合法秩序党"[63]（下文会涉及[64]）是自由派比较显眼的反对者，它对议会政治表示怀疑，认为议会政治是帝国统一的一大危险。

自由派人士（如库斯明卡—拉维耶夫）在《罗斯》（*Russ*）上发表了几篇文章，相比之下，他们强调只应该给予议会波兰以"自治"；其他地区只应该在特定的"个别事项"上允许自我治理（self-administration），也就是说，应该确保帝国的整体权威。

另一方面，波兰民族主义者提出了进一步的要求。直到 1905 年 11 月之前，波兰人还只是要求波兰要有波兰人组成的卫戍部队，但是《快报》（*Goniec*），要求波兰拥有自己的军队，这份报纸是波兰国民民主党的机关报。他们还要求波兰语的使用要一直贯彻到波兰中央职能机构。针对波兰民族主义者的要求，《罗斯》（《罗斯》当时经常作为彼得堡民主派的机关报）坚决表示，军事职能、财政以及国家语言是帝国的共同事务。彼得堡的发言人帕林克博士曾在《新时代》（*Novoe Vremia*）公开指摘匈牙利是一个可怕的预兆，自由派人士在一篇驳斥帕林克博士的文章中强调，给予波兰人的公民权利、准许他们有自己的铁路、邮政或者海关官员不会产生任何问题，更不用说祖国的保卫者（honveds）[65]。

维特政府充分认识到民主支持者观点不一，而且俄罗斯的民族主义要素无论如何壮大都会成为政府的政治优势，因此这个政府在接见了波兰代表和其他代表之后，就把全部问题交给了未来的杜马。另一
60 方面，俄罗斯和波兰的民主派都担心俄罗斯沙文主义的觉醒，这促使他们达成了一项协议。事实上是 11 月 6—13 日/19—23 日的地方自治会大会达成了这项协议，绝大多数省、县和市都派代表参加了这次大会，还有 23 位波兰代表出席，这项协议的达成归功于波兰代表在相当程度上同意妥协。

地方自治会大会委员会引入了一项决议,这项决议为波兰提出了如下要求:(1)立即中止战争状态(目前,在某种程度上,这种状态还在持续[66]),在小学、地方法院和治安法庭中引入地方语言,根据罗蒂切夫(Rodichev)的建议这一点修改如下:"技术可行的范围内引入";(2)"在维护帝国统一的条件下",第一届人民大会在波兰沙皇属国中实行一种自治秩序。(除一个人有所保留外)大会一致接受了第二项要求。波兰人以一份宣言作为回应,(据称)不同党派的 3000 名成员,在亨利克·塞尔克耶夫斯基的带领下,在这份宣言上签了名,抗议别人诬陷他们有脱离俄罗斯的企图。[……]彼得·波德洛克夫亲王和马克希姆·克瓦勒夫斯基在他们的演讲中,对一个基于民主的斯拉夫联邦的想法表示支持。彼得·波德洛克夫亲王让人们想起了第一代斯拉夫主义者的伟大时代,马克希姆·克瓦勒夫斯基则明确表示,如果奥地利和土耳其分裂,那么"我们就需要西线边境上的朋友"。

关于民族问题的观点构成了解放联盟纲领的实质,这些观点有不同的来源(某种程度上与波兰人的协议也是一样)。斯拉夫主义运动出现了极端的民族主义和仪式主义(ritualistic)的转向,这在卡特科夫和里奥特夫身上表现得淋漓尽致。按照里奥特夫的观点,俄国应该疏远西部败坏的斯拉夫人,确立以下观念:从独裁政府的利益出发,为了征服亚洲人的目标,勇敢面对东方,亚洲人已经习惯于有权威。甚至在经历了这种转向之后,至少索洛维约夫爱好和平的、宗教的本性依然支持自由、和平的斯拉夫联盟的观点,或者作为最终目的的世界联盟的观点。

尽管早在 19 世纪 80 年代初期,扎格马诺夫就试图在民主的基础上,调和全俄罗斯文化的统一和各民族文化自主的理想,但在社会主义者中,尤其是正统的马克思主义派,直到最近都经常否认存在民族问题。[……]很明显,扎格马诺夫的伟大力量就在于他结合经济理想和民族理想的方式,还有他的敏锐意识,他意识到根据俄罗斯的种族分布情况和经济状况,有可能做成什么事情。

[之后韦伯详细讨论了扎格马诺夫的现实主义和温和作风]

有鉴于上文提到的扎格马诺夫的纲领要把俄国分解为自治权有保障的行省，地方自治会大会基本上同意了波兰，这个整部纲领为之磨合的国家，应该有自治权以及自己的议会，因而超越了扎格马诺夫认为必要的东西。

另一方面，至于乌克兰和其他民族地区，地方自治会大会，基于之前已解释的理由[67]，暂时只同意了扎格马诺夫“自然法”中的两项基本要求，即“文化自主”和民主自治(self-government)，甚至这两项要求也没有像扎格马诺夫阐释得那样纲目清明，也没有他曾要求的保障，或者像解放联盟的纲领那么清楚，解放联盟的纲领把生活在俄罗斯的所有民族都放在和波兰人一样的基准上。

不可否认，乌克兰人自己的立场似乎并不一致。他们之前曾在(现在已经死寂的)《真理报》上提出了诸多激进要求，最近又在维也纳的《俄罗斯评论》(*Ruthenian Revue*)上(第3卷[13])提出了这些要求，特别是重提1654年条约订立的秘密联盟[68]，这些要求，加上对俄国自由派的猛烈攻击，超过了乌克兰知识分子上层人士的那些要求。

乌克兰知识分子的上层不但没有质疑帝国的统一，比如俄国的霸权，而且其中很多人，包括支持扎格马诺夫观点的著名人士，都未必会要求“乌克兰民主党”要求的去中央集权化措施(参见下文)[69]，“文化自主”似乎已经让他们满意了，例如，民族语言作为初等学校的教学语言(国家语言只是作为教学目标)，在同等条件下，允许民族语言进入地方行政机构与大学的学术研究，以及高度的地方自治。事实上，知识分子的权力中心，(科耶佛、波塔瓦)等乌克兰城市，已经成功实现了俄罗斯化。

不过，民主党派内部的乌克兰代表还是提出了一些要求，这些要求在相当程度上影响更深远，他们还经常能落实这些要求。事实上，在1905年3月末4月初之际，解放联盟大会否决了货真价实的扎格马诺夫的观点作为一项普遍原则——也就是把俄国分列为各个行省，但是大会不仅为波兰、立陶宛和外高加索，也为乌克兰提出了自治(self-government)的要求，尽管发生了一次长时间的争论[70]。

在准备协商民族问题的过程中，地方自治会7月大会的委员会手中有两份来自乌克兰的纲领，其中乌克兰民主党以扎格马诺夫的宪法草案作为它的宪法框架，尽管没那么一贯，它的方案包含了更实质、更令人感兴趣的内容——民主党。实际上地方自治会7月大会的委员会在去中央集权化程度问题上走得更远，委员会设想了一个单独的“人民议会”(Narodnaia Rada)，除外交政策(比如，战争、贸易条约等)和中央政府的预算外，这个人民议会负责全部事务。人民议会的核心机构是一个由议员(deputies)组成的立法会和一个由自治地区的代表(representatives)组成的联邦大会构成。然而，大约3000万乌克兰人的自治，即便对最有激情的民主人士来说，也是难以容忍的。

地方自治会和各城市1905年11月的大会只是决定同意“尽可能”给予拉脱维亚、立陶宛、爱沙尼亚以及乌克兰的低级别学校语言自由和使用地方语言。这并不能让乌克兰的地方领袖，尤其是乡村地区的领袖满意。但是在这些问题上，民主派的现实政治家站在波兰人一边，用腓特烈大帝的话说，这就如同上帝，“站在强者(big battalions)一边”。[71]

比方说，(1901年)斯楚夫就大力维护他的民族主义，他的民族主义以严格的“人权”个人主义为基础，尤其是以费希特的文化概念为基础。但当面临当前的实践问题时，斯楚夫明确反对以对待波兰人的方式平等对待乌克兰人、拉脱维亚人、外高加索人(当然也在其列)，与解放联盟的纲领相比，这是斯楚夫整个政治哲学的典型之处。对斯楚夫来说，他对波兰问题的特殊看法符合他的一个更广阔的“世界政治”纲领：与各大自由政权达成协约(Entente)，尤其是英国；俄罗斯要与亚洲二流国家较量等等。于是，结果就是民族问题的解决方案留给杜马，就算方案真的可行，这里的困难也着实不小。

尽管如此，我们必须说明，原则上达成一项协定还是很有可能的，而且达成这样一项协定可能比之前任何时候都要容易，这是考虑到波兰人受到了德国针对波兰[72]的失败政策的影响，考虑到乌克兰人受到了政府成功的俄罗斯化政策的影响，还有非日耳曼的波罗的海各民族，这些民族的激进政党历史上一直都是以俄国的激进主义为榜样。[73]

学校问题和民族、语言问题纠缠在一起，像民族与语言问题一样，它也在悄无声息中被置之不理了。在学校问题上，解放联盟的纲领提出了影响深远的要求：重新建立大学自治①（自从得到承认以来的），学
63 校体制中的所有小型社团自治，以及国家完全免费提供全部的公共教育，当时斯楚夫反对这些要求，认为它们是不可行的并且是错误的。宪法草案对这个议题保持了沉默，尽管（或者可能是因为）目前地方自治会的学校、私立的 ABC 学校[74]和教会学校三方正在展开最激烈的斗争，它们之间的斗争是政府 20 年来一直煽风点火的结果。

教会与国家

宪法草案[在学校问题上的]沉默很可能也与一个事实有关：宪法草案在与教会关系的问题上也只字未提，而只是承诺，在公共秩序的限度内，对崇拜的绝对宽容和自由。

相比之下，解放联盟的纲领要求“教会从国家中得到解放与国家从教会中得到解放”，也就是说，要废除伊凡雷帝（Ivan the Terrible）②和 16 世纪的政治修道院制度开创的，彼得大帝完成的全部成果[75]。对宪法草案的起草者来说，国家与教会的关系似乎是一件过于复杂的事情，以至于很难用“几段话”来处理。然而当草案要求皇帝在神圣宗教会议（Holy Synod）[76]上进行宪法宣誓时，它就直接承认了这种[77]恺撒-教皇主义制度。立宪民主党的纲领则满足于要求东正教（和所有其他教派）从国家中得到解放（第 2 条），但没有更准确地说明这会产生什么后果。教会对立宪运动会采取什么行动，在未来的立宪国家内，教会又会有什么举动呢？

教会主要是在与“史敦达教派”（Stunda）[78]的斗争中，复兴了它的

---

① 俄国政府 1804 年承认大学自治，大学由教授会议治理，1835 年取消自治，1863 年又恢复，1884 年再度取消。——译注

② 即伊凡四世，俄国历史上第一位沙皇，1533 年至 1547 年为莫斯科大公，1547 年至 1584 年为沙皇，以残忍血腥的统治著称。——译注

根本使命，但成千上万新成立的教会学校比它的使命更清晰地表明，不论教会受到了神圣宗教会议首席长官的政权多么大的残害[79]，新的局势都要求东正教教会“拿起武器”（据称，为了夏天的第一次公会议，预计东正教会要再次聚集）。唯一的问题就是教会的反抗应该达到什么程度，以及方向是什么。

众所周知，在主教圈子里，甚至是在国家高级官僚这一等级的人群中，一直都有人主张恢复牧首（Patriarchate）[80]的职位，这个职位已经空缺了 200 年之久。下诺佛格罗德主教区（Eparchie Nizhnii Novgorod）①的辅佐司教，即伊斯多（Isidor）主教，曾公开表达了这种意见，坚决反对《莫斯科报》（*Moskauer Zeitung*）的敌对主义。

必须承认，“白”神职人员[81]中政治自由派有时候会反对设立牧首一职，他们要求一个选举产生的宗教会议（而不是目前的任命产生）， 64
选举产生的主教，并且给宗教会议设立一个非神职人员的秘书，这个秘书有提供咨询的职能，而不是一个喜欢欺下媚上的牧首。尽管俄罗斯的东正教有其民族特性，但东正教有自身的历史和组织形式，尤其考虑到教会可能不得不面对的总体局势，这使得东正教不论如何重塑，都不能提升自身成为自由权利的代表，以罗马教会的方式反对警察国家。东正教会可能会以更大程度的自治（self-government）以及从官僚制度中得到解放为满足。“第三罗马”的观念是恺撒-教皇主义式的，并且从一开始就已经有了。[82]

另一方面，教会可能会成为一个受人尊重的但唯沙皇是从的权力工具。因为俄罗斯教会绝不可能以希腊教会的方式顺从一种议会制的恺撒-教皇主义，更别说罗马尼亚教会的方式，因为这与它的利益和传统相矛盾。当然，鉴于神职人员持有的根深蒂固的人格蔑视[83]，以及“白神职人员”和“黑神职人员”（僧侣）之间不可否认的冲突，我们很难估计教会的潜在力量（尤其是对一个外国人来说）；“白神职人员”和“黑神职人员”的冲突毕竟是国家政权的理由之一，因为国家政权是唯

---

① 下诺佛格罗德（Nizhnii Novgorod），是俄罗斯欧洲部分的中心城市；此处不应该是下诺佛格罗德州，因为该州成立于 1929 年。——译注

一可能保护牧师对抗修道院僧侣压迫的力量。对局外人来说,要想估量基督教的社会运动和民主运动对沙皇俄国的意义,更是难上加难,这些运动在神职人员和很多神学院的青年学员中间此起彼伏、随处可见。[84]

然而,根据其他国家的经验判断[85],一个现代的、自由的俄罗斯似乎不太可能能够正确判断这些机会,它也很可能会低估独裁制的宗教基础——尤其是因为按照米留可夫在他的《俄国文化史概要》(*Ocherki*)第二卷结尾处的说法,历史并没有教导有教养的俄罗斯人像法国人一样成为教会的敌人,或者像英国人一样成为教会的支持者,相反它教导俄罗斯人对教会"完全漠不关心"。[86]

按照尼科莱·K. 利奥特夫(Nikolai K. Leontev)特别一贯的理论,独裁制是一种神圣的权利,甚至沙皇本人也不能废除它,任何反对独裁制的誓言都是一种原罪(sin),对发誓者没有约束力,更别说是后继者[87],利奥特夫的理论与英国查理一世的观点[88]颇有异曲同工之妙,在博比德诺斯特舍夫(Pobedonostsev)辞职之后[89],现在他的理论已经成了一件钝而无锋的工具。在与独裁制的斗争中,利奥特夫的理论是否已经无用,仍要拭目以待。灵魂的忏悔和治疗、朝圣和宗教游行,以
65 及经济合作社和联合会是现代专制主义教会的蛊惑人心之术真正最成功的领域。[90]

毫无疑问,东正教的很多特征使得它与自由主义的斗争更困难。这些特征包括:忏悔的类型,东正教的忏悔性质上非常简练,没有任何诡辩,也没有良知的真正寻觅,这种忏悔让我们想起了古老的路德宗的惯常仪式(practice),它与缺乏独身生活有关系;缺乏一种统一的权威主义审判权,这种审判权以罗马教廷的方式具有宗教神圣性;最为重要的是,缺乏一种能在此世保持活力的修士主义;最后,缺乏一套能理性化禁欲主义的神圣秩序体系。

无论如何,出于对维护自身权威的考虑,沙皇的最佳选举就是从官僚的支配中解放教会,重新把教会交给牧首,倘若自由派统治的时代真的迫在眉睫的话,那沙皇就更应该这么做。

旧信仰者派在已经坚决以《10 月 17/30 日宣言》作为自己的基础，尽管在实践中只有《宽容法令》给它提供了一点帮助，旧信仰者派在教义上是正统，不过是在 17 世纪从教会中分裂出来后才成为正统的，当时牧首尼康①同时发动了正教运动和古希腊"文艺复兴"。[91]

当《莫斯科公报》(*Moskovskiia Vedomosti*)发表了一份匿名呼吁，这份呼吁出自所谓的旧信仰者同盟。目的是要支持沙皇，反对自由主义，旧信仰者派立即在自由派的《俄罗斯商务日报》上发表了一份声明，否认存在这样一个同盟。因为这份呼吁提到了"回忆罗格茨(Rogozh)公墓②"，所以它一定出自仪式主义派之手，也就是说，是宗教保守主义者，分裂派人士。[92]

在非等级制度的教派中，特殊的清教派别当然会对设立有保障的权利最高兴。另一方面，"唯灵论"(pneumatic)教派[93]一部分是非政治的或者说反政治的，一部分只是，至少迄今为止只是，作为"十字架下"的教派繁荣昌盛[94]。当迫害减小到不能再小的时候，唯灵论教派的理念常常以惊人的速度传播开来。在俄罗斯中部的农村地区，那些本质的"清教"教派，已经能获得相对少数的支持者，我们可以认为它们是支持个人主义理想的。乌克兰和南俄罗斯的自由派寄希望于史敦达派教徒迅速增加，他们的希望能否实现，仍要拭目以待。

社会主义政党

斯楚夫等人支持西欧"人权"的那种政治个人主义，这种政治个人主义要以一些"观念"因素为条件，一方面要有宗教信念的激发，这种 66
宗教信念无条件地否定了对人类权威任何臣服，认为对人类权威的臣

① 莫斯科牧首尼康(Nikon，1652－1667 年在职)，在位期间进行宗教改革，企图统一东正教的教义和仪式，并主张教权高于皇权。改革遭到传统派和沙皇的反对，导致教会分裂为正统派(尼康派)和旧信仰者派(Old Believers，也称分裂派)，旧信仰派遭到尼康派的迫害。1667 年，宗教会议罢黜了尼康，确立了"沙皇权力高于牧首和一切主教"，但作为妥协，撤销了修道院衙门，承认教会有自主的经济行政、司法权。——译注

② 此处公墓的名称和第 92 个尾注的称法不一致，韦伯称为 Rogozh，德文编者称为 Rogozhsk。——译注

服是对造物[95]的无神论崇拜，而这种宗教信念根本不可能在当前的"启蒙"形式下出现，另一方面要有一种乐观主义信念的激发，这种信念认为自由个体的利益能产生自然的和谐，现在资本主义已经最终摧毁了这种乐观主义信念。

如果只考虑"观念"的原因，今天的俄罗斯不可能重复这些发展阶段。具体而言，就连那些"有教养的和有财产的"阶级都已经没有了市民的个人主义，"小资产阶级"更不可能拥有它。至于"民众"，当人们想到普选权要把——按照自由派宣称的目的——也应该把权力放到民众手中，就必须要问一个问题，民众怎么能找到一种冲动来投身这样一场运动，这场运动超越了纯粹的物质利益，标榜资产阶级民主的政治家已经响应，并以"解放联盟"形式投身其中。也就是说，民众如何应对：(1)为个人提供的、有保障的自由权利，(2)以"四部分"选举权为基础的立宪国家[法治国家]，(3)以西欧为模板的社会改革，(4)土地改革？

目前，社会主义者的鼓动活动在各大城市风起云涌。由于某些事件，俄国社会民主党获准在俄国本土公开活动，众所周知，甚至早在这些事件发生之前，社会主义运动就已经分裂为两派，一派由普列汉诺夫、阿谢洛德、马托夫和斯坦洛夫[A. N. 波楚索夫的化名]领导，另一派由"列宁"(尤里安诺夫)领导。[96]

普列汉诺夫派继续拥有党先前的共同机关报，日内瓦的《火星报》(*Iskra*)，并以正式代表的身份参加了 1905 年首次举行的全俄罗斯工人党大会。[97]就在社会民主党分裂之时，普列汉诺夫派反对在那个特殊时刻及时发动武装革命，而且同样坚决反对参加革命政府的意见，他们把发展工会(trade union)作为活动的重中之重。

从 1903 年开始，列宁主持的《前进》(*Vpered*)期刊就代表了另一派，这一派不再承认《火星报》作为社会民主党的机关报。[98]因为列宁派是整个政党的多数，所以在俄罗斯社会民主工人党①第三届大会上，列宁派就延续成为了共同组织，并成立了《无产者》(*Proletrii*)作为自己

① 社会民主党，又称社会民主工人党，详见术语表。——译注

的机关报。[99]列宁派强调8小时工作日的要求，而不是成立工会，他们宣传革命，如果未来成立了一个革命政府，就参加它，拒绝一切合法形式的煽动，他们要求立即“充公”全部非农民土地，这与《火星报》派的支持者不同。《火星报》派的支持者坚决反对社会民主工人党的正式纲领，这份纲领要求把小额土地（obrezki）①转到农民手里，也就是说，重新分配在农民解放时从农民手中拿走的土地（大约占1/5），[100]《火星报》派的支持者总是嘲笑社会主义革命党没收全部土地的要求是“乌托邦”，例如1905年春天，当全俄罗斯工程师大会充分讨论这项要求时，《火星报》派的支持者就公开疏远了这次大会。[101]与普列汉诺夫派相比，[102]列宁派认为“在保持自己自主的同时”，对于维持与社会主义革命党的“偶尔联盟”来说，没收全部土地的要求是有用的。

两派都宣称支持自由派反对独裁制的斗争是社会民主党的义务，但与此同时，工人们认为，一切自由党派都不值得信任，包括解放联盟和诸联盟的联盟。相比之下，两派分裂前的社会民主党第二届大会曾同意了一项斯坦洛夫提出的决议，这项决议宣称与资产阶级民主派的联合是有可能的，而且在某些情况下是有用的。列宁派明确废除了这项决议，就连普列汉诺夫派也不怎么理睬它。

两派分裂的原因显然不是什么原则问题，其实一部分原因是出于个人问题，一部分纯粹是勾心斗角，俄国社会主义在知性上的奇特性也是一部分因素。[103]此时，正统领导人之间的冲突和“鼓吹暴动的观点”也很自然地引发了分裂，迄今为止这些领导人主要在国外旅居，深受各个西欧社会民主工人党的传统的影响，随着新闻自由的实现，“鼓吹暴动的观点”目前也深深吸引了大量俄国本土兴起的组织。因此甚至连倍倍尔②的调和举动也失败了：列宁拒绝接受那些没有意识到俄国局势的国外人士的建议。[104]

---

① *Obrezki*：农民因1861年《解放宣言》失去的土地。1861年改革后，在很多省区，凡是每个农民分到的土地数量超过当地制定的标准，或者如果留给地产主使用的土地不到1/3的优质土地时，就拿走农民的土地份额。摘自术语表。——译注

② 倍倍尔（August Bebel，1840－1913），德国社会党人，德国社会民主工党的缔造者之一。——译注

当前的局势产生了一种激情澎湃的希望，认为毕其功于一役推翻独裁制，以及至少能够实现社会主义的“最低纲领”的伟大时刻已经到来，然而，毫无疑问，暴动情绪本身并不完全是这种希望造成的。具有俄国特色的社会主义从赫尔岑(Herzen)、拉夫洛夫(Lavrov)①等缔造者的时代开始，在血液中就流淌着革命主义与对一切“发展法则”的反对，赫尔岑和拉夫洛夫在这一点上都受到了黑格尔思想的影响。赫尔岑认为，只有经过资本主义，社会主义才能出现的观点是“无稽之谈”，[105]拉夫洛夫，与“民粹主义”[参见术语表]更早的代表人物一样，强调人类心智的“创造”本性——精神“复归自身”。[106]

所有主张“发展理论”的自然论理性主义(naturalistic rationalism)都
68 没能完全取代赫尔岑和拉夫洛夫的实用理性主义。显然，这种实用理性主义最有说服力的论据就是俄国村公社里确实存在共产主义，村社共产主义活生生的存在不仅能表明工人的观点，在法律上他们大多数人至今甚至还隶属于他们家乡的公社，而且还会影响不同层次的自由派对土地问题的看法，他们对这个关键问题牵肠挂肚，我们稍后就会看到这一点。

因此鼓吹暴动的观点不仅仅是当前局势的结果。不过，当前局势加强这种趋势。国外人士的“经济至上理论”集中主张“历史发展”，对今天组织化的工人来说，这种经济理论没有什么太大的意义，因为在目前的权力格局中，这些工人似乎希望渺茫。列宁派在自己的一项决议中从原则上否定了这种经济至上理论，这项决议宣称，“组织化是一种[渐进的]过程”的观点可能会“削弱无产阶级的革命意识”。然而，对隶属社会民主工人党的无产阶级来说，只要他们遵守纪律，各个地方组织的“经济至上”倾向应该对他们构不成什么障碍。

布尔什维克和孟什维克在很大程度上是一起运作的，彼得堡设有一个“联邦委员会”，[107]特别是当普列汉诺夫派的领导人转移到彼得堡之后，这一派不得不向无产阶级早期“专政”的观点作出最大限度的让

① 赫尔岑(Alexander Herzen，1812－1870年)，俄国激进思想家、19世纪俄国知识分子激进传统的创立者之一。——译注

步；从我们德国社会民主党当前的经历来看，[108]普列汉诺夫派是能够带着一种清醒的良知作出让步的。目前两派在彼得堡都拥有一份日报，普列汉诺夫派是《开端》（*Nachalo*），列宁派是《新生活》（*Novaia Zhizn*）。虽然两份报纸的发刊词是："社会民主工人党的机关报"和"全世界的工人们，联合起来！"[109]，但它们最初的发行都是畅通无阻的。然而，这两份报纸的编辑都被起诉了，因为他们的党纲要求建立一个共和国，这是社会民主工人党的领导层继续主张的。列宁派受到了各种"认识论"观点的同化，而正统派，例如"经验主义者"博格丹诺夫，还有其他人，已经否定或者忽视了这些观点。

《开端》编辑团队的组成人员几乎都是闻名遐迩的领导人，普列汉诺夫、阿谢洛德、马托夫、"斯坦洛夫"、托托米安茨、洛波波特、"帕福斯"（赫尔芬德）、伏拉·扎苏里希等等；国外人士有：V. 阿德勒、倍倍尔、考斯基、梅林、罗莎·卢森堡、克拉拉·扎特金：因此国际上也认为《开端》是"正统"。（我还没有看到《新生活》，现在这两份报纸都被取缔了。）[110]

至于目前社会主义组织在政治上有多大力量，他们在选举中有多大的重要性等问题，即便在俄国，也很难回答。社会主义组织在斗争和细节工作上的热情，无疑要比自由派的热情高得多，它们在各个城市的组织中心的数量也不比自由派少，而且很可能更团结，有这些就足够了。

但仅这些还不能起决定性作用。更为重要的事实是，直至几个月 69
以前，这场反权威主义运动还紧密团结在解放联盟的麾下，然而一种社会主义公开登场了，尽管它有些偏离了社会民主工人党的路线，但本质上仍然是一种"修正"社会主义，随着它的出现，一个极为有效的"分裂要素"进入了这场反权威主义运动，正是社会民主党的准宗派性质催生了这个分裂要素，这个党对严格清晰的教条亦步亦趋。

……马克思主义者鄙视为了长久的政治胜利而奋斗，他坚信自己能尽善尽美，当他无法战胜自己与其他群体的共同死敌之时，他仍能以一种镇定自若和奚落嘲讽的态度接受这种希望的破灭，包括自己希望的破灭；马克思主义者总是执著于保持纯粹的信念，如果可能的话，也执著于依靠三三两两的几个人来扩张自己的派系；并总是在邻近群体的旮旯里到处揭露"那些同样是天主教徒的人"以及"人民的叛徒"。这完全就是[德国的]社会民主党新闻机构对待"党团"[111](bloc，俄国人已经采用了这个表达)的态度。因而，任何对立要素之间都不再有可能达成协议，即使社会主义革命党的纲领——下文会提到[112]——没有排除达成这样一种协议的可能性，这还是因为他们纲领的信条基础更含混不清，并且我们已经看到，[113]很多社会主义革命党人还与一些激进的亲王都隶属于解放联盟。[114]

在具有社会主义性质的工人组织中，目前最杰出的组织(虽然不是社会民主工人党创立的)是彼得堡的工人代表委员会(工人代表苏维埃)。[115]这个组织是在1月9日/22日大屠杀之后成立的，此时正值政府试图通过一位参议员(斯德洛夫斯基，Shidlovskii)来接触工人，最终工人提出了选举议员的要求。[116]因为政府没有同意他们的政治条件，工人就拒绝谈判，尽管还是有代表，最初这是为了局部的目的。

为了与1905年12月通过的规章保持一致，目前工人代表委员会由不少于400个工人的工厂的代表组成，因而是一个有局部基础的、由大产业的特定工人精英组成的代表组织，而不是以具体的产业为基础。不过，在11月28日的会议上，工人代表委员会决定与同业公会联盟[Fachvereine]联合，方式是允许同业公会联盟的代表进入工人代表委员会的各次会议。至于他们是否有投票权的问题，委员会在投票
70 时仍然悬而未决，而且显然是没有解决。另一方面，工人代表委员会坚决向激进的农会提供席位和票数——下文会讨论农会。[117]

就再次举行政治总罢工(12月底)这个问题，工人代表委员会的总体态度，起初是犹豫不决的。11月28日的会议认为这么做代价太大。工人代表委员会在《消息报》(*Izvestiia*)上一再反对毫无意义的暴动和挑衅。产业工人阶层在经济上和政治上都是最成熟的、因此也是最精于算计的，因而成为了工人代表委员会的代表，除这个事实外，这里我们还能发现普列汉诺夫派原初态度的迹象，苏维埃形成与普列汉诺夫派大有关联。

自那时起，所有这一切都发生了变化。工人委员会的主席是律师克鲁斯塔洛夫-诺沙，[118]至今这个人还不是一个卓越的政治人物，他的被捕由于煽动性的宣传，导致了一项措辞很激烈的决议，主张立即举行武装起义。同时激进的诸联盟的联盟以共同宣言的方式与工人代表委员会拉近了距离（同时也与俄罗斯境内所有其他孤立的协会拉近了距离），它提议成立一个“总联盟”（Obshchii Soiuz），这个总联盟应该由工人代表委员会、农会、各大同业公会，特别是其中的铁路工人协会和邮政与电报工人协会，以及所有属于诸联盟的联盟的组织组成。

知识分子与资产阶级的政党

诸联盟的联盟似乎5月初就成立了，这个联盟的核心组织是文职（liberal professions）人员组成的自由社团，[119]这些社团绝大多数都成立于1905年的前几个月，尤其是2月18日的宣言之后，[120]其主要目的是要实现政治、民主的目标。诸联盟的联盟包括“全俄罗斯”的律师联盟、医生联盟、工程师联盟、新闻工作者联盟、书商联盟、小学教师联盟、中学教师联盟、农艺工作者联盟、统计工作者联盟、药剂师联盟、兽医联盟以及国家公务人员联盟等。举个例子说，帝国参议会的秘书长托尔斯泰伯爵，就因为是诸联盟的联盟的成员遭到了训斥。[121]诸联盟的联盟中还有保险公司的雇员、售货员和演员，以及妇女组织和犹太人权利组织的代表。

最初，有14个组织加入了诸联盟的联盟，但是组织数目显然是变化不定的，在国外很难准确估计。（鉴于诸联盟的联盟的“巨大力量”，甚至连莫斯科的警务人员都号召“同志们”组织起来，申请加入。） 71

这些社团的普遍目的和特征显然不是整齐划一的。实际上一些社团只是追求职业的利益（如果说不是专门为这种利益的话），但是其他社团，事实上是大多数社团，主要是为了实现政治利益。1904年期间，在没有通过一项立宪决议的情况下，绝不可能召开教师大会或者类似的大会。

然而，为了能与坚决加入“无产阶级”阵营的举动保持一致，诸联盟的联盟宣布了它的计划，让各成员联盟在预计于12月中旬召开的大会上接受一项考察，以确定它们是纯粹职业性的，还是“职业-社会性的”，或者是“职业—政治性的”。[122]尽管诸联盟的联盟的激进特征，无产阶级还是有一种印象，认为它还是太“资产阶级了”，比如，“工程师”联盟曾经否认建立共和国的主张有可行性，毫无疑问，诸联盟的联盟试图改变无产阶级的这种印象。

有一些“知识分子”不属于地方自治会，还有一些本来就属于诸联盟的联盟，他们从一开始就具有一种显著的、准无产阶级的特征。“第三要素”明显支持“民粹主义者”与社会主义革命党的观点，或者现代社会主义者的观点，并试图根据这些观点行动。例如，与解放联盟不同，诸联盟的联盟拒绝参加布理金杜马，更重要的是，它没有参加立宪民主党。这些事件对俄国的政治局势至关重要，对外国的评论家来说，它们到底是如何发生的，依然是一个谜团，因为对评论家来说，目前不太可能根据互相矛盾的新闻报道，来弄清楚诸联盟的联盟的内部发展过程。

第三要素的成员在诸联盟的联盟中发挥了极为重要的作用，他们觉得地方自治会的成就有赖于他们为之提供的智识基础，而地产主阶级的无薪成员却拥有决定权，因此第三要素的成员对他们抱有深刻的敌对态度，这是可以理解的，这种敌对态度对局势具有根本意义。

维特伯爵在10月份发生了突然的政治转向（还要注意到一个事实：维特的政治转向似乎是罢工影响的结果），他的政治转向让旧政权有很大的结构性弱点，看上去比它真实情况还要弱很多。职业社团之所以如雨后春笋般出现，正是因为人们亲眼目睹从恐怖的独裁制下获得了解放，这种欢欣鼓舞激发了社团的出现，这些社团是以一种突如其来的自由为基础组建的[123]。“地产主阶级”的各部分都参与了组建职业社团的运动，不过我们很难估计他们的参与有多大的政治意义。

72 解放联盟解散之后，[124]社会民主党的暴动派要素对解放联盟的激进知识分子施加了更大的影响，这些暴动派要素非常厌恶某些社会主义革命党人与资产阶级的联盟，并且越来越反对他们的联盟。而且，解放联盟的"激进"性质从一开始就与一个事实有关,即直到《10月宣言》发布,文职群体中有很多"温和"要素都拒绝任何形式的组织化,因为严格来说,那是非法的,其他自由团体也有与解放联盟类似的情况。

诸联盟的联盟提议激进知识分子与政治组织化的工人以及农会结盟,它们的结盟本质上必定以要求成立一个"制宪"帝国杜马为基础,也就是说,是以人民主权的原则为基础。波兰人要求的11月2日的决议,提出了一个极端"简单"的解决办法:成立一个帝国杜马,同时波兰和芬兰各自成立一个制宪杜马,所有希望成立制宪杜马的地区,都要召开大会,不过"要维护帝国的统一"。地方自治会的立宪派已经讨论了第一届杜马是否应该是"制宪"杜马的问题。立宪民主党的纲领保留了这项提议。[125]

当维特伯爵要求派遣党代表的电报送达时,莫斯科地方自治会委员会决定禁止提出个别的要求,因为"唯一的要求只能是召开制宪会议"。

在11月的地方自治会大会上,委员会的决议得到了米留可夫的支持,这项决议与解放联盟原先的纲领颇有一致之处,它也要求一个制宪会议,这个制宪会议会在"君主的许可下""起草"一部宪法。但是,大会删除了这种"有共和色彩"的措辞,除其他原因外,还有就是马克希姆·克瓦勒夫斯基的一次讲演,马克希姆·克瓦勒夫斯基宣称他乐于在一个共和国里生活,就像在巴黎一样,但是,考虑到俄国的情况,这就是宣称他自己是一个君主派。

然而,社会民主党,还有解放联盟的激进分子、社会主义革命党和诸联盟的联盟(自从它成立以来),都以坚持"制宪"这个字眼为己任。在"资产阶级"知识分子没有从维特那里获得"保证"后,"资产阶级"知识分子和"无产阶级"知识分子之间的裂痕进一步变大了,这种裂痕当然不只是一个字眼之争。

无政府状态愈演愈烈,政府也增加了治安与军事干涉,特别是选举法的颁布和选举的通告越是推迟,共和派的激进主义洪流就越是汹涌澎湃,尤其是在大臣会议对地方自治会代表组成的委员会作出了极 73

端冷淡、毫无章法的答复之后,情况就更糟糕了。

诸联盟的联盟,在上文提到的关于成立"总联盟"的公开宣言中,[126]明确表示武装起义是实现解放的唯一途径。同时联盟还发表了一份关于一个制宪会议的草案,这个制宪会议应该具有全部的立法、行政和司法权力,由帝国968个(!)选区年龄21岁以上的男女两性公民选举产生。这就等于是"大众"专政,以及创制一个恐怖的中央革命裁判所。[127]

之后不久,工人代表委员会发表了一份"宣言",要求全体民众从储蓄银行中提取全部积蓄,并拒绝使用纸币,把全部银行票据都兑换成现金,因为国家的破产就在眼前。

政府的反应是逮捕诸联盟的联盟的执行委员会以及出版这些宣言的报纸的全部编辑。人们采取了一次总罢工作为最初的反应,可能还会有进一步的行动。但是,当这些努力的失败之后,人们当然就对民主高度不信任,这种不信任不但影响了那些尝试进行希望渺茫的努力的人,而且也影响了整个立宪运动的前景,民众指摘立宪运动没有参与性是失败的原因。

城市无产阶级正在另一个方向上受到极端激进的基督教社会党[128]和社会主义革命党的支持者的影响,就算在他们,还有"文职"群体内部,甚至在有民主选举权的情况下,资产阶级民主的胜算也是很小的,因为甚至民主派都很可能会退让,尽管他们的纲领包含了激进的西欧社会改革者的全部要求。[129]

就真正"资产阶级"的狭小人群而言,工厂主,在一定意义上,已经向自由派甚至是民主派靠拢了很多。斯楚泽—加伏尼茨曾告诉我们,工厂主过去是民族主义的担当者,当人们考虑到这一点,就不难理解他们的靠拢行为,而最近几年,普列夫政府力图操纵工人,让工人与"知识分子"鹬蚌相争,[130]比方说,政府在加邦运动的核心地带建造了11间临时营房,因而,工厂主向自由派和民主派靠拢也是很自然的。[131]不过立宪民主党中连工厂主的影子都找不到。正如我们看到的那样,[132]工厂主对地方自治会运动抱有怀疑态度,而且解放联盟的反贸易保护主义的纲领对工厂主毫无吸引力。从社会的层面上看，甚至在1905年初，大多数工厂主代表本质上还是反动的，希望进行镇压。（这种情况并不是普遍的：工厂主的很多请求，呼吁联合是正确的。）在政治上，很多工厂主似乎隶属于合法秩序党，[133]下文会提到这个党，[134]或者10月17日联盟，[135]10月17日联盟与合法秩序党颇有相似之处。至少，在工厂主经历了某些事情后，他们已经不一定会听政府的指使，充当与自由派对抗的反动分子。商人和实业家协会在彼得堡召开了一次会议，在这次会议上，当合法秩序党一位名为费林的代表，请求人们与政府合作反对工人代表委员会时，其他发言人坚决否定了他的观点："社团"(society)只能继续斗争。如果商人和实业家协会现在寻求政府的保护，那么终有一天其他社团也会从同一个地方寻求保护以打击协会，并获得同等程度的成功。

最后是小资产阶级，他们的态度从来都是最难捉摸的，最终很有可能因为他们的反犹主义而拒绝与自由派合作。作者是从小资产阶级积极参与"黑帮百人团"的活动得出这个结论的。不可否认，人们不该忘记，在大城市，还有其他一些"可疑的"地方，[136]当前的警察特务组织迫使人们依从腐败的、专断的、奴颜媚骨的官员，人们对这种依附地位如此深恶痛绝，以至于未来几年抗议会再次压过所有其他的考虑。例如，每一户人家都必须有一个看门人(dvornik)，[137]职责是监视居住者。户主有责任雇佣一个门卫，而且必须支付费用。更有甚者，随时都要强制携带一个通行证，还有"行政性的"，也就是超越法律的驱逐出境，而且任何时候都有可能搜查房子。（事实上，类似的搜查通常在夜间执行。）

在实践中人们绝不可能与一个采取这些手段的体制长期妥协。

土地问题

农民的问题事关全局，这个问题不但决定了立宪民主运动的未来，更重要的是，它还决定了这场运动的基本纲领的未来，此外还决定了一种西欧意义上的自由"发展"的可能性。即便基于财产选举资格的选举权向自由派提供了一个多数，也还是一样，因为到时候，如果农民持反动立场，一个反动的政府就能在它想要的时候，利用农民这条鞭子教训一个不听话的杜马。

75 事实上，资产阶级民主的纲领本质上是以农民为目标的。彼得·斯楚夫正是想让农民具有一种“人格”，他的办法是让农民不仅习惯于客观意义上的法律，而且习惯于主观意义上的权利，斯楚夫的权利是指英国个人主义式的“人权”。[138]

人们经常使出浑身解数来强调土地改革是全部问题的核心，强调政治改革会而且必定会在根本上有利于土地改革，而政治改革也会因为土地改革的作用而受益。

当然，这并不等于说农民自己会变得民主。彼得·斯楚夫和宪法草案的其他起草人，[139]在土地问题上都是以农民的经济利益为基础的，一个反动的政府不能满足农民在土地问题上的要求。

那么问题就成了：农民自己的要求是什么，以及代表农民利益的民主土地改革者的要求是什么？

2 月份的地方自治会大会已经很关注土地问题，在讨论中采用了农民分配公社份地(nadel)的口号“补偿”(dopolnenie)，这是自由派土地改革的一个特色口号。其他一切事情都由一个专门的委员会来处理。

解放联盟 1905 年[140]3 月份的纲领提出了以下实质的土地要求：

1. 取消农民的土地赎金(自从政府同意之日起，1906 年减半，1907 年全额取消)。

2. 通过分割贵族领地、皇室土地和国有土地，给无地的以及那些土地数量不足的农民提供土地，当这三种土地不足时，就征用私有地产主的土地。

3. 创建一个国家土地基金以实行有计划的国内拓殖。

4. 改革租契法，这样就能保障佃农土地的改良成果。设立仲裁法庭，“以劳动者的利益为主调整地租”，裁决劳动者和地主之间的纠纷。

5.“在基本的农业生产条件配套的情况下”，把劳动法拓展到农场工人。

此外，这个纲领中还有以下要点，这些要点显然是受到了“重农主义”的启发：逐渐取消间接税，创立以累进税为基础的直接税，取消对个体企业贸易保护的倾斜，同时“加强保护人民生产力的发展”：纲领 76
认为，税务(duty)的逐渐减少会“有益于农业并刺激工业”。彼得·斯楚夫批评了这个纲领在预算问题上的意见，他认为完全取消间接税是“编辑的错误”。然而，一些可能支持自由派领导的地产主，似乎挺欢迎完全取消间接税的这个意见。例如，赫尔松地区的 56 位“有学识的”和 84 位没有学识的“资产阶级”地产主，提出了一份显然是货真价实的请愿，要求取消茶叶、糖、机器和火柴的税收；其他类似的、毋庸置疑的农民请愿也提出了相同的请求，报纸和期刊上随处可见。

显然，今天的俄国，一种累进制的收入所得税在财政上不能取代税务和消费税，这是无需多言的。俄国要实行一种真正有效的累进制收入所得税，除了缺乏经济条件外，还缺乏道德条件，众所周知，即使是在美国，也由于同样的原因无法实行累进制收入所得税。另外，如何落实这种大规模改革需要的基金，也都是不清不楚的。但是让我们重新回到土地改革本身。

德国的读者一定已经注意到了，我们还没有提到关于俄国土地的社会秩序[Agrarverfassung]的特色制度，也就是村公社(obshchina，mir 或者 village commune)。当前的农民问题绝不是只限于有村公社[141]的地区，也就是说，黑土地区域的中部、东部以及这两个地区的北部和东北部地区。事实上，农民问题关系到整个帝国，从波罗的海到西伯利亚大草原，举个例子说，农民问题在乌克兰某些部分和莫斯科地区一样都是火烧眉毛。

不过，占支配地位的俄罗斯族群自身的土地问题，全都直接或者间接与公社有关，公社对农民密集的地区和长期赤贫的主要地区有同等程度的影响。村公社“理想”有广泛的影响：俄国整个社会和政治党派的生活都与村公社理想的命运问题息息相关，人们已经就这个问题进行了长达数年的讨论;村公社理想吸引了民众的想象力,也吸引了关心社会疾苦的、五花八门的政客的想象力,程度是差不多的,村公社理想还决定了他们的感受,这种决定作用远远超过了它现实的直接影响力。

这为我们理解自由派的纲领为什么对村公社问题保持沉默提供了一条线索。毫无疑问,自由派的沉默,一方面是对已成为自由派的斯拉夫主义者和"民粹主义者"的让步,另一方面也是对社会主义者、社会主义革命党和土地改革者的让步,所有这些人都因为各种反对理

77 由不同意对公社进行一种明确的攻击。另外,特定的经济自由派人士,尤其是斯楚夫这样的个人主义者,反对土地改革的方案与公社挂钩,认为这是"乌托邦",他们都经历了一种严格的马克思主义学派的洗礼。

当然,自由派的沉默也可以从一个事实中得到解释:通过立法来处理公社问题,不论采取何种路线,都要十余年,而对实践性的政客来说,还有更要紧的土地任务。尽管如此,还是必须立即提出一种全面的土地政策来反对村公社。

[韦伯论述了1905年2月24日和25日地方自治会大会采纳的土地纲领。这份纲领力图寻找增加农民土地份额的各种办法,包括征用私有土地,创立一份土地基金或者说储备资金,分给那些少地或者无地的农民。]

且不说很多经济方面的考虑,我们可以十拿九稳地说,如果土地改革打算解决新分配给农民的土地会有什么样的合法命运这个问题,人们就一定会有某种紧迫感要解决村公社的未来发展问题。甚至连地方自治会大会中持经济自由立场的成员,比如沃尔克斯基亲王,都很自然地认为,分配纯属个人财产的土地是不可行的。克留巴金明确反对把土地分配给公社的观点,他谈到了诺佛格罗德地区的状况,这个地区是通过移民外地人进行内部拓殖,大多数采取了租地定居的形

式，这些外地人可能是被当地的村公社社团赶出来了。而改革村公社，会导致当地农民严重垄断新土地，排挤移民。

事实上，单从法律的角度看，自由派的政治改革必定会导致村公社十分深刻的变革，这似乎是很清楚的，至少从国外看是这样。当前村公社还同时是一个合作社、一个强制团体（Realgemeinde[142]）以及政治共同体；原则上，个人要依附于村公社，在通常情况下，依附的程度与村公社依附个人的程度是一样的。原则上，个人有权利拥有他的土地份额，村公社原则上也有权利拥有个人的劳动。个人可以随时回到村公社，而村公社也可以通过不更新他的通行证，随时迫使他回到村公社，通行证的发放要同时获得村公社和国家权威机构的正式批准。因此，甚至在取消共同承担税收债务（1904 年）之后，[143]个人（个人对庄园主的依附在废除农奴制时就取消了）至少在原则上，仍然“依附于他的公社”。

根据解放联盟的纲领，每个人，包括农民，都应该拥有绝对的流动自由和在任何地方定居的自由，应该废除通行证体制。[144]如果这些要 78
求付诸实践，而且普选权也无条件引入公社——这应该会实现，如果公社在最小的意义上都不再是同时具有合法束缚力和特权的共同体，那么土地共有的村公社和政治共同体就立刻会发生分裂，而且由于行政的原因，在家乡共同体维持“土地权利（right to land）”都不太可能了，甚至在形式意义上都做不到。

按理说（de jure），现在一些事情应该正在发生中：公社一定会立刻在法律上，而且在不远的将来也会在事实上，成为村社内部的一个特殊经济共同体。目前，农民的新土地是否应该指派给这样一个共同体？我已经说过，目前我获知的报道都是零碎的，从中不能分辨是否有关于[立宪民主党]那次大会的主题的报道，有的话，又是什么，也不能分辨那次大会是否提出了如何遏制村社过多的新增人口的问题，显然根据“人头”，也就是家庭的规模，分配土地刺激了人口的过度增长。

比方说，国外的评论家就可能会想到确定最低的土地数量，低于这个数量就不能重新分配的办法等，尽管我们不可能判断这样的办法是否有机会付诸实践。曼纽洛夫、赫斯丁、楚普洛夫、考夫曼以及其他从事土地问题的政治家对村公社问题，肯定都有自己的看法，但是我们清楚地看到，每一次各个激进党派就要步入资产阶级民主的正轨时，它们之间就会出现一种意见混乱的局面，这些相互倾轧的意见涉及公社的全部问题。

为了让我们自己弄清这一点，我们必须大体了解一下各大土地改革者党派，还有自由派"左翼"，尤其是"社会主义革命党"的不同分支。

从其目前的组织和纲领来看，社会主义革命党是一个刚刚兴起的党派。在冯·苏泽-加伏尼茨与斯姆霍维茨的大作问世之后，[145]我们可以假定读者能明白民粹主义如何以公社和地方性的农民工业(kustar)①为基础，形成了以下理论：在俄国，村公社赋予了土地权利以神圣性，这种土地权利能全面阻止工业导致的商业生产者与生产的分离，并且有效遏制一种脱离了土地的无产阶级的兴起；因而，俄国或许能绕过西方的资本主义和"个人主义"。

在这种理论中，权威主义正统和帝国主义者的斯拉夫运动看到了，在沙皇皇权统治下，俄国维持内在统一的保证：在他们看来，卑下
79 的农民(muzhik)[146]是俄国人性成功的未来典范，他们同时臣服于教会和沙皇。相比之下，激进的无政府社会主义认为农民是能跨越西方发展的痛苦中间阶段的人，还认为如果"农民掌管土地，工人掌管工厂"的口号得到落实，他们不久就能造就未来的自由社会。最后，在和平的斯拉夫派看来，卑下的农民是俄国人民的伦理品质停滞不前的担当者，尤其是神圣的自我否定的品质。

"俄国社会学学派"本质上是主张去中央集权化来反对官僚制度，除这一派外，还有一些和平的革命党派，比如"地下重新分配党"(chernyi peredel，英译名为"black redistribution"，这个党同意农民的信念，认为是官僚制度阻挠了沙皇曾经许诺的土地的充分分配)，以及其他并不一定放弃暴力的党派，最后是"人民意志党"，这个党通过运

① 参见术语表。术语表中 kustar 解释为从事家庭工业的农民，主要涉及纺织、金属与木材等行业。——译注

用恐怖扰乱统治阶级，作为他们暴力夺权的前奏。[147]这些党派的历史就留给别的论著了。

对所有直接或间接以那些观点为基础的党派来说，19 世纪 80 年代和 90 年代是艰苦的岁月，唯有极端的民族主义者处境好一些。当资本主义带着全部的经济的、知性的副作用侵入俄国之时，政治压力就比之前任何时候都要大。不论哪个党派都要对这个事实采取一种立场，与此同时，亨利・乔治（Henry George），与马克思一道，也对俄国产生了特别大的影响，在俄国并不是所有的土地都是有主人的。[148]

因而，各种意见众说纷纭，从新世纪开始以来，就从这些意见中产生了民粹派和社会主义革命党目前的纲领（还是很含糊的）。从本质上说，民粹派强调，在社会方面从压迫中获得解放（资本主义强化了社会方面的压迫），社会主义革命党则强调政治方面，然而他们都必须考虑一个事实：不论是农民工业（kustar）还是村公社，都没有提供他们似乎已经承诺的东西。[149]

甚至在 19 世纪 90 年代，各大激进政党就已经划分了它们之间的工作，因此社会民主党人从事城市无产阶级的工作，民粹主义者（Narodniki）则以农民为对象，他们都是从一种社会政治的角度出发的，尽管理论的和实践的观点大相径庭。此外，另一方面，还有恐怖主义者（Narodnaia volia）的活动；他们的目的纯粹是政治性的，直指独裁制和公务人员的所有专横“罪行”；另一方面，还有本质上主张城市革命的“知识分子”，他们与社会民主党的理论不同，但活动领域是一样的。

除所有这些党派外，还有社会主义革命党[150]，它在世纪之交得到 80
了承认，这个党试图综合各个能产生影响的领域和各种方法：依情况而定，采取煽动、暴动或者有计划的恐怖活动。而且，他们的活动领域不仅试图涵盖农民和工人，而且还针对“有教养的社会”。

（社会主义革命党的）终极目标是“充分实现社会主义社会”。然而，要在俄国充分实现社会主义，必要的条件是一场政治的、民主的革命，并在随后进行一次以“充分按劳取酬的权利”为基础的、反资本主义的土地改革，社会主义革命党在辩论文章中反复强调了这些必要条件，这些文章直指社会民主党的《曙光》(*Saria*)和《火星报》。

这场政治的、民主的革命与正统的社会民主党人的信念相反，(按照社会主义革命党的观点)它必然不是一场资产阶级革命，因为如果是的话，土地资本主义的进一步发展就会导致，“土地购买力的削弱”——这是一个极具现代色彩的民粹主义论断——因而，就不可能有一个现代的“政治上层建筑”。而且，如果是一场纯粹的资产阶级革命的话，农民就会重新回到沙皇的怀抱。

因此，社会主义革命党不同意采取与社会民主党人一样的行为，也不认为农民是一场不可避免先要到来的资产阶级革命的炮灰。俄国的农民与他们的西欧同胞不同，他们不是反集体主义者：在与地产主和富农[kulak，参见术语表]的斗争中，以及在新土地(西伯利亚)的定居和土地的重新分配中，俄国农民的行为都是反个人主义的，而且随着开垦的扩张，反个人主义的倾向会增强。

“平等的”或者“公正的”分割的观点，事实上就是这样一种“分割”的观点，在性质上是小资产阶级的和分裂繁殖的，它与技术和经济的进步背道而驰，因此是反动的，社会民主党人否定了这个观点，他们的回击指出，这个观点具有“社会主义革命党”的色彩，它还反对一般意义上的财产，还指出如果只是出于现实政治(realpolitik)[①]的考虑，就没有考虑这个观点的必要性。

然而，危险首先是土地“社会化”一词的模棱两可，对农民来说土地社会化就意味着村社共产主义，其次是社会主义革命党对沙皇寄予希望，政府采取的任何措施都很容易强化他们的希望。亚历山大三世政府对村公社的自治采取了官僚式的毁灭，加上束缚于村社的农民土地日益减少，这就在现实中推动了这场革命。当活跃于人民中间的“知识分子”还只是“白白净净的人”的时候，已经有数以百万计的农民
81 漂泊在外，做工人或小生产者和商人，他们了解了这个世界并看到了

① 在德文中，realpolitik 是一个带有贬义的词汇，类似于强权政治或者实力政治。——译注

社会中的高低不同，地方自治会、这些农民的影响，加上各个教派，已经开始在农民身上塑造一种不同于30年前的人格(person)。

因此，在村社中组建"兄弟会"是很重要的，由坚定的志同道合者组成，他们会主动关注公社的所有决议，并组织起来联合反对地产主和富农、降低地租、为提高从事庄园农活的工资而斗争，他们还会传播一些观念，认为土地只属于"社会"，并只应该委托给用双手进行耕耘的人；一个人有权利拥有他自己的劳动成果，而当前的村公社已经(不完全地)实现了这种权利。然而，他们应该只是利用这些经济因素作为政治自由的论据，因为政治自由是实现真正改善的唯一途径；他们必须联合各阶层中有民主思想的"知识分子"。必须让农民明白，在实践中，他已经是一个"社会主义革命党人"了；他们必须以此为基础，而不是以社会民主党的"发展理论"为基础，社会民主党还坚持主张私有财产是一个不可避免的"过渡阶段"，这种发展理论是错误的，也是(他们)不能把握的。

这条思想路线在社会主义革命党(Partiia Sotsialistov — Revoliutsionerov)的纲领中找到了一席之地，这份纲领以草案的形式发表在1904年5月第46期的《革命俄罗斯》(*Revoliutsionnaia Rossiia*)上。

这份纲领承认资本主义的发展是一个事实，同时认为，资本主义的效果会随着国家和人口分层的不同而不同，因此在"老牌资本主义工业国家"，资本主义的效果就相对是积极的，而在"农业国家和在国际竞争中处于最不利地位的国家"，尤其是俄国，即使按照纯粹的技术生产标准来衡量，它的效果就完全是消极的(社会民主党人对此有不同意见)。

因而，在俄国要打碎剥削的、有闲阶级的奴役，把人民转变成一个单一的伟大工人联盟，这样的斗争是"人的人格全面和谐发展"的前提条件，它必须与具体的历史条件契合得恰到好处，必须以现有的局势作为它的出发点。

最重要的是，社会主义革命党进步的少数派必须为推翻独裁制竭尽全力，这么做是为了少数派若是到时还没有成为多数派，就可以要求以下目标为最低纲领：工人8小时工作日、最低工资、强制性保险以及工人参与工厂管理。然而，在土地问题上，社会主义革命党在与农村资产阶级、地产主和富农的斗争中，应该发展“俄国农民的传统和生活方式”。个人私有的土地全部都应该充公，或者如果这还不能立即实行充公，就由公社征用，并交给计划成立的村社共同体和地区协会，让它们根据使用权平等的原则处置土地(社会主义者主要反对的就是这一点)。这就是所谓的土地社会化。

过渡性的措施如下：对超过农场“正常产量”的那部分产量征税，当土地转让过户时，要对土地改良提供补偿，征收专门收入所得税以供应公社。至于“社会化”的问题，草案宣布资产阶级政权下的“国民经济各部分”的“国有化”只力图达到如下程度：草案讨论的政权的民主性质与制定的措施，能确保这种“国家社会主义”不会在事实上变成一种强化统治阶级权力的“政府资本主义”。

这里我们很容易看出，民粹主义的立场，也就是村社共产主义，吸纳了亨利·乔治、马克思以及其他人的观点，而且对“人民”的“创造”能力的信念，在“进步的少数派”中得到了回应，并宣称了“知识分子”的领导角色，尽管对“发展的”思想作了让步。目前运动的民主目标本质上是政治的，就是说，推翻独裁制是一切事情的前提条件，这个目标使社会主义革命党有可能与“资产阶级”民主的领袖达成一次影响深远的谅解，这些领袖已经以解放联盟，甚至是地方自治会的形式，采纳了重农主义的目标，成功满足了农民的“地荒”。

正如我们看到的那样，有一些社会主义革命党人是隶属于解放联盟的。然而，当自由派[立宪民主党]的土地大会(1905年4月28日与29日)公布纲领时，《革命俄罗斯》的社会主义革命党人却反对这份纲领，认为它是完全不充分的，因为就在这段时期内，革命的可能性似乎增加了。社会主义革命党要求“全部的土地”并且“不能有新的赎金”；革命党人把地租驳斥得一文不值，因而根本没有必要把地租转换成政府债券，到时候人民还得支付这些债券的利息。[151]

(社会主义革命党外围的)民粹派，似乎也强烈质疑这些改革方案的不全面性，这一派的前任领导人米海洛夫斯基正好在东部战争[①]爆发之时去世。强有力的政治运动，迫使民粹派和其他群体要面向公众制定一份新的纲领宣言，与此同时，这场政治运动也让社会主义革命党从一个在海外从事秘密活动的群体变成了一个国内政党，这里我想比较详细地分析两份纲领。一份是民粹派的纲领，另一份是社会主义革命党的纲领；这两份纲领正是在村公社，这个我们感兴趣的问题上，以典型的方式针锋相对，对不熟悉俄国土地政治问题的德国读者来说，这两份纲领一定会让他们兴致盎然的。

［这里韦伯区分了新民粹主义者的纲领与老民粹主义者的纲领：老民粹主义者的纲领主要是非政治的和理论性的；新民粹主义者的纲领则力图确立一种既不同于经济自由主义，也不同于马克思主义的立场，至少在土地政治问题上。韦伯细致考察了新民粹主义者的纲领。他以诺夫特茨斯基（G. Novotorzhskii）写给帕歇霍诺夫（A. V. Peshekhonov）的一封公开信作为分析新民粹主义者观点的依据。在信中，诺夫特茨斯基提议，国家应该有权利转移较为贫困的村社的过剩人口，把他们重新安置在较富裕的村社中。诺夫特茨斯基认为公社是未来发展的一个良好基础。］

民粹派的纲领坚信是有可能以禁令方式阻止租地行为和付薪劳动的，除这一点外，这份纲领在经济方面别具一格的特征是承诺了以下观点：村社应该既是强制性的社团，又是合作社，事实上村社应该在某种程度上同时成为两者，因此个人仍要受公社的束缚，一部分是消极的，通过个人脱离公社必须和公社协商的方式得以实现，一部分是积极的，通过对一份土地的长久拥有权来实现。

社会主义革命党的土地改革者正是以村公社问题为起点展开批评，这些改革者是从激进的民粹主义分裂出来的，在亨利·乔治和马

① 应指日俄战争。——译注

克思的影响下，激进的民粹主义已经在很大程度上实现了自身的现代化，目前他们的机关报就是之前提到的《俄罗斯财富》月刊。[152]

对社会主义革命党的土地改革者来说，当前的村社根本就是根据等级分界线[Ständescheidung]进行划分的产物，是一个"农民的隔离区"，这个隔离区阻碍了人口在各地区和城乡之间的自由流动与"自然"流动，妨碍了农民做决定在哪里定居、流动到哪里，这些事情应该基于"市场"的状况，取决于自然的或者经济的因素。

把土地分配给村社，不仅意味着用一个有特权的多数(村公社)来取代一个有特权的少数(私有地产主)，而且这种做法，加上对土地买卖的
84 长期禁止，就意味着彻底削弱了土地改革的基本原则："获得土地的自由途径"。同时，国家有权利推行"强制在村社重新定居"，这会进一步强化村社的"隔离区"特征。帕歇霍诺夫对上文提到的诺夫特茨斯基的"公开信"作出了回应，在回应中他作出了正确的评论，认为甚至连当前的俄国警察国家都不敢推行"强制在村社重新定居"。[153][……]

他们的批评击中了民粹主义者观点的要害，[国家]要落实强制定居这项权利是需要条件的，这要以一个经济上的错误根据为基础：公社利用自己的资源开垦的"充足"地区，这个概念，在经济上是模棱两可的。土地开垦的必要劳动不仅仅取决于土地的面积和质量，更重要的是取决于(1)种植的东西，(2)种植使用的技术方法。

对公社来说，准许支付脱离金(leaving bonuses)必定会促使公社产生某些动机，这些动机会令公社决定不向一个更理性的经济体制或者更集中的文化转变。

倘若国家不想以农业进步为代价来换取收入的积累，那么，为了允许"向外移民"或者"向内移民"，国家就必须控制并且管制整个农民经济。

同样，出于相同的原因，也绝对不可能禁止付薪劳动，除非是蛮不讲理的狡辩，否则就不能禁止邻居的付薪劳动或者实物报酬的劳动，这些劳动是不可或缺的。还有……形式上是雇主的人也不一定就是剥削者。(不过，帕歇霍诺夫给出的一个例子确实涉及租借实物的生

产工具，因此是一种资本借贷。）这在原则上都是正确的，帕歇霍诺夫也可能用更理论化的思考来支持他的论断：每次当农业生产过程引进并不是农民自己制造的生产资料（means of production），比方说改进的工具、现代化的建筑物或者人工肥料，这个时候，以下观点就不成立了：农业产品一方面是自然土壤质量的结果，另一方面是农民的劳动成果，除此之外就没有别的因素。

不仅是产量，甚至是土壤中的营养成分，都不再是农民借助大自然在天然土壤中的恩赐生产出来的，倒是更多来自机器工具厂、钾碱矿、托马斯鼓风炉、装配车间以及诸如此类。

要实现产量就要求持续增加“社会必要劳动”的比重——所有的民粹派都试图利用马克思主义术语之间的细微差异——而持续增加的比重会从土地转移到矿业中心和工业中心。

脱离金导致了农民的离开，而新人口又重新定居在村社中，这样 85
的离开与重新定居都必然在同等程度上限制“技术进步”，加之要继续承担的义务也会限制技术进步，这是就技术进步的通俗意义而言的。因为技术进步不仅会导致同等面积的土地雇佣的人数相对减少，而不是增加，而且这种相对的减少人数要是与小农场相比，就是一种绝对的减少——用“资本”来取代人力。

这里无法考察这些农业发展的技术的与经济的限度到底是什么，因为这些发展取决于作物和社会秩序。可以肯定的是，如果目标是“技术进步”，面向国外市场的谷物种植会要求大幅度减少当前的农业人口，这些农业人口是受雇于手工耕作的小农场。

同样的原理也适用于那些采取资本主义经营策略的农场，至少是农村中还保留着真正的“农村气息”的地区，也就是说，那里缺乏繁荣的地方市场或者地方产业，不能为私有土地所有制条件下的小农场主和承租人创造有利的经济条件。相反，这条原理对以下地区不适用：在那些地区，农民通过加强他的农场的自然特征，也就是说，限制必须通过购买才能满足的需要，来避免卷入市场机制，因而也就避免卷入“技术进步”。

新民粹主义者的纲领以狭隘的“生存原则”[Nahrungsstandpunkt]为基础;他们的纲领没有问:我如何能够在一片给定的土地上,通过最小的劳动实现最大的产出(农业资本主义的口号),而是问:在给定的土地上,我如何能够通过利用村社中的劳动力来为最大数量的人提供生计。

只有在同时坚决否定“技术进步”的情况下,生存原则才能持续发挥作用,因为“生产资料的生产”与工具取代手工劳动日渐重要,生存原则不得不与它们的重要性斗争。否则,村公社就只是资本主义社会化进程的大漩涡中的一只小蚂蚁,这个大漩涡没有给“生存原则”留有余地。

然而,新民粹主义者的弱点在于一个事实:他们想在“技术”意义上成为“现代的”。举个例子说,新民粹主义者提到,他们的纲领会给农民提供“日益增加的购买力”,因而也就放弃了老民粹主义者的原初理念,米海洛夫斯基曾将这种理念归纳如下:目标应该是实现个人的“整全性”,因此“各个有机群体之间劳动分工最细”的地方,个人之间
86 应该没有什么劳动分工:家庭工业(kustar)的荣光和农民自身的生产应该以这项原则为基础,事实上,伏洛特索夫在农民支付的高额地租中,也就是在他们的剥削中,看到了抵抗农业领域的资本主义发展的防御工事。

诸如此类的“浪漫主义”取向的共同之处只不过是,在理论上没有理解资本主义的实质本性的情况下,就力图与它作斗争。因此当这些浪漫主义在外面无的放矢的时候,资本主义却从背后溜进了它们的阵营。关于资本主义本质的信息,他们大多数都只是通过阅读马克思获得的,而且还理解得不到位,因为他们总是囫囵吞枣地阅读马克思以寻找“道义”。

就资本主义运行机制的知识而言,土地改革者远远超过了这些反动派,尤其是在收入积累过程的溯源和分析上,这是土地改革者最为关注的。

在各种形式的土地所有制的发展中,以及收入分化的形成过程中,市场生产起了很重要的作用,土地改革者很清楚这一点。其中一个人就是帕歇霍诺夫,我们刚刚分析了他在《俄罗斯财富》上的文章。

现在让我们来看看土地改革者的纲领。

最近土地改革者以新闻的形式在彼得堡的《祖国之子》发表了他们的纲领，《祖国之子》之前是解放联盟的一份机关报，是发表各种观点的平台，自 11 月 15 日开始，它就成为了“社会主义革命党”民粹派的党报，谢里德、库金，马克汀、帕歇霍诺夫以及切诺夫负责编辑。

在这份纲领中，社会主义革命党吸收了车尔尼雪夫斯基[①]、拉夫洛夫，最后还有米海洛夫斯基的观点，明确主张“全部生产资料和人类一切经济活动实行社会化”意义上的“社会主义”。社会主义革命党以否定发展理论作为自己的一个特征，这区别了它与马克思主义：

> 我们党不可能向现实低头，也不会从事实中塑造偶像。我们不认为，只有在现存秩序充分发展的情况下，社会秩序的新原则才能实现。现存社会秩序的“框架”并不具有任何神圣性。

我们看到，拉夫洛夫的社会主义和米海洛夫斯基的“社会学”的根基，就是这个实用主义的、理性主义的观点，这个观点认为，西欧的社会发展之所以有“毫无章法的本性”，是因为以前没有科学和“关于社会事物的知识”。社会主义革命党的下一步任务应该是：实现以“人民意志”的绝对统治为基础的政治自由，“不论人民意志采取何种形式表达自身”——这是与旧民粹主义相连的地方。 87

目标是一个有比例选举和公民复决制度的民主联邦国家；基本的社会要求是推行土地所有制的社会化，由“各地区的社团”掌管，“所有劳动者”都应该有使用土地的权利。社会主义革命党认为，目前不考虑全部生产资料的普遍社会化的问题（“国有化”或者“市政化”[②]），但是同意共同体在任何可能的时间与任何可能的地点接管经济活动，尤其赞成采取地方事业的形式。目前社会主义革命党的要求是 8 小时

---

① 车尔尼雪夫斯基(Chernyshevskii, 1828－1889)，俄国著名思想家，深受别林斯基和赫尔岑的影响，著有长篇小说《怎么办?》。——译注

② “municipalization”指的是自治市或者自治地区的国有化。——译注

工作日，禁止儿童和妇女夜间作业以及强制保险。

考虑到这些土地改革家群体的高度“智识”特征，这个群体几乎不可能在农民中获得支持。尽管如此，为了对社会主义革命党的观点做更细致的考察，让我们再一次回到帕歇霍诺夫的土地思想，作为期刊的合办编辑，帕歇霍诺夫似乎是我们理解社会主义革命党观点的最佳人选。

帕歇霍诺夫认为，“所有劳动者”都能使用土地，如果这不意味着束缚，那就假定了能自由“获得土地”，我们应该补充一点，是对有资本使用土地的人来说的，这种自由获得转而要求打破“农民隔离区”，允许充分的经济流动自由。帕歇霍诺夫在反驳诺夫特茨斯基的评论中说道，一个“自由的村公社”只能是一个“自愿”的村公社，也就是说，是一个没有强制色彩的合作社。西欧已经尝试通过土地自由买卖的方式实现了同样的目的。但是这（帕歇霍诺夫继续说道）可能会导致一种源自土地的收益体制，当更廉价土地加入竞争时，就可能引发农业危机，作为一个出口国家，俄国不能简单地通过采用关税这种补救办法，相反俄国会被迫同意现金补贴的主意（显然是没想到的）。然而，他们绝对不可能准许源自土地的收入，因而也不可能准许土地私有制：帕歇霍诺夫以一种有特色的语气说到，一种自然的进程可能就会造成土地私有——无产阶级化是一定会到来的，但是我们不能在道德上同意故意造成无产阶级化。

帕歇霍诺夫的讨论表明，他在很大程度上对资本主义发展的自然进程逆来顺受，面对他的评论，一个人不免躬身自问，“那么，应该做些什么？”回答是，土壤质量的天然差异和市场布局的差异会造成盈余产量[Differenzialrente]，这部分产量“应当交给社会”，因而必须从获益的所有者手中转移到社会手中。当然，这种转移不能通过一种固定的
88 基本税收来实现，因为市场区域的每一条新铁路，每一次地方工业的发展或者变化都会产生进一步的收益，而唯有通过一项“有弹性的税种”。（顺带说一下，帕歇霍诺夫并不打算让这种税种成为“单一税”，[154] 他明确反对单一税。）这项有弹性的税种在非常时期可以降低，

而且，我们要补充一点，遇到产量有盈余的新情况，就通过对受益农民征收价值附加税的形式增加税收。因而土地社会化的本质目的就是为了贯彻这个过程，而取消私有财产的目的是能够“自由获得土地”。[155]

如果此处人们展望未来的民主国家是一个与“党派仇视和钟爱”[156]绝缘的实体，并且按照“客观的”原则运作，那么这些改革家就没有任何可以指摘的地方，因为有时候就连相当杰出的德国国民经济学家[Nationalökonomen]，尤其是最渴望被视为是现实政治家的那些人，在当下的普鲁士国家问题上也有类似的观点。

现在的问题是：国家应该如何着手获得土地以及如何征税？当然不能简单地通过政令。一方面是黑土地的贫农，另一方面是靠近城市、港口和铁路的进步农民，帕歇霍诺夫很清楚，如果他们知道他的改革实际上意味着新的税收，更糟糕的是针对他们土地的税收，那么迎接改革的就是惊愕。

相反，帕歇霍诺夫认为应该“有组织地”推进：国家应该通过以下三种方式获得土地：(1)为了促进自然的人口分布，国家应该给农民的重新定居提供帮助，并且以接收农民在之前公社中的土地份额作为回报；(2)购买每一位离开村公社的农民的土地份额；最后(3)对每一个向“资本主义”经济转变的人都应该立即执行没收措施。所有这些情况都取决于投入的资金总量，当然，这些措施也一样能大大加速村公社的瓦解，也能遏制一种技术“进步的”经济的发展。

鉴于俄国人对资本主义的经济定义还十分宽泛，因而还不能确定一种“资本主义”经济的特征应该是什么：资本主义是否应该，包括那些自己开垦购买的或租借的土地的地产主和富农，是否还应该包括所有单个农场的拥有者，抑或是所有雇佣有薪劳动力的农场主。帕歇霍诺夫并不想让村公社成为强制性的社团[Zwangsverbände]；唯有公共的地区法团[Gebietskörperschaften]才应该担当这项职能。一种(社会主义的)“国民经济”，也就是说，受控于公共社团[Herrschaftsverbände]，更有可能通过“市政化”来实现，而不是一种职业社团的体制，这种体制

89 伴有各个社团之间的私人经济利益冲突；这些公共社团的规模应该尽可能大，因为越大，他们就能更适合于形成“社会精神”。正如今天的省自治会比地方自治会更民主，在一般情况下，大型的社团也会比小型公社更进步。只有在大型社团中，知识分子才会活跃，而只有在有知识分子的地方，民主才会兴盛。

在涉及“理想”这个问题时，人们必须集中(centralize)，而且只有在直接涉及大众利益时，地方性社团才应该进行控制，因为大众是无视理想的。这是一种雅各宾式的观点，众所周知它源自法国“国民大会(Convention)”的历史，[157]这个观点，与“民粹主义”所有范畴的原初理想，以及持有联邦主义立场的社会主义革命党的原初理想，[158]还与扎格马诺夫等社会主义者，都针锋相对，帕歇霍诺夫就是借助这种观点，为全能的国家进行了一种实用主义的辩护：一种令人担忧的征兆，也就是说，在激进理论家的影响下，俄国很容易走上这条中央集权-官僚制的道路。

那么，按照帕歇霍诺夫的观点，今天的村公社就该摆脱作为地产主的特征，而国家应该按照自己提议的分配土地措施，(要么只是，要么至少主要是)与农场主“合作社”进行协商。这里又遇到了困难，据说要与受人诟病的同业公会(trade associations)达成协议是很难的。

这里又与村公社有关系，不过，不要对村公社有一丝的强制。凡是有村公社的地方，实际上或者在技术上，或者在心理上，都很难摆脱它。

新民粹主义者认为，绝大多数农民本身是不会支持一份西欧式的“个人主义”土地纲领，显然他们是极富洞察力的。这也解释了为什么民主派不愿意处理土地问题。首先，在维持村公社这个问题上，毫无疑问，重新分配土地的决议，不论在多大程度上是一个极端残酷的阶级斗争的产物，发挥作用的绝不仅仅是经济阶级利益，还有根深蒂固的“自然法”观念。

有些人希望土地重新分配能改善他们的处境，还有些人一直受到体罚的威胁，但在通常情况下，并不仅仅是因为他们的投票，或者其他

90

人的拒绝出席，支持土地重新分配的各项决议就获得了通过。另一方面，土地的重新分配可能是这种社会构造最重要的土地民主要素，但必须承认，就土地重新分配对社会政策的影响而言，通常也就是纸上谈兵罢了。手头宽裕的农民出租、出卖、馈赠他们的土地（自然只是在公社内部），他们相信人们不会同意重新分配，或者公社的成员可能欠富有农民的债务，而重新分配实际上只是加强富有农民的控制力。因为只重新分配土地，而不分配牲畜或者经济资本，所以在重新分配土地的同时，就是对弱者最残酷的剥削。

大众对法律和事实的不一致已经怒不可遏了，土地的增值和分化的加剧，更在他们中间促成了激进主义。看来，这种共产主义的激进主义一定会增强，特别是当农民的处境获得改善，也就是说，减轻了他们的负担，增加了公社可以处置的土地的数量。因为有些地区，地产的强制义务超过了产量，这种情况随处可见，在这些地方，人们认为拥有土地是一种负担，每一个村合作社的成员都试图避而远之。相反，有些地区，产量超过了强制义务，通常是这些地区的民众，会努力要求重新分配土地。因此，土地最肥沃的地区就是绝大多数人民最迫不及待要重新分配土地的地区，也就是与富有农民的利益冲突最厉害的地区。如果公社继续存在，税收和负担的每一次减轻，比方说免除现行的土地赎金，都必定会强化共产主义的这些焦点问题，也会使社会斗争进一步升级。

众所周知，当政府加强土地所有制时，在很多情况下，俄国南部的日耳曼农民只是引入了一种严格的公社体制，理解这一事实的原因并不难。公社份地的每一点扩大[159]几乎都会给共产主义的信念带来相当程度的刺激。在这个问题上，社会主义革命党的希望似乎是有充分根据的。然而，对诚实的土地改革家来说，目前没有什么其他的选择，可以替代这项扩大公社份地的纲领。

立宪民主党在它的土地纲领中（第 36—40 条）决定，坚持解放联盟和自由派土地大会的相关要求，同时针对社会主义革命党的反对意见作出一些影响深远的让步。这些让步包括：

1. 要求对土地被没收的地产主的赔偿，必须以一个“公平的”价格作为基础，而不是市场价值（第36条）；

2. 明确要求续租要有合法保障，有可能的话，也要求承租人有获得土地改良赔偿的权利，特别是，要（以爱尔兰模式为基础）[160]创立法庭，以降低“高得离谱”的地租（第39条）；

91 3. 创立一个农业监察机构，掌控保护工人的法律的执行情况，这种法律要拓展到农业领域。

没收的土地要按照若干原则分配给农民（分配可能是私人的，也可能是共同体的、可能是为了所有权，也可能是为了使用），这些原则应该基于“俄国各地区的土地所有制和土地使用的特定本质”。

我们已经看到[161]，各个民主自治机构会负责调整土地状况——这清楚贯彻了社会主义革命党的意见，让“地区性社团”作为“土地权利”的维护者。

这份土地纲领很激进，它与几年前《革命俄罗斯》认为可行的纲领相差不远，但是，革命出乎意料地成功，在这种成功的影响下，政治上持激进立场的民粹主义者，主张土地改革的社会主义革命党，列宁主义的社会民主党人，都不满意这份土地纲领，还有，革命已经唤醒了广大的下层农民，这是可以理解的，就他们的觉醒程度而言，这份纲领也不能让他们感到满意，因为这份纲领仍然没有摧毁土地私有制。

农民和激进的社会改革家要求，必须以“非正义的东西”没收地产主的土地，并且收归他们所有，此时，他们时常会听到一些务实的反对意见，这些意见认为，没有更多的工具，他们就不能耕作这些土地，但他们却充耳不闻，对此我们不必大惊小怪。通常情况下，如果农民自己没有足够的土地，他们唯一的选择就是成为庄园主的承租人（通常是低级的承租人），或者在那些谷物用于出口的广大地区进行耕作（一般是用自己的工具）。在有这些状况的地方，甚至到今天，这些农民还在用自己的工具耕作庄园土地。据称，出现在市场上的4/5的谷物都是“农民”的劳动成果（虽然在黑土地地区，根据统计，私有财产的数量通常是整个土地面积的5/12，是耕作土地的1/3)。因此对农民来说，没收农场土地只可能是剥夺一个垄断的食利者阶级。[162]

在之前的数个世纪以及最近的时期，政府在进一步强化农民运动的共产主义特征上做得有声有色，这种特征源自土地的社会状态，考虑到我们之前已经提到的原因，[163]似乎无论如何，这种特征都一定会增强。

土地的所有权要臣服于国家政权的主权意志(主权意志超越任何私人权利，不论人们是如何正确获得这种权利的)[164]，这个观念与村公社一样都源于古老的莫斯科维国家，尽管有人认为村公社完全是源于 92
莫斯科税收法案与束缚于土地(glebae adscriptio)。[165]同样还有一个事实：在尼古拉一世治下，克斯勒夫伯爵[166]的政府纲领，涉及取消"已获得的权利"并交于公社，而且政府已经施行了这份纲领，直到20世纪依然有效力——即便某些自由派公务人员落实得参差不齐。

然而，上个年代的政策已经用"国家为全部农民提供土地"的原则取代了"历史上的"农民共产主义，[167]直到那时，农民都希望，农民共产主义一直是"村社共产主义"，也就是说，农民共产主义能合法地宣称当地村社的土地是村民的财产并且只属于他们，[168]此外，他们还一直认为"解放者沙皇"确实已经承诺把庄园土地给予农民。[169]

自从1893年的法律以来，[170]政府变本加厉地削弱村公社作为积极的合作社特征，力图把村公社变成一个村公社官员活动的被动对象，接受国家权威的控制和领导。当局日益加强对土地重新分配的控制，也就是说，通常情况下，意味着要按照当局的指令进行重新分配，尽管重新分配的决议本身是村社内部的阶级斗争的结果。最重要的是，以1893年的法律为依据，政府一直不尊重农民的私有财产，这些财产，是根据现行的法律和政府的承诺，通过支付土地赎金有效获得的。政府专横地限定农民要在公社内部使用这些财产，这样它就能藐视农民的私有财产。如果说，因为政府通过这些办法削弱了农民的财产意识，并宣称自己拥有实行控制的权利和能力，于是农民就会向国家提交税收，这是他们在承担分配给他们的责任，他们还会向国家提交土地，那么这也只不过是国家政策的自然结果。

那么，全盘考虑一下，资产阶级民主派的改革纲领落实，最有可能大幅度增强农民的土地共产主义和社会革命“精神”，今天这种社会革命精神已经够强大了，以至于一项个人主义式的纲领，比如斯楚夫提出的纲领，绝对不可能获得多数农民的支持[171]。[172]

俄国局势的独特性似乎是，资本主义发展每一次增强的同时，土地及其产品价值都会同步上涨，它们导致了工业无产阶级的进一步发展，因而也导致了“现代”社会主义的进一步发展，除此之外，同时还强化了“古老的”土地共产主义。

93 在“知性运动”的领域中，人们也还是困惑，目前的发展到底蕴含了何种“可能性”。

纵观意见纷纭的“知识分子阶层”，民粹主义仍依稀可辨，但民粹主义，还有各大阶级，以及各项政治纲领的光环，终会消逝殆尽，不过什么东西会取而代之仍未可知。主张社会改革的自由主义代表了关于事物的一种纯粹的事实性概念，这个观念要经过艰苦的斗争，才能真正理解俄国精神“显著”(broad)性质。就社会主义革命党的知识分子而言，这种浪漫的激进主义对他们意味着另一种可能：他们很容易就迅速倒向权威当局和反动阵营。这是因为他们与“国家社会主义”很亲近，虽然人们对这种亲近不无争议，但不管怎么说，这是事实。通常是国外评论家会谈到一个现象，还有一些俄国有良知的评论家也常常谈到，也就是，常常发现极端激进的学生摇身一变，就成了高度“权威主义”的公务人员，有人曾断言，是内在的特征或者令人侧目的唯物主义导致了这种转变，就让我们假定确实有这种现象，那么据上文所述，其原因也不是这两点。最近几年相反的过程也时有发生，也就是说，从坚决支持以普列夫和博比多诺斯特瑟夫(Pobedonostsev)为代表的实用官僚理性主义突然倒向极端的社会主义革命党阵营。

这些极端人物的内心是一种实用理性主义，这种实用理性主义渴望在绝对的社会规范和伦理规范方面“建功立业”，但是面对土地共产主义理念的宣传鼓动，他们又在“自上而下”的“开创性”功绩和“自下而上"的"开创性"功绩之间摇摆不定，于是这种实用理性主义就落入了一种浪漫主义的魔爪，这种浪漫主义要么是反动的，要么是革命的。

现在让我们看一看农民自己表达的那些观点。

在农民大会数不胜数的决议以及讲演中，例如哈克夫省的一次农业合作社的春天大会上的即兴演讲，农民自发提出了各种要求，就这些要求的范围而言，有削减税费，还常常重复要求义务教育，除此之外，主题离不开两件简单的事情。

1. 摆脱下级官吏[subaltern]的侵扰，更要紧的是，摆脱乡村贵族公务人员的侵扰，尤其是地方首领(地方首领是政府创立的，是治安控制者)。[173]"我们乞求您，从我们的公务人员，这些监管者，[174]也就是村社警察和地方首领的手中，把我们拯救出来。陛下，他们挥霍您和我们的财物，而且甚至都没有为我们保持秩序，相反还不让我们工作和生活，他们侵犯我们……陛下，请严厉责问他们，人民未能开化，我们没有好的学校，不得不阅读合乎他们心意的书籍和报纸，[175]我们所有人都遭受这般蹂躏，这是为什么，谁该为此受到责罚。陛下，这全是他 94
们的过错。陛下，让我们选举我们自己的官员，我们有思想良好的明理的人，他们知道我们的需要。他们不会耗费我们或者您很多金钱，而且他们会更能派上用场。"[176]此外，农民总是还要补充一项要求，就是他们能像以前一样，不受约束地讨论自己的事务。[177]

2. 第二个基本要求就是更多的土地："您的祖父馈赠的土地数量还是一样，但人民却在不计其数地增加。那些获得土地份额的人已经有 5 个或者 6 个孙子，而且这些孙子也有正在长大的孩子，他们没有土地。"所有的民众运动无一例外都把土地问题归结为要求更多的土地，这个共同的基本问题，带着它本质的力量，在全俄罗斯农会的成立大会上得到了回应，这次大会于 1905 年 7 月 31 日和 8 月 1 日(旧历)在莫斯科召开，或者更准确地说，在莫斯科近郊的干道旁边的一个大谷仓中！[178]

全俄罗斯农会大会确实是社会主义革命党领袖的一次盛大表演，

也是他们的鼓动成功的一次宣传。社会主义革命党的处心积虑说明了一些焦点问题，因为他们的处心积虑就是运动状态的一个风向标。

5月份，社会主义革命党领导的农会组织仅仅扩展到了7个省的40个乡。在全俄罗斯农会大会上，28个省约100名代表列席参加。西北和西部地区几乎没有代表，极北部、南部和东南部地区几乎也没有代表，但另一方面中部地区和黑土地地区，包括东乌克兰，却有相当多的代表。根据代表来判断，这个由莫斯科负责的组织在乌克兰各地以及库斯克省（黑土地）有长足的发展。至于符拉迪米尔、图拉（这两个省都是工业区）、卡赞（东部）、甫洛哥达（北部），社会主义革命党的软弱就一览无遗，这是因为农民的利益缺乏统一性；在奥里尔省，社会主义革命党，尽管弱小，但还是成功实现了地租减半。

这种农民组织的目的是在既定社会秩序中实现纯粹务实的经济目标，不可否认，这些既定的社会秩序基本上与政治秩序是一路货色，从大量的新闻报道来看，农会已经取得了非同寻常的重要进步。然而，似乎农会是在南部地区和乌克兰地区有最明显的进步，这些地区都不是严格的公社地区，在中部地区和白俄罗斯就不那么明显了，在这些地区，占上风的可能是[179]起义（Kramola）[参见术语表]纯粹的毁灭性质。

95 通过新闻报纸和无产阶级知识分子的积极活动，农民得知了1905年2月18日的沙皇书面回复，这份回复在全国各地都引起了反响。[180]官僚企图隐瞒这份回复，他们的行径几乎妇孺皆知，这就更引发了坚决的反抗。人们诉诸这份回复以支持自己对抗禁止集会的治安禁令。人们开始阅读报纸，或者让别人给他们阅读报纸（特别是《祖国之子》），并且在村社大会上（skhod）起草决议（prigovors），撰写呈递给沙皇的宣言和请愿书。当局到处都试图打压这次运动，牧师，经常还有地产主和富农也想打压这次运动——不过他们也不完全总是如此。

因此有人在大会上提议，设置最高数量的财产选举资格（50俄亩[desiatins，参见术语表]），不允许非农民人员加入，甚至连“知识分子”也不行；然而，经过激烈的争论，最后这个问题的决定权留给了各个地方组织。人们怀疑一切权威，这导致大会要求农会委员会应该“只有执行权”的授权，还有大会彻底的民主气氛，[181]最后还有一个事实，就是全俄罗斯农会只是力图成为那些“自力更生”的人民的代表，这一点与地方自治会的地产主及其代表形成鲜明对比，但是这一切都没有妨碍各位代表发出紧迫警告(urgent warning)，以反对针对沙皇的人身攻击，尽管这些代表本身都持有激进的信念。大会憎恨和蔑视牧师和修道院，但同时也忌惮他们的影响力，还有，有些修道院是利他主义的和共产主义的组织，至少对它们的同情是随处可见的。土地问题是全部争论的核心，在这个问题上，只有两点差异：

(1) 被正式没收的土地，谁从中获益？在一票反对的情况下，表决结果是“普遍”获益，尽管还要在各个村社大会上进一步讨论这个问题。

彻尼格夫省的一位代表曾经坚决反对任何“国有化”的理论，另一个来自符拉迪米尔省的代表主张农民公社作为未来的一个财产持有者，但是，这两个人与其他人一样，都在同等程度上支持没收。

只有一个人提出在原则上反对没收，这个人是社会民主党的代表，他与其他“知识分子”一样，只有咨询性的一票；他的观点与普列汉诺夫派的早期观点很一致，但是与社会民主党目前的实践活动背道而驰。[182]他认为，目前要废除不仅包括工厂和工业生产资料，而且连农场土地也包括在内的私有制，是不可能的，因为农业的资本主义发展还 96
没有充分实现。土地只是一种“自然的恩赐”——其他发言人通常称之为“上帝的恩赐”——树木、棉花，或者羊毛也一样，所有这些东西首先都要通过劳动和工具，也就是通过“资本”，变成消费品。今天的农民需要资本，但这个时候资本只能以私有制为基础才能形成。[183]目前俄国只可能发生一场政治革命，而不是一场经济革命。[184]

然而，这次大会可能没有涉及任何源自“发展历史学”的理论。[185]

(2) 大会试图找到唯一的普遍原则，就第二个问题作出一个公正的决定：土地的没收，也就是所有可用于农业的土地，到底应该是有偿还是无偿。这是一个“没有限制的伦理思考”的例子,有关这个问题的讨论让人兴致盎然。

大会一致同意沙皇、大公(Grand Dukes)、教会,以及修道院应该无条件放弃他们的土地,起先有少数几人以“修道院的共产主义”性质为理由反对——因为他们的土地本质上是公共财产,而且实际上在很多时候没有使用。北部(伏洛格达省)、黑海地区和乌克兰等地区,因为缺乏公社体制,所以财产意识相对最发达,这些地区的代表提出了所有私人财产都要补偿的原则。绝大多数代表持有不同意见,他们只是尽力为那些已经购买了土地的农民考虑,尤其是黑土地地区的代表,还有那些东北地区(伏亚特卡省)的代表,这些地方的土地甚至直到今天都没有什么商业价值;这些代表有力维护了这些农民的利益。首先有人试图在继承的土地和购买获得的土地之间作出区别,他们认为继承的土地的神圣性要低一些。因为土地最初的获得十之八九是一种强力行为,所有继承权最初都源自这种强力获得,还有人提醒与会者叶卡捷琳娜二世对她情人的土地馈赠,这就如占有空气和光一样不合法。因此仅有继承的事实不能获得合法的名分,这个观点完全符合有公社的地区的情况,在这些地区,是村社而不是家庭授予个人所有权。相比之下,个人购买得到的土地是合法的:甚至农民自发产生的“村社大会决议”[①]都同意那些购买获得的土地要得到赔偿,就连一
97 个赔偿反对者也认可这一点。不过,当然要作出一个回应:必须确定一个过去的时间限制。在经过一定时间后,20 年或者 30 年,购买获得的土地已经让所有者收回了购买的价格或者说资本开支,或者本来能够让他有这种收益,因此就必须允许无偿没收——对时效(Usucapion)的一种追溯。[186]有些土地所有者对土地进行了改良,公社给他们重新分配土地时(土地技术是经过充分改进的),有一些惯常的考虑,这些考虑与对没收土地的补偿办法完全是一致的。

然而,大会反对更大的土地所有者,包括富农,购买的土地,认为他

---

① 原文为“prigovers”与后文第 190 个注释的“prigovors”不同,疑为印刷错误。——译注

们获得这些土地根本没有道德正当性:他们没有“通过辛勤劳作”挣得足够的钱来购买土地,社会主义革命党的代表还提醒与会者注意那句反对富农的谚语:“你们并不是通过诚实劳动住进豪宅的。”不管怎么说,劳动报酬是唯一应得的收入,大多数人最后都同意一个人通过自己的劳动报酬(wages)绝不可能获得大量土地,因而应该规定土地的最大面积,超过这个面积就要无偿没收。有人提议 50 俄亩,也有人提议 100 俄亩。考虑到土壤品质的差异,一个代表最后提议制定一个“文明人”的最低生活工资作为基础,由此确立了一个 600 卢布的收益,相当于 1000 卢布的资本价值,作为赔偿的最高额度。社会主义革命党的代表认为,让地产主(他们没有劳动经验)遭受贫穷和饥饿是不人道的,因此建议提供一种终身养老金。但是绝不可能对这一类土地所有权进行赔偿。这个建议受到了代表的热烈欢迎。代表们最后就一个模糊不清的公式达成了一致:土地的没收应该一部分给予赔偿,一部分不给予。全俄罗斯农会大声疾呼要求与工人与知识分子结成联盟,为正义、自由和土地进行斗争,确定警察是首要敌人,提出了不允许其他阶级“当着他们的面关闭杜马大门”的要求,并宣布:“唯耕者有其田”作为它的目标。

没有人能说明,社会主义革命党目前的这份纲领到底在多大程度上是农民有意识地占有土地。当然,我们可以恰切地说,就农民以政治的方式进行“思考”而论,要想说服他们与贵族达成一种反自由的联盟,是不可能的:与德国相比,这就是俄国格局的一种独特性。[187] 另一方面他们显然也不是“自由的”。

经济上占有优势的农民,比如南部和东南部的农民,或者“村社资产阶级”阶层,能在多大程度上影响舆论,让舆论在选举中支持“资产阶级民主”,这一点仍未可知,而牧师,这些本质上也是农民的人,[188] 会 98
扮演什么角色,也有待观察。[189]

因为维特没有取消农村的新闻审查制度,而且很多贵族、公务人员,更重要的是,大量东正教的神职人员开始以一种莫斯科的保守路线来组织农民,所以任何反权威主义的煽动,如果它不是为了引发暴力，而是为政治党派服务，一定会步履维艰。

新闻报道大致上说，在很多省份，比如符拉迪米尔省，农民组织已经加入了立宪民主党，他们只是保留了自己对自由土地纲领的“解释”权，让人很疑惑这到底是什么意思，因为我们同时会阅读到，立宪民主党大会的与会者不仅包括贵族和神职人员，而且包括国家公务人员，包括地方首领，正如我们已经看到的那样，地方首领这一类公务人员是农民最大的敌人。不过，激进的地方自治会工作人员，也就是“第三要素”，与农民保持着最为亲密的接触，这些人普遍采取了与诸联盟的联盟同样的立场，也就是说一部分是社会主义革命党的立场，一部分是社会民主党的立场，事实上在农民大会上，他们明确表示了与农民合流的意向。[190]

[韦伯简要说明了第二次全俄罗斯农民大会，关于这次大会他只能获得零星的信息。]

农民现在会在选举中有什么举动？农民对公务人员的影响与保守神职人员的影响的抵制力，明显千差万别。这种抵制力目前是处于最高点，但不是真正一贫如洗的地区，而是，比方说，南部、哥萨克的村社，以及彻尼格夫和库斯克诸省，这也是可以理解的。

在这些地区以及很多有产业区域的地区，农民经常起草最严厉的决议，根本不顾国家警察或者首席贵族们的在场。他们弄出有成千上万人签名的请愿书，目标是取消官僚的监控，允许举行人民代表的选举，这些代表应该直接与沙皇打交道，而不是由领薪的官员插在中间，这一点至关重要，而且与现代议会政治也大相径庭。

换句话说，他们希望独裁官僚制消失，但是并不希望用一个由议会领导的官僚制来取而代之，这一点斯拉夫主义者是正确的。

99 目前来看，这种反官僚势力的力量不可忽视。到处都出现了农民否决了公务人员为村社大会准备的“忠诚”决议的情况，还有一些情况是公务人员就在场，农民同意了这些决议，之后就废除了它们，或者把反动社团给他们的文书还给他们。不过,面对公务人员的压制性权威,这种情绪还不太可能强大到决定选举结果的程度。

选举法,即使是在 12 月 11 日的版本中,[191] 也试图通过允许投票者和选民集会,就候选人人选进行"预备"讨论,以此来削弱自由选举的煽动效果,但是这部选举法也只是允许那些有资格投票的人和选民参与这些预备讨论(由警察来审核参与资格!)。令人惊讶的是,这项原则有一个例外,这是为公务人员(首席贵族或其代表)制定的,公务人员负责主持选举,即使他本人不是一个投票者或者选民。

选举法保留了"从他们自己的成员中"或者"从那些有资格参与的人"中选举的原则,[192] 尽管人们知道这项原则在美国[193] 选举的实践应用大大降低了立法机构的水准,毫无疑问这就是这项规定的目的之一。在城市里,所有这一切都具有一种重要的形式意义。然而,在农村中,有公务人员监控选举大会,这就意味着每个人,尤其是农民自己,必须为自己负责,他们的首要要求就是取消公务人员的监控。于是,这个显然只顾眼前的政府,就把最便利的(也是最合法的)宣传论据长期交给了激进派。政府极有可能"获得"保守的农民代表的支持,但是每个农民都知道这些代表不代表他。对于农民来说,憎恨官僚制的理由又多了一条。

然而没人能说,农民在杜马选举中最终会怎么投票。国外人士一般预测杜马会由一个极其反动的人员组成,但是,不论怎么样,俄国人,就农民而言,他们更希望产生一个极端革命的杜马。任何一种情况都有可能是正确的,而且更重要的是,它们的结果可能是一样的。在现代欧洲的数次革命中,一旦农民眼前的经济要求得到满足,他们一般都会从可以想象到的、最激进的立场转向冷漠,或者说事实上转向了政治反动。事实上毫无疑问,如果独裁政府采取彻底的或者部分 100
的强力措施,用土地封住农民的嘴巴,或者如果农民能够在一种无政府状态中得到属于自己的土地,并允许他们以某种方式保有这份土地,对绝大多数农民来说,那就意味着事情的终结,他们对政体(form of government)的兴趣也会因此终结。[194]

相比之下，资产阶级民主派的代表，尤其是斯楚夫，认为一个反动政府不能满足农民的土地要求，因为满足农民的要求，就意味着在经济上不仅要处置贵族，还有大公，最后是沙皇本人。他们认为农民的利益与这些当权者自我持存的利益水火不容。然而，尽管皇室的地产数额惊人，但仍远不及私人占有的土地，农民特别憎恨土地私有制。

于是问题就成了民主派能满足农民众多愿望中的哪一种愿望，以及如何满足。

斯楚夫以最饱满的热情发言，反对简单的土地没收。尽管如此，立宪民主党的纲领宣称充公的土地不应该以土地市场价格进行补偿，从“资产阶级”的立场来看，这就等于是“没收”。[……]即便如此，在目前的境况下，一些贵族似乎愿意交出他们的土地，贵族阶层是极其多元的，按照尼古拉一世的一位教育大臣的说法，贵族阶层是从“位极人臣一直到农民派头”。道格鲁克夫亲王在莫斯科的自由土地大会上说，“一个人更喜欢自由自在地住在一个没有土地的乡间房屋中，而不是像现在这样，占有土地却龟缩在城堡里”。相反，1905 年 12 月期间秘密召开的农业企业家大会，要求进行无条件的镇压。

不论人们如何看待这个问题，对一个非压制性的政府来说，土地要花很多钱。如果能有巨额资金用于灌溉以及（在西伯利亚）清除森林，那么适合拓殖的土地就等着去获取，尤其是庞大帝国的东南部，还有东北部。土地赎金取消了，农民税收削减了，皇室成员丧失他们的土地，要有皇室专款的支出补偿他们，领地的租金没有了、土地改良要提供资金，所有这些都意味着国家岁入的巨额减少以及大量的额外开支。简而言之，这意味着要获取史无前例的资金。

101 最后，因为只是增加土地所有权，肯定不能解决土地问题（实际上这种策略，如果作为唯一的解决办法单独施行，可能会威胁到“技术进步”）；还因为人们必须预料到即使满足了农民的全部要求，农民也会非常失望；还有，就农民目前的发展状态而言，基本上人们不能考虑让农民成为土地政策的“担当者”或者“中流砥柱”，其实他们本质是土地政策的“对象”，考虑到所有这些因素，如果有政党试图通过合法手段推进改革，那它就拿到了一个烫手的山芋。

另一方面，至今政府只是同意取消土地赎金，（通过注入 3000 万卢布的新资本的办法）扩大农民土地银行［参见术语表］的业务，涵盖土地从大地产主手中转移到农民手中，最后，通过含糊不清的说法，政府同意着手进行土地改革，以“协调”大地产主和农民的利益。[195] 尽管过去数年成立了那么多“委员会”，但是对政府是否有一点点关于如何完成土地改革的想法，我们仍然抱有最大的怀疑。

事关全局的问题依然是：政府作为一方，农民作为另一方，在取消了土地赎金后，如何就每个农民的合法权利达成一致，根据这种权利他能分到他的私有财产份额。

革命的进步

对俄国自由民主人士来说，要实现社会改革，就必须有牺牲。

根据他们的义务观念，还考虑到旧制度带来的邪恶行径，这些自由民主人士必然无条件地要求普遍的、平等的选举权，除此别无选择。不过他们自己的观点很有可能，只是通过一种类似于地方自治会的选举权的选举进程，来实现政治影响。他们责无旁贷地要为某种类型的土地改革辩护，这类土地改革必定（从经济实务和大众态度两方面）有力地增强本质上古老的农民共产主义，而不是增强经济上和技术上“进步的”唯意志论社会主义，也就是说，是机会的“伦理”平均化，而不是“商业”意义上最有效率的经济选择，因而他们延缓了西欧式个人主义文化的发展，而大多数人认为这种发展是不可避免的。

有一种“自鸣得意的”德国人，他不能忍受自己不属于“胜利者的阵营”，并且有意识地抬高自己作为“一个现实政治家”[196] 的品质，这会 102
让他有腾云驾雾般的感觉，这种德国人只能用一种同情的眼光来看待这样一场运动。

自由派的权力工具确实软弱无力，极端的社会主义革命党也经常以这个事实来嘲讽他们。独裁政府的恐吓，随着普列夫和舍基大公爵的去世，也消失了，在这种情况下，实际上现在没有人知道事情会何去何从。

自由派唯一可以拿得出手的权力工具就在一个事实中：军官(officer corps)不会永远都愿意做某些家族的执行者，但大多数军官本身就出自这些家族。

事实上自由派提议的策略常常比较有效，也就是说，不像一些社会主义革命党人通常的行为，通过炸弹和武装抵抗来刺激军队加入战斗，相反自由派赤手空拳进行斗争。不可否认，面对一种坚定的军事领导，自由派的这一切行动都有它的局限性，当前的莫斯科起义[197]会非常有利于军队的纪律。

此外，现在还有另一项专门的“资产阶级”权力工具，但是它并不是掌握在俄国的自由派手中。要是没有外国金融界人士的警告，他们只是暗示了一下，而没有长篇累牍[198]，沙皇可能永远都不会公布《10月17日宣言》，或者至少很快就会废除它。独裁政权对民众的狂暴有所顾忌，它也担心军队的叛乱，而且东方战事的溃败也让它萎靡不振，但是如果独裁政府不是受到了银行和证券交易所冰冷无情、心如铁石的宰制，这一切可能都无济于事。

诸如维特和特米亚泽夫之流的政客的地位都取决于这个事实。当社会民主党的《开端》(*Nachalo*)用“证券市场的代理人”来称呼维特伯爵时，这种粗鲁的描述并不完全是空穴来风。毕竟，在立宪问题与国内治理等领域，维特几乎没有任何信念。

维特关于立宪、国内治理等议题的主张五花八门，不论从任何角度看，这些主张显然都是互相矛盾的，而且他还养成了一种习惯，认为别人都是“误解”他的讲话，这些讲话都是人们清清楚楚地记录了的，甚至在和党派代表商谈时，也就是说，那些非秘密的谈话，他也常常否认自己说过的话。维特的兴趣明确集中在与经济政策有关的事务上。

比方说，而且不论人们还对他持有什么别的看法，维特总是有“勇气”(从他的角度)为农民的私有制辩护。因此，反动派官僚和革命的
103 民主人士都对他有同等的厌恶。同样，现在斯拉夫派也越来越厌恶维特，甚至连沙皇本人也讨厌他，而他的“不可或缺性”只能加剧这种厌

恶。[199]毋庸置疑，维特的思想是"资本主义"取向的，斯楚夫之流的自由主义者也是一路货色。

维特与普列夫的统治举措相反，普列夫是通过权威主义的领导方式，借助大众的帮助来反对资产阶级，而维特无疑很乐于与有产阶级达成谅解来反对大众。目前，维特，也许只有他能够维持俄国的信贷及其通货，他也愿意这么做，这一点是可以肯定的。维特肯定很清楚，为了做到这一点，俄国必须转变成一个法治国，有特定的宪法保障作为后盾，这是一个本质的要求。他毕生的抱负就是让俄国成为金融强国，如果他能够，他很有可能会采取合宜的内政措施，以避免让他的抱负岌岌可危。此外，他还认为一个"真正的"自由政权能加强与法国的政治联盟。

当然，这些有利于一种自由政策的动机，维特并不是很看重，更不用说沙皇及其侍从了。唯一的问题是：他们一直想诉诸一种军事专政作为某种伪立宪主义的一个预备阶段，当这个诱惑膨胀到不能克制之前，他们能承受多大的压力。不远的未来出现这样一个结果①显然是很有可能的。甚至只要有十分之一的军官和军队依然听从政府的命令，也就是说，就算分裂力量接近十分之九[200]，不管有多少叛乱者都无力与他们对抗。证券市场以一片低迷来回应莫斯科街头的第一次流血事件，自那之后发生的一切事情都表明，这次事件极大加强了反动力量并改变了维特的思想。

工业可怕的荒废必然带来经济的萧条，当经济萧条瓦解了政治幻想之后，不可避免地导致无产阶级斗争精神的颓废。国外的评论家必然预期会出现这样一个政府，从实际效果来看，这个政府保护了中央集权的公务部门的权位——这是至关重要的。至于那些拥护前政权的各种社会力量，它们当前的组织化状况无疑要比它们看上去的要好。

"专业社会主义者"宗派作风、思想狭隘的态度刺激了这些社会力量的复苏（尽管有组织化的团伙用来谋杀警务人员，这严重威胁了警

① 指的是军事专政，以及随之而来的伪立宪主义。——译注

务人员的生存），他们还鼓动他们的支持者去攻击那些与"他们"竞争的资产阶级民主党派，他们通过这种办法来发泄他们想尽情侮辱他人的需要，我们在德国也经常看到这种需要，它是一种政治的无能，最重要的是，是对一切政治教育的彻底败坏，不论它"在人道上"（humanly）有多么可以理解。[201]

这些专业社会主义者唯一可能取得的成功是，或者反动派力量完全占据了上风，或者广大有产者阶层倒向"温和（moderate）"阵营，这样就能保证，再过一代的时间，他们就能正当地沉浸在空洞的哀叹中（这就和德国一模一样），"哦，这是世界上多么可怕的一个民族啊！"

［韦伯估计了各大保守党派和群体的相对力量，包括，更加极端的有，"君主派政党"和"俄罗斯人同盟"，以及比较温和（freikonservativ）的有，"合法秩序党"和"10 月 17 日联盟"。］

11 月 20 日，合法秩序党[202]帮助维特伯爵破坏了危机重重的邮政和电信的停工事件。城市杜马和地方自治会中的温和成员、真正的资产阶级（银行家和大实业家）以及克拉索夫斯基（Krasovskii）之流组成了合法秩序党，地方自治会大会一开始，克拉索夫斯基之流就提出一个观点，认为应该要求获得一种人身和新闻自由的合法保障，而不是一部宪法，不可否认，他们没能阐明，在没有宪法的情况下，这些合法保障在实践中能有什么意义。我们知道，旧的保守公务人员用"黑帮百人团"的血腥屠杀来回应这个宣言，他们曾力图破坏这份宣言，但这些群体①都承认《10 月 17 日宣言》[203]，此外，这些群体还有一个共同点，那就是不加粉饰的宗教冷漠。[204]另外，他们也确实想以一切代价来换取和平，支持任何能带来和平的措施。

彼得堡的"合法秩序同盟"，"为了让犹太人平静下来"，同意给他们选举权。[205]彼得堡基于财产选举资格的投票人，经过长时间的辩论

① 指上一段楷体字中的这些群体。——译注

之后，决定以同样的理由同意波兰自治。其他的基于财产选举资格的投票人的大会，就反对国家与教会分离的激进要求，他们认为，保留"神圣法"(catechism)的教诲，对维护秩序等等事务来说，是不可或缺的。因此，不论沙皇认为适合向他们让步什么，他们最终都会感到满意。

显然，面对农民暴动和军队暴动的压力，面对一次总罢工的威胁，还有社会民主党盛行的鼓吹暴动的威胁，这些群体的人数增加得很快。无政府状态有利于保守派的利益，而且，正如维特所言，最终"社会自身"会要求建立秩序，当然，这些也是政府的希望，更是维特的希望——我们可能还要补充一点，"让你自己富有！"(enrichissez-vous)[206]这个口号也会要求有一席之地。

这就是事实上发生的一切。 105

当然，这种发展是以主张立宪的地方自治会民主为代价的。道格鲁克夫亲王在上辞呈[207]时说道，地方自治会大会的时代已经终结了。诚然，意识形态化的绅士的时代也已经终结了。物质利益的权力重新回到了它的常态轨道。在这个过程中，左翼清除了政治理想主义，正如右翼清除了温和的斯拉夫主义，后者关注的是扩大地方自治会的自治范围。

政治理想主义与斯拉夫主义的消逝并没有给维特带来太多的不幸。尽管如此，实际上维特静观其变的政策很可能已经是在为他人做嫁衣裳了，更确切地说，除静观其变之外，维特不能再有任何作为。在宫廷眼中，毫无疑问，维特本质上是一个结党营私的蛀虫，现在他之所以不可或缺是因为他留给外国人的印象，尤其是在证券市场上，也因为他的聪明才智。因为，政府的各种要素的态度是紧随宫廷的，这是毋庸置疑的。根据某些无可置疑、也无可辩驳的新闻报道称，凡是警察抓到了组织内战的发起人的地区，高级行政官员都已经一个一个地受到了惩戒，以此来安抚国外舆论，然而，在这个过程中，就像我们普鲁士的"运河起义"[208]一样，这些行政官员已经被"贬到上级部门去了"。[209]

然而，维特伯爵并没有采取任何有力的举措，可能他是无力打破各省行政机构的顽固阻碍，各省机构暂时不会相信一个持久的立宪政权的前景。如果自由派觉得维特的做法缺乏“诚实”，那是可以理解的，但可能不是很准确：“一个无赖拿出来的东西总是比他的家底多”[210]——障碍来自更高的地方。

我们可以从报纸上了解到内政部采取的大量措施，这些措施除了接二连三地激怒民众外一无所获，之后一直到引发了红色恐怖的高涨，以至于到足以引发白色恐怖的地步，他们才小心翼翼地缓和控制力度。有人认为这种政策仅仅是软弱和混乱的产物，这种观点是完全不可信的。他们有一种为“为 10 月 17 日复仇”的需要。[211]

内政部的政策还附带产生了一种结果，这种结果无疑也在预料之中，那就是，经过更长的一段时间后，他们的政策必定导致所有自由主义运动失去信誉，尤其是资产阶级立宪的、反中央集权的自由主义，这种自由主义在公共舆论有重要作用，在自治机构也有崇高的地位，几十年来，反动的国家官僚和理性的国家官僚一直都很憎恨它。

毋庸置疑，如果在短时期内出现完全的无政府状态，自由主义的
106 希望就更渺茫了，甚至比独裁制的复兴还渺茫，就目前的状况来说，不论出现何种情况，无政府状态之后就是独裁制。

有人说每一种积极政治的原罪就是“错失机会”的能力。但是这个观点也同等程度地适用于每一种意识形态取向的政治。文克(Vincke)曾拒绝与“新时代”的大臣私下协商那部计划引入的《军队法案》，当时他的理由是，对一个人民代表来说，[212]私下协商在道德上是不能接受的，同样 1893 年时，自由派也就差了一点而没能影响决议，但是在帝国议会解散之后，那些人照样通过了这项决议，[213]对自由主义事业来说，这两次时机都是致命的转折点。人们很容易就会假定，维特的很多讲话也直接表明了一个判断：在他们的党派政策问题上，俄国的自由派应该受到一种类似的指摘。今年秋天，乍看之下，我自己也产生了这种印象。

可是人们愈加思考时局，就愈加会揣度自由派是知道他们必须等待的东西，[214]也就越有可能作出比维特伯爵更准确的评论。[215]上文引

用的两个例子无疑涉及到了“诚心”计划的方案。然而,从目前的情况看,即使连“最温和”的立宪地方自治会自由主义也没有得到任何“机会”,显然它也没有指望它的力量来改变命运,这比 1877 年自由主义在本尼格森手中的境况还要差,当时本尼格森拒绝了俾斯麦内阁给予的职位,[216]相比于我们的历史学家通常假定的拒绝理由,他自己的理由要充分得多。因为,宫廷集团和公务部门宁愿与魔鬼打交道,也不愿与地方自治会自由派打交道,这是铁板钉钉的事实,就像拉法耶特(Lafayette)[217]绝不可能去“营救”路易十六一样。同一社会阶层内部的政治敌意,或者相对抗的社会阶层之间的政治敌意,在主观上经常是水火不容的。

就政府这方来说,“向对方迈出的最大一步”就是维特伯爵邀请莫斯科地方自治会委员会派遣地方自治会的代表进行商谈。[218]这次商谈于 10 月 27 日(旧历)在维特与格洛文、李沃夫亲王以及柯克斯金[219]等代表之间展开。当时关键的意见分歧是,维特伯爵想把普遍的、平等的、无记名选举权留给帝国杜马来解决,这个杜马会有工人阶级的代表在内,作为回报,维特明确说明了与他合作的前景,然而代表们却坚持要求成立一个以普遍的、平等的、无记名选举权为基础的制宪杜马,以此作为确保和平的唯一手段。

然而,除了地方自治会人士长期以来不信任政府之外,还有一个事实潜藏在这个所谓的分歧背后,这就是茨波夫当时还在位,后来多 107
诺夫取而代之,并一直掌权。尽管几位有名望的人给报纸写了公开信,指摘多诺夫收受贿赂[220],并详细说明了各种情况的细节,“即便数额很小”(122—1500 卢布不等),另外就是《10 月 17 日宣言》是经人们要求,清清楚楚公布的,但却从没有在严格的宪法意义上具体落实;这两件事情是达成任何谅解的绊脚石。

维特曾信誓旦旦地说他与立宪民主党的地方自治会派“亲密无间”,面对这些情况,人们是不可能相信他的保证的,尤其是他 1899 年的“秘密备忘录”之后就更不可能相信他了,[221]这份备忘录强调地方自治会与独裁制没有协调的可能,因此,要遏制大规模推广地方自治会体制的计划。

的确，俄国的局势在为一个“治国者”(statesmen)“大声疾呼”，但是“个人统治”的王朝野心几乎没有给一位伟大的改革家留有任何空间，如果人们想在其他地方寻找例子，德国就有。

各种事实明显说明：沙皇从没有真正想过要和这些代表达成一种持久、真诚的谅解，六个月前他还用最不符合议会规定的语言①描述这些人。如果人们同意这是一个“既定的”“因素”，那么毫无疑问，俄国确实“还没有准备好”一次意义重大的立宪改革；但是自由派不应该因此受到指摘。除非有完全不同的“保障”，否则政府与地方自治会的自由主义可能达成的任何“谅解”，在政治上都是毫无意义的。地方自治会自由主义的支持者，在当时有可能的程度与意义上履行了他们的“使命”，之后他们能做的就是“洁身自好”。目前，他们可能会为地方自治会自由主义这场卓越的运动感到得意，即使“交付给历史”，至少以目前的形式，俄国有足够多的理由为这场运动感到骄傲，其程度不亚于我们德国人为法兰克福议会的骄傲[222]。对地方自治会自由主义来说，这很可能总比一个“三月内阁”[223]要好。只有这样，“意识形态化的”自由主义才能在它的理想领域中，继续作为一股“力量”，外部暴力无法攻击它，也只有这样，它才有可能重新团结“资产阶级”知识分子和“准无产阶级”知识分子，最近他们的关系破裂了，“资产阶级”知识分子的力量来自财产、广博的教育和政治经验，“准无产阶级”知识分子的力量则是他们的人数、他们与“大众”的紧密联系以及他们坚忍不拔的斗争精神。当前“准无产阶级”知识分子低估了“资产阶级”要素的真实重要性，他们对资产阶级要素有一种“本能”的厌恶，不过，他们可能会因为眼前的失望而抛开他们的低估，一旦他放弃这种低估，应该有可能重新实现团结。

108 资本主义的进一步发展会终结“民粹主义者的”浪漫主义。无疑马克思主义会在很大程度上取代这种浪漫主义的位置。但是马克思

---

① 沙皇曾称参加7月份地方自治会大会的人为“言辞空洞无物的人”，见此篇评论前文，或者第15个尾注。——译注

主义的智识工具(intellectual tools)却无法应付可怕却又根本的土地问题必需的工作……这些工作显然只能由自治机构来完成,并且仅仅由于这个原因,自由主义就要继续把与官僚的和雅各宾式的中央集权主义进行斗争,以及用古老的个人主义"不可让渡的人权"等基本理念对民众进行渗透视作是它的天职,这一点是事关全局的,我们西欧人对这些基本理念的厌恶程度就像吃够了黑面包的人对黑面包厌恶程度一样。

"自然法"的那些公理再也不能向社会的、经济的纲领提供明确一致的指导原则了,同样仅仅依靠经济条件,也不能提供明确一致的指导原则,更别说现代的经济条件了。

相反,尽管为这种"个人主义的"价值进行斗争,必须时时刻刻都考虑到周围的"物质"条件,但是"经济发展"绝不能促进这些价值的实现。如果我们打算指望"物质"利益的"自动"结果来实现"民主"和"个人主义"的发展,那今天它们几乎没有实现的机会。因为民主和个人主义根本就是指向相反的方向。不论是美国的"仁慈封建主义"形态、德国的"福利制度",还是俄国的工厂章程,每一个地方都已经为新的奴役准备好了笼子;这个笼子会填得很满,直到技术-经济的"进步"节奏放缓它的脚步,直到"收入"超过"利润"[224],还要直到耗尽仅存的"自由"土地和"自由"市场,民众"怨声载道"的地步。

同时经济日趋复杂,一部分实现了国有化或者说"市政化",加上国家领土的面积庞大,这造成了全新的文员工作、进一步的专业化和行政训练,这意味着生产了一个城堡。那些反对"公务员制度改革"[225]的美国工人,知道他们正在做什么。他们宁可接受道德上有污点的暴发户的统治,也不愿接受一群职业官吏的统治,但是他们的抗议是徒劳的。

有些人总是担心世界上会有太多"民主"和"个人主义",而缺乏"权威""贵族"和"对职位的尊重"等等诸如此类东西,考虑到这一切,我请他们放宽心。人们已经采取了全部预防措施以确保民主的个人主义不能充分发展。经验也教导我们"历史"总是不断产生"贵族"和

“权威”，那些有需要的人，不论是出于他们的个人利益抑或是为了“人民”的利益，尽可攀附之。如果问题只是“物质”条件，以及这些物质条件直接或者间接“产生的”利益纠缠，那么任何严肃的评论家都必然要说，一切经济指标都指向越来越“不自由”的方向。高度发展的资本主义是“不可避免”的经济发展趋势，它已经在美国落地生根，如今人们正把它输入到俄国，倘若竟有人认为高度发展的资本主义与“民主”存在选择性亲和关系，那简直就是荒谬至极，更不用说与“自由(liberty)”了(不论是在任何一种意义上理解自由这个词)。问题毋宁说是：在资本主义的支配之下，民主与自由这些东西到底能够存在多长时间？事实上，当且仅当一个民族拥有一种拒绝像羊群一样被统治的坚定意志，并且这种意志支持民主与自由时，民主与自由才有可能。我们作为“个人主义者”和“民主”制度的支持者，必须“直面物欲的洪流”勇往直前。凡是只想跟随最新近的“发展趋势”的人，最好尽快放弃这些过时的理想。

现代“自由”源起于一组独一无二的特定环境，它们再也没有出现。让我们列举一下其中最重要的。

首先，海外扩张。这股来自海洋的风潮，流转在克伦威尔的军队之中，流转于法国制宪会议之上，也流转在我们全部经济生活之中，甚至直到今天。但是我们已经没有新大陆了；西方各民族的发展与近古(late antiquity)发生的发展类似，它们在这种发展中高歌猛进、势不可当；然而，这一次的进攻是要征服广阔的北美大陆和俄罗斯单调乏味的大草原，这些地方能轻而易举地接受图示论。

第二个因素是西欧“早期资本主义”[226]时代的经济结构与社会结构的独特性。

第三是科学对生活的征服，“精神返回自身”(coming to itself of spirit)。[227]但是对外部生活的理性控制，至少在今天，已经“原则上”完成了它的工作，尽管很可能不是在虚无化无数的价值之前完成的：在当前的商业生活条件下，理性控制的普遍效果，通过生产“标准化”的方式，已经创造了整齐划一的外部生活风格，一般的“科学”再也不能创造出“普遍人格”。

最后，还有某些理想的价值(ideal values)，这些理想的价值源自一种特定的宗教思想世界的具体历史独特性，这些价值，加上数不胜数的特定政治集团，与(上文提到的)那些物质条件通力合作，一起塑造了现代人特定的“伦理”个性和文化价值。

任何物质发展，且不说今天高度发达的资本主义，能否保存这些独一无二的历史条件，这个问题的答案都是不言自明的，更别说创造新的条件。而且经济的“社会化”催生内在的“自由”人格或者“利他主 110
义”理想的可能性，已经微乎其微了。有些人深信，自己生来就是要紧随“物质发展”的脚步，迈向势所必然的胜利，难道我们能在这些人身上发现“自由”人格或者“利他主义”理想的一丝痕迹吗？“修正的”社会民主党用军事化措施对大众进行智识训练，他们没有引领他们走向一个彼岸的天堂，在清教教义中，这个彼岸天堂也能宣称某些有助于此世“自由”的杰出成就，相反，他们向大众指明了一个此世的天堂，让这个天堂成为一种预防措施，防止为那些维持现状有利可图的人做任何改变。“修正的”社会民主党逐渐把它的命令变成了毋庸置疑就要接受的教义，变成了对党派权威的顺从，变成了一无所获的炫耀性罢工，变成了他们的记者令人厌恶的消极咒骂，他们的咒骂犹如隔靴搔痒，最终成了对手的笑料，不过却给从事咒骂的记者提供了舒适的生活；换句话说，社会民主党让他们习惯于一种“歇斯底里的情感沉迷状态”，这种状态取代了经济的、政治的思想和行动。一旦运动的“末世论”时代一去不复返，一代又一代的人又徒劳无功地在口袋里紧握拳头，或者龇牙咧齿地凝望着天国，到时这片贫瘠的土地上蔓延只会蔓延着麻木的智识。

然而时不我待，我们必须“趁着白天工作”(《约翰福音》9:4)。就个人和自由不可让渡的领域而言，只要经济“革命”和精神“革命”，备受斥责的生产的“无政府状态”，还有同样备受斥责的“主观主义”，继续强劲有力(仅这三样东西就足以让个人脱离广大群众，退回到自己的小天地中)，一旦这个世界在经济上“厌腻了”，智识上“饱满了”，那么今天或者在下一代的时间里，我们没能为个人赢得的东西，今后或许再也不可能赢得了。人类未来弥漫着难以穿透的迷雾，我们无力的双眼凝望着它，就我们能看到的而言，似乎确实如是。

无论不远的将来会遇到多么严重的挫折，俄国最后仍会进入特定的欧洲发展道路。西方的理念洪流正在摧毁俄国家父长制的保守主义与共产主义的保守主义，正如大批涌入美国的欧洲移民，尤其是东欧移民，转而在削弱古老的民主传统一样，这两种情况都与资本主义的力量携手并进。俄美作为人口“扩散的”两个蓄水池，尽管存在巨大差异，但它们的资本主义经济发展的本性在某些方面还是可以比较的，尤其是，它们都缺乏“历史的”向度，都有广阔无垠的土地的“大陆”特征。

111 然而，俄美发展最重要的意义在于一个事实：它们可能是“自由”文化“从零开始”进行建设的“最后”机会。“你成之前，悠悠千载必逝，但未来还会有千百年的默默期待，期待着你如何了却一生。”卡莱尔这席令人心潮涌动的话本来是讲给个人听的，但现在它们在某种程度上不仅能如实地适用于美国，也能适用于俄罗斯，而且再过一代人之后很可能更适用。这就是为什么，尽管民族特征有种种不同，这一点请让我们诚实以对，国家利益可能也相去甚远，面对俄罗斯争取自由的斗争与参与斗争的人们，不论他们有什么样的“取向”(orientation)或者属于哪个“阶级”，我们能做的，唯有怀着深深的内心情感和关怀。

伪立宪主义体制即将到来，它本身就确保了这些斗士的工作并没有白费。当然，就问题否定的一面而言，“发展理论家”的观点是正确的：就我们能预见的东西来看，俄国当前的独裁制，也就是中央集权的警察官僚制，除自掘坟墓之外，已经无路可走。独裁制出于它的自我持存的利益，指望一种开明专制，其实所谓的开明专制纯属子虚乌有，还有，为了保持威望，独裁政府必须与那些经济势力交好，在俄国的条件下，这些经济势力承担着不可阻挡的“启蒙”和解体的重任。斯楚夫和其他人曾一针见血地指出，如果独裁政府不重创自身，就不能解决任何一个重大社会问题。

当我的这些文字付诸出版之时，无疑它们已经过时了。今天没有人知道自由派到底还有多少希望保持着充盈的生命力，又有多少希望会如海市蜃楼[Fata Morgana]一般消逝于云雾缭绕之中[228]。当然，不可能再有一种不加伪饰的复辟。事实上，几乎可以确定会有某种"立宪"，它会准予并且维护一种更大程度上的新闻和人身自由。[229]因为甚至连旧政权最忠心的支持者，也一定已经认识到，要是官僚制还固步自封的话，那就是自寻死路。通过学习其他国家的经验，他们可能得出结论认为，当伪立宪主义与某种经济取向的"公共利益政策"[Sammlungspolitik]联手之时，[230]要比赤裸裸的"独裁制"更适合于充当一个把持权力的工具。

因而，运动自由一定程度的扩大是不可避免的，这是追击一个专横政权的结果，这个政权在一次臭名昭著的事件中成功逼迫那些善于在街头保持"和平"的人们陷入癫狂，他们在街上开枪射杀的是一些不 112
幸的警察，而不是政权的任何一个"领导人"，不过在当今的世界上，这种扩大毕竟也算是一种庆幸了。但是，倡导社会改革的资产阶级知识分子有一些坚决的、有独立思想的要素，独裁政权会在政治上和人格上挤压他们。一方面，独裁政权的官僚制度能继续成功收获它长期推行的蛊惑政策的果实，这些政策一方面叫嚷着要发展资本主义，另一方面，却扼杀资产阶级独立性的任何良好发展，并操纵各个阶级相互厮杀。今天，纵使是君主感觉到了召唤，感觉到了一种意愿，要作为一个自由改革者形象出现，自由资产阶级参与的一场立宪与反中央集权的改革，都可能会举步维艰，不论它持续多长时间，让什么人感到满意。官僚制对自由资产阶级恨之入骨，这个群体取得控制权的前景异常黯淡。

然而，此时此刻面对如斯情景，一个旁观者几乎可以肯定地说，(尽管它可能采取一种立宪的形式)，官僚权力集团的一次胜利就像"州议会"[Landratskammer][231]在普鲁士的胜利一样，都不是一锤定音的。纵使选举产生了最唯命是从的"人民代表"，这也不能说明什么。苍茫大地可能呈现出万籁俱寂的景象，[232]但是帝国的每一个农民对官僚[Chinovniki,参见术语表]的憎恨只会日复一日。因为不论发生了什么,他们都不太可能忘记过去的种种事件、承诺和希望。国家如履薄冰的机制每一时刻的软弱都会给运动带来新的生命。尽管政权改进了表面的统治技术,但是这个自以为“强大的”政权已经公开显示了它风声鹤唳的“精神状态”,这种精神状态一定给俄罗斯民族的每个人留下了深刻印象。

对当前的体制来说,它不可能为了自身的安全,改变它的治理方法。根据它的政治传统,它也一定会继续放纵行政官僚化的政治强力,还有警察蛊惑政策的政治强力,行政的官僚化和警察的蛊惑政策正在削弱这个体制,并不断迫使它的经济盟友,也就是各个有产阶级倒向其敌人的阵营。但是这个体制用一些幻象和光环围绕在自己周围,从而对事态的发展视而不见,但这些幻象和光环已经被彻底摧毁了。当沙皇和他的臣民之间的一切幻象和光环都烟消云散之后,这个体制要维持它的尊严并且故伎重施,必定是难上加难。当不计其数的人看到这个体制赤裸裸的样子之后,他们只会微笑看着它,并对它说“骗子!——你还能祈求什么精灵显灵吗?”[233]。

113 **注释**

1 [M-D]这里韦伯指的是芝瓦格对解放联盟的宪法草案的评论,他的评论1905年在巴黎出版,题为:《俄罗斯帝国基本法》。芝瓦格的评论和韦伯的文章发表在《社会科学与社会政策文库》的同一个增刊上。这两个文本以同一个标题一起出版:《对当前俄国政治发展的评估》,作为1906年《社会科学与社会政策文库》第22卷第1期的增刊。

2 [韦伯]我的这些评论是利用了下面的资料来源匆匆忙忙拼凑而成的:包括可以在海德堡获得的报纸(特别是《罗斯》(*Russ*)和《俄罗斯公报》(*Russkiia Vedomosti*),有时还可以获得《消息》(*Novosti*)、《南方信使报》(*Yuzhny Kurier*)、偶尔还可以得到《祖国之子》(*Syn Otechestva*)、《开端》(*Nachalo*)以及《新时代》(*Novoe Vremia*)),不过我只能拿到这些报纸的非常不完整的份额。另外,我还参考了俄国阅览室(在海德堡)的《权力》(*Pravo*)、《解放》

(*Osvobozhdenie*)，还有几份期刊——俄国阅览室的成立与伊万·伊杰涅夫令人可敬的人格分不开，自从在朱利安·斯密特家与他见过一面之后，我一直都无法忘记他。最后，特别要感谢克斯提雅克福斯基博士，我非常贪心且不遗余力地从他那里获得了他知道的事情和人物的情况。

当然，这篇说明性的文章只是一个结构混乱的消息汇总，此外并没有提供什么东西，这是在目前的情况下能获得的全部消息。虽然几乎没有什么时间让我好好理解这些事件，但我还是发表了这篇文章，之所以这么做，是因为对那些根本无法跟踪事件进程的人来说，即使最不完整的汇编，他们也是非常乐于阅读的，而且在此非常时刻，相比于让外国人了解俄国的情况，我们的俄国同仁还有更重要的事情要做。然而，这篇文章无非是一份严谨的社会-政治报告的临时替代品，如果读者想在这篇文章中发现我冒充"专业知识"，或者临时替代品之外的东西，那么我会觉得非常可笑，我希望将来某个时候会有一个俄国人来写这么一篇社会-政治报告。

在整个写作过程中，德国正好在进行一场邮政罢工，结果与俄国的全部通信都中断了，这使这个汇编的制作难度出人意料——甚至连找一条"新闻"都十分困难(标出倒置的逗号)。目前很可能还不到时候，着手研究[自由化]运动的一种内在历史，目前我在这里也确实不能向这样一项研究提供什么资料：现在，我们只能以编年史形式提供消息，涉及这场运动的外在过程的若干阶段、呈现的目标，还有对总体局势的某些显著特征的临时分析，要研究运动的内在历史，就必须考虑到这种总体局势。我在这篇文章里并不想考察这场运动更早的历史，但会有若干提示，这只是为了填补空白而已。现在身处俄国的人，要立即开始收集有关每一个事件的所有报道、决议、宣传品、出版的公告等等，尤其各大社团的全部正式声明，我们在国外根本不可能获得这些东西，只有他们视此事为己任，这段值得记忆的时代的"历史"才有可能。

3 [M-D]1904 年秋天，"地方自治会的立宪派同盟"大会讨论了立宪问题，地 114
方自治会大会于 1904 年 11 月 6 日—9 日在圣彼得堡召开，这次大会也讨论了立宪问题。我们对城市杜马(City Dumas)采取的政策以及他们关于立宪问题的讨论，几乎一无所知。城市杜马这个组织，只是到 1905 年 2 月才开始存在的。[……]1905 年 7 月，地方自治会和城市杜马合并成一个单一的"机构"(参见术语表)。

4 [M-D]从 1903 年 7 月 20 日到 22 日，他们在黑森林中召开的一次会议上，走出的第一步就是要建立解放联盟。韦伯在第 6 个注释中提到了参加这次

"斯家福霍森会议"的人,如下:伊万·帕其可夫兹、彼得·道格鲁克夫亲王、尼克莱·洛甫、第米兹·萨克霍福斯基亲王、费德·罗蒂其夫、维拉德米·维纳德斯基、舍基·博尔加克夫、帕夫·诺夫格洛德瑟夫、伊万·杰夫斯、帕其·斯楚夫、博格丹·克斯提雅可夫斯基、舍基·克特利尔夫斯基、瓦斯利·亚·博古查斯基、第米兹·朱可夫斯基、舍基·普洛可波维其、埃克特雷娜·可夫斯可娃。人员名单亦可参见 Shmuel Galai, *The Liberation Movement in Russia 1900 - 1905*(Cambridge, 1973)。

5 [M-D] 1904 年 1 月 3 日到 5 日在圣彼得堡召开了一次会议,解放联盟就是在这次会议上正式成立的。会议有来自 22 个城市的 50 名代表。与"斯家福霍森会议"相比,"合法的"民粹主义代表也参加了这次会议,他们与《俄罗斯财富》关系密切。代表选举产生了一个中央委员会,主要由地方自治会的立宪派和自由知识分子组成。参见特伦斯·爱蒙斯撰写的那些条例的措辞,《解放联盟的条例》,《俄罗斯评论》(*Russian Review*),1974 年 33 期。

6 [韦伯]就时间来说,帕其可夫兹是为解放联盟工作最长的成员之一。帕其可夫兹是一名资深的自由派人士,也是切尼格夫省的大地产主,在 19 世纪 70 年代末期,他就全身心地为那些要求一部宪法的决议奔走,这些决议是地方自治会作出的([M-D:参考 1878 年夏天,切尼格夫省地方自治会向沙皇亚历山大二世提交的论纲,这份论纲要求言论和出版自由、依据法律引入社会等级,以及终止政府对学校的干涉。地方自治会服从了省长的一项政令,没有在地方自治会的会议上宣读这份论纲[……] 帕其可夫兹因此离开了切尼格夫省,参与了梯夫省地方自治会的工作,这个自治会以激进取向闻名。),接着他被驱逐出了乌克兰全境(英译者:韦伯实际上用的是乌克兰全境的旧名,小俄罗斯),后来他居住在梯夫省,帕其可夫兹是名声赫赫的工业巨子马左夫的女婿,因而与彼得·道格洛甫亲王和 N. 洛甫走到一起是顺理成章的,N. 洛甫是解放联盟强大的资金支持者。宫廷和保守的新闻机构,比如,《莫斯科公报》《公民报》(*Grazhdanin*)等,特别怀疑和憎恨帕其可夫兹,这些新闻机构喜欢把帕其可夫兹"王朝"和"罗曼诺夫王朝"相提并论。[之后韦伯就列举了这次运动的一些重要成员。]

115 特别是,社会主义革命党人有,斯里德、帕斯克霍诺夫和安妮斯基(安妮斯基对地方自治会的统计数据了如指掌)、科洛伦克(米哈伊洛夫斯基创办的刊物《俄罗斯财富》的主编)、索科洛夫。[M-D:米哈伊洛夫斯基被认为是 19 世纪末 20 世纪初民粹主义的主要理论家。1906 年初,帕斯克霍诺夫、安妮斯基和科洛伦克共同创立了“人民社会主义党”，这个党是社会主义革命党的一个分支。1892 年秋，米哈伊洛夫斯基就已经接管了《俄罗斯财富》，并使这份刊物成为了“合法的”民粹主义宣传工具。在米哈伊洛夫斯基去世之后（1904 年），科洛伦克接替了他的位置，1895 年之后，科洛伦克就已经是这个期刊合办编辑了。]

从 19 世纪 90 年代中期到 20 世纪的最初几年，最初叶卡捷琳娜二世创立的“帝国自由经济协会”受到了马克思主义者的渗透，这个协会的主席，温和立宪派亨顿伯爵，庇护了马克思主义者免受当局的迫害。尽管，最后它也“闭嘴了”。亨顿伯爵并不是解放联盟的成员，但他的确属于地方自治会运动。（Catherine Ⅱ，叶卡捷琳娜二世，又译为卡特林二世，1762—1796 年在位。——译注）

7 [M-D]普列夫在 1904 年 1 月 8 日解散了特弗省的地方自治会，并用一个政府官员组成的委员会取而代之。伊万・帕其可夫兹以及地方自治会的其他成员被驱逐出了梯夫省。

8 [M-D]早在 1903 年，斯楚夫就受到调查，当局怀疑他与俄罗斯的报纸有“秘密联系”，1904 年因为这件事斯楚夫成了犯罪嫌疑人，在肯尼博格受到了审判，理由是参加秘密社团、重大叛国罪以及侮辱沙皇，斯楚夫在斯图加特的居所受到了搜查，《解放》的通讯文件也被没收了[……]1904 年 6 月，内政大臣普列夫向德国驻圣彼得堡代办发了一个“秘密问题”，询问是否有可能取缔《解放》并驱逐编辑。虽然在“符滕堡法律”治下，符腾堡王室政府拒绝采取任何打击斯楚夫的措施，斯楚夫还是离开了斯图加特，把期刊的办公机构迁往巴黎。参见 Richard Pipes，*Struve：Liberal on the left，1870 - 1905*（Cambridge，Mass.，1970）。

9 [M-D] 无法确定《解放》期刊发行量的精确数字，也不能证实韦伯的数字。

10 [韦伯]斯楚夫的第一部主要作品，《对俄国社会发展的批判性评论》（*Critical Remarks on the Social Development*），立即引起了公众对他的关注，他也受到了“民粹主义者”最粗暴的攻击。1897 年，斯楚夫与图根-巴日诺夫斯基一起执掌《新言论》（*Novoe Slovo*）的编辑工作，我们的读者会经常听到图根-巴日诺夫斯基的名字，到目前为止，《新言论》期刊是“民粹主义者”在俄国的第一份不折不扣的马克思主义刊物。参与这个刊物的还有另一些人，他们是普列汉诺夫、尤利诺夫（现在通常叫作列宁）以及其他的社会主义者。8 个月后《新言论》期刊被取缔了。

11 [M－D]1897年初，斯楚夫接管了《新言论》的编辑工作，他与图根—巴日诺
116 夫斯基共同执掌；这个期刊1893年就已经成立了，可以说是俄国最重要的马克思主义刊物之一。10个月后，也就是1897年12月，内阁通过决议取缔了这份刊物。

12 [韦伯]因此科霍德斯基教授[他是自由学术刊物《国民经济》(*Narodnoe Khaziaistvo*)的编辑]，创办了《我们的生活》(*Nasha Zhizn*)来宣扬解放联盟的观点。同时，出版商爱尤利特斯创办了《祖国之子》与《今日报》(*Nashi Dni*)；从某种意义上说，这两个刊物是相辅相成的，《祖国之子》得到了解放联盟成员的同意和支持，斯里德是编辑，这个人既是解放联盟的成员也是一个社会主义革命党人，当《祖国之子》暂时停刊时，《今日报》就继续它的工作。不过，举个例子说，在对布理金杜马的态度这个问题上，科霍德斯基就主张加入杜马，斯里德则拒绝参加。在《10月宣言》之后，也就是11月15日，《祖国之子》宣布自己成为社会主义革命党的机关报。[M－D：沙皇尼古拉二世是在10月17日发表了所谓的《10月宣言》，在这个宣言中，沙皇承诺"公民自由"，经改进的选举权利，有权参与帝国杜马(议会)立法。]与此同时，年轻的苏夫林执掌着《罗斯》，他是《新时代》著名的民族主义编辑之子，但是1905年的后面几个月，苏夫林就把《罗斯》交给了主张民主的地方自治会立宪派；最后米留可夫也宣布把彼得堡的《交易所公报》(*Birshevyia Vedomosti*)变为民主派的机关报，由他本人执掌。

在莫斯科，《俄罗斯公报》与斯楚夫的想法非常一致，艾罗斯博士(Dr Iollos，这个人在德国家喻户晓)曾把他闻名遐迩的《来自柏林的信》("letters from Berlin")归功于《俄罗斯公报》。

[这里韦伯列举了一些非学术性的期刊，尤其是：马克思主义的《教育》(*Obrasovanie*)和《真理报》(*Pravda*)(月刊)，社会自由派的《上帝的世界》(*Mir Bozhii*)，自由"观念论者"的《生活问题》(*Voprossi Zhizni*)，以及社会主义革命党的《经济报》(*Ekonomicheskaia Gazeta*)和《俄罗斯财富》(*Russkoe Bogatstvo*)。]

117 所有这些期刊的内容都高度哲学化，这让德国的读者异常吃惊，尤其是认识论问题的内容更是让人目瞪口呆：这些出版物向往的是一种典型的"对原理的渴望"，显然它们的读者也是一样，所以我们不仅可以用编辑和顾客的

政治取向对他们进行分类,也可以很肯定地用它们的认识论推崇的哲学家来对它们进行分类。文德尔班、齐美尔、阿芬那留斯,还有马赫、斯塔穆勒、马克思主义等,至少都有一个期刊宣扬其中某个人或者某一派的观点,大有不指南方不肯休的气势,而另一批期刊则同样坚定不移地高举批判旗帜。例如,在克斯夫尼克夫的《真理报》内部就发生了一场冲突,最终以博格丹诺夫的离去而告终,原因是他是一位马赫派的社会主义支持者,他无法与这帮马克思主义者共事。(希望很快就会有一位高水平的著作家能批判性地考察各种各样的新思潮的影响。)[M-D:《社会科学与社会政策文库》未曾有过这类文章。]

(此处的阿芬那留斯可能是 Richard Heinrich Avenarius,德国哲学家,经验批判主义创始人;马赫则可能是 Ernst Mach,1838-1916,德国物理学家和哲学家。——译注)

13 [M-D]可以参考 1904 年秋天和冬天所谓的宴会运动。地方自治会联盟的立宪民主党组织了各种各样的宴会,人们利用这些宴会提出立宪要求。

14 [M-D]地方自治会的决议是由一个委员会起草的。楚巴特斯克瓦亲王是最终定稿人。1904 年 11 月 29 日,楚巴特斯克瓦亲王与斯波夫一起向内政大臣斯维亚托波克-米斯基递交了决议。地方自治会大会在闭幕会议上要求所有的地方自治会机构都在它们的请愿中加入大会的决议。

15 [M-D]5 月 14/27 日,日本海军在对马海峡彻底摧毁了俄国舰队。5 月 24 日到 26 日,莫斯科召开了称为"联合大会"的地方自治会大会。立宪派的多数和斯拉夫派的少数联合形成了一个决议,这个决议要求产生"选举代表",这些代表要与君主一起商讨战争的后果和和平,并就俄罗斯的合法秩序作出决断。1905 年 6 月 6 日,楚巴特斯克瓦亲王领导的一个代表团在夏宫向沙皇呈递了决议。

1905 年 7 月 6 日到 8 日,莫斯科再次召开地方自治会大会。这次大会讨论的议题是参与布理金杜马的选举,以及起草一部宪法草案。内政大臣试图禁止这次大会,但没有成功。不过,这次大会必须在警察监视的情况下召开。"言辞空洞无物的人"这个词显然是指参加 5 月份大会的人。在《解放》第 73 期(1905 年 7 月 6/19 日)391 页,有一篇文章的标题是《最高决议》(*Vysochaishaia rezoliutsiia*),沙皇的话就载于这篇文章,"我希望大会不要再开了。我们已经听够了这些言辞空洞无物的人的话。"

16 [M-D]9 月 12 日—15 日,地方自治会和城市杜马代表再次在莫斯科召开大会。在一份有关布理金杜马草案的决议中,与会者要求推行普选权,以及人民代表对财政预算和政府的有效控制。1905 年 11 月 6 日到 13 日的大会承诺，如果维特伯爵能真心维护立宪原则，就支持他（参见《法兰克福报》的报道）。

17 [M－D]1904 年内政大臣普列夫以"反动活动"为由，拒不承认斯波夫当选莫斯科省地方自治会主席一职。于是，莫斯科地方自治会推选了激进派人士格洛文（Fedor A. Golovin）担任主席。参见 Sideny Harcave，*First Blood：The Russian Revolution of 1905*（Lodon，1964）。

18 [韦伯]之前列出了属于解放联盟的自由派人士，他们大多也都属于地方自治会大会。[韦伯列出了这些人的名字。]

19 [M－D] 1848—1849 年柏林国民大会坚定代表了经济界专业人士，相比之下，在筹备选举的预备议会与法兰克福国民大会中，"学院的等级人士"（Scholarly Estate，德文为 Delehrtenstand）（教授、神职人员、律师）占据了主导地位。

20 [M－D]国民社会协会在政治上失败之后，就在 1903 年解散了。韦伯最初曾参与成立这个协会的筹备工作，但是之后就与它越来越疏远。

21 [M－D]"第三要素"一词是指称领薪的地方自治会雇员、医生、统计人员等人员的。这个表述最初出自萨马拉省副省长孔多蒂之口，他称地方自治会的雇员是"地方自治会生活中一种新的第三要素"。

22 [M－D]诸联盟的联盟成立于 1905 年 5 月，它是 14 个联盟的联合，这些联盟都是根据职业原则组成的。学者联盟、作家联盟、文法学校教师联盟等等都在其中。"地方自治会立宪派同盟"也加入了诸联盟的联盟。米留可夫获选担任第一任主席。

23 [韦伯]曾有文章根据地方"自治会雇员同盟"的成员大会的各次商谈，对两种"要素"之间的关系进行了论述（《真理报》，19（1905），1594 页及其下）。这篇文章强调，这些雇员的工作状况并没有表明，存在与私有企业中的劳资双方类似的任何利益冲突，相反，他们的工作状况是以两种"要素"一起实现理想目标的共同努力为基础的。获选的地方自治会成员一般都不是有利益诉求的党派，而是食利者（rentiers）或者说经济上独立的人；文章一方面批评了获选成员频繁的人事变动，另一方面批评了雇员中等级化和科层化的组织状态。雇员要求的不仅是物质上的改善，更是常规性地吸纳有权进行决定性投票的"第三要素"代表（大会已经吸纳了这些代表，这也是政府最头痛的事情之一），这些代表由地方自治会委员会和第三要素组成的混合委员会任命，并且只能通过陪审制度(judicium parium,中世纪就曾用这个名称)才能解雇他们[M－D:陪审制度,也就是每一个人都只能由他的同伴来判决的原则。],雇员还要求退休金和义务保险的权利。 119

24 [M－D]《俄罗斯帝国基本法》(*Osnovnoi Gosudarstvennyi zakon Rossiiskoi Imperii*)。法文版为:*Loi Fondamentale de L'Empire Russe*(参见第 1 个注释)。

25 [M－D]自 1904 年中期以来,公法教授科克斯金与科特历尔热夫斯基一直致力于制定一部宪法草案,他们两人都属于自由派阵营,这部草案于 1905 年 5 月以第 24 个注释中的题名发表。1905 年地方自治会大会也对他们的草案进行了表决,随后谟罗姆舍夫和其他人对这个草案进行了修改。然后就公布在《俄罗斯公报》(1905 年 7 月 6 日,180)上,1905 年 9 月以下述题名发表:《俄罗斯帝国基本法草案,由全国代表大会执行委员会制定》(*Proekt Osnovnago Zakona Rossiiskoi Imperii. Vyrabotan Kommissiei biuro obshchezemskikh s-ezdov*)(paris: Société Nouvelle de librairie et d'Edition, 1905)。参见 Marc Szeftel, *The Russian Constitution of April 23, 1906: Political Institutions of the Duma Monarchy*(Brussels, 1976)。

26 [M－D]参见政党和协会列表。

27 [M－D]根据 1864 年 1 月 1 日的法令,34 个省的地方自治会都作为自治法团组建(参见专门词汇表)。

28 [M－D]在 1847 年普鲁士各等级第一届州联合议会上,绝大多数东普鲁士的等级代表否决了一项国家贷款,这项贷款是为了加速东普鲁士的铁路建设,以促进东普鲁士的经济发展和普鲁士其他省份的联系,这次否决是为了向普鲁士国王腓特烈·威廉四世表示抗议。在一份当时的小册子中写道,在这种情形下,俄国各省的代表"曾一致决定为了整个国家更高的政治利益牺牲各省的物质利益。" Richard von Bardeleten, *Die Verfassungsentwicklung in Preußen und ihre neueste Phase*(Leipzig: Spamer, 1848),第 27 页以下。

29 [韦伯]尽管如此,我们必须补充一点,任何客观的评论者在给戏剧选择凶恶或者阴险角色时都会避免普列夫这样的人。这一点毋庸置疑。普列夫等人为之效力的体制具有钢铁般的一贯性,这个"已经启蒙的"官僚制度还有理性统治的实用主义,这种一贯性和统治实用主义自然会以愤怒的方式看待:"无知的路线"和不切实际的"顽固不化""特殊的利益""不通情理"和唯我主义、知识分子阶层的"乌托邦梦想"、自治机构[地方自治会],以及新闻机构的"宣传鼓动”，在官僚体制看来，国家以功利主义方式自上而下强加了幸福，而“国家理由”要求人们合宜地尊重权威，但是这些要素常常阻碍和抑制了强加的幸福与合宜的尊重的统一。官僚体制使生活成了一种“地狱”，这也有助于解释，为什么连文雅内敛、与世无争的学究都对普列夫被刺杀的消息狂喜不已。任何人看到这种体制都会毫不迟疑地进行“批判”。[……]

120 30 [M-D]自从1864年建立以来，地方自治会在建立小学和成人“扫盲”学校方面发挥了重要作用。到1914年，当教育部把几乎所有地方自治会学校的控制权揽到自己手中时，地方自治会和政府在这些学校的财政问题以及如何对它们实行控制问题上一直争吵不休。没有证据表明这里所说的“阻止”。

31 [M-D]根据1903年4月2日的法令，西部9省成立了自治法团，法团成员由内政大臣任命。

32 [M-D]例如，国家把某些国家的权利授权给地方自治会执行。

33 [英译者注]*Zweckverband*(德文)是一种由几个教区(*Gemeinden*)组成的联合会，执行特定的职能，比如收税(参见 Meyers Lexikon, 1930)。

34 [韦伯]《扎格马诺夫的政治著作》(*The Political Writings of M. P. Dragomanov*)，第1卷，第279页以下，这本书目前已经在《解放》上发表了(“乌克兰民主派”组建并在经济上支持了这份杂志)，资助人名单上有克斯提雅克福斯基。

35 [M-D] 指“警察社会主义(police socialism)”，内政大臣普列夫(1902—1904)对警察社会主义情有独钟，设计这种主义是为了用受政府控制的组织来束缚工人。普列夫认为，一方面，警察社会主义能够抵消各个社会主义政党与工会组织在工人中的影响，另一方面，有需要的时候，它能够让工人与雇主内耗。

36 [韦伯]库斯克省(Kursk)首席贵族多勒伯爵在三一教堂的讲坛上宣读了一份宣言，政府的出版机构刊印了这份宣言，它发表在《罗斯》第18期第3页(1905年11月14日)，指摘民主派热衷于“不让一个农民进入帝国杜马，就像英国和法国一样”。人们常常能清楚地看到，目前，警察与(来自贵族的)公务人员和人民中的活跃分子结成了典型的联盟，组成了“黑帮团伙”。[……]毫无疑问，并不是清教徒高涨的热情导致了妓院的败落，而是黑帮庇护势力中的皮条客(无疑是旧政权的支持者在给黑帮百人团的成员支付报酬)，因为皮条客认为妓院是“竞争对手”，因此就憎恨妓院。而且这些可怕的黑帮绝不仅仅是由雇佣兵组成的，其中还有大量的“志愿者”：比如，不少大城市中的居夫、其他各种各样的小资产阶级,最后还有很多农民。众所周知,莫斯科大学常常被整个村社的农民包围。[M-D:莫斯科大学“包围”发生在1905年10月中旬,这个时候正值罢工潮的高峰,参与这次事件的人不只是农民。]

37 [韦伯]与各个城市中现有的公社选举权相比,这仍算一种进步,不仅房屋所有者有了选举权,而且租房的居住者也有,彼得堡杜马就是这样(这得感谢普列夫)。

38 [英译注]参见下文,《俄国向伪立宪主义的过渡》第1个注释。

39 [韦伯]参见社会民主党人对拉萨尔(Lassalle)批评,19世纪60年代,拉萨尔在其著作全集(社会民主党的正式版本)的导言中支持普选权(第1卷,124页)。[M-D:这个版本由伯恩斯坦(Bernstein)编辑,拉萨尔预期普遍的、直接的选举权也能产生一个议会组织,这个组织与整个人口的社会分层相对应,因此最终会导致“工人”阶级执掌国家政权,伯恩斯坦对拉萨尔的这种预想进行了犀利的批判。]

(拉萨尔,1825—1864,1863年组建德国工人联盟,主张温和的议会夺权路线;伯恩斯坦,1850—1932,德国社会民主党领袖,修正主义代表。——译注)

40 [M-D]这是皇帝费迪南一世(Ferdinand Ⅰ,1503-1564)的格言:“让正义枝繁叶茂,即使世界走向凋零。”

(费迪南一世,系皇帝查理五世的弟弟,1531年成为德国国王,1556年成为神圣罗马帝国皇帝。——译注)

41 [M-D]无法证实引文出自何人。

42 [M-D]索洛维约夫的哲学体系旨在创造一个“纯粹的神学政治”,实现神圣的人性。根据索洛维约夫的思想,俄罗斯民族承担着一个普遍的使命,这个使命会导致人性的统一。

43 《马太福音》5:39。

(这句经文的后面是:“有人打你的右脸,连左脸也要转过来让他打……”——译注)

44 [M-D]参见75页与99页及其下。

45 [M-D]自1879年宪法以来,保加利亚(Bulgaria)就有了选举国民议会的普选权,10000名居民选举一个代表。这个议会监控各位大臣的活动,而且还是立法机关。

46 1887年7月7日的国民大会选举萨克斯—克博格—哥达—克哈里(Saxe — Coburg — Gotha — Kohary)的费迪南亲王为保加利亚的国王,继承亚历山大五世(Alexander V)。迫于俄国的压力,巴腾堡(Battenberg)1885 年就退位了。韦伯这里暗指费迪南王朝的本质特别不稳定,它缺少民族基础。

(巴腾堡就是亚历山大五世。——译注)

47 目前来说,这种意见纯属无稽之谈,只要有人就议会民主制的国家与"个人"统治的国家当前的成就进行批判性的比较,个人统治的国家总是要逊色一筹,即使在它们本来应该做得最好的领域,也就是外交政策,也是一样。只有了解记录的人才有权利对我们德国的外交成就进行评判。但是任何人都会明白,如果我们外交官的工作一直受到君主嘈杂不安的政治戏剧、演讲、电报以及无法预料的决定的干扰,他们绝对不可能做到一贯的领导与持久的成功,除非连他们也沉浸在君主的历史剧中,君主的所作所为让外交官们无法把握局势,因此他们就把所有的精力都花在纠正局势上。[M-D:这里韦伯暗指德国皇帝威廉二世所谓的个人统治,威廉二世因很多不成规矩的行为,让德国的外交政策名声扫地,比如 1896 他给法国波尔共和国总统,保罗·克鲁格,发去祝贺电报,以及 1898 年在大马士革的晚间讲演。]

48 [韦伯]解放联盟的定稿纲领中没有提到沙皇,[M-D:立宪民主党 1905 年 10
122 月的纲领与解放联盟的宪法草案不同,它只是间接提到了君主在宪法中的地位以及国家的结构。第 13 条宣称:"俄罗斯应该是一个立宪的与议会制的君主国。俄罗斯的国家结构由宪法决定。"这条第一句是 1906 年 1 月立宪民主党第二次大会加上去的。]他们的纲领只是确立了预算权利、立法创制权、一切出自政府的政令绝对必须得到杜马的批准,以及各个大臣的责任等。政党大会的一项决议要求在杜马召开后成立多数派内阁。[M-D:立宪民主党(参见术语表)在 1905 年 10 月 10—18 日召开了成立大会,这次大会决议第 7 条如下:"各个大臣必须对人民大会负责,人民大会的成员有权利质询,并有权要求大臣作出说明。"]

49 [M-D]Bryce, *American Commonwealth*。俄文译本出现于 1899/1890 年,书名为 *Amerikanskaia Respublika*(Moscow: K. T. Soldatenkov)。

50 [M-D]Proekt Osnovnago Zakona。地方自治会 4 月与 7 月的大会对解放联盟的宪法草案做了微小的改动,并在 1905 年 9 月发表。

51 [M-D]参见下文《俄国向伪立宪主义的过渡》:第 233 页第 1 个注释。

52 [M-D]立宪民主党的大会于 10 月 18 日结束,正好比宣言发布晚一天,这次大会通过了一项决议,大会在这项决议中对政府的真诚提出了质疑,并强调宣言没有符合人们的期望,尤其是因为宣言承诺的杜马并不是一个"代表民众的合适机构”。立宪民主党仍然倾向于要求成立一个制宪议会。

53 [M-D]参见上文第1个注释。在对解放联盟的宪法草案批评中，芝瓦格评论道“对各个民族相互关系的关注真是吝啬到一分都不多”。他特别提到了波兰与芬兰。

54 [M-D]斯楚夫撰写了解放联盟的宪法草案的导言，在这篇导言中，他对草案的民族问题提出了异议，尤其是波兰问题。

55 [M-D]1815年维也纳会议之后，“议会波兰”与俄罗斯帝国结成了亲密联盟。1815年11月，议会波兰接受了一部宪法，这部宪法确立了行政权与立法权的分离、信仰自由、出版自由以及人身不可侵犯等。波兰王国拥有自己的军队，波兰语是官方语言。沙皇亚历山大一世的继任者们在华沙加冕之前，必须对波兰宪法宣誓。

（沙皇亚历山大一世，Alexander Ⅰ，1777-1825，俄国历史上最伟大、也是最神秘的沙皇之一，曾数次与拿破仑作战，拿破仑倒台后，主导了维也纳会议，这次会议奠定了19世纪欧洲的政治格局。——译注）

56 [M-D] R. Luxemberg, Die Industrielle Entwicklung Polens (Leipzig: Duncker & Humblot, 1898)。这是罗莎·卢森堡的论文。

57 [韦伯]不过，这只不过西线边境的军事力量不断增强的结果。

58 [M-D]参见上文46页。 123

59 [M-D]即俄国皇帝与波兰国王（自1815年后）。

60 [M-D]奥地利—匈牙利的办公语言问题和公务的多语言性质，在波希米亚(Bohemia)特别突出，这是1897年的巴登(Baden)语言法令导致的。除其他事项外，这项语言法令规定3年过渡期之后，所有的法官和公务员人在就任之前必须能以书面和口头方式了解国家的两种语言。这种双语言的要求偏袒非德意志民族，并导致了议会内外的激烈争论，这使得议会的工作完全瘫痪。

（巴登，现在德国西南部的一个历史行政区；波希米亚：历史上的地区和王国，在今天的捷克。1世纪和5世纪之间，作为斯拉夫人一支的捷克人在此定居。公元15世纪，其主要部分独立出来，成立匈牙利，后来又变成哈布斯堡王朝。1918年，波希亚地区成为新成立的捷克斯洛伐克共和国的核心。——译注）

61 [M-D]参见地方自治会大会委员会。

62 [M-D]根据美国宪法规定（第4条第34款，第1段），州的成立可以通过从现有州中分裂出来实现,也可以通过首先作为地域存在,然后申请作为联邦的一个州加入联邦。在后一种情况下,当《授权法》要求这些州申请加入联邦时,这些州必须通过一部宪法并提交国会批准。之后国会就会作出决议决定它们作为一个州加入联邦。参见 Karl Loewenstein, *Verfassungsrecht und Verfassungspraxis in den Vereinigten Staaten* (Berlin/Göttingen/Heidelberg, 1959)。

63 1905 年 11 月,"合法秩序党"(Parttia pravovogo Prariadka, Party of Legal Order)的活动扩展到了各个省份。它自认为是一个立宪党派,但是要求一个强大的国家政权、统一的持存和俄国的不可分割性。1906 年 1 月和 2 月,合法秩序党的彼得堡分支加入了十月党人(Octobrists),而其他党员只是和十月党人形成了选举联盟。

(十月党人,又称"10 月 17 日联盟",是俄国右翼自由派政党,响应沙皇尼古拉二世《10 月 17 日宣言》,主张走体制内改革路线。——译注)。

64 [M-D]参见第 104 页。

65 [M-D](匈牙利)honved 一词意思是"祖国的保卫者"。这个词最初是指 1848 年匈牙利的志愿者。1867 年奥地利—匈牙利协定之后,这个词就成了匈牙利领土上的军队[landwehr](honvedseg)的专有名称,匈牙利语是这支军队的公务语言和发布命令的语言,而在帝国和皇家的军队中,德语是发布命令的语言。

(1848 年匈牙利爆发要求独立的革命,参与者都是志愿者居多,1850 年被俄国和奥地利镇压。——译注)

66 [M-D]早在 1905 年 1 月末,波兰就处于被包围状态,10 月 28 日俄国强制波兰 9 省实行戒严令。1905 年 11 月 12 日又撤除了包围状态。

67 [M-D]参见上文 55 页和 58 页。

68 [M-D]参见《佩列亚斯拉夫和约条约》(Treaty of Pereiaslavl, 1654),签约双方是酋长博格丹·赫梅利尼茨基治下扎普洛格的哥萨克人和沙皇阿力克西·米克海洛维茨。沙皇和他的继任者成为了乌克兰的最高领袖,而乌克兰依然在行政、财政和军事方面保持自治。哥萨克人的自由和特权,尤其是选举酋长的权利,得到了确认。

[《佩列亚斯拉夫和约》,又称《博格丹·赫梅利尼茨基基本条约》,亦称《三月条约》,这项条约是乌克兰人脱离波兰统治,归附沙俄的重要条约,规定东乌克兰(第聂伯河左岸)与沙俄正式合并,由此开始了乌克兰和俄罗斯纠缠不清

的历史，乌克兰一词也从此逐渐由“边区”变成了“小俄罗斯”。——译注]

69 [M－D]参见下文61页及以下。

70 [M－D]总而言之，解放联盟的纲领可以总结为下面的一句话：“既然[解放] 124
联盟讨论他们的决定时，主流的政治状况主导了这些决定，所以只要政治状况依然如故，就只能认为这些决定还是有约束力的。”这次大会在莫斯科举行，从1905年3月25日持续到28日。

71 [韦伯]正如11月的《罗斯》中一篇讨论立陶宛问题的文章所言，自扎格马诺夫以降，各个民族一直在努力去寻求一个标准，当某个民族拥有一种文化，这种文化能让这个民族在伦理上要求一种特殊的地位的时候，它就能根据这个标准确立自身。他们的努力千差万别。尽管文字与学术不同，它确实是“民族性的”，但对很多民主派人士来说，一个民族拥有自己的文字还是不够的。除要有自己的政治新闻舆论之外（当忽视新闻舆论的质量时，这一点是很容易具备的），最关键的标准可能是“资产者社会阶级”的存在，或者拥有自己的民族政党，这样就能支配“意志”以维系自己的民族性。目前人们原则上认可了保护少数民族的原则，尽管如此，在某些地方，那里少数民族就是一群像波罗的海的日耳曼人一样的、有贵族气息的文化阶层，这项原则还是向教随国定（cuius regio, elius religo）的原则让步了，人们以民主的方式重新解释了后者[M－D：根据1555年9月25日奥古斯堡宗教和平协议，帝国法律准许统治者决定他的臣民的宗教。这项程式是由圣经权威学者格力福斯沃尔德的斯蒂芬尼（Stephani of Greifswald）制定的，奥古斯堡宗教和平协议并不是以“教随国定”的形式出现的。也就是说，让联合“大众”成为一项义务。

（文中的帝国应指神圣罗马帝国。——译注）

72 [M－D]参见针对人口中的波兰人的德意志化政策，1886年开始实施这项政策，是通过压制波兰语，增加德国农民和工人的定居人数的办法落实的。这项政策最终导致东普鲁士诸省发生了一场波兰民族主义运动。

73 [韦伯]各种事件已经表明，分裂主义并未因此消失殆尽。不过人们在以俄罗斯帝国统一为基础，实现资产阶级各要素的联合方面，取得了相当程度的进步。

74 [M－D]这里的ABC学校意思很可能是农村地区的小学，是1861年农民解放后由农民公社主动创立的，也是由农民公社管理的。

75 [M－D]早在伊凡三世（1462—1505）统治时期，约瑟夫·冯·佛洛克拉姆斯基治下的“教会权势”就强加在俄罗斯头上了，形式上是让国家屈从于教会，但事实上却加强了国家对在很大程度上无权的教会的绝对支配。

76 [M-D]俄罗斯东正教最高管理机构，1721年彼得一世创立。

77 [韦伯]这个概念应用于俄国时，需要得到限定。甚至是雷帝伊凡也不敢像
125 科穆宁王朝一样干涉教会信条问题[M-D：拜占庭王朝，1081—1185，这个王朝一直干涉宗教纷争。]，考虑到东部公社和教派分裂的危险，国家对宗教生活的影响受到了限制。沙皇很少敢做模仿集政教于一身（summus episcopus）的活动，自己进行布道宣讲，这是因为他这么做一定会冒犯教会的尊严。[M-D：这里可能是影射德国皇帝威廉二世所谓的海上布道，以前威廉二世常在航海旅行时自己在主日进行布道，却没有一个神职人员在场。按照当代新教教会律师们的看法，君主，甚至能够做到政教合一，也没有权利这么做。]

78 [M-D]史敦达教派，史敦达教派成员：新教自由教会共同体，是由乌克兰的日耳曼定居者于1860年左右成立的。史敦达一词源自宗教复兴主义者的“圣经时刻（Bible Hour，德文是Stunde）”，这个教派由非神职人员掌控。

79 [M-D]自1722年以来，神圣宗教会议（Oberprokuror Sviateishego Sinoda，也就是Holy Synod）的首席长官，在作为国家官员的职能之内，一直监视着神圣宗教会议的活动。

80 [M-D]自1700年以来牧首一直空缺；1721年彼得一世让神圣宗教会议成为了教会的最高领导，取代了牧首一职。直到1917年11月，俄国才恢复了牧首一职。

（牧首是东正教的教长，是君士坦丁堡、安提阿克、亚历山大、莫斯科和耶路撒冷东正教的精神领袖，对其他主教具有管辖权。——译注）

81 [M-D]参见各种牧师，他们被任命为白神职人员，以反对僧侣（黑神职人员）。

（俄国的神职人员分为两类：教堂僧侣，也称白神职人员，可以结婚；修道院僧侣，亦称黑神职人员，不可以结婚。修道院僧侣在人数上一直都是极少数，但在东正教中处于领导地位。——译注）

82 [M-D]莫斯科作为第三罗马的观念出现于16世纪上半叶，在伊凡四世（“雷帝”）统治期间，这个观念成为维护莫斯科公国统治的意识形态的坚实部分。僧侣菲洛斐的著作在原则上发展了莫斯科作为第三罗马的观念；菲洛斐坚信罗马和君士坦丁堡（第二罗马）的败落是因为缺乏正统性。只有在莫斯科公国，基督教的信仰才真正得到了保存。因此，莫斯科是第三罗马。

83 [韦伯]人们不应该简单地概括这种现象，也不应该把俄国牧师的品质和欧洲(比如，德国)天主教神职人员的趾高气扬相提并论。在饥荒年间，牧师对受灾地区还是提供了很多帮助的。[M-D：参见1891—1892年俄罗斯颗粒无收后的大饥荒。]真正的情况很有可能是，民众珍视牧师的神奇力量，对于从永恒的惩罚中获救来说，这种力量是不可或缺的，但是这并没有影响民众对施展神奇力量的人的看法，反过来说，牧师的个人品质也没有影响到民众对这些神奇力量的珍视。但是即使在这点上，也存在相当大的差异。在第一届全俄罗斯农民大会上(后面会提到[M-D：参见94页及以下])，一些发言人猛烈攻击牧师的“贪婪”，但是很明显发言人当中有宗派分子。在这次大会上，以及很多各大城市激进的选举会议上，人们强烈要求“教理问答”(catechism)应该从义务教育的科目表上消失，而且多数人认为，应该由自然科学来代替，或者教授犹太历史。另一方面，第二届全俄罗斯农民大会上出 126
现了一个非常激进的牧师[M-D：第二届全俄罗斯农民大会于1905年11月6日到10日在莫斯科召开。]，他是很多村社选举产生的代表。赫尔松省的140位农民进行了一次演讲，他们建议用修道院的财产支付战争费用，他们说，修道院的财产“属于人民”。“要让神职人员为政府作出牺牲：战争期间他们只是祈祷，而且还不是很热忱。”另一方面，第一届大会上的一位农民代表主张，在土地征用问题上对修道院应比对私人地主要温和一些，因为修道院是“共产主义”组织而且“还为人民祈祷”。其他人在这个问题上争论得面红耳赤：“修道院是蜂窝，但修道院的僧侣是以依靠他人劳动的雄蜂。”还有一种中间观点，它对生活舒适的修道院[*Pfründenklöster*]和僧侣自食其力的修道院做了区分。[……]

84 [韦伯]一群反对独裁制的反独裁基督教社会主义者，最近在俄罗斯组成了“基督教斗争兄弟会”(Christian Fighting Brotherhood, Khristianskoe Bratsvo Boryby)。[M-D：在《解放》第73期(1905年7月6/19日)386页，文章宣称基督教斗争兄弟会是一个“基督教的社会主义-民主组织”。]《解放》发表了基督教斗争兄弟会的几项声明，包括(73期(1905)386页)一篇说明兄弟会任务的理论文章，一封“致主教的公开信”以及一个“斗争的号召”。这场运动在形式上以正统信仰(Orthodoxy)为基础，这里我并不试图在纷繁异常的俄国宗教派别中定位这场运动——要是这是因为我完全不了解运动的发起者以及支持者的数量和种类就好了(韦伯这里的意思是他了解一些，但俄罗斯的复杂情况让他无法定位。——译注)。尽管如此，我还是想传达关于教会内部某些派别的信息，还有关于加邦（Gapon）的活动产生的影响以及关于1905年1月9日/22日大屠杀的影响的信息，这场大屠杀给人们留下了如此深刻的印象。[M-D：1905年1月9/22日，一个星期天，加邦牧师领导下的工人举行了一次示威，队伍向冬宫进发，目的是向沙皇递交一份请愿书。军队向人群开枪，很多人被杀或者受伤。]

这群反独裁基督教社会主义者认为，历史上的基督教，在它的各种解释中，从来只是宣讲并努力实现基督教义的一个方面：每个个人心中的上帝之国，基督徒的个人人格。历史上的基督教从来只是追问为了实现从今往后的上帝之国，我们必须做什么。它从来不问：什么是此世的上帝之国——基督道成肉身，当前的西欧人可能就会这么说，也不会像那些"社会学"取向的著作家问的那样，什么是"人性的上帝"？因此这种基督教鼓励个体通过一种本质上唯一的内在转变来实现自我拯救（samospasenia）的理念（事实上这是反基督教的）。但是圣徒不仅提到了个人肉身的神圣化，而且（《彼得后书》3：
127 13）也提到了一片"义居其中"的新大地：个人不是一个"原子"，而是一个伟大个人的成员，这个伟大个人就是教会，教会是"真实的上帝之国"，个人蒙受召唤，不仅要克服他自身人格内的肉欲，而且要克服人性的肉欲，个人的肉身表现在人与人之间的经济、社会和政治关系，而且需要被神圣化。每个个人都有义务在这项事业中提供协作，于是他就要在（他的）祖国的社会与政治生活中发挥尽可能有效的作用，而且这里，个人在生活领域中，必须去实现世俗因素构成的"神圣人性"的真理，历史上的基督教曾以隐居修道者的恐怖来弃绝这种生活领域。

然而，当前俄罗斯的最根本任务就是与独裁制斗争，独裁制对无限权力的要求权违背了上帝的话，即一人不能事二主，事实上这种要求权是对第一诫命的违背，是对一个造物的亵渎性崇拜。因为只有上帝才有无限的权力。1月9日的事件表明，实际上只要沙皇能合法要求他想要的一切东西，包括射杀无辜的人民，那么就仍然必须回答"沙皇还是基督？"这个道德问题。引用与官员们的谈话作为这种冲突的例子。

与反对"天主教异端"的斗争相互关联的事情就是，从国家的羁绊中解放教会的活动，受国家的宰制使得教会屈从于异己者的意图、让它受到了羞辱，放弃了基督，并迫使教会"为不光彩的事件提供一套说辞，诸如1月9日之类的事件"。

教会正处于"精神的沉睡状态"，在浩瀚无垠的生命进程中，它冷眼旁观、休眠蛰伏，完全任由生命的洪流自行其是，同时还用“千年不变的公理”来论证它的冷漠。

只有通过重新沉思《彼得前书》2:9的诫命才有可能产生变化，根据这项诫命，神职人员只是教会的成员，教会的非神职人员也一样都蒙受召唤领受王的牧师的尊严（《彼得前书》2:9内容如下：“但是你们是选民，是王的牧师，是一个神圣的国度，是上帝自己的子民，为此你们可以宣扬上帝无所不能的行为，上帝召唤你们脱离黑暗，进入他非凡的光明。”——译注）。他们必须根据这些权利重新受命，而且教会唯一合乎圣经的组织，也就是圣会（congregation）也必须重建，牧师必须经圣会选举产生，而不是由彼得堡的大臣任命派往圣会。地方牧师的大会（Sobor[参见术语表]）应该从他们自己的成员中或者从僧侣中选择主教（arkhierei[参见术语表]），主教大会应该以同样的方式选择牧首。

圣会的财政事务应该，以圣灵圣事的尊严的利益为根本，操持在经选举产生的干事手中，而不是牧师，维持教会的费用应该逐步从国家的预算转移到了各个教区：人们不应该像法国一样等待国家自己交出教会预算。（这些论点可能反映了“旧信仰者（edinovertsi[参见术语表]）”的观点，因为今天非神职人员的管理和经选举产生的牧师是“旧信仰者派（Raskol[参见术语表]）”的基础。）因此只有当教会的圣会组织获得解放之时，才能给教会提供权威和权力以使生活基督教化。生活的基督教化包括男女圣徒执事的复兴，128
最重要的是，信仰者反对社会不平等的斗争。

只有通过遵从圣徒共同体的模式，“从一切束缚中得到解放”，尤其从对财产的依附中得到解放，人格的内在自由才能实现。当前教会中的修士主义是“太强了，因此也有害”：修士主义窒息了非神职人员的王的牧师的资格，使基督徒反抗拥有财产的自我主义的普遍义务成了一个特殊等级的事务。

不可否认，使徒的格言只对信仰者有约束力：至于没有“把他们的财产交给圣会处置的人”，这些人还希望用自己的财产来剥削穷人，他们是“不敬神的寄生虫”，我们不应该对这些人传道，而应该斗争，针对他们的斗争应该运用罢工以及组织化等“公认的和平方式”，“而且也只能通过这些方式”。因此针对资本压榨的斗争应该从一种“旨在经济利益的灰色斗争”变成一种“神圣的行为和宗教义务”。为“人性身体”的康复进行奋斗，其目的是“一位身披日头的妇人”（《启示录》：12:1）。

（《圣经·启示录》中的这位妇人是救世主的母亲。——译注）

基督教斗争兄弟会提出了以下要求，应该召开国民大会，让非神职人员拥有同等的权利、拒斥独裁、教会要建立合乎圣经的组织，即圣会；兄弟会在信仰者的战斗口号中提醒他们，人应该遵从上帝而不是人，以及正如基督自己所言，他借着饥饿的农民和工人的肉身在我们中间行走：所谓的聚众暴乱者[rioters]，遵照“不敬神的官员”的命令，对信仰者进行殴打或者射杀，是一种严重的罪(sin)。

诸如此类的观点显然是来自城市，尽管它们受到了人们的广泛欢迎，但是当这些观点面对教会权威时，我们不应该受到它们激进论调的迷惑，而对它们“教会政治”的弱点有所忽视，这种弱点就在兄弟会的运动与特定社会利益的联盟中。兄弟会的运动并没有，在等级制教会内，引发与教会权威的一种内在决裂：就如同它与天主教的决裂一般，而且东正教的等级制度也懂得如何在社会和政治层面上削弱各种反个人主义的运动，并利用这些运动实现自己的最终目的。天主教教会曾经吸纳了诸如兄弟会一类的运动以及很多其他运动，包括伦理相对主义、自然主义和社会学的“发展”理想，以及经济历史主义。

另一方面，任何一场纯宗教的、尊奉圣经的、禁欲苦行的运动，都可能对东正教教会构成一个严重的危险，因而独裁政权也构成一种危险，现在这个政权连外表都很虚弱，但是资本主义充分发展的时代几乎没有这为这种运动提供可能。

俄罗斯教会重生的所有问题显然都与恺撒-教皇主义大有关联，另一个
129 附加的因素就是白神职人员持有农民和无产阶级立场，以及他们对独身的黑神职人员社会层面的反对，对黑神职人员来说，进入修道院常常是走走形式而已，所有的高级职位都依照教规留给了他们。[……]

85 [M－D]这里可能是在暗指德国自由主义可能低估了各种基督教—社会运动的保守力量，这些运动宣扬“社会君主制”的原则，例如19世纪80年代晚期斯多埃克领导的基督教社会党，斯多埃克是威廉二世的宫廷布道牧师。

86 [M－D]P. Miliukov, *Ocherki po istorii russkoi kultury*(《俄国文化史纲要》)(St Petersburg, 1902)，第2章，第394—401页，尤其参见410页及以下。米留可夫把受过教育的俄罗斯人与“宗教”的关系的特点总结为“漠不关心”；同上，第402页。

87 [M－D]参见君士坦丁·尼科莱·利奥特夫(Konstantin Nikolevich Leontev)，他的思想集中讨论神学政治的必然性；利奥特夫尤其是以拜占庭

传统作为自己观点的基础，相比于西方的教会，他认为拜占庭才是真正的基督教。

88 [M－D]詹姆斯一世，查理一世之父，詹姆斯一世以国王的神圣权利的理论作为他统治的基础。在他的著作《自由君主国的真正法律》中(1598 年)，詹姆斯一世形成了“绝对统治者，不受任何控制”的观念，绝对统治者不仅是“上帝在人间的代言人”，坐在上帝的宝座上，更有甚者连上帝都要称他为上帝。因此，不论是国王，还是他的臣民都不能限制独裁。查理一世一直都诉诸国王的这些神圣权力。

89 [M－D]10 月 19 日，波比德诺斯特舍夫被解除了神圣宗教会议首席长官的职务，由奥博伦斯基接任。

90 [韦伯]这里牧师大有可为。参见比利时，在比利时，合作社是牧师组织的核心，以及意大利，过去在意大利一个人尚未得到荣耀之前，合作社是获证忏悔必需的东西。

91 [M－D]1905 年 4 月 17 日的《宽容法令》保障了非东正教信仰者的崇拜自由(某些教派除外)。

92 [M－D]旧信仰者运动(Starovery 或者 Staroobriadtsy)的牧师们，被称为波波夫特希(Popovtsy，就是牧师的意思)，以传统的方式任命。旧信仰者的这场运动在 18 世纪把他们的中央地点确立在莫斯科的罗格茨斯基公墓。

93 [M－D]参见诺斯替的各个教派(Gnostic sects)，这些教派拥有上帝之光带来的知识，这些知识对民众是不彰显的，只有那些通过必要的神秘仪式和禁欲苦修、灭绝一切感官事物而体验到基督启示的人，才能得到灵(spirit，pneuma)。在诺斯替中，有五花八门的俄国教派，包括鞭身派(christovery (Khlysty))，跑马派(Skakuny)，阉割派(Skoptsy)，它们都宣扬圣灵的统治。

(跑马派源自圣彼得堡附近的一个地名。——译注)

94 [M－D]16 世纪西班牙人残酷镇压期间，荷兰改宗的清教徒称自己为“十字架下的教会”。

95 [韦伯]参见杰里涅克《人与公民权利》的著作[M－D：G. Jellinek，*Die Erklärung der Menshcen und Bürgerrechte*. Ein Beitrag zur modernen Verfassungsgeschichte(第 2 版扩充版；Leipzig，1904)]；参见我在这份杂志[《社会科学与社会政策文库》]上的论文，第 20 卷(1)和第 21 卷(1)[M－D：Weber，*Die protestantische Ethik Ⅰ* 与 *Die protestantische Ethik Ⅱ*(这两篇都在《马克斯·韦伯全集》第 1 卷第 9 篇和第 18 篇)。英译本由塔尔科特· 130

帕森斯译出(London: 1930)];参见特洛尔奇关于新教的讨论,载于亨纳博格编辑的《当前的文化》("Culture of the Present")。[M-D:恩斯特·特洛尔奇(Ernst Troeltsch),《新教的基督教信仰》(*Protestantisches Christentum*)这本书直到韦伯的论文发表之后才出版。这里韦伯讨论的可能是特洛尔奇给他的长条校样。]斯楚夫受到杰里涅克著作的影响,经常从这本书中引文。勒洛里—布留尔以及其他人都注意到了俄国理性主义教派的经济与政治伦理和新教(在这个词最宽泛的意义说的)之间的关系。[M-D:按照勒洛里-布留尔的观点,"旧信仰者派和清教之间有很多相似之处"。A. Leroy-Beaulieu, *The Empire of the Tsars and the Russians*(3卷本;New York/London, 1905),第3卷,第323页。]不过这些理性主义教派中的某些教派,特别是真正的"旧信仰者派",它是其中最大的,对"世俗禁欲主义"的理解有深刻的差异。

96 [韦伯]分裂开始于第二次党大会(1903年)关于《火星报》(Iskra)杂志的争论,一直到1903年,这份杂志都在日内瓦,由阿谢洛德、"列宁"、马托夫、普列汉诺夫、伏拉·扎苏里希和"斯坦洛夫"共同编辑。只有普列汉诺夫、马托夫和列宁再次当选。列宁和他们两人在人格上、政党组织问题上(列宁是个"中央集权主义者")以及策略上(列宁被认为是"雅各宾派",而马托夫被认为是"吉伦特派")都水火不容,普列汉诺夫试图从中调和,但最终站在了马托夫一边。列宁因此辞职,创办了《前进》,1905年普列汉诺夫也辞去了《火星报》编辑职务,之后独自出版了《社会民主党日志》(*Dnevnik Sotsialdemokrata*,每期八开本的一张半报纸,出版的间隔期不定),据称这份报纸是"超越党派的"。

97 [M-D]"全俄罗斯工人党大会(Pervaia Obshcherusskaiia Konferentsiia Partiinykh rabotnikov)"于1905年4月在日内瓦召开,是《火星报》的编辑们组织的。

98 [M-D]自1903年社会民主工人党分裂之后,《火星报》就成为社会民主党孟什维克派的机关报。1904年12月布尔什维克派创立《前进》作为机关报,在1904年12月22日到1905年5月5日期间,总共非法发行了18期。

99 [M-D]俄罗斯社会民主工人党第三次党大会于1905年4月12日至27日在伦敦召开,只有布尔什维克参加会议。第一期《无产者》(*Proletarii*)于1905年5月14日出版。到1905年11月12日,这份报纸在日内瓦总共发行了26期。

100 [韦伯]列宁派起初想不顾社会民主工人党的决议,不愿对纲领做任何形式上的变动。直到12月份,他们才宣布会删除关于"小额土地(*obrezki*)"的文字,并用"支持农民采取革命措施,包括没收土地"(私人土地),支持"村社无产阶级自治组织"以及"对村社资产阶级的不妥协的敌对"。[M-D:1905年4月的第三次党大会的决议已经提出了"没收土地"和"成立农村无产阶级自治组织"的要求。在这份决议里,还提到了农村无产阶级和村社资产阶级之间有"不可跨越的鸿沟"。]

101 [M-D]另一个明显可参考的事件是全俄罗斯新闻工作者大会上的争论;那场大会就土地问题进行了正面交锋。

102 [M-D]这个术语显然是指俄国社会民主工人党的孟什维克派,1903年社会民主工人党分裂后,普列汉诺夫同情孟什维克派。

103 [韦伯]各种理由都反映了马克思主义含混不清["两个灵魂"]的特征,例如马克思本人对巴黎公社的态度就说明了这一点[M-D:在1870年9月撰写的《总委员会关于普法战争的第二篇宣言》中,马克思反对在法兰西共和国建立后举行一次新的起义。"在敌人几乎进逼巴黎大门之时,任何试图推翻新政府的举动,都是无以复加的愚蠢。"Marx, *Der Bürgerkrieg in Frakreich*(德文第3版;Berlin, 1891),第25页。]马克思在巴黎公社遭到镇压之后撰写了《法兰西内战》,他把巴黎公社作为无产阶级专政的样板,同上,第45页及以下。最近桑巴特对此甚为关注[M-D:魏纳·桑巴特提到了马克思和恩格斯的社会发展本质中存在的"两种本性、两个概念"。];但是就俄国情况而言,存在特定的知性传统和村公社,它们作为一个洪亮有声的舞台,也发挥了作用。

(总委员会是指国际工人总委员会,参见《马克思恩格斯选集》第2卷,343页)。——译注]

104 [M-D]在俄国社会民主工人党两派的争论中,倍倍尔经常试图进行调和。1905年2月7日列宁的一封信拒绝了倍倍尔1905年2月提出的建议。

105 [M-D]赫尔岑否定了存在一般的历史发展规律的观点。他认为,由于公社体制提供的各种条件,俄国社会秩序能够直接迈向社会主义,而不必经历资本主义的发展阶段。

106 [M-D]"精神的这种内在性或自身回复,也可以说是它的最高的、绝对的目的。"Hegel, *Vorlesungen über die Geschichte der Philosophie*, vol. 1(Berlin, 1940),第35页以下。在民粹主义最重要的理论家,帕其·拉夫洛夫(Petr

Lavrov)提出的阶段法则中,"信念"阶段被视为是最高阶段,这个阶段能够使政治行动成为可能,他的理论是以黑格尔精神的自我展开[*Selbstentfaltung*]为基础的。参见 Klaus von Beyme, *Politische Soziologie im zaristischen Rußland* (Wiesbaden, 1965)。

(黑格尔的译文采用了中译本《哲学史讲演录》,第一卷,第 28 页,商务印书馆,贺麟、王太庆译,1959;下文第 227 个注释的文字也直接来自中译本。——译注)

107 [M-D]"社会民主联邦委员会"于 1905 年 10 月中旬成立,最初是以彼得堡为基地,后来莫斯科也成为了基地;这个委员会的任务是协调布尔什维克和孟什维克的活动。

108 [M-D]这里可能是指社会民主党领导层的正统路线,尤其是奥古斯都·倍倍尔的路线,倍倍尔在实践中鼓励修正主义,同时还支持社会民主党的革命目标。同时还试图通过它为统一的党大会铺平道路。

109 [M-D]1905 年 10 月 27 日至 12 月 3 日期间,《新生活》总共发行了 28 期。《新生活》的刊头只是从第 21 期开始才有以下字句:"俄国社会民主工人党。全世界工人阶级,团结起来!"1905 年 11 月 13 日至 12 月 2 日期间,《开端》总共发行了 16 期。它也有同样的刊头。

110 [M-D]当《新生活》和《开端》发表了彼得堡苏维埃 1905 年 12 月 2 日的《金融宣言》时(参见下文第 127 个注释),这两份报纸都被取缔了。

111 [M-D]1905 年选举之后,在巴登大公国成立了"中央党团(Centre Bloc)",由国民自由党人和进步党人[Freisinnigen]组成;巴登的社会民主党人通过在议会中反对中央党(Zentrum)与保守党来支持中央党团。柏林党(Berlin Party)的中央办公室声色俱厉地公开谴责这种党派压迫策略。

112 [M-D]参见第 80 页及以下。

113 [M-D]参见第 41 页。

114 [韦伯]这种行径,我们通过其他方式也能很清楚地了解到。普列汉诺夫似乎参与了《开端》的编辑,这份刊物要求进行"革命",它猛烈攻击资产阶级自由派,因为自由派知道民众脑中有一种很具体的"革命"形象,所以他们不支持《开端》。如果"民众"受到纵容,暴动失败,并且有大量的空想家流浪街头不知何去何从[M-D:参见 1905 年 12 月 7 日至 17 日的莫斯科起义。韦伯的日期是按照西元历法。],那么起义就会被宣布为一种"毫无头脑的不幸的叛乱",而且会出现一种观点,认为革命只有在得到资产阶级同情的情况下才有可能成功。如果“民众”现在疑惑地问道，“革命”的要求到底意味着什么，他们会惊讶地听到，“革命”的要求意味着某些极端抽象的东西，这些东西和他们理解的革命大相径庭：要是他们听从正统派，而不是社会主义革命党或者列宁主义的异端分子就好了！通过这种方式，当四面楚歌之时，奇迹的辩护者，就龟缩在一种观点中，即唯一真正的、也是最后的奇迹是“历史的发展和日常的生活”。

我们不应该假定这种模棱两可一定是由于不真诚。普列汉诺夫在他11月那一期的《社会民主党日志》(第3期，第16页和21页)也说过同样的话，他让我们想起了1870年大臣勒布尔威夫的“有备而战”。[M-D：马歇尔·勒布尔威夫(Marshal Leboeuf)，法国国防大臣，他在1870年7月宣布法国军队“万事俱备并期望”开战。(韦伯这里有讽刺意味，因为法国在随后的普法战争中大败，皇帝拿破仑三世被俘。——译注)]当时，普列汉诺夫 133
说，工人和资产阶级的目标实现了合一。普列汉诺夫自己的攻击，以及那项要求对自由派表示“不信任”的决议，都只不过是因为人们认为斯楚夫是一个“马克思主义者”。

就是这样，接下来是：与神职人员类似的宗派主义者：荷兰的加尔文主义者没有像迫害“反抗派”(remonstrants)一样迫害天主教徒或者浸信会教徒(Baptists)[M-D：1610年的“抗议”，制定了反抗派或者称阿明尼乌派(Arminians)(以Jacob Arminius之名命名)的教义，阿明尼乌派的教义直接针对加尔文主义者的预定论教义。1618—1619年多德雷赫特宗教会议，宣布阿明尼乌派为异端。1619年到1630年期间，阿明尼乌派遭到残酷迫害。]此外，既然普列汉诺夫必须要带领着整群乱糟糟的人(ranters)(男女都有)，那么他就不再有权力否定他的编辑对口号和犀利的用语的渴望。今天社会民主工人党中的“知识分子”无力对抗这样的奴役状态。

(Dordrecht，多德雷赫特是荷兰西南部的一个古老城市，临近鹿特丹市东南的默兹河。——译注)

115 [M-D]1905年10月13日彼得堡苏维埃(Soviet Rabochikh Deputatov，或者Council of Workers Deputies，意思都是工人代表苏维埃)第一次召开会议。12月3日，彼得堡苏维埃执行委员会和大约200名代表在苏维埃会议之前被逮捕。

116 [韦伯]斯德洛夫斯基领导的“调查工人不满原因”的委员会，提议从雇员多于200名的工厂中，选举15名雇员代表和54名大工厂各个部门的代表，以便于在政府代表的主持下进行协商。1月27日(旧历),彼得堡工厂主拒绝参加协商,他们认为工厂不是“一个福利机构”,不过他们“会答应工人任何可能的要求。”

117 [M-D]参见第94—98页。

118 [M-D]克鲁斯塔洛夫—诺沙在1905年11月26日被捕。他是参议员斯德洛夫斯基领导的委员会的工人代表之一。(参见韦伯第116个注释)。

119 [M-D]参见上文第22个注释。

120 [M-D]参见下文第180个注释。

121 [M-D]托尔斯泰伯爵(P. M. Tolstoy)是“政府机构雇员协会”的组织者之一;1905年11月他辞去了他的职务。

122 [M-D]诸联盟的联盟的第四次大会本来计划在1905年12月10日至12日召开。由于政治环境的缘故,不得不于1906年1月14日到16日在芬兰召开。

123 [韦伯]其中一些文职协会多少有些悲喜剧的色彩:比如,彼得堡公立音乐学校的成员们联合宣称“未来的音乐”(sic)不应该像现在这样被“资产阶级”贬低为(只不过是?!)酒店歌舞和轻歌剧(《罗斯》的报道)。

124 [M-D]解放联盟在1905年10月和地方自治会立宪派合并,成立了立宪民主党。

134 125 [M-D]立宪民主党的纲领并没有包含这些要求。不过,立宪民主党建党大会闭幕时,发表了一份宣言,要求成立一个制宪会议(参见上文第52个注释)。

126 [M-D]参见上文第72页。

127 [M-D]这就是1905年12月的《金融宣言》。

128 [韦伯]必须承认,目前还没有成功。在新闻报纸上(例如1905年11月19日的《罗斯》)“加邦组织团体”向“同志们”发表了一份呼吁,要求他们继续他们的行动。然而,社会主义革命党立即对加邦进行了势如水火的谴责,认为他是“叛徒和政府的代理人”。[M-D:1905年深秋,加邦在国外停留了相当长的时间后回到俄国,并与维特取得了联系,后来还与沙皇秘密警察取得了联系。同时加邦还与社会主义革命党保持关系。没有证据表明加邦受到了社会主义革命党的“正式”谴责。]此时加邦正在国外。加邦团体的同志召开的会议,要么受到警察的骚扰,要么受到“修正的”社会民主党人的骚扰。正如社会主义者的新闻报刊表明的那样,社会主义革命党的观点并不是所有人的观点,更何况还受到了强烈的反对。毫无疑问,加邦受到了独裁政府的不公平对待。有人断言他追求的不是真诚的"基督教的社会"目标,这纯属无稽之谈。我们只要想一想德国很多"忠诚的保皇派"对工人运动的伤害。[M-D:影射阿道夫·斯托埃克领导下的基督教社会工人党(后来是基督教社会党),这个党成立于1878年,目标是让工人远离社会民主党。]

129 [韦伯]强制保险、强制仲裁的法庭、8小时工作日原则等等。

130 [M-D]参见沙皇秘密警察总长,朱巴托夫(S. V. Zubatov),在1900年至1903年期间通过国家主导的措施,试图操控和组织工人的所作所为。人们称这些措施为朱巴托夫主义(Zubatovshcina),它们最初得到了内政大臣普列夫的许可,但经过罢工和骚乱之后,普列夫于1903年停止了这种"警察社会主义"。

131 [M-D]可能韦伯是指沙皇秘密警察(Okhrana)在圣彼得堡维博格区(Vyborg)资助建造加邦组织的俱乐部会所。

132 [M-D]参见上文第45页。

133 [M-D]参见党派和协会列表。

134 [M-D]参见上文第104页。

135 [M-D]参见党派和协会列表。

136 [韦伯]比如奥德萨省、哈克夫省、维尔纳省。

137 [韦伯]在大规模的公寓群中,一个门卫(通常人数很多)显然是很重要的,不过要是他只是履行他的职能就好了。当前各大主要城市的门卫联盟会议正 135
在抗议拒绝承担警察职能。

138 [M-D]彼得·斯楚夫撰写的导言,载于《俄罗斯帝国基本法》,第13页及以下。

139 [M-D]参见第24、25个注释。

140 [M-D]参见上文第61页。

141 [韦伯]"村公社",我们是指"严格的"村公社体制,其中个人不能从家庭那里继承他的土地份额(可耕种的土地等等),而是由公社把这些土地份额分配给他(通过重新分配)。

142 [英译者]土地共有的村公社。

143 [M-D]根据1861年2月19日的法律,在公社共同负责纳税义务的情况下,农民有义务承担他们的纳税义务。这种共同义务在1903年3月12日被废除。韦伯几乎总是认为这部法律一直持续到1904年。

144 [M－D]农民公社有权利给他们的成员发放通行证。农民不持有一个通行证就不能离开他们家乡所在的县。解放联盟要求废除这种强制性的通行证。

145 [M－D]Gerhart von Schulze — Gävernitz, *Volkswirtschaftliche Studien aus Rußland*(Leipzig, 1899), and V. G. Simkhovich, *Die Feldgemeinschaft in Rußland*(Jena, 1898)。

146 [英译者]俄国农民。这个词是缩写形式,根据旧的俄国法律,农民被认为是未成年人。

147 [M－D]1879年,"民粹主义"群体分裂为"地下重新分配党"和"人民意志党"。地下重新分配党反对政治恐怖,并以通过宣传的方法来实现社会革命作为目标,人民意志党鼓吹恐怖是实现它自己的革命目标的一种手段。

148 [M－D]参加美国社会改革家亨利·乔治(1839—1897)的理论,乔治在其主要著作,*Progress and Poverty: An Inquiry into the Cause of Industrial Depressions and of Increase of Want with Increase of Wealth; The Remedy*(《进步与贫困:对工业萧条的原因,以及随着财富的增加而来的需要的增加的原因的一项考察;补救方法》)(San Francisco, 1879)中,强调了他关于每个人对土地的"自然权利"的信念。乔治支持土地国有化,并要求用单一税(single tax)来代替土地租金。

149 [韦伯]不过,"两派人"(both)这个词显然是变动不居的,事实上反动的右翼斯拉夫派与左翼恐怖主义者之间分布着过渡群体。甚至连非政治的"民粹主义者"伏洛特索夫可能都遭到了多达12次的住所搜查,米海洛夫斯基由于和"人民意志党"的私人关系,总是被视为是"可疑人物"。这些群体全部的共同点就是他们反对(1)官僚制和(2)资本主义等现代力量。

150 [M－D]社会主义革命党创立于20世纪初,是通过各地区有民粹主义倾向的群体与流亡组织的联盟组成的。虽然社会主义革命党与19世纪70年代和80年代的各个民粹主义组织在人事和纲领上都有传承之处,但它是一个

136 新的组织。第一份纲领发表于1904年;1905年12月29日到1906年1月4日召开了第一次党大会。

151 [韦伯]近来,社会主义革命党战略纲领的一个"理论部分"的草案出炉了,对俄国激进主义来说,这个理论部分似乎是不可或缺的,这个草案包括如下内容:除工厂工人外,他们还认为"低层"的"知识分子"和公社农民也是潜在的、最有回报率的煽动目标;"高层的知识分子"回报率就要少一些,因为它

是“没有阶级性的”,“流氓无产阶级”(Lumpenproletariat)(极端激进主义的大多数术语都是从德国进口的)的回报率也很低。社会主义革命党没有轻视任何手段,“即使是最和平的”。“恐怖”绝不能成为唯一的斗争手段;“从历史的角度看”,唯有那些带有特殊“革命氛围”的英雄时代(参见卡莱尔!)才能产生恐怖主义的英雄。随着这种英雄时代而来的就是“托尔斯泰主义”与“极端的进化论社会主义”占据统治地位的时代。“集中化的恐怖”是针对特别无法无天的个人罪责和压迫,它可能导致政府把权力转移到“全体人民大会”(general Zenskii Sober)手中。然而,社会主义革命党不开展反对生产资料和工业巨头的斗争,除非它们充当压迫工具。考虑到“民众的惰性”,单靠议会政治,就什么都办不成。尽管社会民主党的土地纲领很不一样,但是与他们的联合还是有可能的,不过《火星报》取向的那拨人要除外。同样为了共同反对独裁制的斗争,要求我们与进步的自由派进行暂时联合,目前这一任务比其他一切事情都重要。

152 [M－D]帕歇霍诺夫以题为《公社与国家》(*Obshchina i gosudarstvo*)对诺夫特茨斯基的公开信做了回应。在下文中,韦伯谈到了帕歇霍诺夫的这个回应,在某些章节里也涉及了帕歇霍诺夫在同一期《俄罗斯财富》中的一篇文章:《从市场的角度看土地改革》(“Agrarnaia reforma stochki zreniia rynka”),《俄罗斯财富》,第8期(1905年8月)。

153 [韦伯]《俄罗斯财富》,第8期/第2篇(1905年),116页及以下。事实上,这项提议只不过是对1893年法令的一种强化,这部法令让一直是至高无上的村公社受制于治安控制。[M－D:1889年7月12日关于地方首领(Zemskie Nachalniki)的法律让村公社受制于地方首领的监督。]

(Zemskie Nachalniki,请参见术语表详解。——译注)

154 [M－D]关于单一税,参见上文第148个注释。

155 [M－D]本质上,韦伯这本书是在重复帕歇霍诺夫对诺夫特茨斯基的回复。帕歇霍诺夫,《公社与国家》,第147—159页。

156 [M－D]“正如历史对它的描绘,党派仇恨和钟爱遮蔽了他的性格。”Friedrich Schiller, *Wallensteins Lager*(席勒,《华伦斯坦之营》),序言。

157 [M－D]参见法国国民大会政府根据共和历二年雾月14日(1793年12月4日)的宪法命令贯彻的严格的中央集权措施。

158 [韦伯]社会主义革命党的各个组织提出的反对社会民主党的主要观点之一就是社会民主党的中央集权倾向。参见格鲁斯安(Grusian)的社会革命党 137

的决议第 7 点，载于《革命俄罗斯》，第 46 期（1904 年 5 月 5 日），第 9 页。

159 [M-D]扩大公社份地的要求主要是由亲立宪民主党的农业专家提出来的。这项要求特别涉及了扩大所谓的侏儒的公社份地，在通常情况下要把他们的公社份地提升到能够生存的水平。

160 [M-D]参见《1881 年土地法案》，这项法案在爱尔兰创制了国家土地委员会，这个委员会计算了地租的水平并且确定了 15 年的期限。这部法案还规定，遇到地租上涨的情况，佃农与庄园主都有权利要求确立一个公平的地租。这个地租由法庭确立，有效期同样为 15 年。

161 [M-D]参见上文 58 页。

162 [韦伯]大规模的资本主义农场已经完全了摆脱农民劳动，它们只使用自由雇佣的工人，而不是本地的工人，与这些地方相比，乡村的社会运动的发展要远远落后。完全无产阶级化的工人，比如西部省份的工人，就是这样。对他们来说，自 1886 年以来，就存在一套与普通的法律不同的劳动法体系，包括对契约破裂的批准，几乎很少有机会向公共法庭上诉。尽管如此，与先前的"立陶宛、波兰和俄罗斯的犹太工人总联盟"（Bund）的狂乱暴动相比，这些完全无产阶级化的工人已经开始组成了一种社会主义组织，尽管还很弱小，但它似乎在一定程度上成功实现了对土地所有者的威吓。然而 1895 莫斯科的地产主大会反对成立一个不受他们控制的劳动机构（其主要职能是作为一个"就业中心"）的意见，反对一切卫生方面的控制以及一切企图干涉劳资关系的做法，甚至连自愿行为都不行，去年夏天地产主们（在 8 月 19 日的《我们的生活》（*Nasha Zhizn*））提议以工厂监察机构为模板创立一个检查机构。然而，相比之下，1905 年 12 月的莫斯科地产主大会是极其反动的。

163 [M-D]参见上文 90 页。

164 [M-D]已获得的权利（*iura quaesita*）是通过专门的合法名分已经获得的主观权利，而不仅仅是作为自然自由的一种结果。

165 [M-D]Glebae adscriptio（"束缚于土地"）是用来说明不自由的农民的法律地位的术语，这种农民意味着与他的土地有一种法律上的和经济上的联系。"束缚于土地"是在所谓的 1649 年的法令（ulozhenie）（参见术语表）中确立起来的。

166 [M-D]参见针对国家农民的治理的改革，克斯勒夫实施了这项改革，自 1837 年起，克斯勒夫担任国土大臣（Domain Minister）。特别是通过 1838 年 4 月 30 日的法律（这部法律的文本长达 150 多页），村公社的各项权利，在官僚机器的统治下，要么被取消，要么被连根拔起，直到那时这些权利中的绝大部分都还没有得到法律的承认。

167 [M-D]这条引文无法证实。可以参见农民、中间和左翼的各个党派，以及 138
国家官员提出的要求，即农民的农场应该来自国家的土地或者从大地产主那里没收的土地。

168 [韦伯]在关于“村社经济的需要”的“特殊讨论”中，维特对这一点的强调力度要胜过任何人。

169 [M-D]指沙皇亚历山大二世，正是在1861年他推行了农民解放。一些俄国农民认为沙皇已经承诺给予农民所有土地，但是地产主和官僚剥夺了他们的土地。

170 [M-D]1893年12月4日的法律取消了《1861年土地赎金法》第165款。这部法律取消了农民之前可以不经村公社的同意就能离开的权利，因而也取消了在付清土地赎金的总额之后能把土地作为私人财产进行处理的可能性。因此，农民再一次不可能离开村公社。此外，这部法律还禁止农民出售他们的土地。

171 [韦伯](正统的)社会民主党的1903年纲领，通过要求“废除所有限制农民无法控制自己土地的法律”，坚决反对各种土地共产主义的观点。因为除非在“他的”土地这个表述上有模棱两可之处，否则在实际效果上，社会民主党的要求就意味着今天的村公社的解体。为了与这个要求保持一致，纲领宣称“小额土地”(第4条)应该重新归于“村社的各个团体(societies)”。“团体”(obshchestvo)这个中立词汇替代了技术性词汇“村公社”(obshchina)。

172 [M-D]在《我们经过改进的社会经济纲要》(*Ocherki nashego pereformennago obshestvennago khoziaistva*)这篇文章中，斯楚夫主张同时给予农民个人权利并创立独立的农民农场，这篇文章发表于1894年。

173 [M-D]地方首领这个职务是根据1889年7月12日的法律创立的。地方首领在村公社中有行政和立法的职能，由政府任命，监察村公社的所有决定。他们通常是从当地贵族中选取。

174 [韦伯]村社警察[*uriadniki*]是由普列夫设立的，有成千上万之多。[M-D：参见1903年5月5日的政令，这项法令规定了每个乡都配置一名“治安警察”(politseiskii uriadnik)的制度，也就是一名乡村治安官。]

175 [韦伯]在农民的请愿中，人们经常发现要求沙皇能提供一份刊登“只有纯粹真理”的好报纸的愿望。

176 [韦伯]诺佛格罗德的农民还要求(根据1905年的新闻报道)由乡大会(乡大会要摆脱地方首领的控制)和乡大会选举产生的委员会取代县委员会。他们尤其热衷于这种“较小的地方自治会单元”。

177 [M-D]因为村公社管理绝大多数自己的事务,所以即使在1861年农民改革之后,村公社仍旧有权利召开大会,对由村公社负责的任务进行投票。

139

178 [韦伯]就农会的历史而言,发起人似乎来自莫斯科的激进知识分子阶层,这部分知识分子曾组成诸联盟的联盟。农会是为了应对一些斯拉夫主义者(包括撒玛利亚会)的企图,这些斯拉夫主义者在农村官员的帮助下,试图在1905年成立一个反自由的农民组织。当时这些企图似乎都失败了,但是莫斯科省的农民和知识分子得到了风声,他们在5月份召开了一次大会计划进行“全俄罗斯”大会的运动。

179 [M-D]1905年7月到11月期间,全俄罗斯农会(Vserossiiskii Krestanskii Soiuz)成功地在俄罗斯帝国的几乎整个欧洲部分建立了地方组织网。1905—1906年的土地暴动的中心地点就集中在黑土地中心地区、伏尔加河地区和乌克兰。

180 [M-D]参见内政大臣布理金1905年2月18日发布的政令,这份政令给予个人和组织以权利,可以向相关大臣或者大臣会议递交请愿。

181 [韦伯]选举权会给予20周岁以上的人,包括妇女(大会一致同意妇女的投票权利)因为俄国的男人经常不在家,妇女是唯一可以依靠的酒类反对者,妇女参与选举的权利在5票反对的情况下获得通过,其中一位反对者竟认为投票权不能给予已婚妇女。

考虑到农民和乡法庭对妇女施行的种种野蛮行为(例如,真实的资料可以在《法学文集》(*Sbornik Pravovedeniia*),第1期(1893年),第268页以下找到),在某种程度上,这种在农民中间实现妇女解放的例子是“令人怀疑的”。

在法律迫于公共压力规定两性的伙伴关系(comradeship)之前,只有知识分子阶层中的俄国妇女才有自由地位,在我们国家这种伙伴关系让妇女积极参与斗争以获得一种地位,这种地位可与美国妇女的地位相媲美,但远胜于德国对一般的公共事务漠不关心的家庭主妇(Hausfrau)。这一点在结婚不办理任何法律手续的习俗中也可见一斑,这种结婚习俗在这些阶层中颇为盛行,这是为了避免教会的干预和夫妻关系的“圣礼”性质,对于东正教来说,这种圣礼性质是不可或缺的。在社会上,自由婚姻与合法婚姻得到了同等的尊重，人们认为它们是同等“神圣的”；子女（根据法律，私生的）依据遗嘱得到照顾。只有那些渴望加官晋爵的人，在一个偏执的君主制治下才会觉得这种婚姻形式是一种障碍，亚历山大三世治下的一个例子已经说明了这点。[M－D：这里韦伯可能是指多诺夫（P. N. Durnovo），他当时是总警长，后来在维特主政时成为内政大臣。多诺夫因为犯了错被沙皇亚历山大三世削职了。]不管怎么说，自由婚姻的合法化通常要到更晚的时候才实现，尤其是贵族中的自由婚姻。（希望能有一位俄国的著作家能进行详细的 140
论述。）

解放联盟在是否给予妇女投票权这个问题上意见纷纭，比如，斯楚夫，就反对给予。地方自治会的自由派出于现实的理由而反对。在立宪民主党的纲领中也可以看到有关这一问题的意见分歧。[M－D：解放联盟纲领中包含了给予妇女投票权的要求，纲领宣称这个要求“不是强制性的”，因为少数人反对这个要求。立宪民主党 1905 年 10 月的纲领中也使用了类似的措辞。第二次立宪民主党大会就删除了这句话，因为党内仍然有少数人反对，包括斯楚夫，他反对给予妇女普选权。]

182 [M－D]自从土地暴动爆发以来，俄国社会民主党当地的和地区性的组织一直都支持农民的行动，有罢工、烧毁农场房屋、占领土地等等。列宁和普列汉诺夫一直支持对土地采取革命措施，列宁在 1905 年 4 月 19 日俄国社会民主工人党第三次党大会上的发言就是一个例子。

183 [韦伯]正如已经说过那样，在全俄新闻工作者大会（本质上是社会主义革命党的）上，当提出土地国有化的要求时，社会民主党人曾放弃表决权。当时他们的观点是生产资料“社会化”的失败就意味着要把土地交给资产阶级。[M－D：新闻工作大会于 1905 年 4 月 5 日到 8 日在圣彼得堡召开。关于国有化的决议，在 54 票赞成对 31 票反对的情况下获得通过。]

184 [韦伯]考斯基本人的建议是：应该给普遍创立村合作社提供资本，这显然要从公共基金中获得。这个建议是否能成为“正统”取决于正统的决定。[……]在《真理报》，第 9 期（1905 年），第 256 页以下，马斯拉夫[一个孟什维克主义者]（义正词严地）狠批了新民粹主义者的小资产阶级纲领：“分割就是分裂”，也就是说，是一种伦理原则而不是发展原则。然而，自从考斯基认为国有化加强了国家的力量之后，俄国所有的马克思主义者都不再信任国有化。马斯拉夫本人自然会建议由地方共同体、地方自治会和省政府“掌管”耕地，这就是说，他本质上与帕歇霍诺夫的某些观点类似，不过马斯拉夫大声疾呼自己要比帕歇霍诺夫高明。通过这种方式，农业资本主义（不可或缺的）发展就不会受到抑制，而且一些农场的地租（ground-rent）也会充公并交给各个公社，这些农场获利丰厚，但不归农民所有，因而不论征收了多少收入所得税，都比不上这种做法更能安抚民众。

185 ［韦伯］如果我们工厂中的弟兄们还想继续等待，那就由他们吧——我们再也不能等待了，这就是答案。

186 ［韦伯］一以贯之的“自然法”只是反对“已获得的权利”（acquired rights）的原则。

141 187 ［M－D］影射“地产主同盟”为了一项有利于土地贵族的经济政策，成功动员了农民。

188 ［M－D］这里韦伯很有可能是指村社牧师为了自己的生存，耕种属于教会的土地的事实。尽管有1869年的改革，神职人员仍然构成一个自我永久持存的等级。

189 ［韦伯］根据新闻报道，在很多教区中（比如，就我能回忆起来的而言，有萨拉托夫教区和埃卡特利诺斯拉夫教区），牧师大会已经宣布他们支持立宪民主党的纲领。

190 ［韦伯］新闻报道（例如参见12月6/19日的《基辅评论》（*Kievskie Otkliki*））显示，第三要素总是参与编辑农民的“村社大会决议”（prigovors）并经常给他们提出建议，根本无视地方自治会委员会的警告。

191 ［M－D］相比于1905年8月6日的《布理金草案》，1905年12月11日的选举法案在相当大的程度上扩大了选举权，包括工人、非俄罗斯籍的人以及相当一部分的城市人口。然而，这部法案仍然保留了基于财产选举资格的间接选举体制（也就是财富资格）。

192 ［M－D］选举法规定从代理人（delegates）或者选民中选举代表（representatives）进入上一级的最高地区议会（curia），或者也可能是进入杜马。1905年8月6日《选举法》第38、49和50款。

193 ［M－D］韦伯指的是美国很多州从立法机构内部提名政治职务的候选人的做法（州长、众议员、参议员等等）。这些立法机构本身的选举也会出现这种“从他们自己的成员中”提前选举的做法。选举就发生在州立法机构的成员组成的半官方会议上，也就是“考克斯会”。

（Caucus，原本是1760年美国波士顿一个政治俱乐部的名称，后来成为英美政党重要的组织方式。在不同的语境中，意思有所侧重，可以译为政党干部会议、政党秘密会议，或者政党委员会等等，避免混乱，采取音译。具体可参见韦伯《以政治为业》中译本，北京：生活·读书·新知三联书店，1998年，87—88页以及第39个注释。——译注）

194 [韦伯]这与列夫·托尔斯泰的观点一致，列夫·托尔斯泰仍然很有影响力。对托尔斯泰来说，宪法、人身自由以及诸如此类的东西基本上都是来自西方的可憎之物，或者最好也就是无关痛痒的东西。另一方面，他现在发现了亨利·乔治，而且近来在《俄罗斯思想》(*Russkaia Mysl*)发表了一篇题名为《重大的罪》(*veliki grekh*)的文章，宣称罪只存在于土地的私有制之中，在取消了土地私有制之后，其他一切事情就都会归位。当然，他坚持认为除农民的事工(work)之外，其他一切事工都是可鄙的。[M-D：Tolstoy，"*Veliki grekh*"，*Russkaia Mysl*(《俄罗斯思想》)(1905年7月)，第247—266页。]

195 [M-D]这涉及1905年11月3日的宣言和25日的敕令，它们(1)从1月1日起土地赎金减半；(2)通过农民银行低息贷款的办法促进土地的买卖；(3)提供5000万卢布供农民银行自行处置，创立一个由格鲁米金领导的委员会研究促进农民繁荣的措施；不过还是没有涉及大地产主的土地占有问题。 142

196 [韦伯]这个表述在当时的俄国非常流行。不仅民主人士和土地改革者，而且社会主义革命党和新民粹主义者都想成为"现实政治家"(realnye politiki)。如果这个名声显赫的表述，由于这个原因而在德国身价贬值的话，考虑到德国目前的发展态势，我倒觉得没什么大的损失。

197 [M-D]1905年12月7日至17日莫斯科爆发了一次由莫斯科苏维埃发动的武装起义。这次斗争只得到了一部分工人的支持，由于军队的忠诚和起义者力量的薄弱而遭失败。

198 [M-D]通常都认为国外的金融势力，主要是法国的，试图给沙皇施压要求允许一部宪法，以阻止革命发展的进一步白热化。至于外国金融人士到底在多大程度上发挥了直接的或者间接的影响，我们就不得而知了。

199 [M-D]在1905年的《10月17日宣言》公布后不久，维特对记者说俄国再也没有独裁制了。另一方面，他于1906年1月初宣称《10月17日宣言》根本没有对独裁制产生任何改变。然后他立即否认了后一次讲话。

200 [韦伯]莫斯科起义的过程表明了这一点，目前起义正如火如荼。[M-D：参见第197个注释。]独裁制的最终瓦解只能通过一次欧洲战争的悲剧事件来完成。

201 [M－D]参见社会民主党领导层的政策，他们的政策坚决反对与资产阶级党派进行任何合作。

202 [M－D]合法秩序党(Partiia pravovogo poriadka)成立于1905年10月15日，由彼得堡城市杜马的成员组成。

203 [M－D]在1905年《10月17日宣言》颁布后不久，也就是10月18日到25日之间，发生了大规模屠杀犹太人的事件，尤其是在西南各省，在这些省份中一些政府官员，以及警察和宪兵都在很大程度上参与了屠杀事件，他们既是参与者也是组织者。

204 [韦伯]人们不应该认为，我是用宗教冷漠来影射如波彼得诺斯舍夫之流的无神论官员，或者像格林马特和派克诺这样的记者，或者其他如舍勒蒙特福伯爵等，这些人在任何意义上都是私下的“信仰者”。但是，他们在“职责上”与今天的普鲁士保守派一样，当然那就“足够了”，正如这里也已经足够了。

205 [韦伯]选举法没有在宗教派别之间作出任何区分。

206 [M－D] 1843年5月1日，法国部长纪尧姆·基佐(1787—1874)在法国议会的发言。

207 [M－D]参见《法兰克福报》，1905年12月18日第350期的报道，我们在这篇报道中看到：“保罗·道格鲁克夫亲王对记者说道：‘几乎不太有可能再召开地方自治会大会了；这种会议的时代已经过去了。’”

143 208 [M－D]1899年8月19日，众议院有20位地方官员投票反对建议修筑“中德运河”(一条连接东西方向的干道)的提案；提案因此没有通过。1899年8月26日，“最高政令”“剥夺了”这20位官员的职务，尽管在接下来一年中，其中很多人都复职了——高升。

(中德运河，Mittellandkanal，开凿于20世纪30年代，全长321公里，横穿北德平原，连接了西部的莱茵河、东部的奥得河以及北海和波罗的海。——译注)

209 [M－D]省长克鲁夫(明斯克省)和市首领尼德哈特(敖德萨市)由于参与1905年10月的犹太人计划被革职，虽然犯罪过程不久就停止了。[……]过了一段时间时候他们又晋升了。

210 [M－D]德国谚语。

211 [韦伯]简直难以设想在职的内政大臣居然能这般毫无警觉。作为警察总长的多诺夫，已经向我们展示了他在镇压和引发暴动方面臭名昭著的效能。不论是过去还是现在，俄国知识分子的大多数派别有显而易见的、典型的神经紧张，甚至是神经衰弱，这不仅是一种难以避免的“心理学敏感”的后果，而且完全是警察强迫人民生活其中的那些状况导致的结果，这种神经衰弱使得警察官僚制的任务能轻而易举地完成。上文第114个注释说明，另一方面，列宁派以及一部分社会主义革命党人，一直都在计划暴动。

212 [M-D]韦伯所指不明。事实上，1862年8月普鲁士众议院的旧自由派领袖，乔治·冯·文克，与贸易大臣冯·德·海耶特进行了协商，试图就义务兵役一事达成妥协，不过毫无成果。普鲁士的立宪冲突已是箭在弦上，对自由主义来说，这将是一次致命的打击。韦伯可能想到了文克1862年8月12日在普鲁士众议院发表的一份声明，在这份声明中，他说道，“大臣们不能公之于众的秘密信息”，在政治上最终必然是无效的。然而韦伯在这里把这次宣言解释为，对一个代表来说，与大臣的秘密接触是不允许的。

213 [M-D]1893年引入《军队议案》时，德国进步党[Deutsch-Freisinnige Partei]不同意中央党的众议员胡纳之前与卡普里夫政府协商达成的妥协动议，尽管卡普里夫曾宣布，如果达成的妥协未能实现，就会解散帝国议会。德国进步党因此分裂为进步人民党[Freisinnige Volkspartei]与进步协会[Freisinnige Vereinigung]。在帝国议会选举之后，进步人民党最终在新帝国议会中投票支持《军队议案》。

214 [韦伯]人们不应该把这个理解为自由派人士没有犯过任何“战术性的”错误。我们能有把握断言只有，外国评论家不易察觉这类错误。立宪民主党10月大会的决议提及了总罢工，但毫无疑问，这种提及只具有修辞的意义； 144
不过与沙皇派声嘶力竭的“宣言”形成的可怕迷雾相比，这种提及几乎是让人为之一振的。当然格林姆特先生的“神圣”哀求和《莫斯科纪实报》(*Moscow Vedomosti*)的保守分子简直就是人神共愤。

215 [M-D]1905年10月维特与地方自治会大会的很多代表以及立宪民主党的代表，就他们加入内阁一事进行了协商。维特的协商行为在自由派中间造成了一种印象：进一步的改革取决于自由派是否在原则上同意维特政府的政策。最后，维特以一份书面宣言的方式陈述了一个观点：政府不需要各个党派，因为它们拒绝一起合作来拯救祖国。

216 [M-D]1877年12月末，为了确保国民自由党人对帝国海关和财政政策的支持，俾斯麦委派鲁道夫·冯·本尼格森委以普鲁士内政大臣的职务，把帝国内政部交给他。本尼格森担心如果他一个人加入帝国的领导层，就会与他的党派疏远，因而要求执掌财政部，同时要求邀请另外两位国民自由党人，弗肯贝克和斯道芬伯格加入政府。俾斯麦在其中看到了一种帝国立宪的议会政治化的苗头，因而中断了与本尼格森的协商。

217 [M－D]1789年马奎斯·德·拉法耶特向国民议会提交了《人权宣言》的草稿，在巴士底狱风暴之后担任国家自卫军司令。他主张一种立宪的君主制。

（马奎斯·德·拉法耶特，Marquis de Lafayette，1757－1834，曾参加过美国独立战争，回国后法国大革命爆发，曾担任民兵指挥，是法国大革命中重要人物。——译注）

218 [韦伯]在11月底，被派往与大臣们讨论选举权扩大问题的地方自治会的代表中，古茨科夫和楚贝斯克亲王是最“激进的”，其余的都是“自由的”斯拉夫主义者。

219 [M－D]维特和地方自治会代表之间的会议，并非如韦伯所言是在1905年10月27日召开，而是10月21日。

220 [韦伯]还有一些关于具体情况的详细说明，是由完全可信的来源私下提供的。尽管多诺夫在以公开会议形式召开的御前会议无从抵赖，但他竟然还是受到了授勋和擢升。[M－D：1905年10月，自1900年开始就担任内政部副手的多诺夫，在维特内阁中被授予内政大臣的职务。]与“意识形态者”相比，正是沙皇制度的力量，也是它的软弱使得它与意识形态者不同，能够而且也确实任用了像多诺夫这样的“绅士”。正如我们所知，如果一分钟没有这样的忠心人物要弄欺骗农民的伎俩，沙皇政府就瘫痪了，因此沙皇必须利用凡是有自尊的公民都不屑与之交往的那些人。

221 [韦伯]这份备忘录对俄国中央官僚制度“内部生活”的实质和形式做了让人叹为观止的分析，它的第二版（Stuttgart：Diet，1903）附有斯楚夫的两篇导言。[M－D：在维特1899年的“秘密”备忘录泄露到解放联盟之后，斯楚夫自己在俄国境外出版了这份备忘录。（维特，《专制与地方自治》（*Samoderzhavie i Zemstvo*））]这份备忘录明显是攻击内政大臣格鲁米金的计划，格鲁米金想在西部各省也创立省级的地方自治会。维特坚持认为地方代表机构与现存政治体制水火不容。格鲁米金于1899年10月辞职。新任内政大臣是斯皮亚金。]

145

222 [M－D]参见1848—1849年在法兰克福保罗教堂（Paulskirche）召开的国民议会。

223 [M－D]1848年3月29日，在普鲁士，坎普豪森-汉瑟曼的自由派内阁取代了阿尼姆-伯诚伯格的保守内阁，为了维持自身的执政地位，坎普豪森-汉瑟曼内阁试图在国王的观点和资产阶级自由派的观点之间实现一种妥协，此举的目的是制订一部温和的宪法，同时保留国王的特权和绝对的否决权利。

224 [英译者]这里韦伯对不劳而获的收入和合理的商业企业的利润进行了比较。

225 [M-D] 不仅是美国的工人，还有自耕农，他们都反对 1883 年的公务制度改革(《彭德尔顿法案》)，反对这部法案为一种职业公务人员奠定基础。

(《彭德尔顿法案》，又称《彭德尔顿公务制度法案》，在这部法案之前，美国每逢选举结束，都有数万政党追随者涌入华盛顿求职。1881 年刚当选的总统詹姆斯·加菲尔德(James Garfield)被一名求职不得的人刺杀，引起民众对政党分肥制度的强烈不满。美国国会遂于 1883 年 1 月 16 日通过参议员彭德尔顿提出的公务员改革法案，向全体公民开放联邦官员。不过韦伯时代，这部法案还只是涉及到少数政府职位。——译注)

226 [韦伯]我认为，桑巴特已经在所有重要的方面清晰阐明了这个因素涉及的事物。[M-D: W. Sombart, *Dermoderne Kapitalismus*, Vol. 1(leipzig, 1902)，第 71 页以及 423 页以下。]根本没有什么"终极的"历史范畴。不过当前的著作家对待别人的术语就如同对待他们自己的牙刷一样，这些人的虚荣我是无福消受的。

227 "精神的这种内在性或自身回复，也可以说是它的最高的、绝对的目的。" Hegel, *Vorlesungen über die Geschichte der Philosophie*, Vol. 1(Berlin, 1940)，第 35 页以下。

228 [韦伯]德国终于可以开始读到报纸了，所以我们也开始得到了关于俄国形势的新信息。选举宣传正在紧锣密鼓地进行。人们对选举的兴致千差万别，比如莫斯科就没什么兴致，选举名单上的登记数量之小已经说明了这一点；在彼得堡，150000 位有资格选举的人已经有 22000 位登记了，而且这 22000 人当中的很多人只是在当局要求下才去登记的。自新选举法颁布起为期 3 周的登记期限之短，让人为之疑心；在莫斯科(以及其他地方)新闻报道表明，那些有资格投票的人竟认为登记是一种会受到惩罚的政治行为！现在，正值紧要关头，很有可能已经太迟了，就连社会民主党都催促他们的同志申请登记。三大"君主立宪"党派，即"合法秩序党""10 月 17 日联盟"以及最近成立的"贸易和工业党"[这些党派可参见党派和协会列表][它们 146
极其残酷地迫使工人和雇员加入(参见 1 月 4 日《俄罗斯公报》第 3 和第 4

页)],显然受到了政府的保护,在古斯科夫和斯波夫的领导下,这三个党派已经组成了一个卡特尔(cartel)。另一方面,政府正在采取各种可能的手段打击立宪民主党人:立宪民主党人的选举集会,凡是可能禁止的一律禁止,而且他们的全部报刊,暂时都被禁了,只有一份幸免,而且其中多数今天还是被禁的;比如,在科耶佛,立宪民主党的一份报纸刚出报就因其联邦主义的纲领被禁了。在彼得堡就连为政党粘贴海报都不可以,而这项禁令并没有针对其他党派。在科斯楚玛,一位旧信仰者获选成为选举人被宣布为"违禁"(自1月4日旧信仰者大会后,他们已经发表了一份请求,这份请求强调了对君主制的忠心,但另一方面,却批准了一份本质上和立宪民主党的纲领如出一辙的纲领,甚至连对农民的政策上都一样)。一次首席贵族的大会和一次地方自治会的大会都在筹备之中,这两次会议都与土地问题有关。刚刚召开了一次立宪民主党大会。诸联盟的联盟和地方自治会之间的协商终于就要展开了,剩下来的事情就是一个共同的日程安排了。政府正在着手残酷打压那些有自己政治立场的工会和职业协会,以及对这些协会抱有同情态度的政治家,比如哈克夫大学的校长,雷哈德教授刚刚被逮捕。[M-D:在1905年末1906年初很多俄国省份都实行了紧急法,逮捕了大量持反对立场的政治家,其中很多逮捕完全都是任意的。]到处都有大量关于第三要素的成员被捕和惩戒的报道。[M-D:1905年12月16日内政大臣多诺夫发布了一个公告,在公告中他指示所有相应的权威部门逮捕那些与政府敌对的教师、医生等。]在莫斯科,除了两个选区外,人们认为10月17日联盟代表都能当选,在彼得堡,各个立宪君主党派也被视为是十拿九稳。

229 [韦伯]一份半官方的报纸(《新时代》,1月4日,第2页)已经宣布把一群前任大臣和其他显要权贵(大约70人)转变成帝国参议会(Imperial Council)的一个"上院",帝国参议会是在亚历山大一世治下,由斯普拉斯基创立的,作"法律"咨询之用,但是"开明"的官僚制很多年一直都视帝国参议会如无物(尤其是维特)。现在下列人士也要加入这个参议会:51名省代表,由各个地方自治会选举产生,或者当他们缺席之时,由帝国杜马的选举大会选举产生;贵族法团的18名代表;证券交易市场、商务部等12名代表;神圣宗教会议的6名代表(3名"白"神职人员,3名"黑"神职人员);6名波兰各省选举产生的代表。帝国参议会应该与杜马有同等的权利,但是已经遭到杜马
147 否决的"问题"不得再进入帝国参议会。(《10月17日宣言》在一种非常狭隘的意义上使用"法律"这个词的)。另外,有委员会来协商这两大机构之间

的分歧,但是它们无法达成一致的地方,沙皇有最终决定权。由此杜马就没有了预算权,这一点是德国资本市场应该注意的。这种失落甚至已经致使统一的"立宪君主党"委员会对政府采取一种"防御"态度。

230 [M-D]1897年7月15日普鲁士财政大臣约哈纳·冯·米奎尔在索林根发表了施政纲领讲演,这次演讲提出了一个"共同利益政策"的计划,也就是工业利益和农业利益的和谐化,此举旨在稳定德意志帝国现存的政治体制。共同利益政策这个词原本是米奎尔在1897年7月23日州议会的一次讲演中杜撰的。

231 [M-D]曼陀菲尔(Manteuffel)时代普鲁士众议院的名称,列席其中的是各州议员,这些人是受普鲁士政府邀请成为候选人的。更重要的是,在州议员的帮助之下,普鲁士政府非常成功地影响了选举,能确保获得多数。[英译者:在那个时期州议员是王室的一种代理人,由地方贵族提名,但是只对柏林负责。]

232 [韦伯]那些想投资俄国政府债券的德国"资产阶级",要仔细关注这一点。在俄国的海外信用机构的帮助下,俄国政府"添枝加叶"地编造了财政报告,就德国资产阶级的商业利益而言,大量的逮捕令和禁止集会的禁令的重要性是不可同日而语的。

233 Friedrich Schiller, *Der Geisterseher*.

148

俄国向伪立宪主义的转变

临时内阁的总体政策

《10月宣言》[1]发布与维特组阁之后的两个月是一段极端混乱和持续动荡的时期，人们自发要求自由和权利，整个局面一团糟，政府茫然无措，不知道如何应对。莫斯科起义[2]的爆发和镇压以及第三次总罢工[3]的失败（总罢工的失败与起义密切相关）标志着俄国国内政策决然转向最残暴的反动。莫斯科起义本身是一次愚蠢的武装起义，但国内政策的转向却赋予了它一种历史重要性。从量上说，波罗的海诸省和南部中心省份[4]惨烈内战的意义可能更重大，从质上说，科隆斯塔德和舍瓦斯托普的兵变要严重得多，然而重新攻克莫斯科几个街区本身却有远为重要的"道德"意义，以及更重要的政治后果。

首先让我们来回顾一下事件本身。

领导1905年整个秋季期间罢工运动的是彼得堡工人代表委员会（工人代表苏维埃或简称SRD），这次罢工运动力量之强远远超出了人们的预料。这次运动起初是9月份排字工人的罢工，他们也只是为自己发动的。10月初，其他行业的工人模仿了他们的组织形式，之后他们与印刷工人的代表进行了联合。工人代表委员会的组建完全是以

149 工人代表制度的规划为基础的，这个制度规划是政府自己以前设计

的:代表由工场选举产生,最初是 20 个工人选 1 个,最后在 10 月份,500 个选 1 个。当大规模的政治罢工爆发[5]时(10 月 15 日),委员会领导下的工人人数两天之内骤然增至 113000 人。

很多外省城市都出现了残酷的反革命"黑帮百人团",[6]这些组织让大家都看到了工人有团结一致的需要。在顿河沿岸的罗斯托弗市(Rostov-on-Don)、科耶佛、叶卡捷琳娜斯拉夫、哈克夫、莫斯科、萨拉托弗、斯莫勒斯基、热蒙特沙格、波罗斯托克、塔戈洛格、诺弗洛斯基、巴库以及克拉斯诺雅斯基等地区,类似的黑帮百人团以迅雷不及掩耳之势拔地而起,他们通过信件与彼得堡的黑帮团伙保持联系。10 月罢工圆满胜利后不久,工人就迫使彼得堡工人代表委员会,相当不情愿地,卷入了争取 8 小时工作日的运动,起初是工人主动发起这场运动的。10 月 29 日工人通过决议,也就是说,通过工人的一致宣言,决定"通过革命手段"引入 8 小时工作日,对彼得堡各大工厂形成约束力,宣言自 10 月 31 日起生效。事实上,只是 29 个工厂加入了这一宣言;其他工厂依然不愿加入。不过与此同时,政府内部也开始出现最早的反动迹象。

在新闻界,沙皇坚决不放弃 samoderzhets("独裁者")的头衔,这已是众所周知的事情,这与维特的保证背道而驰(尽管维特抵赖,但他确实说过):"从此以后俄国不再有独裁制。"更重要的是,10 月 28 日俄国向波兰强加了戒严令,此事发生在《10 月宣言》公布后的第 11 天,其动机和缘由都颇为神秘,半官方的说法认为当地的各种"革命行动"已经在波兰持续了数年,但这根本不能解释它的动机与缘由。波兰以一次总罢工作为回应,但这次总罢工 11 月 4 日就结束了,至少铁路部门是这样的,几乎在同一时间,工人代表苏维埃在 11 月 2 日下令举行的彼得堡同情式罢工开始了。目前后一次罢工完全偏离了轨道;11 月 7 日工人代表苏维埃不得不中止罢工,12 日甚至不得不取消 8 小时工作日的命令。

同时,斯波夫和楚贝斯克亲王拒绝了维特内阁提供的大臣职务。[7]剩下来的内阁班子成分迥异。茨波夫已经离开了内政部,由多诺夫执掌,多诺夫最初是“看守大臣”。措辞极其模糊的《土地宣言》公布(11月3日)后不久,爆发了第一次农民暴动,政府的回应是强制执行一种“强化保护”状态,另一方面,作为对自由派的一种让步,部分解除了波兰的戒严令。

无政府状态逐渐蔓延开来。我们没有听说政府采取了任何措施来履行承诺,召开以扩大的选举权基础的杜马。一切都显得游弋不定。11月14日,社会主义革命党农民大会的理事会在莫斯科被逮捕,因为理事会倡议(在一定条件下)拒绝缴税,于是大会执委会就与工人代表苏维埃组成了联盟。11月15日邮政和电报职工代表在莫斯科召开了一次大会。警察和军队以会议的讨论涉及公务人员为由,解散了这次大会,不过就在之前大会已经号召一次罢工,这次罢工从11月15日持续到19日,波及所有其他城市,切断了各城市之间以及与外界的联系。(从12月1日开始)这次罢工就走下坡路,于是政府马上逮捕了彼得堡工人代表苏维埃的主席,克鲁斯塔勒夫-诺萨,理由是苏维埃参与了这次邮政罢工;随后就是,12月1日工人代表苏维埃发布了宣言,宣言还涉及了它与农会的结盟,社会民主党也在宣言上签了字,这份宣言号召拒绝使用纸币,从储蓄银行中提取存款,根据官方数据,人们实际上提走了1.4亿卢布,它还号召停止支付一切税费,这也取得了同等程度的成功。政府的回应是逮捕整个彼得堡苏维埃组织。因此莫斯科苏维埃就掌握了领导权,它宣布在12月7日在莫斯科举行一次总罢工。同一天全俄铁路职工委员会宣布一次总罢工。这两次罢工迅速扩散并于12月9日和12日之间达到高潮。至19日两次罢工结束了。虽然这个时候农民、铁路工人和邮政电报工人等各大强有力的组织,以及很多工人代表委员会自己都掌握了领导权,但是与10月的政治罢工波及的地理范围以及在人数上得到的支持相比,这两次罢工在任何时间段上都难望其项背。

这两次罢工的例子证明了一个联合各大阶级的“主意”到底有什么样的力量,以及广大资产阶级阶层的合作到底能产生什么样的力量,还有,在现存社会秩序既有的核心结构没有发生动荡的情况下,

“高压手段”(strong arm)能做到的事情是如此之小，面对高压手段的指令“每一个轮子都是静止不动的”[8]，或许有人会为此感到遗憾，正是资产阶级各个要素之间的合作确保了核心结构的稳定。

直到莫斯科的总罢工变成一场起义，各种非无产阶级的要素尤其是浪漫化革命的意识形态家和浅尝辄止的人组成的鱼龙混杂的人群，才开始重新集结到革命事业的麾下，社会革命党人一直都在天马行空地玩弄 vooruzhennoe vostaniie(武装起义)这个诗化的词。这与军事领导的脚本契合得天衣无缝，这一次起义是在杜巴索夫(Dubasov)的残酷领导下进行的。

12 月 9 日夜，连发左轮手枪第一颗子弹在莫斯科射向了军队，这支军队正在围困一次会议，随后人们匆匆建造了路障，最初大炮毫无章法地乱放长达十天之久，房屋的残垣断壁也不知是何人的杰作，凡有武器者或可疑人士一律被枪杀，一直到瑟蒙诺夫的军团从彼得堡赶来增加了 6000 名援军，这支援军条块分割地包围了残余的革命者(12 月 19 日)。

12 月 7 日至 17 日医院的数据显示，548 人阵亡，1065 人受伤；很多轻伤者都逃走了。甚至有些人逃到了德国的各个大学，但是除此之外丝毫没有最后几日的数据或者大量立即被处死的战俘的数据。有效参与战斗的人数无法确认，因为其中一些人只是临时的参战者。在任何一个时段内，积极参与战斗的人数最多时必定是在 8000 人左右。

面对这样一场毫无计划、毫无希望的起义，军队保持忠诚是没有什么值得惊讶的，尤其考虑到苏维埃的机关报，《消息报》(*Izvestiia*)(12 月 11 日)倡议的野蛮战术：组成小分遣队(至多 4 人)，静候时机，在最难以预料的时刻向整编的军队纵队开火。对俄国立宪发展中的一个重要因素，也就是外国证券交易所来说，这是一个惊喜。要理解俄国政府的行为，就必须记住俄国是一个债务国。(正如反动派所言)是“犹太人”通过秘密行动迫使、促成或者至少是帮助建设俄国的立宪，这个说法是很正确的；当然，不是俄国贫民区中遭到致命迫害的犹太人，而是他们(在某些情况下)的表亲，这些表亲在柏林和巴黎高级金融界地位显赫，他们接受委托有权力控制俄国政府债券的价格。政府在镇压莫斯科的革命者，以及随后扑灭波罗的海各省和内陆各省的起义中，都极端反动，我们也能在这段时期内，非常清楚地观察到犹太人对俄国政府债券的控制。《10月17日宣言》本来应该能产生一种安抚民心的影响。但是它根本没有任何作用。政府债券的价格再次下跌。另一方面，莫斯科的流血悲喜剧力图推动证券市场的价格上涨：
152 俄国政府债券的持有者希望“秩序”，维特伯爵就“收回”帝国承诺的可能性发表了模棱两可的讲话。不过这种“空头支票”本身并不总是受欢迎。从1月初到1月中旬[①]，《新时代》连续收到来自伦敦的电报，这些电报暗示，只有引入一种“立宪”政体，各大银行才会承认俄国的信用度(credit-worthiness)是可靠的，当然是恰当的暗示。

这就是说，国外发出了警告，反动派现在也意识到了这一点。12月23日(旧历)沙皇第二次接见了“俄罗斯人民”的一个代表团。代表团进行了激情洋溢的演讲，反对割断沙皇和人民之间的纽带，反对推翻一个历经数百年之久的秩序，反对终结至高无上的君主(the Sovereign)的绝对权力，甚至连沙皇本人脆弱的激情似乎都受到了这些演讲的感染。沙皇的措辞绚丽多彩，他说了“真理即将到来，很快真理的光芒就会普照俄国大地”诸如此类的话。代表团怀着满腔热情和喜悦在报纸上发表了沙皇的讲话，以抚慰所有真诚的俄国人的心灵，但半官方的通告随即而至：代表团被指控未经授权公布一份宫廷记录。维特认为这种浪漫的举措很不合时宜，其时正值国库空虚之际，维特的这番评论显然足以让沙皇的神圣恩典，面对货币市场非人格的、却又避无可避的力量，在昂首挺胸早了半拍之后，再次表现得毕恭毕敬，此后一直都保持着一种更合宜的臣服状态。我们可以通过很多途径看到这一点：比如，官方否认警察职员在深秋和冬季参与了反犹太人的大屠杀，但是就在复活节前夕，大额的贷款要如期发放给俄国时，[9]当局被迫发布一项政令要求各省官员私人为这类骚乱负责，这项

① 指1906年1月。——译注

政令确实是语义明确，其严厉更是不在话下。结果再也没有发生过这样的骚乱。像高尔基(Gorky)这样蜚声海外的作家，他们的言语犀利可能给政府留下了糟糕的印象，但不论他们如何让自己“身陷险境”，与那些没有他那样名声的作家相比，高尔基等人的命运还是好得多。

因而，从财政形势的角度看，政府必然会对国内政策作出某种“双重解释”。沙皇本人从未真诚地促进俄国变成一个立宪国家[Rechtsstaat][①]，《10月宣言》曾极其幼稚地用“真正”保障个人权利的话来描述立宪国家；对沙皇来说，只有治安利益。这种利益与旧式的警察官僚制的利益唇齿相依，残酷镇压的政策无疑是想表明，推行“强有力的统治”，是为了外国证券交易所的利益。然而，另一方面，俄国多次向国外派遣财政官员都无功而返，这说明，不论如何，银行家们仍觉得他们在考虑提供任何大额贷款之前，必须坚持俄国应该真正选举杜马(并召开会议)。宪法必须得到贯彻，10月17日的承诺必须在形式上得到遵守，落实和遵守的程度要到国外的观众至少看到了“宪法”保障的皮囊，银行家们有必要让这些观众拥有这种印象。 153

因此就必须努力让国内的“资产阶级”与政府的利益实现和解，必须寻求能在杜马中代表政府利益的党派，帮助政府取得选举的胜利。然而，支持国家实行一次决定性的自由转变的人，在官僚制自身内部任职(主要是低级职位，也有高级的)，他们甚至还占据了帝国参议会和内阁的职位，还有军队，同时，另一方面，在蛊惑人心的普列夫政权执政时期，“资产阶级”圈子已经产生了最深的敌对和不信任，这是很难消除的，这一事实令局势扑朔迷离。

人们只能希望，总罢工、暴动和农民起义的红色恐怖最终会比过去这一切事情更有力，这是维特的看法。然而，在官僚制度和军队内部，必须进行缓慢但有条理的优劣甄别，至少高级职位要这样，因为沙皇的态度很明确。民主派的农业大臣库特勒和主张中央集权主义的贸易大臣梯特米亚泽夫相继辞职。由于12月起义的缘故，内政大臣

① Rechtsstaat这个德文单词也有法治国家的意思。——译注

多诺夫已经成为沙皇的首席发言人。1月至2月初这段时间里，内政部躁动不安的行为与其他部门形成了鲜明对比。

大多数省长都把镇压……取悦沙皇，因此镇压相当轻松，尽管如此，多诺夫还是亲自指挥镇压。对这些省长来说，根本无所谓法律；诸如尼哈德特（奥德萨省）和克罗夫（明斯克省），负责监督他们行为的参议员要求起诉他们，但在内政大臣（当时他亲临现场）的要求下，参议会第一司宣布他们免于起诉，因为“他们的行动与政府的意图是一致的”。热情的省长们甚至没有对大臣的警告或者禁令作出任何回应，尤其是维特的，甚至个别情况下也包括多诺夫的禁令；在一次特殊的
154 场合，与会的一位大臣以省长清楚地知道他只服从大臣会议，而不是某一位大臣以借口为他们开脱：就行政专断一事来说，1月的俄国事实上变成了地区性辖地。

一份细节并不完全真实的新闻报道声称，维特在一次大臣会议上力陈要对镇压政策进行限制，尤其要对官员难以控制的暴政进行限制；对此多诺夫回复说，如果是那样，那就意味着维特出马的时候到了，维特无言以对。几天之后，维特和多诺夫之间的一次会谈达成了一种“谅解”。事实上这不过是对维特的又一次侮辱。维特确实成功让多诺夫在形式上承认他作为大臣会议主席的职位，这样就能正式得知各部的政令；尽管如此，但在实际上，正如维特时不时所说的那样，一切照旧，也就是说，多诺夫大权在握，如果多诺夫想架空他（维特），他随时都能做到。

官僚制正在重新获得力量，它的第一次惩戒行动，就是变革警察组织，清洗邮政、电报和铁路的雇员——我们不打算在这里就此做深入讨论，同时大幅度增加工资。警察部门额外得到了一笔300万卢布的款项（这是警察部门已经花费的2100万卢布之外的）。

之后必须处理军队。我不能确认关于12月1日到3月1日期间[①]被解职的将军和上校的人数的新闻报道是否准确（超过300人）。然

① 指1905年12月1日到1906年3月1日。——译注

而各大主要报纸长时间都充斥着各次军官会议的声明(至迟到1月份),这些声明表示军官们支持沙皇,尽管要以《10月17日宣言》为基础,同时还有其他声明反对军官在局面混乱时采取任何政治行动,以及表示支持这些意见的声明等等。根据新闻报道——就我所知道,这些报道还没有被否定——一个哥萨克军团宣称它支持按照《10月17日宣言》的立宪主义,反对军队作治安之用。然而,政府自己则通过鼓励军官团体中的“俄罗斯人同盟”[10]的支持者,为政治扮演的角色欢呼喝彩,因而也就是给虚伪欢呼喝彩,从所有的历史经验来看,这必定会给政府本身带来麻烦。

但是处置不可能只限于军官。政府彻底清洗了禁卫军,除此之外,它还要确保哥萨克人的忠诚。不能再认为这种忠诚是理所当然的了,因为已经有人提出抗议反对军队由警察部门使用,尤其考虑到经 155
济变革已经使得哥萨克人的生活方式岌岌可危。任何根本性的变革都不能一步到位,但是有些事情必须立即去做。政府诉诸罗马皇帝在帝国衰落的年代曾使用过的补救措施:[11]给在内战中服役的人以重赏。尽管政府自己都要依靠借贷维持生计,却向这些君主制的中流砥柱们发放了不少于750万卢布的现金(超过1700万德国马克),每一个哥萨克人100卢布,即便这个数字,帝国参议会都已经砍掉了160万卢布。如果这里我们可以做预测的话,很多哥萨克地区会以选举中投票支持民主派的做法来回应这种蛊惑人心的措施!在杜马召开之后,哥萨克的代表向报纸写信相互攻击(比如在《新时代》,第10825期,以及其他报纸),支持或者反对他们其中某一个人发表的某份公开宣言,这份宣言反对保留专门的哥萨克军种。其中,顿河哥萨克人的首领[Antmans,参见术语表]对保留专门的哥萨克军种义愤填膺,但是哥萨克选民中的普通人对此有明显不同的看法。

如今,预备役军人开始从满洲(Manchuria①)回到家乡。他们发现,由于典型的俄国官僚式的原因,他们离家之时就该给予他们家庭

① 指中国的东三省,此时日俄战争已经以俄国的战败而告终。——译注

的补给品的保证，绝大多数都没有兑现，为此他们非常愤怒，威胁要推翻政府。政府不得不再次勒紧裤带，这只是强化了民众的信念，即只有通过恐怖才能迫使这个国家机制履行它的义务，否则就什么都得不到。现役部队也是通过兵变来逼迫政府供应肉等物资，政府为此所做的改善也产生了类似的结果。尽管如此，在可预见的未来，不可能再次发生诸如科隆斯塔德和舍瓦斯托普这样毫无计划、毫无意义的起义，军队会任由政府摆布。

在镇压了农民暴动之后，政府开始使用可以利用的权力工具。根据《权力》(*pravo*)公布的数据显示，3 月 1 日，8 个省全面处于一种“强化保护”的状态、18 个省是部分；5 个省全面处于一种“非常”保护的状态、10 个省是部分处于；17 个省(!)全面实行“戒严令”、22 个省是部分。所有 87 个省中只有 27 个以及帝国的“各大属国”处于一种正常状态，同时帝国 2/3 的地区，常规的行政原则都差不多被严重歪曲，大约 2/5 的地区实行戒严令。值得注意的是，法国 1871 年选举时也出
156 现过类似的情况，[12]考虑到俄国选举是俄国人民的一次憧憬的意义，我们就必须牢记这一点。另外还要记住的是，政府无疑会允诺说，是否恢复到正常情况取决于社会在这些选举中的政治“善意行为”。

这里我们详细说明了“白色恐怖”，没有任何伟大的意图可以用来美化这种恐怖。[13]合法的宪法发生了一系列的变动，这些变动只是为要求的判决数量创造暴力的合法资格(physical capacity)，从这个事实中我们就可以推断出白色恐怖波及的范围。在 1 月至 2 月初这段时间内，各大监狱人满为患，以至于行政部门经常向地方自治会求助，要求更多场地，这种要求通常被拒绝。最大限度地增加“行政流放”，没有一次法庭诉讼和判决，完全没有通过法律途径，这些人就葬身在遥远的省份，“行政流放”这种方法并不比行刑队的处决更能解决问题，在那些实现戒严令的地区，行刑队经常根据针对特定的革命行动或“可疑的”行动的官方命令，当场处决，甚至连审判的手续都没有。

监狱部门经常对“政治犯”施加限制，常常超过严格允许的限度，因为他们不愿意面对这些政治犯的坚决团结可能给他们带来的麻烦。

同样,对俄国的革命人士来说,一旦被捕,就意味着卸下了其事业可怕的责任负担,结束了持续不断的精神紧张,能让他们得到某种肉体上的缓解,短期的监狱判决也被他们视为是“一次假期”,至少原先是这样的。然而,这一次,由于精神和肉体双重折磨以及人满为患的监狱的普遍状况,监狱里有大量企图自杀或者精神崩溃的情况,或者反对行政管理的绝食行为,以抗议监狱官员残暴的和侮辱色彩的对待,男女都在受害之列。

要确认那些未经审判就被枪决、监禁或者流放的人的数量,似乎是完全不可能的事情,新闻界的估计从 17000 到 70000 这两个差距甚大的数字不等。就事态发展的一次政治评估而言,更重要的问题是沙皇政权到底得到了什么。大规模的暴动自然是出现一次镇压一次。在发生了惨重的损失后,政府停止了大规模焚烧农场的行为,损失只能是非常粗糙的估计(官方的数据显示 61 个欧洲省份中的 17 个省的损失是 3130 万卢布,萨拉托夫省的损失最大,是 950 万卢布)。各个保险公司引用战争条款拒绝赔偿,这与圣·弗朗西斯科地震后的美国形成了鲜明的对比。然而直到 4 月份,面对新一轮农民骚乱的威胁,政府又不得不重新调防 159 个步兵营和相同数量的其他军队,这花掉 157
了几百万卢布。

多诺夫曾说:“我们不仅仅要摧毁革命,更要碾碎它。”

为了给资产阶级灌输有益的恐惧,《政府公报》(*Pravitelstvennyi Vestnik*)每周都出版一份革命暴行的名单,这份名单显然是不全面的。从 1 月份到 5 月份,名单没有明显的缩减,而且每日的例行报道也同样会有半版到一版的长度,标题是“骚乱”,比如《新时代》就有。

从 4 月份,直到杜马召开,每天都会有定量的枪决,同时政治暗杀的数量保持在平均每天 5 个左右,当然每天的数量会有不同。塔戈特舍夫(Tagantsev)在帝国参议会(6 月 27 日)公开说,1863 年到 1903 年期间宣判了 15 例死刑,而 1906 年 1 月 1 日到 6 月 1 日是 180 例。这个数字只是指经过“常规”法庭的。

我们当然不能确切知道到底有多少银行劫案的确是为了革命的

目标实施的。一次无疑是有政治色彩的、史无前例的抢劫,从一家莫斯科银行成功抢走 850000 卢布现金,自此之后,3 月和 4 月,各地都发生了银行劫案;但从未抓到过劫匪。

最高级别的官员成功地保护了自己的人身免受戕害,大多数中层官员也做到了这一点,只有一小撮省长们或者他们的副手成了阶级仇恨的牺牲品。但是低级官员却在每日的战斗中生死难料。就我的了解,在高级官员中,只有那些确实做过违法的残忍行为的人,或那些不承认正义的人,被处决了。科洛伦克,一位诗人以及《俄罗斯财富》的出版者,他在一封公开信中,对侵犯农民作为人的尊严可耻行径进行了嘲讽,国家参议员费罗诺夫要为此承担罪责,按照新闻报道的说法,这就像一个哥萨克军官团的妻子们指控哥萨克军官阿布拉莫夫对刺客斯皮里德诺娃不光彩的人身折磨[14]一样,这个时候,革命者就不失时机地采取了行动。政府通过了一项特殊法律禁止传播关于官员行为的"虚假"报道,企图保护那些官员免受这种公开控诉。

同时另一方面,政府没能成功铲除谋杀者或者炸弹攻击,他们不再公开恐吓政府的活动:长期的内战完全以最可怕的游击战形式迅速蔓延开来:任何一方都很残忍,无辜的人民被屠杀,他们没有一丝良心的谴责。扔出去的每一个炸弹都会杀掉一些无辜的人;如果军队自身受到了打击或者凑巧受害了,军队通常都是以一阵扫射或者一个炸弹作为回应,盲目地对一长串路人进行一阵齐射。只有在选举之后,也就是复活节,当贷款签约开始生效时,为了制造一种良好的印象,政府才开始采取各种措施,通过释放"政治犯"以缓和监狱令人窒息的拥挤,这些政治犯都是未经指控就被监禁的,一些人还关了四五个月。与此同时,面对服刑人员的坚决努力,监狱管理者就他们应该得到的待遇问题,与服刑人员委员会经过协商达成折中的协定,缓和他们的严惩措施到这种协定允许的程度。

对临时内阁总体政治立法的分析

政府力图控制起义的举措,尽管惨无人道,却仍然没有取得真正的成功，这些举措的目的是自我保存的利益，并试图重建信用度，除此之外，政府还采取了其他制度创制的举措，这些制度会给外国造成一个表面印象，即《10 月 17 日宣言》正在得到贯彻，尽管它的贯彻没有严重损及官僚制的权力。

《宣言》作出了如下承诺：

1. 承诺确保“有效的”(*deistvitelnaia*)人身不受侵犯，良知自由、言论自由、集会自由和结社自由。

2. 扩大选举权、这一点我们下面还会详细讨论。

3. 贯彻未经杜马同意任何法律不得生效的原则，以及杜马实际参与对国家各大权威部门的“行动合法性的监督”的原则。

稍加细致地关注旧政权如何贯彻这些承诺，这是值得的，直到杜马实际上召开的时候，这个旧政权仍在继续发挥作用，而且还让软弱无力的旧帝国参议会继续以异常草率的方式运作，直到参议会正式关闭为止(1906 年 4 月 17 日/5 月 1 日)。此外，借助过去两年的材料，让我们更细致地分析一下个人“自由”(liberties)的命运，俄国人正凭着一种孤注一掷的坚韧为之斗争，这让我们想起了查理一世的时代。

我们应该从《宣言》第 1 条承诺的各种自由开始分析。 159

(1) 在这些自由中，“言论自由”是一种自动迫使政府关注的自由。在《宣言》公布之后，报社事实上摆脱了审查制度，获得了全面自由。必须提交副本以做检查之用这类事情一去不复返了，而且有些公告一直以来都以一种习惯性的方式排斥某些主题，现在报社也完全置之不理，政府也不敢干涉。唯有新近成立的社会主义报社发出的共和主义挑衅，促使政府为了自我持存的利益进行了干涉，从目前的权力局势来看，这种挑衅真是难以置信的愚勇，而且 11 月份的第二次总罢工一无所获，这使得民众筋疲力尽，也给了政府以勇气敢于在反动道路上走出第一步。

1905年11月24日/12月7日的“新闻临时管制”取消了针对大多数期刊的预防性审查制度,也就是那些在城市中发行的杂志(第1项),并使报社在违犯法律或者有嫌疑的情况下完全受制于法庭(第2项,第4项),取消了授予报纸出版商的特许要求,授权内政大臣禁止新闻界中某些“事关国是”的议题(第5项),凡是有意图创立一份新期刊的地方,正式引入“无需预先同意程序”(iavochnyi poriadok,要求提供公告[参见属于表])取代特许体制。但这只不过是一种佯装,因为管制要求除了通知和其他信息之外,还必须提交一份报纸或者期刊的“纲领”(第7项第1点),如果这份纲领与“道德或者法律”有冲突的话,当局就有权利拒绝发放许可证,以此阻止报纸的发行。

因为在发放许可证之前,报纸不能发行,这在实践中给全面的专横开启了方便之门。事实上通过这种办法,政府已经以“反政府”取向为理由取缔了大量的报纸;比如“社会主义”这个字眼就足以取缔报纸,类似的支持乌克兰的发行物也因为它们的纲领等被取缔。目前我还不知道参议会的态度,可能会有人向参议会诉苦。并且每一期刊物在发行之时都必须提交一份副本(第7项第8点),因而,如果发现其中有“一种犯罪行为的动向”,就可以查封这份出版物,而让现有局势更糟糕的是,现在不仅是同行专业人员组成的审查委员会,而且连个
160 别官员,都得到了这种授权,更有甚者,只要查封期限尚未截止,这种授权就没有任何时间限制,不过在此期间还是需要一次法院的判决(必须“刻不容缓地”彻底执行查封,第7项第11点)。除了那些不在城市出版的报纸外,审查制度涉及宫廷新闻、各次贵族会议的记录,城市杜马和地方自治会的会议记录,另外,还有广告,广告这对选举活动是很重要的(新闻审查章程第41款,第11项规定)!

[韦伯论述了对报社和书商的其他限制,大部分是通过五花八门的新闻审查策略和刑事起诉。]

[尽管如此,]粗略浏览一下报纸上的各种广告或者《图书报》

(*Knizhnii Vestnik*)就会发现,目前俄国到处都是国外译著,尤其是社会主义的著作,这些书都极其便宜,因为所有书都是非法流入的,国外作家的版权没有得到保护。众所周知的那些社会主义著作的发行量常常达到30000册,而且正在一本接一本出现在市面上。人们能看到俄国人正在狼吞虎咽地阅读什么书,尤其是在伦理学领域。粗制滥造的作品,诸如考斯基的《伦理学》(*ethics*)或者安东·门格尔(Anton Menger)①新近出版的书,在书店里最受青睐,在德国,人们是不屑这些书的,认为它们不过是小孩子的玩意。事实上对激进作品的爱好似乎还没有得到满足。甚至连可以想象到的、最极端的镇压和没收措施也不能逆转拥有这些作品的洪流,这些作品已经泛滥成灾。这个时候只可能进行各种各样的迫害,政府也确实进行了广泛的迫害,但这些迫害只会引发人们对政权的新仇旧恨。

(2) 在《10月17日宣言》承诺的那些自由中,1905年4月17日的沙皇敕令在某种意义上已经给予了"良知自由"。《宗教宽容诏书》本身就是经过大臣委员会的深思熟虑的(1905年1月25日,2月1日、8日与15日),1904年12月12日敕令使得大臣委员会必须这么做,公布的会议记录摘要清楚说明,在第6点中,[15]彼得堡大主教安东尼的意见发挥了主导作用,而神圣宗教会议的首席长官波彼得诺斯舍夫,不得不比往常作出了更多的让步。

安东尼大主教解释道,强力(force)与东正教的本性背道而驰,他还诉诸了《提多书》3:10和《马太福音》18:17②,指出《刑法典》第1006款给教会的仆人强加了义务,要求他在遇到叛教或异端邪说时有义务 161
与"世俗力量"合作,这种处境是让人无法忍受的。因此大臣委员会决定在改宗问题上彻底放弃强力,当某些人希望从一种基督教信仰(包

① 安东·门格尔奥地利法学家,著作有《全部劳动权史论》,成书于1886年,该书有社会主义倾向。——译注

② 经文分别是:"任何造成分裂者,警戒他一两次后,就要弃绝他";"若是这个弟兄不听他们,就告诉教会;若是不听教会,就要像外邦人和税吏一样看待他们。"——译注

括东正教的信仰)转到另一种基督教信仰时,必须实行教派选择完全自由的原则。

考虑到国家的基督教性质和这种情况的稀少性,只有信奉非基督教信仰的异端(包括穆斯林与犹太教)必须继续承担政治的和法律的后果。这些后果源自国家不可能在法律上履行承认它们的程序。然而,即便如此,也不应该采取暴力镇压。

神圣宗教会议就宗教混合婚姻的问题进行了极其细致的讨论,会议采纳了安东尼大主教的意见。这就是应该保留现有规定(即结婚一方是东正教徒,则子女就接受东正教的教育,不允许父母另做专门的安排),“因为允许混合婚姻本身就是对国家的一种让步”,而且毕竟子女只要达到法定成人年龄,就可以自由离开教会。

1874 年的苛刻法令曾让旧信仰者(17 世纪从官方教会中分离出来的“旧信仰者”分裂派,Old Believer[参见术语表])吃尽了苦头,这项法令针对他们创立了特殊的登记制度;不过 1883 年在亚历山大三世统治时,他对旧信仰者的事业较为同情,旧信仰者共同体获得了政治上的承认,他们的仪式也得到了官方的认可。之后旧信仰者就减少了与东正教的对抗,这是安东尼大主教的主要论据之一,他据此主张取消原先歧视旧信仰者的残存法令。

各“教派”的地位更困难,这不仅是因为观念(concept)缺乏任何合法的或者习惯的定义,更因为,就在上个世纪,法令对它们的态度还是变化无定。根据前面的讨论,1874 年关于教会登记制度的法律曾试图囊括这些教派,但事实上没有这么做,当然 1883 年的法律也没有,因而这些宗派就受到行政官员的任意摆布。首先是 1878 年,之后是 1894 年 7 月 4 日的大臣政令(这项政令得到了最高权威的首肯),都禁止“史敦达派”(Stundists)举行祈祷集会。更糟糕的是,政府非但没有觉察到“史敦达派”的特点,反而把这项禁令扩大到所有教派,把史敦达派(虔诚的新教徒)与其他所有新教教派划归为一类(比如,“属灵的”反仪式派(Dukhobortsen)。[16]

大臣委员会建议废除 1894 年的大臣政令,认为它是无效的,也没有必要,因为现在已经更好地了解了史敦达教派的本质。大臣委员会还建议对全部得到承认的宗教共同体进行分门别类的区分,非东正教的教派和那些之前没得到承认的教派,比如路德宗,不再像以前那样根据它们的"有害"程度进行归类,而是分类如下:

1. 那些接受东正教基本教义,但仪式与东正教不同的教派:从今往后,它们应该被认作是旧仪式派(Staroobriadchiki)。

2. 理性主义教派和神秘主义教派(予以宽容)。

3. 迷信的教义:不予以宽容,因为这些教义与国家的道德基础相冲突;持有这些迷信教义还是一种罪过(这一类别无疑包括斯科伯希派(Skopchi);[17] 至于其他教派如何归类的问题就"在实践中"决定)。[……]

1905 年 4 月 17 日的沙皇敕令[18] 最重要的修正就是(第 1 项)规定,根据这项规定,今后,由东正教改信其他基督教信仰,也就是说,没有在形式上完全背弃基督教,不必承担任何私人的或者公民的损失,从今往后,这些人只要达到法定的成人年龄,就应该作为他自己选择的信仰共同体的成员得到相应的对待。

[韦伯叙述了之前从东正教改宗遭受的惩罚。]

1905 年 6 月 25 日沙皇(明文)发布了宗教罪行的大赦诏书,这是 1905 年 4 月 17 日沙皇敕令的结果,如果有人就 1906 年 3 月 14 日的政令与大赦诏书进行比较,显然,现在终于不再有宗教罪过的群体与大赦涉及的群体是不同的,事实上前一个群体要小得多。反对公开宣扬"异端学说"的那些规定可能会导致以前有过的所有迫害再次上演:事实上只有个别人员改信小教派受到了保护。

[韦伯描述了"旧信仰者"(参见术语表)对 1906 年 3 月 14 日政令失望的反应,这主要是因为仍然有改宗和传道的宗教罪行。]

(3)《宗教宽容诏书》(第14项)规定了由相应共同体的神职人员用母语进行宗教教化的原则,当没有神职人员时,就由同一共同体的世俗教师来执行。1904年12月的诏书有可能促成语言法令的重新修订。承诺对语言法令进行一次总体修订会导致重大的变动,这要比其他已经作出的任何承诺导致的变动都更加深远。

1905年5月1日沙皇批准了一份内阁报告,这份报告是关于"西部分区"(白俄罗斯9省、乌克兰和波兰—俄罗斯边境地区)的私人公司在内部事务中使用立陶宛语和波兰语,但受官方控制的会计业务和记录保存事务不在其列;还批准了在二流学校和高年级的学校里使用母语作为教学目标(不是作为教学语言)。

在1906年最初几个月,"波兰沙皇属国"引入波兰语作为教学语言,在波罗的海诸省,德语、立陶宛语以及其他地方性语言也进入了私立学校(俄国地理、俄国历史和俄国文学仍要以俄语作为媒介进行教授)。

[韦伯概述了政权针对治下的各民族的选举政策,尤其是波兰和波罗的海诸省。]

(4)学术自由问题包含四层意思:大学自主、授课自由、学习自由和研究生活自由,这是过去20年来极其重要的一个问题。但是同样显而易见的是,自1899年学生大罢课之后,[19]这次罢课是抗议警察对爱好和平的学生的暴行(警察怀疑这些学生有意示威),货真价实的"学术"论点就不再像以前那么有影响力了。因为就"学术自由"一词的德文意义来说,年复一年兴起的不满与学术自由问题只有一种间接的和松散的关联。

全体教授选举大学校长、全体职员选举系主任的权利一直以来都是没有争议的,只是选举结果要得到内阁惯例性的确认,这与我们德国是一样的,1884年亚历山大三世剥夺了俄国大学的这项权利:政府任命学校的公职人员,废除一直以来都有的学校法庭,这个法庭由选举产生的教授组成，用一个办事处取而代之，这个办事处由政府任命的权贵（校长、系主任）和同样是政府任命的“督察”组成，这些督察不再听命于校长，而是听命于国家教务主任（popechitel）。[20]事实上后来就废除了一直都有的、强制性的形式法律程序，这是为了给纯粹的行政命令以方便，这些命令跟“通过行政途径进行流放”是一样的。对大学来说，“学生督察”同时是法官、公诉人和首席侦探，学生管理者听命于学生督察，借助管理者的信息，督察网罗了不可靠的学生的名单，交给教务主任，然后教务主任就会“收拾”他们。几乎一直到本世纪末，教授职位的补缺都是单向任命的，这与1884年之前的情况完全不同，不管怎么说，1884年之前提名教授的权利总还是有的，课程也是政府拟定的，政府甚至经常采取措施，要求讲义加入一种特定的“俄罗斯精神”，以此来干涉授课自由。 164

这些举动使教授团体在学生眼中的价值一落千丈，但是与其说是这件事情，倒不如说是政府禁止一切法团性质的学生生活，成为了大学中革命精神的生发点，这种革命精神之强让人难以置信，而且还卓有成效。尽管1885年内阁的决定取缔了各种学生社团（事实上是一切法团活动），然而学生社团还是成立了，因为帝国幅员辽阔，大多数学生又处于贫困状态，这必然导致学生的物质需求要得到满足，包括通过救助基金、疾病基金，各种各样的信息办事处，还有，当一个人被抛入一个完全陌生的世界，他需要能与别人相识、相交的地方，这也是情有可原的。当然，官方的支持体系是不可靠的，而且是作为政治警察的分支在发挥作用，因而凡是有自尊的学生都置之不理。

因此学生社团[Landsmannschaften]的兴起不可避免，它们在19世纪80年代开始呈现出秘密组织的特征，因为公开的社团要被取缔或者受制于各种极具侮辱性的条件。根据官方的数据，1896年末几乎半数的学生团体都是莫斯科大学“联合会议”的成员。各个大学之间的地下联络和社团的秘密机构一旦形成，那么除当局采取个别的干预、逮捕等行为外，就不可能镇压这种非法的学生自治活动。就这些社团来说，他们对各个大学进行恐怖控制，监视教授们任何不受欢迎的举动，非难教授，经常是公开在课堂上就这么做，而且还扰乱课堂；没有任何办法根除他们的力量。

现在政府开始收敛了一些：恢复了教授法庭，开始基于推荐来填补职位，但太迟了。教授们拒绝充当一个政治法庭，总之，政府很快就剥夺了教授的这项职能，把他们的权威限制在惩戒事务上。

地下的学生社团开始加入俄国的各个激进党派，目前这些党派正

165 在重组。这些社团日益脱离特定学术兴趣的阵地；他们不再满足于仅仅"学术自由"领域的让步，事实上他们认为每一项自由都是政府"软弱"的一种迹象，是政治斗争的一个阶段。

凡诺斯基(Vannovskii)[1901—1902 年期间公共信息大臣]，在他短暂掌权期间，试图允许召开团体年会，这些年会的参加者是教授，以此作出让步，但徒劳无功。即便是答应召开全体学生的"全体大会"的要求(凡诺斯基拒绝同意这项要求)都不可能再重建和平，因为最近几年，学生们一直要求大学内部的"集会权利"，这项要求只是为了能给各次政治会议造就一个避难所，以促进大学解放运动的事业，非学生人士也列席了这些政治会议，警察对这些会议鞭长莫及。政府挖空心思使用每一种能想象到的计策来反对这些活动，但是徒劳无功：如果讲堂不成为政治示威的场所，学校生活就完全不能进行。只要教授们企图阻止讲堂成为政治示威的场所，那么他们对学生就不再有任何权威可言，这是显而易见的。自 1904 年秋天以来，罢课一直此起彼伏；从 1905 年 1 月 9 日以来，出现了全面罢课，持续了一年半时间，没有一刻停歇，这段时期各个大学一直大门紧闭。

自由派的教授组成了大学教师同盟(Akademicheskii Souiz)，这个同盟加入了激进的诸联盟的联盟。政府采取了极端的措施：开除了很多教授，其中包括俄国学术界的一些杰出代表，并逮捕了一些教授，之后政府还堂而皇之地威胁，如果 1905 年秋季还不恢复常规的学校生活，就要开除大学中所有涉案的学生和教授，而且还给全体教师强加了详细的课程，同时还给每一门课程规定了教学和讲课内容。

这就等于是一次大规模的闭校，并企图以对待中学的方式来同样

对待大学的研究。明摆着，在这种境况下，秋季学期（正式日期是 8 月 20 日到 12 月 10 日）不可能开始。之后政府就突然泄气了，在过了学期开始的正式日期之后，几乎立即发布了 1905 年 8 月 26 日的沙皇敕令，这份敕令废除了亚历山大三世的决定，并宣布大学校长及其副手，以及系主任都由议事会（也就是教授大会）选举产生，或者，在某些情况下，由学校的全体职员（第 1 条）选举产生，由政府进行确认。

议事会（或者我们可以称之为，“大评议会”）有权利和义务确保
“大学生活的有序进程”；如遇到混乱，议事会必须要求暂停各项研究
（第 2 条 b 项），“督察”听命于议事会（2c），教师法庭依然是唯一惩罚 166
学生的机构（2d）。

政府的措施并不是真心实意的，而且还模棱两可：例如，像上文所述，1902 年就已经重建了惩罚法庭；然而，一份“机密文件”把“大规模混乱”的处置权转移到了（经任命产生的）大学校长一人手中；授予“议事会”的权利也没有详细规定，只有（2a）泛泛提到了“各种措施”：议事会应该自己采取这些措施，或者应该指导经选举产生的执委会去采取这些措施，以确保学校生活的有序进程，等等。

复兴学校生活自然是只字未提。10 月份的事件让一切都混乱不堪；各个大学开学了，但是政府没有进一步的动作。政府希望学生们的艰辛能让他们偃旗息鼓。直到杜马选举结束以后，莫斯科大学才着手开放课堂（在 4 月份）；之后学生运动就号召学生把政治留给杜马，重新回到学校生活。与此同时，在 12 月的各次事件之后，教授的“学术同盟”就脱离了诸联盟的联盟。事实上，尽管学生会议出现了强烈的抗议和激烈的讨论，教授还是成功地组织了相当多的讲课，尽管最初听课的人少得可怜。同时，俄国的学年引入了一个“夏季学期”，之前已有两个学期，一个是从 8 月 20 日到 12 月 20 日，一个是从 1 月 15 日到 5 月 31 日，实际上这两个学期的有效工作时间差不多还不到 6 个月。不过，其他地方，比如卡赞省，大学的联合抵制仍在继续。

与此同时，大学大会已经就重新安排大学生活的问题进行了讨论，这次大会是在教育大臣托尔斯泰伯爵的鼓动下于 1906 年 1 月召

开的。大学大会决定通过拟定一份章程草案来“完成工作”:在大会召开之前的某段时期,教育大臣提供了一份改革草案,大会还没有开始实际讨论时,就毫无争议地全面否定了这份草案,因此这里就可以不予评论了。

大学大会慎重商讨的问题包括(1)“自治”;(2)填补教授职位的办法;(3)“无薪讲师”[21]以及其他未在编制之内的教学人员的境况;(4)学位;最后是(5)学生的“学术自由”。

在自治问题上,大会以俄国普遍接受的“自治”和国家监督之间关
167 系的程式作为基础:监督只涉及合法性问题,不涉及自治法团的正式行动是否合宜的问题。因而,大学的教学和经济管理等一切事务的最终决定权都操持在“议事会”手中(由教授组成);国家教务主任的办事处也要取消,还要限制校长职位,只是议事会的一名执行官。只有校长和最高级别教授的选举才需要大臣的确认,相当数量的少数人反对这一点,而且大臣的确认也只限于,在选举完成后两个月内,就选举事宜的程序是否正确的问题进行一次纯粹形式上的核查。大学,或者说全体职员,应该完全掌控“教授职称的资格”[22],并应掌控所有其他“大学讲师”[23]以及其他学校职工,还有大学的全部行政人员的聘任权。

鉴于大学大会对职位填补的正式权利问题的态度,又考虑到裙带关系的危险,确保能作出恰当任命的任务就显得更要加紧了。任命一个教席的程序是:“竞争”还是“举荐”,各种意见不一。决定的主要权重应该在全体职员手中,还是在“议事会”手中?

[韦伯复述了在这一问题上的各种观点,包括使用无记名投票。]

这里引用这些细节只是为了说明,俄国同仁对一种良好的无记名投票体制的效能的信念,甚至是在那些涉及个人品质问题的地方也不例外——人们只能期望他们能放弃自己对“议事会”(我们应该称之为“大评议会”)效能的特殊尊敬。通过一个大规模大会的办法履行任命程序,就我对此的理解而言,当需要对一个特定学科的一名学者的学

术水平这类问题作出正确决断的时候，议事会是毫无用处的，这类问题应该只根据特定的最少人数的教学人员的直接要求来运作。

不论全体职员到底能在多大程度上一直“不犯错误”，与全体职员的表决权相反，他们都应该只拥有一种否决权，而绝对不是一种进行选择的权利，而且，从俄罗斯的情况来看，如果人们不想把这项任务托付给政府的话，那么这种选择权利就应该给予一个最好不要太大的机构（比如举荐产生的行政执委会，或者我们应该称之为[24]，“小评议会”，有人建议这个执委会应该由校长、副校长，各系主任和各系两名选举产生的成员组成）。

就人性弱点可以允许的范围而言，真正的“学术自由”，只是考虑候选人的学术水平（和教学能力）的意义而言，绝不可能通过绝大多数一知半解的成员组成大型会议进行无记名投票来实现，正如这种学术自由绝不可能通过政党庇护关系或者忠于国家的官僚机构的干涉得 168
以实现一样。

另一方面，至于“编外教授”（Dozenten，Extraordinarien[25]，这是德国的术语[26]），就由院系选举产生（有竞争的选举或者无竞争的选举），并由“议事会”确认（这是唯一正确的办法），这种办法已经为人们所接受，因为在大多人看来，这些“年轻的教师”不应该隶属于大学“议事会”。然而，编外教授和编外讲师们最激烈的辩论、公开的争论、请愿和抗议性集会恰恰都是针对这个问题。就编外教授（或者说 Dozenten）来说，最终的投票已经同意他们可以参与所有事务，除了给教授的选举提供方案。

仅仅在两个问题上，人们还存有疑问：编外教授是否可能通过选举代表的办法，获得授权参与议事会（大评议会）的议事，可能还有一个问题，这些代表的角色应该是咨询性质的，还是有决定权的。其他类别的大学教师也有同样的问题，也就是那些不在编制之内的人：编外讲师、助理讲师、病理学助理等等。编外讲师未来地位的全部问题都与此息息相关。

［韦伯就此展开了论述，尤其是编外讲师要求的资格和他们在俄

国高等教育体制中朝不保夕的地位。]

教学组织的本职、课程计划、必修课和考试科目，这些事务一直以来都是教育大臣的职责，在听取了院系的建议之后，这些职责都留给了院系，同时需要“议事会”的确认。这个时候还无法处理关于教学方法的重要问题，这些问题仍悬而未决。大学大会毫无异议地同意了：允许妇女获得编外教授的职位，取消神学教席并用宗教史取而代之。学生社团的组建遵守一般的社团法，并且只有那些章程得到“议事会”同意的学校学生社团，才能在大学的楼房里召开会议。取消“学生督察”，重建惩戒法庭，让降级权利成为惩戒法庭最严厉的处罚措施。

教育部对这一系列建议的态度仍要拭目以待。一些精通德国和美国大学事务的专家，在一定程度上怀疑其中一些建议能否成功，这
169 些建议从理论上说全部都是真知灼见，至于为什么我就不再赘言了。

(5)《宣言》承诺的结社自由从一开始就不能兑现了，这与1905年的事态发展紧密相关。

[韦伯比较详细地处理了这个问题，说明了政府的各种限制和禁令如何在实践中一再对教授团体和工会的自由结社采取釜底抽薪的做法。]

(6)《布理金选举法》率先在俄国引入了有保障的“集会自由”，尽管起点有些不足，《选举法》在城市引进“预备性”集会，预备性集会由每个选举团体内有选举资格的人(投票者、代表(delegates)和选民)组成，警察被排除在外；这些预备性集会接受选举委员会的领导(也就是说，要么是首席贵族的领导[参见术语表]，要么市长或其副手的领导)。集会唯一目的就是商议参加竞选的候选人人选。

2月18日发给参议会的沙皇敕令(《布理金杜马法》公布时，这项敕令就作废了)并没有给予集会的权利，只给予了请愿的权利(对私人

个体来说,这项权利自 1811 年以来就已存在,虽然未曾给予自治团体)。

因为请愿权对选举活动显然是不够的,而选举活动至少要在表面上确保政治成功,所以"旧政权"就公布了一项有关集会的"临时"管制措施,标注日期是 1905 年 10 月 12 日,作为集会的一项一般规定,这项管制措施至少在形式上引入了无需预先同意程序,它与一份指令一起发布,一份指令由茨波特夫贯彻落实,因而相对是自由的。

1906 年 3 月 14 日的"临时"《集会法》只不过是对这项临时管制措施的一次修葺,一定程度上还是倒退。这项法律不再承认市镇和乡村有任何差异,但是对以下两点作了区分:

1. 私人集会,这些会议既不要求预先同意,也不需要知会当局。这一类集会也包括合法组建的社团的集会,条件是参加者只是积极的社团成员,此外没有别人,也就是说,贵宾以及来自其他社团的使者都不可以。

2. 公共集会,也即是(a)组织者不认识与会者的那些集会,或者(b)在剧院、音乐厅、展览馆、公共法团的基地,或者专门为集会准备的或为某种特殊目的租用的房间中的那些集会,不论这些地点是什么,譬如说,私人居所。要求这一类集会强制服从,不论(a)是否适用,也不管在场人数有多少。

因此唯一不是公共的集会就是在私人居所中的集会,这些私人居 170
所既不能是专门作会议室之用,也不是为了集会而租用,而且组织者本人要认识所有与会者。而且,禁止在饭店中组织"公共"集会(《集会法》第 3 条第 4 项),对于小镇和乡村中的选举活动来说,公共集会是至关重要的;教育部门只有根据相关的规章才允许公共集会,而且只有得到省长的允许才能进行露天集会,然而露天集会对各个村社来说是很重要的。

任何"公共"集会都必须提前 3 天知会权威部门,同时告知讨论的主题,而且,如果要进行演讲的话,还必须告知演讲者的姓名;必须允许警察进入会场。如果集会对“公共秩序是一种威胁”,就可以取缔;如果集会“偏离了应该处理的主题”,或者出于其他原因,就可以终止之;凡是“措词会引起一部分人反对另一部分人”,凡是煽动性的口号或者话语“扰乱了秩序”,都可以终止之——忠于政府的党派,或者为警察服务的密探,可以用来阻止反对政府的人进行任何集会的全部理由都有了。

事实上,法律已经成为一种托辞,完全是为权威部门力图采取的一切专断行为辩护,这些专断行动与我们近来在德国各州经历的那些行动类似,用的也是类似的法律。[27]“各种大会”——这个概念没有作进一步的清晰界定(第3条17款)——都要求得到大臣的允许,而且他们的公共集会都要遵守一般的规定。《集会法》非常含糊地处理了杜马投票人的“预备性集会”(第3条16款第5项),预备性集会只限于有权投票的人参加,1905年12月11日的选举法(第7条第1—6款)明确规定预备性集会不受警察监督。只有代表会议、宗教会议和传统的宗教集会(新的宗教集会不在此列,比方说各个教派组织的那些集会)不在《集会法》(第4条)的效力之内。

(7) 人身和房屋“现实的”不可侵犯性没有得到落实,《10月17日宣言》曾经承诺了这一点:杜马召开之时,没有迹象要制定一部法律。早在1905年11月25日,司法部的一份政令就提到,沙皇在《10月17日宣言》中曾经承诺要“明显减少”行政流放,支持法庭判决。实际上就连这一点都没能做到;恰恰相反,流放比以前更频繁了。

废除各项紧急法律的事情只字未提。一个“专门委员会”(special
171 commission)的确就保护“人身不可侵犯”问题进行了探讨,但是在2月份有关这个问题的讨论无限期地“推迟”了(《俄罗斯公报》,1月14日)。

在3月底,选举之后,这个问题以不同的形式再次出现。一份关于改变“紧急法律”的委员会报告(参见《俄罗斯公报》,81/3)提议先拟定一份“威胁社会安全的人员”名单,经过一次合法的“警告”和(地方法院的)判决之后,这些人员就要受到警察的监视。至于那些被宣布为"高度威胁社会"的人,应该保留入室逮捕。入室逮捕这项惩戒措施要由省长"办公室"(prsutstviie)[参见术语表],或者市长,在3位地方自治会成员或者杜马成员等少数人士参加的情况下,代表国家执行(当会议要作出强制执行的决定时,3人中必须有2人在场)。

通过这种办法,当局显然是希望让有产阶级(这些人掌控着地方自治会和杜马这些自治机构)关注流放,让他们为流放承担一定的责任,这也不失为一个好主意。有产阶级对臭名昭著的参议院①第一司颇有抱怨,这种抱怨自然也是针对警察的所作所为,从这个事实中就可以清楚看到,有产阶级在参加流放事务时并不打算作为一个[公平的]保障。

按照委员会的看法,必须废除旧有的通行证体制,这能让警察部门从"文书工作"中解脱出来,结果是,现在警察对他们要监控的所有人员都能进行有效的人身监视。只有旧政权的代表才会幻想,通过这种办法能建立"社会"和官僚制之间的信任。

顺便提一下,《宣言》没有提到任何人身保护状,沙皇政权从自我持存的利益出发,在任何情况下都不可能准备就此作出让步,这是无需多言的。人身保护状假定了某些机构的存在,这些机构有宪法保障的独立性,并能对政府进行有效控制,反过来说,任何真正的"宪法也一定会以人身保护状作为它的首要成果"。

相反,维特伯爵和多诺夫的临时内阁,甚至于削弱了之前获得的"人身"合法保护,他们对此负有罪责。我们已经扼要提到了法院的人事变动,以及其他有关个人职责的变动(单个法官的行动范围扩大了);[28]我们对细节不感兴趣,这些细节预示着一场涉及整个司法体制的讨论。

我们只想强调一下陪审法庭[29]职能扩大的问题(Schöffengerichte,根据《刑法典》第1105至1106条第2款,各等级的代表可以获选成为陪审法官,参与审判程序),这次扩大涉及一项罪行,也就是1906年2月 172

① 指帝国参议会。——译注

9日的上谕新设立的持有爆炸物的罪行，如果无法证明爆炸物的清白用途，持有者就必须被遣送至一个惩罚机构服刑，至多15年；特别是还有一些新设立的罪行：对国家权力的实际攻击或抵抗，或对国家权力（当针对一个公务人员时）的预谋攻击或抵抗；以及其他一系列的暴乱和暴力罪行，尤其是针对财产，1906年3月18日的帝国参议会报告（得到了最高级别的批准）第2条已详细列出了这一类罪行。

这些变动的不公正之处在于一个事实：这些罪行在很大程度上是阶级罪行，它们是由以阶级为基础的法庭来处理，法庭的法官就是那些阶级利益受到这些罪行影响的人，这个事实必然有重大的意义，特别是考虑到这些法庭运作的仓促程度难以置信，意义就更明显了。

1906年2月13日的上谕也值得我们注意，这份上谕针对以下行为发出了威胁：(1)传播关于各个权威部门行为的"明显虚假的武断言论"，这些言论致使人民对各权威部门产生了一种敌对态度；(2)通过口头或者书面材料"诱发民众的不同部分和不同阶级之间的仇恨，不同等级之间的仇恨或者雇主和工人之间的仇恨"（这就是一种反社会主义的法律，只不过有遮遮掩掩的形式罢了）。

现有法律的这些附加条款产生了一些效果，而说明这些效果是一件极其乏味的事情。凡是富有正义感的人，不论是他持有何种党派立场，即便是最极权、最保守的，沙皇政府厚颜无耻的嘴脸也会让他难以置信，政府已经把10月17日的承诺抛诸脑后，而且，它不但坚持贯彻针对"臣民"[Untertan]人身的专断行政命令，而且，在某种程度上可以毫不夸张地说，是变本加厉，其手段有限制行动自由，流放到帝国的边远区域，以及大规模的"驱逐出境"等。

1905年11月30日大臣多诺夫发布了一项政令，规定凡是法庭已经释放的"声名狼藉的煽动者"，省长都必须予以逮捕并把他们驱逐出境（第3点），省长在执行过程中（第4点），"根本不必考虑任何来自社团和代表的抗议"，而且（第7点）"在执行预定措施的过程中，绝对不允许有任何迟疑"。这项政令的结尾处要求电报回复使用"正在执行"的字样。

这似乎还不够，当局同时还在着手拆解农民的村公社，下文会就此进行详细论述[30]，他们使用了所有他们最原始的权利：通过公社决议把那些不顺眼的人和曾受罚的人流放到西伯利亚的权利。为了实现这项权利，政府通过了一项专门政令以增加国家对交通开销的资助。

至于通行证的定制，没有丝毫变化，这一点几乎没有必要再提，这项定制与它试图要实现的目的是不匹配的，这一点一直以来都很明显；（比方说）当局很难把那些（因为害怕农民而）长年流亡在外的人，以及没能获得必要的通行证的人遣送回乡村。这需要一项专门的内阁命令。

因此，总而言之，我们可以看到在所有领域，杜马召开之时已经合法实现的所有“自由”，都是维特政府之前的旧政权的功绩，几无例外，旧政权之所以创制这些自由，是因为惧怕公共舆论恼羞成怒，而政府之所以惧怕是因为它在战争期间威信扫地，同时也是希望能在某种程度上拉拢有产阶级支持官僚制，但又不给官僚制的无限权力在未来设置任何障碍。在《10月宣言》承诺要创制一个立法机构之后，临时内阁在这个事情上没有任何动静，相反，它通过运用各种可能的合法伎俩，收回了报社、社团、集会和宗教入会“无需预先同意程序”的权利（之前已经正式批准这项权利），让它们接受政府的独断控制，尤其是临时内阁没有做丝毫努力来消除对公民人身完全独断的权力，这种权力没有受到任何法律限制。

当杜马的演讲辩论火星四溅，要求大赦所谓的政治犯，当监狱管理部门无力阻止犯人的宣言和贺电送达杜马，而且整个帝国的每一个村社都在等待这个决定之时，报纸公布了一则赤裸裸的新闻，240名犯人，正在彼得堡监狱中“静待”行政流放，这些人无疑是未经审讯或者宣判的，此时此刻，面对如斯局面，人们只能问如何理解之。

政府机器死气沉沉地运转着，似乎一切都风平浪静。然而政府作出了再也不可能逆转的事情。自由得到了官方的承认，而当人们正要使用这些自由时，它们转手又被收回了，这种伪善必然成为持续不断的冲突和可怕仇恨的源泉，这要比之前的明目张胆、难以忍受的压迫体制更有挑衅性。你们不能拿一个民族的政治自由来玩捉迷藏，手里拿着政治自由面对一个民族，就如一个人拿着一个球面对一个孩子，当这个民族伸手够到这些自由的时候，你们又把它们藏在了身后。《10月17日宣言》承诺的"宪法"就是这样，不论这项承诺附加了多少限制性条件。

现在我们要转而讨论官僚制如何处理这些承诺，在此之前，我们必须记住，在10月份，官僚理性主义的领袖，维特，强行从沙皇以及模棱两可的立宪宣言那里索要了一次变革，这项宣言就未来作了含混不清的承诺，这次变革是针对所谓的独裁制的具体机制，它立竿见影并最后一次改变了独裁制的本质。

全面完成独裁制的官僚化

直至1905年10月，俄国国家体制在形式上别具一格的特征，可以表述为国家生活的最高层有两个外在可见的"缺漏"：1. 皇帝的诏书缺乏内阁的副署；2. 缺乏一个西欧意义上的"大臣内阁"。

1906年4月23日的《俄罗斯帝国基本法》规定了副署（skreplenie, counter-signature），一直到这部法律，皇帝的诏书、敕令和法律，才或者由皇帝签署，或者有如下字样："皇帝在原本上亲手批阅'同意（byt po semu）'"，或者在帝国参议会的报告或内阁报告的结尾处（这些报告通常都是经过仔细讨论，并且相互间都有论证和命令）附加皇帝已经于某某日期在最高级别的意义上同意了这份报告之类的注明。通常来说，沙皇个人的敕令、宣言以及所有法律都有非凡的意义，君主理所当然要有这种意义，就如19世纪早期普鲁士的习俗一样，在敕令的引言中，充斥着五花八门的恭维辞令。这些确实应该停止，但没有任何迹象表明他们会这么做。

杜马召开之后批准的第一份诏书，即6月8日的诏书（延长莫斯科的围困状态），就没有副署。在报纸发出抱怨之后，政府在《政府公报》（6月17日）上公布了一份官方公报，这份公报说，即便在旧政权下，参议院也要在诏书发布之前核查它的真伪，因此它也应该对例行的副署进行核查，核查一词的意思大约介于“批准”和“证明”中间某处。因此这是一种私下的副署，以避免与“西方”发生任何雷同。而且，在涉及法律的时候，因为法律是经两院通过之后直接由帝国参议会主席呈递给沙皇，所以并没有规定要求内阁的“副署”，而是要求国务秘书长的副署(《1906 年 4 月 24 日帝国参议会会议章程》第 65 条明文规定)。这就意味着此处也在形式上排除了“能干的”大臣的干涉。

显而易见，这些规定都是对 1905 年 10 月 21 日沙皇敕令(下文要讨论)的小修小补。然而，尽管这是一些小的、细微的变动，这项沙皇敕令已经促成了一种在事实上不可逆转的局势，而且由于这项敕令，甚至在没有一部“宪法”之前，制定法律的方式就发生了变化，至少是开始发生了变化，而且国家最高机构内在的组合方式也发生了影响最为深远的变化。

(按照 1905 年 10 月 21 日的沙皇敕令)大臣会议进行重组，它与一个有一位总理大臣作为首领的“内阁”日益相似，这让有保守倾向的斯拉夫主义者很是惊讶，惊讶的程度要远胜于 8 月 6 日的法律要求成立杜马，甚至要远胜于未经杜马同意任何法律都不能生效这样的协议。

帝国参议会由任职终身的成员构成，一般是前任的公务人员，这些人通常是没有独立性的，而且还时常是老态龙钟“叱咤一时的人物”，他们必须要同意每一部“法律”，到目前为止，在帝国参议会的旁边，还有两大机构：(1)大臣委员会；(2)大臣会议。

大臣委员会的成员，不仅有各位大臣，而且还有其他各种各样的公务人员，大臣委员会的“主席”就是一个有名无实的头头，直到最近他甚至都没有掌控一个部门，而且也没有必要。他的事务并不是有高度政治性的决议，而是(1)处理部门之间的当前事务；(2)法律分配给他的特定任务，比如授予有限公司以特许权，等等。

另一方面，大臣会议，用普鲁士的术语说，就是一个御前会议，由君主主持，或者如果君主想“在他缺席期间进行关于任何主题更细致的讨论”，就由最高级别的大臣主持。大臣会议由皇帝的命令召集，它的职能就是讨论法律的变动，讨论某个部门公布的其他重要政令，并以遍布各地的“特殊委员会”的报告为基础作出决议，这些决议是就一些具有普遍政治意义的具体问题作出决断；大臣会议可能还必须处理君主决定的其他事务。大臣会议由各部的大臣和君主临时选定的其他人物组成；帝国参议会的秘书长也是其中的一员。大臣会议，既没有一位总理大臣有权利对同僚呈给君主的奏折进行专门的控制，也没有一个国家内阁内部的定期讨论，举个例子说，普鲁士就是这么做的。除非是法律或君主的命令另有规定，否则一个部[和大臣会议]的关系就取决于部门大臣个人的一时兴致以及他们之间的相互关系。

结果就出现了一种情况：我们可以毫不夸张地称之为帝国沦落成为大量的辖地，这些辖地并不对应于各个地区，而是对应于政府“各部”；各辖地之间经常争论不休，在战争状态和苦心达成的停火之间，在联盟和层出不穷的阴谋诡计之间来回反复。当一种战争状态弥漫在这些当权者之间的时候，他们用卷帙浩繁的国家文件，常常是厚达几百页，当作飞弹。为了生产这些文件，攻击的部门或者受到攻击的部门，就雇佣学术帮手，通常是在德国受过深造的人，让他们细心钻研每一本想得到的法律、经济和历史著作，包括国内的和国外的。一旦遇到有人挑剔这些文件，他们就能提供让人眼花缭乱的文献，有时甚至是，如果说不完全是赏心悦目的话，至少在事实上也是见识不凡的文献。

专家、俄国人还有其他人，在国家利益是否得到了妥善处理这个问题上，经常会给出肯定有力的回答，出于同样的原因，他们也认定特定级别的俄国公务人员的容易腐败和游手好闲是一种积极的德行。16 卷的《俄罗斯帝国法律汇编》(*Svod*)[31]大大小小的俄国法规错综复杂，如果让一个人陷入这种复杂性之中，必定产生一种印象：若是努力认真对待这个泥淖，认为它是有效力的有效法律，就一定会让“现代”人无法生活，不仅如此，这么做还会让整个错综复杂本身蜕变为荒唐，这就如同意大利的铁路工人也经常遇到“技术障碍”，这些障碍最终也让复杂性变成了荒唐。

纯粹从“资产阶级”的个人自由运动的立场来看，独裁政权的“体制”给自己设置的任何限制，用勒洛—布留尔（Leroy-Beaulieu）的话说，就是任何渠道，不论这些渠道多么肮脏，只要还有可能通过它们从这个可怕的官僚理性主义之网中逃出生天，人们都可以视之为是对臣民的人性尊严的保护。人们深恶痛绝的公务人员，总是“卖弄学问的”德国人，这绝非偶然，这些德国人深信独裁政权的体制生产的“法规”具有“神圣”本质，或者深信水火不侵的中央集权理性主义者，这些理性主义者有像普列夫一样的夸夸其谈之风。古老的家父长独裁制，只有作为一个空洞散漫的例行体制，才能在技术意义上运转起来，实际上这个体制是尽可能少地进行“统治”。

1905 年 10 月 21 日的沙皇敕令意味着原先的“独裁制”残余的覆 177
灭和现代化官僚制的集权统治的明确建立。现在君主和各部大臣之间矗立着“大臣会议”及其主席，这位主席本人也永远是一位大臣，尽管可能没有大臣职位（第 3 条）。

这里我们可以把俄国的这种情况与德国的两件事情进行比较：俾斯麦[32]解职时，君主与主席大臣之间众所周知的争论，以及 1848 年普鲁士第一届“内阁”创立时的各次事件（有关这些事件的更多细节最近已经公之于众了）与弗里德里希·威廉四世对第一届内阁的态度。[33]

君主临时指派的人，还有帝国参议会的秘书长，不再参加这个大臣会议的会议（从今以后大臣会议只能由各部大臣组成）；只有总理大臣[①]才能临时邀请其他的专家参与并进行咨询性质的投票（第 9 条）。

君主可以主持大臣会议，但这是例外（第 5 条）。总理大臣单独向君主奏报各种需要最高层批准的大臣会议决议（第 7 条）；总理大臣也要就大臣会议中仍悬而未决的意见分歧进行解释（第 16 条）。总理大臣有权利要求所有部门的大臣提供总理大臣认为有必要的说明和报告，而且各部大臣呈递给君主的所有报告，必须首先经过总理大臣之手（第 17 条）；当大臣上奏这些报告时，总理大臣也有权利在场。《俄罗斯帝国基本法》要求总理大臣，可能要与部门大臣一道，在帝国参议

① 也就是大臣会议的主席。——译注

会和杜马中代表每个部。总理大臣有权与大臣一起在大臣会议上处理事务(第 11 条)。帝国参议会和杜马讨论的一切事务都必须拿到大臣会议上来讨论(第 12 条),未经帝国参议会的批准,各部首脑不得处理任何具有“全局意义”的事务(第 13 条),尽管涉及帝国法院、封地、国防与外交的事务可以例外,但这也只限于在部门首脑认为该事务有必要时方可(第 14 条)。

各部必须向大臣会议提交中央和省政府高级职位的任命建议,但帝国法院各部门、封地、陆军、舰队以及外交部门除外。先前的大臣“委员会”已经一点一滴地被削弱了,当杜马召开之时,它也就丧失了最后一个权力阵地。

178 所有人都能立刻发现此处创制的东西:独裁制明确的官僚理性化,这涉及国内政策的全部领域,今时今日这个领域真切地呼唤专家,考虑到地方政府的无能,这就意味着:专家非官僚莫属。

内政问题只有在经过总理大臣和大臣会议的整理、消化之后才会告知沙皇,即便有一位独裁者,他比如当今的沙皇有一种更粗野的人格,也要面临同样的处境。大臣会议的各种官僚利益联合形成了一个强有力的托拉斯(trust);沙皇力图模仿法国议会,频繁更换大臣,这就说明了沙皇只不过是一个九柱游戏的玩家,如果他想要的话,尽可以击倒“9 根撞柱”,但之后他又不得不把它们再次立起来反对自己,就像玩耍九柱游戏的小孩一样。因而,是总理大臣,维特伯爵,以相当西欧的方式,向自由派政治家发出了邀请,让他们加入他的“内阁”,尽管他们都拒绝了,但几乎整个内阁都重组了。[34]

由于帝国参议会也改造成为了一个议会机构,这一点下文会提及,[35]因此就不能向沙皇提供秘密建议了,用俾斯麦的术语来说,沙皇还剩下的唯一“防护物”就是大臣会议了。

面对官僚制,沙皇最终无力防卫,不论在多少个别情况下,沙皇可以决定对大臣会议采取毫不留情的行动,这一事实都完全没有减弱沙皇无力的状态——相反,沙皇采取的行动能产生相当重要的政治后果:“公务部门”的节奏剔除了沙皇,而且,就沙皇行为的性质而言,指摘这种行为是毫无章法，另一方面“官僚机器永不疲倦”的原理一如当初。沙皇过去曾是各部门辖地之间的战争的受益者；现在就大臣会议的活动触及的领域来说，事实上沙皇在本质上只有一种否决的权力；即便沙皇组建了一个由大公或者其他“亲信”组成的、私下的“辅助性政府”，据说情况就是这样，那他的干预还是，或者要受制于特定派系的利益，或者完全是偶然为之。然而，在一个伪立宪主义的体制中，大臣会议的垄断地位必然要膨胀到令人憎恶的地步，再加上一个虚有其表的议会，这个议会是大臣的行政机器编织成的，而且还丧失了对法律坚实有力的影响力，因而大臣们就可以为所欲为了。

如果“立宪”体制在法律中得到充分贯彻的话，局势的发展可能就完全不同了；因为到那时官僚制就可能要依靠君主来反对议会，并与君主休戚与共。尽管这听上去可能很奇怪，但是君主要是还想继续做官僚制事实上的主人，这就是必经之路。

虽然我们几乎不能在这些事情中提炼出某些普遍的原则，这些事情，就其本质来说，常常是“处于流变之中”，但是它们确实有助于解释君主（在实践中经常是更强有力）的地位，这位君主就严格的、形式上 179
合法的意义来说（普鲁士、巴登）是立宪君主。实际上，正是因为议会深思熟虑的节制，纯粹的议会“势力”才能在国家公务部门中推行一套积极的、成体系的规定，“特权”[36]是办不到这一点的。这是因为王朝的虚荣或膨胀的自尊促使沙皇产生私人的野心，沙皇的国王特权是受法律承认的，因此就很容易造成王朝的虚荣或者膨胀的自尊，然而他的私人野心，如果不受到重创，就不可能与现代国家的现实和解，可是现代国家的现实却没有为文艺复兴时期的统治者浅尝辄止的特性留有余地。不论“宪法”的最终命运如何，探索沙皇会何去何从也是令人神往的。

1906 年 4 月，希波夫建议帝国参议会应该只由或者主要由地方自治会以及类似法团的代表组成，而且维护帝国参议会，但它只是作为一个独立于杜马、直接向沙皇进谏的机构，而杜马只是拥有一种立法的合法资格，这与现存的革新相反，稍后我们就会谈到现存的革新，究其根本，这是一个有斯拉夫主义色彩的建议。

从理论上说，希波夫的建议是以一个部分正确的概念为基础的：自 1906 年 2 月 20 日各部法律以来，帝国参议会已经完全成了杜马的一个制动器，而且只是为了官僚制的利益而存在，因为根据法律，官僚制在帝国参议会中拥有绝对的投票多数。因为帝国参议会要根据议会事务的规定运作与决断，在这样一个机构内部，沙皇就不能得到丝毫的支持。另一方面，希波夫的理论显然假定，一个机构，如果它是纯粹咨询性质的，规模又不是太大，而且沙皇与它还有直接的沟通，那么它不仅有可能对“实际”工作有更大的影响（原因是这个机构所代表的那些人士），而且，只要沙皇懂得如何利用它，甚至还能给沙皇强有力的支持来反对官僚制。然而，对于一个必定至少要 60—80 人组成的机构来说，是很难建立“亲密关系”的，考虑到这一点，我们很怀疑希波夫的理论成功的可能性到底有多少。

然而不管怎么说，10 月 21 日的沙皇敕令创立的体制代表了维特的官僚权力达到顶峰，这一点是毫无疑问的。维特没能真正成功地利用他为自己创立的总理大臣职位：正如在我们德国“米奇尔案”[37]中一样，一个有无穷野心的人，仅有才智之力，却完全没有所谓的“政治个性”，那么不论才智如何强大，此人最终也就只能通过牺牲一切来获得一个大臣职位，最终的结果就是没有一丝光荣就消失在幕布之后。

180 直到维特完成债券交易并获得贷款时，他依然还把持着位置，之后历史的舞台就没有了他的身影；甚至贷款的担保都可能没有他预期的那么成功。1 月份，维特非但没有在内阁中扳倒多诺夫，此时他仍是不可或缺的，反而向多诺夫，这个大臣会议中唯一容易腐败的人屈服了，他自责毫无影响力，同时他还向“社会”的仇恨与蔑视投降了，并且没有获得沙皇的信任；实际上他也不再认为自己是未来的一个“救星”了。不过我们不想就维特的私人事务进行谈论。可以肯定的是，如果俄国官僚制的理性化还继续扩张到更低的层面的话，那就会伤及所有斯拉夫主义理想的根基。

同样，这也会引发“社会”和“官僚制”之间一种持久的战争状态。《新时代》使用了特别值得琢磨的标题“逼迫贵族”（noblesse oblige），据我所知,《新时代》是唯一呼吁维特留任的重要期刊。除公务部门之外,大资本主义企业家与银行都乐于接受官僚制的统治(官僚制只就立宪主义做些表面功夫),不过只是在允许他们自由聚敛财富,同时终止朱巴托夫主义[参见术语表]的条件下[38],才是这样。

然而,现在官僚制已经在自己编织的选举法之网中无法脱身,以至于它不能帮助那些支持它的群体:比方说,贸易和工业党[39](正如我们看到的那样[40],就资产阶级一词的严格意义来说,贸易和工业党是资产阶级的代表)仅在选举中赢得一个席位。

俄国社会其余整个部分,不论在其他情况下采取何种党派立场,都无一例外地反对旧的独裁制发展成为一个现代理性官僚制。红色恐怖可能暂时会吓到富人,去寻求官僚制的庇护,但是我们很快就会发现,甚至是这种情况也不能迫使俄国社会向"开明的"(enlightened,也就是官僚理性化的)专制主义体制低头,这一体制是现代官僚运行技术合乎逻辑的结果。情况毋宁说是,裂痕已经扩大到如此程度,随着关于国家的斯拉夫主义理论的家父长制理想最终破灭,只有以长期内战为代价,官僚制才能免除针对它的法律限制。正如我们已经看到的那样[41],临时政权甚至都不能确保和平。

现在我们要着手考察的是,政权在多大程度上兑现了它要分享立法权力的承诺。

"宪法" 181

[韦伯以批判的立场评论了即将组建的第一届帝国杜马的人员构成,1905 年 8 月 6 日和 1906 年 2 月 20 日的宣言已经说明了这一点。除其他事情外,韦伯发现杜马的权力太有限了,因为提案需要得到大臣或者沙皇本人的批准。]

帝国参议会[42]继续存在,从一开始,这就严格限制了杜马的合宪权利,参议会的成员完全都是任命产生的。[……]以前帝国参议会只是一个纯粹咨询性质的机构,现在它获得了与杜马同等的权利,不仅是民主人士，就连如希波夫一般的温和斯拉夫主义者，都认为这损害了《10 月 17 日宣言》的精神。的确，帝国参议会已经扩展到包括从贵族、神职人员、地方自治会、大学以及贸易和工业中选举产生的成员，但是皇帝有权任命的成员数量与所有这些领域经选举产生的成员数量相等，而且经沙皇任命的帝国参议会主席则拥有遴选权。沙皇任命的帝国参议会成员可以随其意愿保持成员资格，因此，比方说，某个杜马内阁就不可能任用自己相中的成员取而代之，[43]这个事实就意味着，借助任命产生的帝国参议会官僚制度，堂而皇之地阻碍了立法进程。

让我们来冷静地看一下，杜马，还有扩大的帝国参议会，都已经获得了针对新“法律”的否决权，据称这种否决权是永久的，就这一点而言，事实上 1905 年 8 月 6 日的法律授予杜马的全部权威，只有些许变化。政府与人民代表制度(representation)之间的全部关系以一个预先假定为前提，即人民的代表机构过去是而且将来也一直都会是国家权力的天然敌人，这一点是不证自明的。

如果不是因为官僚制数十年如一日的行径已然促使民众形成了一个结论：政府是“人民”的天然敌人，这个耳熟能详的观点[①](人们经常以义愤填膺的方式认为正是民主运动产生了这个观点，尤其是在德国)，就不可能成为唯一可能的反应，这是一眼便知的。[……]

显而易见，以下问题尚未得到解决：

1. 有哪些规定要列入“根本的国家法律”，因而也不在议会机构的创制权之内。[……]

182 2. 如何制定预算，以及在制定预算过程中，议会机构应该获得什么权利，这也悬而未决。[……]

3. 虽然 8 月 6 日的法律未直接言明，但是国王是否应该还有权利授予特权，以及是否有权利强加紧急法律，这些问题都还是不确定的。

---

① 即人民的代表机构过去是而且将来也一直都会是国家权力的天然敌人。——译注

其他的宪法法案构成了一系列更令人沮丧的事件。

首先是3月8日的规定，这项规定“涉及了有关国家预算的讨论，以及从国库中支取预算费用后如何分配，这些都不在预算的范围之内”。涉及这项规定的沙皇敕令规定，两大立法机构应该平起平坐：预算应该于10月1日之前在两大机构同时获得通过。至10月1日，下列开支项目都已经提交在案了：[下面是一长串五花八门的开支项目]。

预算要根据(为岁入而定的)“合法条目”(legal paragraphs)和支出的“数额”(插入：“主要的次级项目”)来制定；换句话说，这已经否定了现代宪法“预算细目化”的要求：在预算问题上，俾斯麦在他的政府成立之初，立即就政府与众议院的异议分歧达成了妥协。[44]用罗马的术语来说，预算项目就是“等级的法律”(leges saturae)[45]。

杜马和帝国参议会，要在专门为预算设立的委员会中一起讨论预算，这或许能在议会开幕之前解决预算问题(预算是现成提供的)(3月8日规定的第2条)，两个机构必须在12月1日前就它们的商议给出结论(第10条)。它们之间的意见分歧必须提交给一个由两大机构的成员组成的共同委员会，预算再由这个委员会打回杜马重新讨论(第9条，第11条)。任何一个机构提出要修正涉及确定预算的法律和政令，或者提议吸纳新的项目，都要遵从以上过程。如果两大机构仍然存在意见分歧，那么与去年预算标准最接近的数字就会生效(第12条)。如果预算在财政年开始时(1月1日)还没有生效，不论这是因为议会机构没有完成预算方面的工作，还是因为皇帝在经过争论后没有在预算的最终形式上签字，到时去年的预算，在根据有效的法律作出改动之后，依然有效力，并由相应的国家部门以12个月分期支付的方式提供款项(第13条)。

无需多言，仅这些规定就足以摧毁一切立宪主义的命脉：批准开支的权利、对“岁入的批准”(在议会意义上使用岁入〔revenue〕一词)毫无发言权。杜马只能阻止帝国参议会(根据法律的要求，帝国参议会的多数成员是沙皇任命的，而且主席有遴选权，但他也是沙皇任命 183

的而不是选举产生的)追加多于去年预算的特殊预算,杜马只能拒绝批准新的税法,以此来影响预算的岁入部分。当然,白兰地的价格、关税的标准等等,都在政府自行裁断的范围之内。

《预算法》第 4 条规定,供给帝国法院与皇室的款项无需经议会批准,1906 年的预算公布了供给帝国法院的款项,其他规定也确定了皇室的款项,这些规定可能会变成强制的。更有甚者,就连帝国大臣官署的特许支出,为请愿而设的大臣官署,还有,尤其是不在预算之列的额外开支,只要它们不超过 1906 年的预算项目,都不在预算之列(第5 条)。

此外,凡是涉及国家债务、"国家恰当承当的债务",或者还有一些确实是基于有效的法律、政令、规章和关税设立的支出,《预算法》都不允许议会机构削减之。更不幸的是(第 16 条),遇到"紧急"开支的情况,大臣会议能在议会会期之外,甚至是会期期间划拨所需的款项,大臣会议只是有义务向杜马提供一份特殊报告以说明理由。遇到有必要对划拨的原因保守秘密的情况,内阁甚至可以免除这项义务。最后,战争期间,整部《预算法》都要束之高阁,以 1890 年 2 月 16 日的规定取而代之。

我们可以看到,这部《预算法》就是一场闹剧,杜马在预算问题上只是发挥咨询的职能,承认这一点可能显得更诚实,而且,只有在杜马不同意皇室的意图,或者国家要承担有效的债务时,还有,大臣会议认为有必要追加和平时期的额外开支时,才能设立新税种,才能增加超过去年预算标准的日常开支,确认这一点也显得更诚实。因为这就是这部法律的本质。[……]

事实上,很明显,杜马是最后一块绊脚石,妨碍了政府对预算独断的官僚控制,就连这块绊脚石,政府也绝对不会放过,政府不仅要架空杜马参加制定预算的权利,而且要把《10 月 17 日宣言》的承诺:未经杜马批准任何法律不得生效,变成一纸空文。

[韦伯对《国家基本法》进行了批判性的说明,就在杜马召开前两

日才最终引入了这些法律。]

这幅强大的立宪理念的漫画实现了法典化，从长远来看，它的法典化产生的效果与法典编撰者希望的效果相比，可能截然不同。这个官僚制，不管其中有多少人多么有效率，不管它的技术多么精练，都表现出对政治技巧一窍不通，它正在使用它东方方式的诡计与农民式的狡诈来缝合法律之网的一切裂痕，以便于让议会自投罗网、无法脱身。

但是正如"伪善是恶性(vice)献给德性(virtue)的敬意"一样，这样一种虚伪至极的立宪主义的明确法典化，也是独裁制的"理念"献给立宪原则同样令人羞耻至极的敬意。从长远来看，这并没有损害立宪原则拥有的尊敬，反倒损害了沙皇的权威，沙皇明显被迫向一个体制进行了"让步"，而不是公开、诚实地让这个体制接受考验，然而这个体制对它的[沙皇的]虚荣与它对阿谀奉承的渴望充满了敌意。

当然，这样一场"诚实试验"实际上可能只会造成矫揉造作，致使人们无法认识到当前发展阶段提供的"机会"，并引发各派系建立伪议会统治的企图。如果这些事情真的发生了，此外，如果这个古老的王室，到时宣布这场试验已经失败，并且碾碎形式上的正义(这个古老的王室的神圣性源自一种宗教崇敬，不管怎么说，这种宗教崇敬仍然深深扎根于民众的意识之中)，那它至少能获得各种"理想"力量的支持，同时也还有刺刀的支持，不论这些理想力量多么充满"幻想"。这个王室就很可能会在斗争中声名鹊起，在未来很长一段时间内，这场斗争会愈演愈烈，代价却是王室真正危险的对手的覆灭。但是现在，议会的一举一动都遇到了布满荆棘的法律之网，在这些情况下，局势正好相反：议会处在的一种位置，它要让民众相信与国王共同统治的试验已经"失败"。如果到时解散议会，并且通过暴力和欺骗的手段，强行建立一个"州议会"[46]，那么沙皇至上的"理念"就要为此付出代价。

对杜马选举法的分析

《布理金选举法》(1905 年 8 月 6 日的《选举法令》)的基础是根据

阶级和“等级”形成代表制(representation)的理念,它通过极其复杂的方式构建了这种代表制理念,以现存的地方自治会体制作为它的基础。

185 每一个选区在大小上通常就是一个省,每一个选区内部要举行两场独立的大会选举选民(electors):首先是私人地产主的代表(拥有大地产的人就亲自参与选举,地产不足大地产主十分之一的小地产主就通过代理人的方式进行选举),其次是城市房屋所有者的代表,与他们一起的是,各种“可流动”财富的代表,可流动财富是指贸易和工业资本,以及与价值不菲的房屋连带的“可流动”财富。

还有另外一个等级拥有选举选民的资格,这就是农民(从这个词的“等级”意义上来说,就是那些进入农民税收名单的人)。在杜马议员的选举问题上,“农民”获得了特权,可以从每个县的总人口中派遣一位农民参加杜马。然后,农民与其他两大阶级的选民,一起选举剩余的杜马席位。

在城市和农村基于财产的选举资格的阶级中,基于财产的选举资格以如下方式计算:本人要有选举选民的投票权,就要满足一些条件(支付特定的税,拥有最少数量的土地),因此就必须拥有3000—50000卢布的等值物或者收入水平至少是3000卢布:如上所述,农村地区(也就只有农村地区)的小地产主有政治区域选举权[47]。因此不仅是无产阶级(但不是农民无产阶级),而且还包括“中产阶级下层”(技工、中层职位的公务人员),更重要的是知识分子,这些人都没有多少土地,他们都没有资格选举选民。《布理金选举法》确定了“在(当地的)选举团体自身中”进行选举的原则(直接针对民众领袖),并禁止双重的候选资格,以及其他的限制性条款,以此来达到排斥知识分子的目的。由是观之,当局希望有产者与农民的利益(农民被认为是服从于当局的)作为一方,官僚制的利益作为另一方能实现联合。

代表“可流动”财富的选民一直都是与其他两大阶级划为一类,只有若干较大城市划归为自治选区。因此大地产主与农民就要分享权力,同时也为“资产阶级”和城市的“平均地权论者”预留了一个温暖的

角落，此处的资产阶级是就其具体意义而言的。[……]

《10 月 17 日宣言》承诺把选举权扩大到至今尚未在这个体制中得到代表的那些阶级——这就阻挠了所有这些独具匠心的设计。官僚制被迫同意选举权的大规模扩大，然而，官僚制出于自身利益的考虑，费尽心机要改变选举权大规模扩大产生的影响，它改变了大量的新投票人(voters)，几乎让他们成为了一类人，也就是说，成为了代表可流动财富的投票人这一类别，以此实现它的目的，与农村地产主与农民这两大选举阶级相比，代表可流动财富的投票人的人数少得可怜。代表可流动财富的投票人的人数至少增加了 20 倍，与此同时，代表他们的代理人(delegates)人数却没有变化。 186

[接下来韦伯非常详细地考察了一些事物，他称它们为“这个小把戏的立法产物”。]

如果，1904 年秋天，在旅顺港(Port Arthur)[①]陷落之前，或者至少没有 1905 年 2 月 18 日[向内政大臣布理金宣读的]圣谕，显然是有人费尽九牛二虎之力迫使沙皇颁布了这项圣谕，其措辞很模糊，当时就强行颁布一部基于财产选举资格或者阶级选举权的“宪法”，并且宣布进行一次选举、召开人民大会，以此让宪法立即生效，那么结果很可能会成立一个“感恩戴德的”资产阶级杜马，这个杜马会准备进行影响深远的妥协。王朝的虚荣和官僚制的利益使这个机会白白溜走了。如果至少能在 8 月初宣布，要选举产生布理金草案基于财产选举资格的杜马，并且能向公众公布杜马第一次会议的时间，考虑到维特树立的声名，到时就可能有一丝机会成立一个受制于维特的议会。但是，却半路杀出了 10 月罢工，接着就是《10 月 17 日宣言》，这份宣言是沙皇一次纯粹的、颜面尽失的个人惨败，之后一切机会都倒向了民主派一边。

① 1895 年甲午中日战争之后，俄国借调停之名迫使清廷租借旅顺，建立海军基地，俄国人更名为 Port Arthur，在日俄战争期间，为日军攻克。——译注

从官僚制利己主义的立场出发，如果它寻求的是伪立宪主义，而不是一种"诚实的"立宪政策，那么目前"等待有利时机"就是"正确的战略"。不过，一旦12月的诸多事件与农民暴动发生了影响，那官僚制采取行动的时机就到了。如果到时候，官僚制能够控制一部选举法与选举登记簿，并继而立即摆出要进行选举的姿态，当然这要以与"有产者"领导层达成一次政治谅解作为基础，那么我们可以有把握地假设，结局有可能要比两个月后更"有利"并且意义深远。相反，正如我们看到的那样，[48]政府犹豫不决，他们期待着或许可以安然跨过这道"坎"；选举的机制还在发挥作用，但结果是白白过去了好几个月，却没有进行选举最重要的部分。这种漫长的拖延使人们对这部选举法寄予的全部希望都破灭了。

如果说政府曾经期盼选举法能减弱选举鼓动的热潮，或者削弱党派体制的独特意义，那么它注定是要失望的，尽管极左势力愚蠢地拒
187 绝了选举法。如上文所述，不但党派纪律赢得了很高的回报，而且，因为选举运动持续了很长一段时间（这与体制的复杂性有关），这必然导致群情激奋至最高点，至少在简单地镇压没有奏效的那些地方是这样，而且最终证明这种镇压要比预想的更困难。

当前俄国发展的独特性在于，西欧的经济"文明化"和国家"文明化"的全部特征都突然间一股脑儿地聚集在一个社会之中，然而这个社会，除最高层之外，仍然是有古代特征的。政府放宽了对俱乐部和社团的限制，于是同业公会和职业协会拔地而起，不仅如此，同时俄罗斯大地上还出现了一些东西，它们与我们德国文化的大怪物相当，比如"地产主同盟"、一个"工业家中心协会"，以及各种反对红色恐怖的"保护协会"；甚至还有一个"国民自由青年协会"（如果有人把"10月17日联盟"等同于德国的"国民自由党"的话），这个青年协会在彼得堡拥有第一流的俱乐部会所，还有一些特殊的"妇女同盟"（诸如彼得堡的合法秩序妇女联盟这种群体，在反动派中特别受欢迎。）

所有党派都组织了据称"仅仅是"学术"信息普及性质"的演讲晚会，晚会的种类应有尽有，以此作为一种宣传方法，这些党派还制作了

调查问卷，比如“立宪民主党”制定了关于农民的土地问题和地产短缺状况的调查问卷，这些党派还创立了各种农会，比如10月17日农会，或者人民和平同盟（多诺夫执掌该同盟），他们对各种合作社也兴致盎然，还创立了大量的救济站，采取的形式即使不是官方的，也至少是半官方的，如果政府发现这些救济站的创立者具有“左派”倾向，通常就会予以取缔（因而也就成了一种甚至是更好的免费广告），这些党派还很热衷于创立工会，给工会提建议、施加影响、创立“中立的”工人报纸，最后，但同样重要的是，这些党派成功地让外界觉得他们很关注教会以及教会内部发生的运动。

详细说明各大主要城市和省会城市新成立的报纸，并报道他们的命运，这么做没有太大的意义——所有这些报纸都正在与坚决取缔他们的企图做斗争。自从10月份以来，每一期（比如说）《新时代》都经常会以大手笔的“新闻”标题谈论这些报纸。

据新闻报道，各式各样的“领袖”在全国各地巡游，尤其是各党派的学术和科学权威们几乎是到了疯狂的边缘，学生骚乱导致的一年半长假给他们提供了一个从事这种活动的绝佳机会，而且要牢记，正在 188
同时进行的还有“大学的推广课程”。据反对派估算，民主派举办的选举集会多达200场。不过，那些被取缔的集会、演讲晚会和课程（尤其是左翼举办的）更有意义，这多亏了地方当局（省长）有权利强加禁令。有时候，地方当局的禁令也用来反对温和的党派。就政党的煽动而言，这些被取代的集会的效果并不小于那些实际举行的集会的效果，实际上它们更有用。在城市民众和农民的眼中，凡是官僚制禁止的东西必然都是官僚制不想让“人民”得到的好东西，对此我们无需惊讶。

通过禁止这些集会，当局有效保护了鼓动者免受额外的精神负担，这对我们的俄国同仁尤为必要，他们的工作频率要远胜于德国的教授们，后者习惯于一种更悠闲的节奏。

除公开演讲中的“有力发挥”（tour de force）外，还有大量的新闻活动，再一次让我们难以置信的是，大量的文章不仅在不同党派之间相互交流，而且在来自大学的党派同志之间，以持续论战的方式，在同一份报纸上进行相互交流，每一篇文章都是基于全面的、尽管也是难以调和的统计计算，尤其是在土地问题上。在这些情况下，对当时已逐渐淡出人们视线的演讲者来说，针对一场集会的一项禁令就是一种恩赐，而且这项禁令给牵涉其中的党派提供了可能最有效的广告，这种广告的效果常常要比演讲本身能达到的效果要好得多，更重要的是，免费。免费在这个选举系统还是很有分量的。因为相对而言，选举活动的花销太高了。即便是政府，开销也一定很可观。政府采用了一种为个人选举而设的临时选举登记体制，这与英法不同，与德国一样。就第一次进行选举而论，不管怎么说，这自然都是难以避免的，不过将来法律会作出规定。

因为登记要求选举人提出一项申请，所以部分工作自然是留给了选举人自己。这反过来意味着官员并不需要准备一份名单，根据警察的登记定期进行修正，他们的工作是必须一个一个地核查这些选举人是否有权利选举，然后在选举进行之时，让投票人自己来修改这些名单，或者，像某些有一套发达党派体制的国家一样，把名单的修改留给党派的负责人员来完成。

由于时间短促到无暇抱怨的程度，因而工作都是密集压缩的方式
189 完成的。如前所述，要为每一个选举类别起草一份选举簿；凡是同一个选区内的一名投票人属于不同的类别（不包括工人的特殊选举权），就必须对多次登记进行清除；不但是近7000名选民必须登记和核查，而且还有人数更为庞大的农民、小私有地产主和工人的代理人，就工人来说，每个工厂的工人人数都需要登记和核查。因此，显而易见，工作是极其劳累和费钱的。我们很容易就能想象得到，这样一个复杂的选举办法会让各党派承担多么沉重的费用。

西方国家的新闻界和组织化最完善的各大党派，包括社会主义政党和文职人员团体，之所以推动以直接选举取代间接选举，除其他原因外，还有人们渴望简化选举活动，并且用更低的开销进行选举，包括智识方面和物质方面。

用直接选举的方式取代间接选举的方式能大大减少开支，与此同

时,民众对选举会更感兴趣,“蛊惑”的有效性也会随之增加,比如,巴登的选举就说明在其他事情相同的情况下(差不多就是这里俄国的情况),与间接选举的产生的结果相比,直接选举有可能产生不同的结果,在俄国更有利于反动派的蛊惑。然而,直接选举预设了全体选民与国家有一种“正常的”关系,也就是说,选民会讨论具体的问题,而不是国家的社会和政治根基。

就俄国的那些情况而言,这种“正常”关系对下一代人来说是难以设想的。要想让西欧意义上的资产阶级的选举心智出现,首先当前的官僚政权就必须退出政治舞台,同时出现一个可以免受警察独断的残暴行径的阶层,并且要满足这个阶层的“需要”。

我们不知道选举体制会对农民产生什么样的影响。俄国的农村选区可能至少与普鲁士一个平均的政府行政区域一般大,在这种情况下,我们很难猜测,农民在一个直接选举体制之中对选举会持有什么样的主观态度。

农民的普遍态度是,原则上每一个村社必须有一名议员前往彼得堡,以便于获得一切有益的东西;内阁收到了请愿,在请愿中农民们宣称他们想派遣 12 个人而不仅仅是 1 个人来使用分配给议员的每日 10 卢布的开销,因为每日 10 卢布的额度是很充足的,让一个人“挣”那么 190 多也是不公平的。但是在一个以德意志帝国的选举权为模板组织的选举体制下,要预测农民的态度可能还是很困难的,纵使在很多地区,俄国农民(仍然非常原始的)“政治思维”已经有了长足的进步,也就是说,他们很快就适应了“人民代表制”观念预设的整个思维过程,就连头脑很清明的记者都承认这一点。

[在一个直接选举体制之下]俄国农民会追随某些不认识的人物的“口号”,根本无法肯定反动派到时就不能赢得他们的选票。一位议员,他不是纯粹由农民的选票选举产生的,农民就会对他抱以怀疑的目光,而且,与一个按照政党口号和政党委员会的指令选举产生的杜马相比,毫无疑问,农民更支持当前这个杜马。

有一个因素我们不能忽视:来自农民自身的“知识分子”人数相当

多，而且选举过程表明农民特别乐意投票给他们。

“从他们自己的等级中”进行间接选举，这样地方警察就更能控制选举的过程。然而，在俄国的条件下，警察控制产生的恶劣影响，加上，具有反讽意味的，“唯有真正的农民才能进入杜马”的蛊惑原则（选举法暗示的），无疑会强化大多数农民反官僚的感情。当然，即便没有来自政府的压力，农民也会按照这一口号进行投票。但是政府能抑制议员的平均智识水平，通过形式程序与它的过滤体制，政府企图阻止农民选举知识分子，尤其是可怕的“第三要素”[49]，尽管如此，政府却不能借此影响对它威胁最大的阶级的候选资格，也就是“农民知识分子”；事实上，政府恰恰加强了他们的地位。

只要农民知识分子没有加入对选举法愚蠢的联合抵制，拒绝参与选举，那么警察官僚制就没有任何办法来反对他们，除非动用武力，而且凡是动用武力的地方，这种武力本身只能起到宣传的作用。被逮捕的农民代表（delegates）从监狱向警察发电报，感谢警察为他们的选举所做的事情，结果表明，代表们发电报是有充分理由的。

总的来说，凡是警察动用武力的地方，都会侵犯俄国农民的正义感，尽管，一定程度上也恰恰是因为，从外表上看，俄国农民习惯屈服
191 于警察的武力，很可能屈服的程度要比其他国家大得多；因为他从警察的武力中看不到任何“道德的”东西，只有纯粹“任意胡来”、毫无道理的残暴权力，这种权力掌握在一群俄国农民不共戴天的敌人的人手中。

选举进行之时，内政大臣向地方首领（Zemskiie Nachalnik，参见术语表）下了一道政令，这道政令首先公布于《对话》（*Rech*），之后发表于《权力》（第9期），民主派报纸起初认为这道政令是不足为信的，其实它的真实性毋庸置疑，除其他事务之外，这道政令还规定（第6点），在各投票站，必须张贴公示那些因不受欢迎（！）而不能成为候选人的人的姓名，如果投票人仍想投票给他们，那就要告诉他们这种选举会被认为是操作不当（！），是不允许的，而且要被宣布为无效。进而（第7点），如果鼓动者“企图把选举机会变成土地重新分配的委员会”，那么

武装力量不但要立即进行干涉，而且（第5点），应该动用武力把不受欢迎的人驱逐出投票站。更有甚者（第2点），地方首领，必须就选举问题对农民进行私下“教育”，并雇佣值得信任的人（第3点）报告任何可疑的谈话，或者如果他们听到任何人作出[旨在影响投票的]承诺；那就必须根据命令采取措施。

在采取了这些防范措施后，选举的惨败让政府目瞪口呆，而政府的反对者的惊讶程度也不亚于政府。客观上来看，正是这种重要的现象，选举的主要特征才值得我们去解释。

选举的社会和政治背景

从所有表面的东西来看，当选举运动开始的时候，民主的前景极其黯淡。社会主义革命党，包括正式的政党与犹太人同盟[Bund]，以及各大组织，尤其是诸联盟的联盟，曾经联合抵制杜马，正式的社会民主党也参与了抵制。农民遭到了残酷的惩罚并且被迫跪地求饶，经常是整个村社都要下跪。地方自治会收到各村公社大量的请愿，要求收回决议，这些决议受到了农会的煽动。在城市中，广大下层选民的选举名单登记，起初进展很是缓慢，而且人数有限，这些选民是根据拥有 192
一处独立住所获得选举资格的。

革命情绪的力量似乎瓦解了。社会主义革命党、社会民主党与立宪民主党共同通过了一项决议，纪念1月9日为全天哀悼日，至少从表面上看，这项决议是一次惨败。《新时代》(*Novoe Vremia*)很得意地发现，城市的外貌、剧院与饭店的生意一如既往。

几乎所有的、激进的工会与农会的领袖，以及农民地区稍微可疑的人物，都被逮捕了。工会和职业协会[50]曾经突然间兴起并成为了激进运动的担当者，现在它们也被解散了；即便政府是以一种比我们心胸狭窄的普特卡马(Puttkamer)政权[51]更公正的行事风格，更严厉地限制现存的工会，但是这种对工业的可怕压力还是产生了一支数量惊人的失业储备大军，于是那些重新开工的工厂就能轻而易举地进行一次全面的劳动力“过滤”。无产阶级的情绪变得消沉了，甚至连革命取得的纯粹的经济成果似乎也岌岌可危了。

各地的工厂，其中有一些一直关闭至4月份，而凡是正在开工的，都开始延长工作日，除文明的称呼形式（vy，您）代替了习以为常的称呼形式（ty，你）外，工人似乎没有从革命中得到任何东西。

然而，在俄国的条件下，这种经济压力确实产生了一个结果，这个结果与土地共产主义密切相关。失业储备大军中只有小部分人滞留在城市，不过这也很重要；其余的人都回流到了他们家乡的村社，现在这些被"过滤"的煽动者和社会主义者，成了激进主义在农民中间的宣传者。而工人运动本身，尽管局势艰危，尽管当局的强力手段，当局通过这种手段让运动领袖领教了他们的"铁拳"，但是它却以一种极其惊人而且可能也是前无古人的方式，再次恢复了生命力。

［韦伯叙述了工人参与的合作社运动和其他试验。］

那些采取"修正"社会主义立场的工人拒绝这些试验，他们致力于产业工会的运动，以之作为政治活动的一个替代品。

这场工会运动，与以往一样[①]，由排字工人的工会发起，它是唯一
193 一个处于扩张中的工会，原因可能是政治亢奋和不满。在莫斯科，3月的最后一个星期，印刷工人同盟的主席提醒所有成员注意，如果他们不交会费，就会丧失成员资格；大约2000名工人当场就交了会费。这些会费主要用于大规模落实阶级团结的原则。在实践中，这主要就意味着（不分职业的）失业救助。

装订工人协会建立了40个失业者救济站，铁路工人协会把他们的全部资金都投入到了救济站。莫斯科的工会局决定每月从工资中拿出定额的资金来帮助失业者。迄今为止，报纸印刷工人尚未享受主日休息一天的待遇，报纸印刷工人协会开始着手进行一次坚决地斗争以赢得主日休息的待遇，彼得堡的《新时代》的抵制挫败了他们的斗

① 参见韦伯此篇报道正文的第3段。——译注

争。不过,他们还在继续努力。

泥瓦匠协会的力量再次如雨后春笋般发展起来。莫斯科建筑行业的雇主力图与工人就一种互保的事故保险达成协议。在彼得堡,当3月初工厂重新开工时,最初的那些工人很快就成功驱逐了那些罢工期间继续工作的人(《新时代》,10762/4)。6月份,排字工人成功迫使雇主几乎完全屈服,包括向他们支付“斗争费用”(罢工期间的半额工资;《俄罗斯公报》,416/4)。

人们能在第158期《工商业》(*Torgovo-promyshlennia*)中读到,面对雇主停工的威胁,莫斯科印刷工人做了准备,这些准备通常来说需要全心全力,在俄国这可能是第一次。这些准备包括:要瞄准隶属于雇主协会的企业进行斗争,采取措施以预防命令可能波及外围的公司,一方面组织失业工人,另一方面组织停工的工人,在认真考虑了相关的选票力量的情况下,阻止任何工人卷入此事,转移失业大军回流到他们家乡的村社(此处要注意到土地的社会秩序[Agrarverfassung]的影响!),与经理协商的方式,以及采取措施赢得(与印刷工人罢工有关的)公众的同情等等。工人似乎已经与雇主协会达成了一项协议,《工商业》第161期说明了这项协议的基础(经理们尤其同意承认工会,同意在他们的工场中就劳动事务和政治事务进行协商)。

4月末,同业公会局发布了一项纲领,宣布应该继续就以下问题展
开讨论:(1)作为雇主的国家和公共机构;(2)职业统计;(3)8小时工作 194
日;(4)失业;(5)工会法;(6)全国性工会;(7)工会与政治斗争的关系,同时还召集了一次全俄罗斯代表(delegates)大会。

为了获得这场运动状况的真实面貌,我们应该静观这次大会。我们最感兴趣的是最后一个问题的答案。它是否意味着革命的辛迪加主义(sinidacalism)的复兴?[52] 工会是绝对中立,还是与党派领导层建立正式关系?这次大会正式邀请了两名社会民主党的代表列席。可以肯定地说,1905年成立的各大协会几乎要么是源自社会主义革命党的辛迪加主义,要么是由“孟什维克”成立的,也就是分裂的社会主义政党的“少数派”支持者(普列汉诺夫派),德国社会民主党人视之为正

统。而列宁派“多数”(布尔什维克)对孟什维克嗤之以鼻。

工会中智识水平最高的群体,比如说排字工人,无一例外都是最热情、最正统的社会民主党人。6 月 4 日同业公会局在莫斯科召开了一次会议,尽管社会民主党坚决劝阻,这次会议还是呼吁经济斗争不应该“走到大街上去”(《俄罗斯公报》,146/4)。印刷工人协会、面包工人协会、制箱工人协会、金属制造工人协会、药剂师协会、烟草工人协会、制伞工人协会以及邮递员协会的代表(delagates)参加了这次大会。

五一劳动节的庆祝,波兰是根据格利高里历举行,而俄国是根据儒略历举行(一种非常切实的区分!),与德国相比,俄国似乎更广泛地遵守劳动节的庆祝,雇主对工人缺工的反对显然要比德国弱得多。这个时候,雇主们根本没有什么特别的理由让他们的统治者铭记他们的政治“热情”。

目前(6 月份)爆发的罢工气势如虹,这场罢工与 1905 年那场罢工很相似,看上去至少部分是受到了政治上的鼓动。

5 月份在斯德哥尔摩[①]召开的共同大会是整个俄国社会民主党的团结的标志,至少在形式上是,这次大会的筹备工作进行了很长时间,社会民主党的团结已经表明了它的持久性。因为驻扎在外国的社会民主党俄文报社已经关闭,它们在俄国当地的报纸又刚刚成立,所以这个时候,很难有关于 12 月份以来的诸次事件的确切消息。根据目前可以获得的报道,斯德哥尔摩大会的决议如下:

195 1. 多数表决同意采纳土地“市政化”的原则,但附加了条款:如果农民要求在当地的农会中分配充公的土地,他们的这项要求会得到支持。拒绝就目前的形势做进一步的讨论。

2. 建议拒绝参与杜马的选举,以此应对“布尔什维克”和几乎所有的少数族群的暴力抗议。

3. 根据多数的表决,同意工会实行党派中立的原则。

---

① 斯德哥尔摩(Stockholm),系瑞典首都。——译注

4. 承认武装起义不可避免,但是只有在资产阶级参与的情况下才有可能成功,并且应该推迟起义,直至资产阶级“有可能”参与之时。

5. 同意少数民族自治的原则。

拒绝参与杜马严重损害了社会民主党的声誉。社会民主党处心积虑地扰乱民主运动的集会,用激烈言论反对杜马,还采取了粗暴的行为,政府利用这些事情,为自己的集会禁令辩护。

显然,在选举的整个过程中,社会主义者的态度造成了民主的一次严重尴尬与失利。杜马选举没有产生一个反动的结果。对社会民主党来说,这个事实非常不利:社会民主党在任何可能的方面都让政府占尽了便宜。

选举运动一开始,人们就有一种确切的意识:资产阶民主本身迷失了方向,这是更大的威胁。

1月5日,立宪民主党召开了第二次大会(直至1月11日),我们通常在报纸上是通过该党的首写字母KD,或者“Kadets”。从大会的商谈给人的印象来看,情绪相当低落,这主要是因为担心莫斯科起义的后果。此外,我们还觉得大会组织散漫,有理论辨析过于琐碎的倾向,以及对未来的投机。

在如此危急的时刻,他们竟然还在就杜马原则上是否应该是一个“制宪”大会的问题进行冗长的辩论;就杜马选举法本质,应该如何表达抗议;换句话说,如果他们真的进入杜马,是否应该不从事议会的一切实践工作;又或者哪个议题值得讨论——也就是所谓的杜马“内部的拒绝参与”问题。

不过,最终,他们终于就进行改革工作这一“刻不容缓”的事情(以102票中91票赞成的结果)作出了决议。而且,还讨论了政党的组织化与选举策略,当时各省都很不重视政党的组织化,通过了大量常见的抗议决议,更名立宪民主党为人民自由党(“Partiia narodnoi svobody”),不过人们还是像以前一样称其为“KD”或者“Kadets”,删除了党纲中少数派投票反对妇女选举权的字眼,否定了鞑靼人、吉尔 196

吉斯斯坦人和犹太人等少数民族的坚决请求，最重要的是，大会通过了一项决议，要求建立一个绝对的议会政权。

除那些纯粹的技术性决议外，所有这些决议都表明，立宪民主党正在假定自己最好的情况也就是成为一个不起眼的反对群体。另外，普遍的政治的和社会的纲领要点大多维持原状。

大会就土地纲领进行了长时间的辩论。没有达成任何共识。只是在私有土地充公的“公平价格”这个概念上，根据10月份同意的纲领，通过了一项决议（第5号决议），这项决议宣布，这个公平价格应该以特定地区土地的“正常”产量为依据，要考虑到专业的经济管理，但是由于土地短缺引起的地租波动不在考虑之列。

大会显然有两种截然对立的观点。一些代表（delegates）认为，不能同意强制没收私有土地来满足农民的需要；这些代表赞成把非私有土地分配给农民外，除此之外，他们只赞成调整租赁条件，并且针对土地私有引入累积税，这样就能遏制土地价格，有助于满足农民对土地的要求。

多数人持有相反观点，他们在原则上赞成通过成立一个土地基金来实现土地“国有化”，创立这个基金是为了在最大可能的程度上实现充公。这个基金向农民分配土地用以耕作，而农民要交付一笔适当的费用来交换。然而，鲁西特斯基教授（基辅市）以最坚决的态度反对一切国有化的观点：西南部和南部的农民，他们生活在一种继承获得的农场（podvornoe zenlevladenie）体制中，而不是完备的公社制度，如果作出充公的决议，这些农民就会立即反对立宪民主党，只有承认充分的土地私有制才能让他们感到满意。

在这两种极端观点之间，还有数不胜数的个别观点，我们可以清楚地看到，尽管考夫曼（A. A. Kaufmann）做了一次极为细致的讲演，大会还是不得不暂时搁置了所有重要的问题，尤其是因为不能就确定的标准达成共识，一方面是计划充公的土地规模，另一方面是分配给
197 农民的土地数量。这些争论不休的问题最终交给了一个委员会，之后这个委员会向第三次大会提交了一份准备充分的纲领，这份纲领在所

有本质问题上都与立宪民主党之后提交给杜马的提案一致。

这里要讨论这份土地纲领，以及随之产生的意见分歧，至少以简洁的形式讨论，这可能是比较合适的，以便于让人们了解到一些难以置信的困难，如果有人想在俄国就这个最重要的问题"做成"什么事情的话，就必须克服这些困难。首先谈谈一些总体的看法：

首先，在俄罗斯帝国几乎所有地区，极北地带和新的领土除外，农民都存在严重的"地荒"现象("主观的")，在纯粹或者几乎纯粹是耕地，也就是种植谷物的那些地区，地荒现象最严重，包括"黑土地"地区，以及黑土地附近的那些地区：从伏尔加河西岸、经过中央地区的南部直至第聂伯河[①]以及更远的地方，不过绝不仅仅局限于这些区域。

"客观上来看"，有一个事实可以淋漓尽致地说明农民对土地的迫切要求，这就是，二十多年来，谷物价格几乎持续下跌，并且农耕技术(相对的！)没有一丝进步，尽管如此，农场的租金和价格却一直在上涨，有时候高得离谱；在这些地区，获得土地不是为了"资本投资"的经济剥削，或者作为获得物品的一种手段，而纯粹……是一种生存手段；目标不是利润，而是满足最直接的需要。因而土地的价格只取决于那些想买土地的人的兜里有多少钱(不管他们是怎么获得这些钱的)。[……]

如果有人假定，农民的事业和经济素质是一种至多只能逐步改进的要素，那么不论需要多大代价才能增加农民土地所有量，这似乎都是其他一切事情的一项根本的前提条件，尤其是农民"自助"的可能性。

今天很多土地所有量的增加都是通过自由买卖或者农民土地银

① 伏尔加河(volga)是俄罗斯欧洲部分一条河流，源于莫斯科西北部瓦尔代山，长约3701公里，大致向东流再向南注入里海，是欧洲最长的河流和俄罗斯主要商业水道；第聂伯河(Dnieper)发源于斯摩棱斯克附近的俄罗斯欧洲部分河流，向南流入黑海，流程2285公里，9世纪时就已经是俄国重要的商业水道。——译注

行的调节进行的，但是总体来说，因为土地价格，农民绝不可能从购得或者租得的土地中获取“剩余产量”，因为(1)农民农场的产量已经比庄园的产量低20%，而农民就是从庄园中购得他们的土地；即便农民只考虑庄园土地的“产值”，为贵族地主劳作常常也比自己作租赁人或者土地买主来得合算；尤其是因为(2)需要租赁或者购置土地的农民激烈竞争土地，这导致价格无限制地上涨，以至于达到远远高于资本化产值的水准，甚至远远高于庄园土地的资本化产值。另外，陷入这种疯狂状态的，当然不是最缺乏土地的农民，最缺乏土地的农民占有的土地都是他们需要的。

正是这种局势产生了一个观点：确定强制的固定价格，制止土地投机，有条理地增加那些确实需要土地的农民的“公社份地”(nadel)，增加到至少能让他们摆脱经常食不果腹的水平；换而言之，就是土地充公的观念。

让我们简要看一下这个观点必然会产生的难题。尽可能通过土地的分配来实现农民的公社土地份额，但问题是土地份额的大小应该以什么为标准。以下提议和要求互不相让。

1. 要求农民应该拥有一份大小适宜的土地，让他能在该份土地上充分运用他的劳动力。“土地是上帝的土地，必须给那些能在土地上劳作的人，要给每个人足够他劳作的份额。”要在俄国实现这一目标，就统计而言是完全没有可能的。根本没有那么多的土地可供使用；尽管如此，不仅社会主义革命农工党(Socialist Revolutionary Peasants' and Workers'Party)支持这种“劳作标准”(trudovaia norma)，而且连一些名声显赫的土地政客们也偶尔会表示支持。

2. “需要标准”(potrebitelnaia norma)[①]：要给农民农场分配足额的土地以确保能满足农民基本的需要(吃、住、穿)；显然只有在了解所有具体情况的基础上，才能确定这个标准，也就是说，各地的情况是不同的。“劳作标准”是基于“劳作的权利”，“需要标准”是基于“生存的

① 英文表达为“need principle”，而术语表的解释为“norm of consumption”(消耗标准)，意思都是指满足一个家庭基本的消耗要求。——译注

权利”。“劳作标准”,就像“劳作的权利”本身一样,假定经济行为的目的是获取;它是资本主义的一个革命性的产物;“需要标准”认为经济行为的目的是满足人的“需要”,它的哲学基础是“生存”观。“需要标准”的原则可以用两种方式明确陈述如下:

i. 如果农民的技术已经尽其可能地提高至现代农场的水准,那标准就应该是足够满足人的需要的土地数量;或者

ii. 标准应该是农民目前的技术与“当地通常的”平均效率(因为不应该直接偏袒懒汉和笨蛋)。

3. 最后,因为这些标准,尤其是第 ii 点,要求最细致入微地调查,
而且似乎也很难避免发生任意武断,所以就有人提出一种“历史的”标 199
准,即要么是(a)1861 年的农民最高土地份额,这一份额各地都有记载;要么是(b)各个地区现有的平均土地份额作为最小额度的公社份地。针对这一提议,(a)有人提出反驳,认为自 1861 年以来俄国经济发生了巨大变化,这种巨变必然导致这种标准的应用结果显得极其任意武断,而且相当不公允。

立宪民主党土地委员会拟定的草案接受了需要标准。[……]

迄今为止,大会还只是部分商讨了土地充公问题的规模涉及的物质困难和不确定性,除这些困难和不确定性之外,还有一个事实更加雪上加霜,这就是,立宪民主党的多数支持者都来自地方自治会这一群体,即使十万火急的情况下,这一群体也不希望走到充公全部私有地产的地步,对民主制的政治命运来说,这一事实也是举足轻重的。充公全部私有地产的第一个结果就是迫使所有小私有地产主联合起来反对立宪民主党。另外,我们还要牢记,大农场对耕种很重要,以及一旦需要聚集巨额资本,农业产量就会出现可怕的陡然下降的情况。这就是为什么面对社会主义革命党的抗议,在 1905 年 5 月的土地大会上,正式发言的人还是主张保护一部分大地产。

［根据立宪民主党的草案，韦伯详细陈述了哪些土地不会被充公。］

土地是否可以(以有限数量)进行出租或者出售，在这一问题上，所有主张改革的党派意见不一，杜马的商讨再次表明了这一点。杜马的土地委员会分裂为30票对26票，(支持土地出售的)26票中有一位极左翼的劳作集团(Trudovaia Gruppa)成员和几位立宪民主党人。整个俄国西部，出于很可以理解的民族原因，都反对国家土地基金。他们担心土地租赁会偏袒俄罗斯人，而且土地“国有化”只不过是为那些谋求俄罗斯化的人的利益服务。正是由于同样的理由，俄国西部赞成把土地留给当地人。

大会逐字逐句商讨了整部草案，偶尔还出现一些情绪。事实上大会没有通过任何相关的决议。大会担心不能与农民达成共识，于是它表达了一项原则：(古热维希-图拉等人)认为无论如何都不能忽视农民的愿望，这项原则更多是出于党派投机主义，而不是真正的原则。

200 就连草案本身也是土地“国有化”的支持者与滴水不漏的社会政治家妥协的产物：考夫曼，还有萨伯林(A. A. Subrilin)，他是符洛克拉姆县(Volokolam)杰出的农学家和农业技艺改革家，他们都曾是杜马土地委员会的成员。米留可夫和斯楚夫称这份草案是“通过立法途径，也就是和平途径，所能实现的最高点”，他们还认为，如果这份草案能得到施行，那就是“亘古未有的庞大改革”，然而激进派却称之为一个“官僚制的产物”。私有地产主没能入选土地委员会，但我们不能忘记，立宪民主党不得不考虑它的支持者多数来自私有地产主。最后，草案交给了未来的议会政党，用以落实与可能的修改，一起递交的还有一项决议，这项决议确立了把土地转移到“劳动人民手中”作为立宪民主党的“指导”原则。

草案要求进行系统性的土地充公以及私有地产的分割，毫无疑问，这种要求会越来越强。但是是否真的会有一个俄国政府，能以向两项要求的提出者的理想靠拢的方式，最终贯彻其中某一项要求呢，对此我们必须认真地考虑一番。

即便是真正温和的立宪民主党草案也是一项具有某种反活体解剖性质的方案；它提出了方案，但方案的实施却预先假定了一条“完全冷静的道路”。然而任何系统性的、普遍的土地分配的努力都可能引发狂暴的激情，尤其是农民混乱的利益冲突，只要稍加考虑这种激情和混乱，就只能得出一个结论：系统性的、普遍的土地分配要求这样一个政府，它既是产生于绝对的民主理想，又准备以铁的权威和力量来镇压任何反对政府命令的行为。

按照历史经验来判断，只有专制政府，在经济条件稳定的情况下，才有可能贯彻这些土地改革，并同时把如此广袤的土地重新出租给大量利益有涉的个人。几百万的小型国家租赁者会形成一个佃农阶级(coloni，tenant farmers)，只有在古代埃及和罗马帝国，曾经出现过这么多佃农。

一个官僚政权不可能去努力完成立宪民主党的理想，而且一般来说，也不可能残酷压迫贵族和地主阶级，而一个民主政府也不可能有“铁的”权威，这种权威必然是非民主的，也不可能残酷压迫农民。因此，不论俄国未来发生什么，大规模强制土地充公几无可能。

只要农民还是与现在一样躁动不安，他们还是有可能以低价位自愿购买土地的：对庄园主来说，哥萨克警卫开销很大，他们陷入一种局促不安的境地，然而却没有人能支付土地[购买]所需的资金，尤其是 201
一宗涉及上百万资金的真正大买卖更是如此，农民是不会买的。然而，一旦国家再度恢复“平静”，考虑到国家或者土地银行对土地的持续需求，地价就会飙升，甚至上升得比博什省的地价还厉害：在大约15年的时间里(尽管作物的价格一直下跌)，博什省的地价已经涨了5倍，个别地区还有上涨10倍的情况。

不幸的是，增加农民的公社份地(dopolnitelnyi nadel，参见术语表)以维持其生计的理念，似乎没有什么实现的可能性，这不是因为这个理念本身表现了某种“不可能的”事物(这个理念没有任何问题)，而是因为，刚刚描绘的斗争格局已经表明，统计数据也说明，任何改变这个理念为现实的严肃努力，都会遭遇难以计数的障碍。

当前农民在政治上已经“觉醒”，这一事实让这些困难更加雪上加霜，各个强大的革命政党，承载着绚丽夺目的希望，让农民心驰神往。

唯有通过客观的、不带成见的努力，才有可能找到某种切实的“解决办法”，解决这个复杂得难以置信的问题（立宪民主党的纲领就是试图，基于一个广泛的基础，找到这种办法）。然而，当社会的和纯粹政治的激情都达到了当前的强烈程度，极左翼政党的领袖又想利用农民的希望来为这些激情服务，此时此刻，根本不可能有机会这么做。而且就像很多其他事情一样，也“为时已晚”，这全拜过去20年的政策所赐。

恕我直言，就农民的智识能力来说，如果有人认为当前的农民能依靠自己完成土地改革，这必然是一种致命的自我欺骗，农民的智识能力甚至都给反民主的俄国评论家留下了深刻的印象，让他们大吃一惊。

一位像拿破仑一样的天才暴发户（upstart）或者一位如华盛顿般的公民，如果他掌握了军事力量，并赢得了民族的信任，就有可能凭空造就一个以小自耕农为基础的新俄罗斯。合法的君主制不太有可能完成这件事情，正如某个新生的议会机构也一样没有能力，这个议会机构还在为自己的生命做艰苦的斗争，遭受着右翼和左翼的攻击。

如果实施的土地改革，与立宪民主党提议的方式相比还要褊狭，那么，就如我之前已经说过的那样，[53]结果很可能是基于“共产主义”的“自然法”精神出现一次有力的增强，还有，俄罗斯的性质在政治、社会和精神方面要发生持久的变化。这些后果确实是“闻所未闻”，但也很
202 难预测它们准确的本质。不过，一次大规模的经济崩溃似乎已经在劫难逃，而且要持续10至20年之久，直到这个“新兴的”小资产阶级俄罗斯再次浸没到资本主义之中：人们必须在“物质的”目标和“伦理的”目标之间作出抉择。

实际上农民已经占有了租用的土地，土地充公若是只针对这些已经出租的土地，那就完全不一样了，或许就能按照新的租赁规定的方针进行，自1896年1月1日起，当局就引入这项新的租赁规定来解决

土地租赁问题，或者，另一种可能的办法就是，通过赎买租用的土地的形式，把这些土地转到公社手中，或者（像农民银行[1]已经着手进行的那样），自由组建农民合作社，也就是说，农民银行的努力和“调整性法规”双管齐下。

从经济方面看，只充公已经出租的土地，要比爱尔兰土地法令这种东西，更适合当前社会秩序的结构，但是，相比于公社借助土地银行购买土地，个人和自由合作社购买土地有明显的优势，正如这种优势表明的那样，充公已经出租的土地是以“经济选择”为基础，因而就与社会主义革命党的伦理和自然法原则完全相悖，立宪民主党的土地纲领也以这些原则为基础，只是淡化了一些而已。所以社会主义革命党和立宪民主党就反对只充公已经出租的土地，大多数农民，还有他们在激进知识分子中的意识形态家，就更加旗帜鲜明地反对这种做法了。

纵使计划要充公所有的农场土地，自1906年1月1日起，就只有农民的农用器具在耕作这些土地，因此，就是说，法律把雇佣关系转变成了一种“雇佣租约”，这种雇佣租约有正式规定的报酬，但还是可以赎买，所以这样一项政策骨子里依然是“保守的”。相反，立宪民主党的理念是要系统地向普遍无地的和缺地的农民提供最低数量的土地，他们的理念本质上是社会主义革命党式的（而且确实准备落实）。

或许这两条道路，俄国一条都不会走，现代土地资本主义与世代相传的土地上的现代小农场结合在了一起，它们正试图在市场中站稳脚跟，而且最终已经在俄罗斯大地上旗开得胜，在此之前，俄国农民仍不得不继续背负沉重的折磨和愤怒，俄国是共产主义在欧洲的最后一个避难所，同时也是农民具有革命色彩的自然法的最后一个避难所，这种自然法就滥觞于共产主义，因为它们的旗开得胜，这个避难所最终也寿终正寝了。当前掌握强力的那些人，他们制定的政策显然也是朝着毁灭这个避难所的方向，尽管向民粹派的观点作了相当大的

① 又称农民土地银行，前文曾多次提及，参见术语表。——译注

让步。

不论立宪民主党关于土地问题，这个最重要的实践问题，是什么态度，甚至就在杜马召开前夕，它都没有最终并完整澄清它的态度，更别说在选举开始的时候了。我们可以清楚地看到，在讨论的过程中，
203 甚至立宪民主党的领导者都最坚决地抵制草案预想达到的充公程度。更明显的是，社会主义革命党已经让农民阶层觉醒，具有了政治觉悟，因而立宪民主党的改革方案根本不可能让农民满意。另一方面，选举运动一开始，就出现了类似的草案，尽管调查不那么全面，这个时候，这个组织化的政党的多数人士都坚决表示，要充当农民阶级的代表，他们的坚决意向很有可能导致大多数大地产主和中型地产主不再支持立宪民主党，这一点似乎是不可避免了。

最后，当时（1 月份）立宪民主党在大城市外的组织化程度似乎还是很不够的，但是，党内毫无准备、朝令夕改、喜欢就纯粹的理论问题进行最细枝末节的讨论，却不去厘清具有实践重要性的纲领要点，比方说，土地问题的纲领要点，毫无疑问，这一切，尤其是党内的这些情况，要大大降低他们的胜算。

还有，一些最德高望重的右翼成员离开了，楚贝斯克亲王是他们的领袖，正是立宪民主党的软弱，尤其还毫无意义地去讨论“制宪会议”以及类似的问题，这些促使楚贝斯克亲王作出了离开的决定。马克西姆·克瓦勒夫斯基也加入了一个相当右派的群体：“民主改革党”（Party of Democratic Reform）。因此困难似乎越来越大。

立宪民主党的成员一直工作到选举开始，多亏了他们全身心的工作，立宪民主党才能令人佩服地弥补了其组织化的不足，但是内部的紊乱并没有真正复原，与此同时，立宪民主党还遭遇到了某些政党组织的挑战，因为选举权非常有利于财产所有权，尤其是地产，所以他们不得不把这些组织看作极其危险的对手。让我们简要描述一下这些组织。

就智识和物质力量而言，立宪民主党最重要的对手就是 10 月 17 日联盟党，1905 年 9 月的地方自治会和各城市大会在民族问题上意见

纷纭，10 月 17 日联盟党就是从这些意见分歧中发展出来的一支特殊群体。

10 月 17 日联盟成立于莫斯科，就在《10 月宣言》公布之后，并采用了宣言的名字，它是希波夫先前的民族进步党瓦解后的产物，民族进步党曾经主张成立一个人民大会的原则，人民大会从自治机构中产生，但要去掉自治机构的等级性质，大会的目标是就法律和预算案提出建议。希波夫和古茨科夫(A. J. Guchkov)担任了 10 月 17 日联盟党的领导职位。

在 11 月份的地方自治会和各城市大会上，立宪民主党拥有压倒 204
性的多数，尽管有 12 位成员支持古茨科夫，意见出现了明显的分裂，尤其是讨论强加给波兰的戒严令时，古茨科夫为戒严令进行了辩护。这个时候正值 10 月 17 日联盟刚刚组建，联盟的成员，在杜马的“制宪职能”、选举权(古茨科夫赞成“两阶段”选举体制)，以及边陲国土(country)的自治(尤其是波兰)等问题上，也都投票反对立宪民主党。

12 月 4 日，在希波夫、古茨科夫、斯塔楚维其、亨顿伯爵以及温和的地方自治会成员的领导下，10 月 17 日联盟党组建成立。[54] 主导的要素绝大部分都是从自由派的农村资产阶级圈子中招募的，同时还有一些成员来自富有的城市阶级(特别是彼得堡)，还有一些来自某一部分的学院派知识分子(米留汀、帕林克)，以及自由派的公务人员，神职人员和军官等。在莫斯科和彼得堡(梅耶多夫男爵)，都有德国人加入 10 月 17 日联盟，而且波罗的海立宪党考虑要与 10 月 17 日联盟建立团结关系，这个党纯粹由德国人领导，不过也有几位成员是拉脱维亚的资产阶级。

起先，10 月 17 日联盟与维特的关系很好；古茨科夫无疑随时都能获得一个大臣职位；4 月份沙皇要求古茨科夫接受一名帝国参议会成员的任命，古茨科夫拒绝了。1 月末，维特发表了关于独裁制度继续存在的模棱两可的讲话，就在维特的讲话曝光之后，它们的关系就冷却了：莫斯科和彼得堡联合委员会，在主席希波夫的领带下，表达了一个信念：沙皇已经自愿限制了他的权力，因而一部“宪法”的基础已经具备，10 月 17 日联盟应该在这一基础上添砖加瓦。1 月 29 日他们在彼得堡召开了一场气氛活跃的会议，也表达了类似的观点，还对维特进行了猛烈的个人攻击。

10 月 17 日联盟开始感到自己是一股为人所正视的力量；根据它自己的信息，到 1 月末，它在莫斯科有大约 10000 名成员；而且"以《10 月 17 日宣言》为基础的农民联盟"，拒绝加入君主派政党（Monarchist Party）或者合法秩序党，它反倒与 10 月 17 日联盟形成了坚固的联系，农民联盟的成立，一方面为了对抗激进的"立陶宛、波兰和俄罗斯的犹太工人总同盟"，另一方面是对抗"黑帮百人团"。

10 月 17 日联盟缺乏一份强有力的土地纲领，所以很难依赖农民的选票。相反，联盟只能期望所有"有阶级意识的"私有地产主，至少是有大地产的那些人，能支持联盟，就如城市中整个"有阶级意识的"

205 资产阶级支持它一样，隶属于贸易和工业党的资产者不在此列，不论遇到何种情况，整个资产阶级都与联盟处于同一战线。1 月份和 2 月份各地的报道都说民众很冷漠，有鉴于此，10 月 17 日联盟的前景非常乐观。

本质上 10 月 17 日联盟是地方自治会右派的政党，他们是主张立宪的。因此，考虑到地方自治会的构成，有些经济群体就没有参加 10 月 17 日联盟，它们在地方自治会中完全没有发言权。尤其是那些格外现代的阶级，这些阶级代表了可流动财产的所有者，它们是资本主义的产儿，在 19 世纪 80 年代和 90 年代坚决支持官僚制，因为只有官僚制支持它们的利益来反对自由派地产主的利益。

贸易和工业党脱胎于"贸易和工业协会"，莫斯科证券交易委员会主席，克列斯托弗尼科夫，曾是该党的精神领袖，现在他仍然是。就"资产阶级"这个词严格的经济意义来说，这个政党是它现实的和明确的代表。大工业家和贸易商出资支持贸易和工业党从事激情洋溢的煽动，这拨人还无所顾忌地运用他们的权威地位对他们的商业雇员、文职人员以及其他依赖他们的白领工人施加温和但坚决的压力，迫使他们加入贸易和工业协会。结果表明，虽然这些成员不情愿地用他们的签名和会员费支持了贸易和工业党，但没有投票支持贸易和工业党。

贸易和工业党认为自己是一个阶级的代表，它的成员曾与他们的社会主义对手同等程度地研究和理解了马克思（或者说同等的浅尝辄止），这些成员在一次莫斯科会议上开诚布公地声明了这一点：一切政党都必然代表"阶级利益"；其他所有东西都不过是一种幻象而已。尽管贸易和工业党成立一个专门的技术工人党[Handwerkerpartei]的企图最终落了空，但它在招募成员方面还是做得很成功的，甚至还招到了一些小资产阶级党员。个别工人协会，还有本土工人中间出现了某种贸易保护主义势力，这也有利于贸易和工业党在较低的社会阶层中施加影响。

1906年2月5日，以及随后数日，贸易和工业党召开了一次全俄大会。根据委员会的报告，当时贸易和工业党拥有60个分部，控制了30家报纸，发行量达到3000万份。人们可以在大会辩论中明显看到，贸易和工业党在本质上与10月17日联盟有共识，但它在立宪问题上要更谨慎，大会强调了《10月17日宣言》中对个人权利的保障，认为普遍的、平等的普选权暂时还是一个"纯粹理论性的问题"，它更加强调关于统一的中央集权主义观念。贸易和工业党明确反对"官僚作风"，也就是说，主张取消对资本的官僚化控制，还认为社会主义者，因其反中央集权（当然还有反贸易保护）的倾向，以及立宪民主党人，是他们特殊的敌人。 206

贸易和工业党最初（1905年5月和7月）企图在政治上和经济上联合整个大工业，但最终失败了，经济利益的代表与政党的组建也因此分道扬镳，尽管如此，强大的雇主协会构成了这个资产阶级政党的坚实基础，雇主协会在过去一年的风风雨雨中异军突起。因此，在罗兹市[①]的工厂作为一方，莫斯科的工厂作为另一方，率先抵制了中央集权的控制之后，整个俄罗斯帝国的工业巨头们就在彼得堡组成了一个联盟，这个联盟关注两个问题：首先，与政府的协商已经开始了，而且

① 罗兹（Lodz）是波兰第二大城市。——译注

还会继续,要确保雇主关于重组社会性法规的意见,能一起呈递给政府;第二,要为引进国外最新式的反工人的斗争方法提供方便。莫斯科地区已经组建了一个为雇主服务的罢工保障协会,在不久的未来,这种协会必定扩展到全国。各地也已经开始创立“福利制度”,其目的是社会性的统治(social domination)。

人们可以看到,俄国正在径直跃入最现代的经济斗争形式的中心,却没有经历西方发展过程中的所有中间阶段。在莫斯科,即将发生一次大规模的雇主停工活动,他们要报复排字工人的一场罢工。

大工业在选举之前实力强劲;考虑到选举法的本质,唯一的问题就是它的力量能否发生实效。

所谓的合法秩序党(Partiia pravovogo poriadka)脱胎于10月17日联盟,正是这个偶然事件造成了它的分裂,而不是它代表的不同阶级的经济状况的差异,这一点与贸易和工业党不同。9月份的地方自治会和各城市大会详细讨论了民族问题,之后,合法秩序党就通过一份原则声明,首次公开亮相。

这份声明宣称,尽管合法秩序党不一定要反对其他温和派群体关心的主要问题,也就是它们激进的土地纲领,但本质上合法秩序党与地方自治会的其他成员不同,因为(1)它认为区域(krais, regions)自治
207 的尝试,即便是一丁点,都是极端危险的:合法秩序党本身只倾向于各民族在公民权利和国家事务上一律绝对平等,在教学语言问题上互谅互让,全面贯彻宗教宽容;(2)它认为无条件维持一个“强大的国家政权”是至关重要的,但它觉得自由派的纲领损害了这个政权。[……]

人们一定能注意到,立宪民主党右翼群体的组织状态相当松散,成员的选举煽动“技术”拙劣,具有一往无前的献身精神的政党工作人员也越来越少,这些工作人员既是能干的煽动家也是学有素养的人。

10月17日联盟在煽动事务方面的多数智识任务,都由帕林克博士一肩承担,进步经济党,则是奥瑟罗夫教授,而杰出的“核心”政治家如希波夫,尽可能不出面。贸易和工业党与合法秩序党认为,他们能够依靠其成员的社会与经济的力量,而右派就依靠它们民族主义的反

犹太蛊惑言论。尽管如此，鉴于民主运动遭受了无止境的挫败，这些群体似乎更有可能取得选举的胜利，这些挫败如此严重，以至于就在选举前夕，立宪民主党中央委员会还在考虑，对他们而言，拒绝参加杜马，是不是可能更明智。

某些人群受到了选举法的格外袒护，这就是私有地产主，他们心态发生了180度的大转变，这给民主派造成了沉重的打击，也更有利于各大主要政党和保守派，其程度要胜过行政当局造成的一切挫折。

在镇压了莫斯科起义，并经历了农民暴动之后，[55]官僚制的反动开始指向“社会”，这就是说，主要是地方自治会。显然，这里农民暴动起了主要作用，这些起义严重威胁到土地私有制的经济基础，毕竟土地私有制的代表是地方自治会自由主义的领军人物。这个过程是一个显著的实例，它说明了，要想在一个地产主阶级中成功完成意识形态的工作，哪些条件是必需的，也说明了，与经济利益相比，人文主义理想的力量是多么有限。地产主主导了地方自治会，只要他们的经济基础没有受到本质上的侵害，他们就会接受政治的和社会的意识形态家的领导。然而，当地产主直接受到了肉体和经济毁灭的威胁，他们就会立即承当潜在的利益冲突的全部夯量，而且面对日常生存的破碎，还有痛苦地想起自身地位的物质基础，他们肯定要极大转变他们的立场，这是难以避免的。[……]

到1月中旬，洪流已经消退，这个时候，那些深受其害的人的心态 208
变化清晰可见。意识形态者的活动范围受到了相当程度的限制。迄今为止，贵族和大私有地产主群体，要么臣服于进步的自由派的领导，要么完全置身政治活动之外，但是，现在他们也开始让1月份的地方自治会大会疲于应付，同时由于“温和派”的缄默，在10月大会上，古茨科夫领导的少数派人数少得可怜，只有15到20个人——现在物质的“阶级利益”开始发起了全线进攻。

［韦伯叙述了政府内部的某些政策摇摆不定，着重刻画了，当有地的利益群体获悉一条消息：农业大臣，库特勒，正在考虑部分充公私有

土地时，他们怒不可遏的状态。韦伯论述道：]

就目前所知，[农业部的]草案针对帝国不同地区的三类不同规模的农场制定了标准：小型农场，没有付薪的劳动力；中型农场，所有者本人与领薪工人一起劳动；大型农场。所有地产都会被放入某一类，凡是超过标准的部分就会被充公。这些充公的土地，加上国家的土地和封地，一起组成一个“土地基金”，缺地的或者无地的农民就从中获取土地。大臣会议曾定于1月7日/20日开始就这个草案进行讨论，但这次会议根本没有召开，因为就在这个时候，利益有涉群体的抗议风暴也开始了：贵族在莫斯科紧急召开大会（1月4/17日至11/24日），大会抗议铁路建设之外的所有土地充公，反对杜马召集之前颁布一部土地法，同时也拒绝成立一个由贵族、地方自治会成员和农民组成的特殊委员会，来起草一份土地草案。

[就有地的利益群体提出可供选择的建议，韦伯补充道：]

这些民族传统的卫道士的主要目的，就是要在地价问题上树立一个障碍。大体上来说，土地资本主义的利益群体取得了胜利。内阁很快就会对土地充公的意见的命运作出了决断。

[库特勒辞去了政府职务，加入了立宪民主党反对派。]

在数不胜数的声明中，最明确有力的就是1月18日/31日沙皇对库斯克省农民代表团的一次讲话，之后这次讲话以官方形式通告整个
209 帝国，其中沙皇重申了他对财产绝对不可侵犯的承诺。

目前贵族和农民之间的阶级区分日渐清晰。有地贵族惊恐万分，以至于他们立即着手做全面的准备工作，要创立一个整个贵族等级的联盟（如果可能的话），这是为了能全力抵制国家的社会和政治的民主化。[……]

相对于亚历山大三世时期①,统治阶级对村公社的态度发生了巨大变化,这一变化以极其明显的方式表现出来。村公社曾经是斯拉夫主义者和反动的浪漫派的掌上明珠,被视为是“当局”的支柱,但是现在贵族大会视村公社为民众革命情绪的发源地(维特的官僚制一直以来都是这么认为的)。

不管怎么说,1907 年 1 月 1 日都注定要成为村公社命运的一个转折点,因为 1905 年 11 月 3 日的《宣言》命令,要在 1907 年 1 月 1 日取消土地赎金的支付。(时至今日土地赎金都还没有付清,这把农民束缚在村公社里,自 1893 年以来,即便是已经付清其土地份额的人,也受它的约束。)

问题是:实际上,政府是否会,以及在何种条件下会,允许农民在 1907 年 1 月 1 日退出村公社。

1 月 25 日/2 月 7 日,召集了一个“特殊委员会”讨论这个问题,3 月 19 日/4 月 1 日,内政部按照之前的决定,向帝国参议会提交了这个问题。过去数年,维特伯爵都曾表达过他的信念:只有解决了农民的特殊地位,才有和平可言。科特勒的继任者,尼克斯基,补充说道,村公社越快消失,一切土地强制充公的计划也就会越快消失,随后帝国参议会的一位成员建议,在农民退出公社之时,给农民提供一项普遍权利,可以安全地(in one piece)要求分配土地:到时村公社很快就会消失。

然而,帝国参议会完全反对在农民自己没有同意的情况下,做得这么过分,参议会同意了内政大臣的草案,根据这一草案,只能定期要求分配土地,也就是 4 年一次,而且每次至少要有 5 位农民同时要求。土地份额的面积应该取决于当前的土地占有状况;当 25 年内没有再分配土地时,就根据公社的决议进行之。

最后一项意见,蕴含着对古老的“土地拥有权”一种告别式的尊

① 1881 年 3 月民粹派刺杀了亚历山大二世,认为他的改革过于缓慢,这反倒让亚历山大三世上台重新回到了俄国原先的道路上去,他上台后,废除了很多亚历山大二世的改革措施,尤其是加强了村公社的地位,遏制了农民解放的进程。——译注

210 重，此外，整个程序在政治上的特点是，迫切希望利用杜马召开之前的剩余时间来做最后的努力，促进农民的私有制观念；政府的托辞是它只是在“解释”独裁制的一项法令，也就是《11月宣言》。左翼报纸对这个草案表示抗议，不仅如此，就连机会主义的刊物，如《新时代》之流，也不赞成对一项“国家”制度进行官僚式的打击，至少目前是这样。因此参议会没有批准这份草案，这个草案也和其他草案一样递交给了杜马。

随着社会对抗状态的日益加剧，私有地产者阶级也会想到与那些观点[①]类似的事情，这肯定会迫使他们加入村公社反对者的行列，这些观点就是政府为什么要采取敌对态度的原因。在维特闻名遐迩的“农业需要”委员会中，各个私有地产者阶级的代表们出现了意见分歧，这一部分是因为相互矛盾的阶级利益的考虑（工人的需要、各等级的需要），一部分是因为针锋相对的社会观点和一般的政治观点。突然的统一看来是不可能了，不过倒有可能在反对村公社的立场上，意见会逐渐一致。举个例子说，今年春天卡赞省的省地方自治会通过一份措词严厉的决议反对村公社。

就农民而言，他们对村公社的态度也是五花八门：那些土地分配的主要受害者，也就是，一般来说，有大量土地但家庭规模小、子女少的人，不过，当有人直接问他们时，通常相当一部分人都会表示反对村公社。此外，当然会有一小撮农民，他们的经济发展十分迅速，以至于觉得村公社就是一个羁绊。但是，在有村公社的地区，绝大多数的农民，无疑倾向于支持村公社的基本原则：对土地的权利要以需要为根据，也支持村公社根本的制度功能，也就是当家庭规模和土地占有之间“适当”的比例出现变化时，就要重新分配土地。

我们曾经常听到这么一个观点：共同负担税收的义务一直是公社的特征，一旦废除，农民就会有各走各路的趋势，可是迄今为止，还没有出现这个观点所说的情况，而且，对那些要么是无地，要么是几乎无

① 应指土地全部充公的观点。——译注

地的民众来说,废除土地赎金的支付肯定只会让他们更倾心于土地所有权的再分配。当然,凡是农民公开宣称他们观点的那些地方,没有哪一个不是公开支持保留村公社的。最后,俄国领袖群伦的"资产阶级"学者,包括在德国传统中受教育的那些人,甚至在今时今日,还常常强烈反对立法能直接摧毁村社或间接促使它消亡的观点。

不可否认,按照土地资本主义的标准来衡量,村公社是一项"古老的"制度,但它绝不是"原始的"或者不成熟的共产主义制度,当然,在德国,就连村公社的技术本质,经常还会有人搞不清楚。因此,在对村公社作出判断之前,我们应该尽力去理解人们支持它的动机是什么,然后就会明白,经常发生的,"价值对抗价值"。

凡是针对俄国学者的观点的进一步考察,必须随着情境的变化,慎之又慎;这里只需说明以下情况就足够了:当村公社觉察到资本主义的影响时,它很有可能会受制于某些变化,也就是说,俄国的大多数评论家是肯定村公社的,而德国绝大多数人却持有否定的"价值"观,在没有利害关系的人看来,这两种观点都会发生转变。

这里我只不过就想阐明,政府的态度发生了富有特色的变化。政府曾经承诺结束村公社对农民个人的支配,尽管如此,几乎就在话音刚落,人们就能发现,政府还悉心筹备利用村公社的支配来实现它自己的目的。正如我们之前已经简要说过的那样,[56]政府是企图利用村公社最可恶的一种权力来帮助警察:在特定情况下,村公社有权利通过流放西伯利亚的手段来剔除某些麻烦的成员。政府鼓励农民公社通过决议,向国家当局举报"农民暴动的支持者或者发起者",之后大臣就可以"运用他的自由裁断权"命令立即执行流放(这类情况,国家全额承担交通费用),政府借此利用村公社的流放权来打击革命人士。

通过类似的办法,政府取消了共同负担税收的义务,却又引入了共同负担损毁的责任,这些损毁发生在农民暴动期间。之后,内政大臣就在他 4 月份辞职之前,起草了一部法律,这部法律的目的是让农民负担暴动期间的损毁的公民义务更加"有效",办法是法警甚至可以没收农民之前已得到豁免的那些器具。然而,这项怒气冲冲制定的措施，遭到了司法大臣与维特两人的质疑，并被否决。

另一方面，政府也试图满足地产主的阶级利益，鉴于政府正着手制定法律，废除罢工惩罚，因而至少要在相当的程度上，创制一部针对农场劳动者的专门反罢工法，这部法律以普鲁士法律为样板，制定的法律条文要有可能涵盖庄园土地上劳动的农民。政府很重视这部反罢工法，以至于在4月26日，也就是杜马召开的前一天就公布了，标注的制定日期是4月15日，而且还有一个让人困惑的标题，这个标题恰恰暴露了编撰这部法律很匆忙："关于一项反对农场劳动者爆发罢工的决定之草案(!)"。在这项决定中，任何罢工，凡是有悖于农业工人签订的合同，还有任何煽动这种罢工的行为，即便没有成功，都定为是一种犯罪行为，纵使没有运用暴力手段。

为了抵消在维护"私有财产的不可侵犯性"方面取得的所有这些进展，政府发展了农民银行，这是继库特勒早先的举措失败之后，土地政治领域中唯一"积极的"(positive)措施，不论在何种意义上理解positive。(至于向流放西伯利亚提供财政资助，还有，国土与森林管理等各个部门多次商议向农民出租土地，这些人们大可不必当真。)

[韦伯论述了农民银行的各种权力，以及社会各阶层，尤其是农民自己，对农民银行的态度——参见术语表。]

唯一的问题是，农民是否会利用[农民银行]提供的有利机会，或者说，他们是否会静待来自杜马的更好东西，而不理会银行。

[韦伯论述了各地方自治会的态度出现了一种右倾的转变。然后他说明了举荐产生的新帝国参议会的人员构成，其中地方自治会成员占了多数。]

政府最明智的路线(而且事实上，也是容易着手的路线)就是让自己与合法的或者现实上具有特权的各阶级达成一种共识，特别是考虑到贵族能提供的基础过于薄弱，所以要与“温和的”地方自治会立宪派形成共识。然而，政府并没有走这条路。我们可以看到，就地方自治会而言，在关键时刻，它们对政府的猜疑胜过了它们对革命的惧怕，我引用的莫斯科地方自治会的例子就是证据，就政府而言，对地方自治会的旧恨胜过了它寻找一种反革命的有力支持的渴望。官僚制根本没有准备就其独断的行政权力作出真正有深远意义的牺牲，然而要与各有产阶级达成谅解，这种牺牲是绝对的和主要的必然条件。

战争期间①，地方自治会组建了一些组织来帮助“红十字会”，但红十字会却对这些组织采取了几乎令人难以置信的行为，这些行为就能说明，官僚制并没有改变它对地方自治会的极端嫉妒。举个例子说，地方自治会创立了纯粹的慈善组织，以救助遭受饥荒的地区，这些组织也受到了小小的滋扰、监视以及阻碍，这就与所有其他地方自治会人士参与的慈善行为一样，甚至是提供免费餐：尽管人们有极为迫切的需要，政府还是全面禁止了地方自治会的这些努力。 213

当涉及“国家存亡”时，有产阶层的“阶级利益”足以迅速有力地压制“第三要素”，但是省长和总督的行政部门(administration)并没有把压制事务留给有产阶层，反而坚持要求，一如既往地，以其生硬无理的方式行事，这必然要伤及各个地方自治会的自尊；不论是为了谁的利益，行政部门都不可能放弃它的全知全能，哪怕是一丁点。

对方很快就作出了反应。10月末，就连温和的地方自治会成员(如希波夫)都拒绝了维特提供的大臣职位，至于与茨波夫或者多诺夫之流合作，对他们来说，更是不可想象。[57]1月，维特向各个地方自治会发出了一份通告，邀请它们派遣合适的代表参加他常规的政治问题商谈会。几乎所有的地方自治会都拒绝了，过了一段时间后，维特不得不宣布原定的商谈会是“没有必要的”。双方无法达成一致。

维特的官僚制(它在经济上是自由主义)，在执政期间曾经框定了选举法，设计了帝国参议会的代表体制，但它也曾指责其最亲密的朋

① 应指1904—1905年的日俄战争。——译注

友，企业主资产阶级一无是处，还以轻蔑的态度对待内阁中最为忠实的盟友，特米亚泽夫，最后，总是引起人们的怀疑，觉得它正在诉诸"朱巴托夫主义"[利用奸细特务]。因此维特的官僚制就不能在政治上利用这些人士。

对杜马选举的分析

[接下来的一个部分分析了俄国各地的杜马选举结果。韦伯提出的重要论点是有关立宪民主党出人意料的选举成功。另一方面，比立宪民主党更右的政党，比如10月17日联盟，则是一败涂地。对此他评论道，]

214 城市中的投票人与一部分地产主，尤其是与农民实现了联合，立宪民主党之所以取得成功常常就是因为这一点，它有激进的土地纲领，而且强烈反对专断的行政行为，这特别能吸引农民。"农民联盟"这个反动的核心政党曾因寒冬发芽结果，不过选举鼓动阶段一步入正轨，它就如谷糠漂浮风中一般消散殆尽。

[不过，韦伯告诫说，]社会民主党的大量投票人投了立宪民主党候选人的票，我们不仅可以直接证实这一事实，而且也可以用另一个事实来证明它，这就是，这些选举结果促使社会民主党人在随后的选举中放弃了联合抵制，提名自己的候选人：紧接着社会主义的候选人人选就在第比利斯①击败了立宪民主党，他们能夺回社会民主党全部选民的9/10。同时，这也表明立宪民主党的选举胜利并没有一个很牢固的基础：只要极左翼大规模参与投票，就能在很多大城市重创立宪民主党，以至于唱对台戏的可能只是社会主义政党和资产阶级政党，而意识形态意义上的立宪民主党可能要出局。

[韦伯总结道，]资产阶级民主并不像外表看上去那么强大：如果

① 第比利斯(Tiflis)，俄国南部城市，现为格鲁吉亚共和国首都。——译注

社会民主党在各大城市参与选举,那么选举的结果也会发生变化,而私有地产主的阶级利益也会在同等程度上加重立宪民主党的损失。同样,城市中的社会民主党人与社会主义革命党的农民,他们到底能在多大程度上合流,这还是未知数,正如农民不可避免要觉醒(disillusionment),但他们的觉醒能产生什么影响也是未知数。甚至是选举团体发生一个相对不起眼的变动,就可能把立宪民主党从目前的权位上拉下马。

选举结果主要是多诺夫政权的独断行为造成的,凡是具有政治判断力的投票人都集中在民主的旗帜下一起抗议之。多诺夫政权,就其本质而言,不能提供坚实的法律保障,因而它就不可能联合更广泛的资产阶级,或许这个政权只有采取极端的政治行为,荼毒生灵,才有可能瓦解庞大的反对者,同时再对反对者施加一次几乎是无以复加的镇压,彻底消灭一切"阶级敌对"。各大核心党派指责政府只是依靠它们的所作所为,才成功推进了民主事业,他们真是切中了要害。

选举之后

215

选举本身已经蜕变一系列各自为政的竞争,各省、各个群体只是在特定的日期参加议员选举,尽管如此,到3月的最后一个星期,结果已经是一眼便知。首要的后果就是展现了各党派的生命力。虽然立宪民主党形式上只占有1/3席位,但他们借助统一的策略,成为了第一大党,结果,在4月24日至26日立宪民主党的第3次大会上,"制宪"大会的问题无人问津,一切进一步的讨论无不围绕"有组织的"立法工作。

这次大会完成了党的土地纲领,先前的反对声音再次在大会上出现,并且促成了一项决议,这项决议的表述很笼统,称土地草案只是一幅临时的"草图",宣称应该继续与农民保持接触;还任命了一个针对工人问题的执委会,并讨论了党应该如何安排个别的改革建议在议事日程中的位置次序。至于总体的战略,立宪民主党宣称不畏惧与政府正面交锋，不过必须确保一旦发生了此类冲突，那么政府必然要单独承担冲突的责任。从策略上说，这是一次意义重大的“向右转”，不过，这次向右转仍然保留了一种慎重的[sachlich]激进作风。

另一边的风景就大不同了。合法秩序党召开了一次 23 人“大会”(4 月 24 日)，这让它自己出尽了洋相。贸易和工业党彻底解散，其成员完全投身于经济利益。甚至就在选举期间，10 月 17 日联盟已经在很多地区(比如，哈克夫省)与贸易和工业党断绝了联盟关系，因为选民显然不打算接受劝说，投“资本家”的票。因此“资产阶级”在形式上让出了所有的议会代表制。

(选举一结束)贸易大臣费德罗夫管辖的部门就提出了它的社会-政治纲领，并邀请工厂主们与他共商此纲领，此时工厂主阶层作为一方，政府作为另一方，双方的总体态度泾渭分明。

费德罗夫的纲领本身有极高的综合性。但是这项纲领本质的创新之处，以及对工厂主最具吸引力的地方就是，解除行政部门对企业
216 的控制和监督，同时要求在法律上确立工人的某些权利，另外还有一些法律措施，初看上去，这些法律措施会产生相对广泛的影响，它们是模仿西欧的路数，尤其是劳动法有浓厚的德国色彩。虽然这项纲领得到了强大的利益群体和雇主协会的支持，雇主协会还参与了制定，但企业觉得自己已经够强大，足以与工人正面较量。只要雇佣合同不再受工厂督察的控制，而且国家对企业管理的干预受到法律的约束，企业就准备同意这项纲领要求的“社会政策”要素，尽管所有企业不可能完全一致。

与去年冬天的政府不同，“立宪”内阁确实承诺解除对企业的控制和监督。从官僚制的角度来看，内阁采取的措施在策略上是绝对正确的：一旦俄国资产阶级在追求经济利益的过程中摆脱了国家的控制，他们就会倾心于成为“强大的国家政权”更可靠的一根支柱，不过，肯定不是议会的支柱。

几个主要城市的选举结束以后，10 月 17 日联盟一开始也打算解散：甚至《新时代》都支持它们解散。然而，经过进一步的斟酌之后，中

央委员会只是赞成重组，并“抛弃一些不受欢迎的要素”。10 月 17 日联盟断绝了与右翼政党的一切关系，并在彼得堡召开了一次党大会，会上他们一致通过了一项动议，认为沙皇应该着手修改“基本法”，但是拒绝通过进一步的动议，即内阁应该由多数组建，不过大会还是声明，他们在原则上并不反对这项动议。尽管如此，这项动议的否决还是导致了帕林克的辞职。

确实，10 月 17 日联盟以左倾的方式修改了它的纲领，清楚缩小了它与立宪民主党的分歧，亨顿伯爵在杜马中的行为已表明了这一点。它完备的民族纲领与立宪民主党的纲领很接近，唯一的不同就是波兰的政治自主。两大政党的党纲在自治和语言问题上几乎是如出一辙。甚至在选举期间，10 月 17 日联盟中就有人支持可行的土地充公，现在，我们可以在杜马中听到联盟领袖，亨顿伯爵本人也持有这种主张，他宣称，即便是财产神圣性的原则也必须服从“国家之善”的考虑，尽管只是在不可避免的情况下；就是说，这代表着一种明确的“向左转”。

只有君主派，即便在经历了痛苦的结局之后，依旧“岿然不动”，并举行了一次大会，先前的演说和决议丝毫不变。但是即便在这些人中间，也没有官僚制的朋友。

在杜马召开前夕，“立宪君主派法律同盟”中的核心党派，倾听了工人的讲演，这些工人威胁，如果不修改“基本法”，他们就发动革命，基本法降低了杜马的地位，变成了“一个纯粹的协商大会”。 217

最后，激进主义获得了选举的成功，这对极左派产生了意料之中的影响：即，社会民主党人加入了随后的政党委员会(Caucasus)的选举，并取得重大成功，他们撤销了联合抵制的决议(当初通过这项决议时，就只有 1168 个支部会议同意，928 个支部会议反对)，再次形成了一个单一的政党。[58]

就立宪民主党来说，他们担心议会的政党会成为超议会的“俱乐部政治”(clubbism)的受害者，这种担忧立即引发他们去思考如何能避免，与此同时，社会民主党则力图掌控议会代表制，起先它只是勉强接受了议会代表制，而且议会代表制度即将变强，并迫使社会民主党严格服从新生的中央权威的指令。此外，斯德哥尔摩协议根本不能终止孟什维克（普列汉诺夫）和布尔什维克（列宁）之间的论争，这是社会民主党内原有的争论，整个选举期间一直都有。

最后提到的这个党派①，还在继续它的斗争策略，反议会的辛迪加主义（sindacalism）[59]，显然它让政府很是惬意，此时此刻政府乐于容忍最极端的言论，这一次布尔什维克在杜马中以反议会的辛迪加主义为目标，必须承认，就他们的愚蠢行为而论，辛迪加主义只是一个言过其实的美名。当普列汉诺夫通过一篇《对俄国工人的呼吁》的文章主张支持杜马时，布尔什维克正着手破坏孟什维克的集会。有鉴于此，我们不得不静待正式政党（official party）的格局的进一步走向，明年的大会肯定会提供这方面的信息。

社会主义革命党，尽管并不情愿，但还是在农民中为他们的政党赢得了相当可观的支持，不过农民的取向相对温和。政府为农民议员预定了专门的住宿，包括全额的膳食费用，价格低得惊人，并提前给他们寄去了火车票，在杜马召开之前足够他们动身，但这些努力都白费了。首先，警察在火车站以寻找秘密文件为由搜查了一位农民议员的手提箱。之后，据农民议员下榻的客栈的一位员工透露，已经有人命令他“监视”议员们的一举一动。出于义愤，绝大多数农民（在 4 月 21 日）搬了出来，自那之后，在极为激进的奥尼普科主持下，他们召开了
218 几次私下会议，这些会议符合之前告知他们的一项要求；最初大约有 80 位议员参加了这几次私人会议，后来有 102 位，有时还要多。

激进民粹运动的煽动老手们，阿拉丁、阿尼金、博达热夫、纳扎热可、奥尼普科、谢尔金等，一开始就主导了会议的进程。与会者中也有立宪民主党的支持者（数量还不少），他们都是农民等级的成员。为了满足他们的愿望，两位立宪民主党的执行官也常常加入协商，而这些支持立宪民主党的农民议员也定期作为客人列席立宪民主党的会议。

① 布尔什维克。——译注

然而，他们最终还是没有实际加入立宪民主党。农民发现立宪民主党纲领"不够向着人民"，从头到尾弥漫着贵族气(dvorianskii dukh)；立宪民主党计划保留一些大型的私有农场，这些农民议员根据这个事实，认定立宪民主党也热心于"高地租低工资"，但是土地是上帝的，每一个农民得到的土地必须与他能"用自己的双手垦殖"的土地一样多(劳作标准，已经讨论过了)。[60]

随后会议还强烈抗议驱逐工人出彼得堡的行为，无条件谴责死刑——"每个人都能变得更好"；激进的情绪在增强，随后会议就通过了一项决议，不加入任何党派，这项决议导致了"劳作集团"的形成，这个集团最初由 60—70 人组成，最后是 107 名"农民"(包括工人和激进的知识分子)，同时一些立宪民主党的党员现在又重新回到了党内，还有一部分农民，出于对冷言冷语的害怕，明哲保身，只是随大流投票。"劳作集团"(有 107 位成员)色厉内荏。它有三大组成成分，社会主义革命党知识分子、激进的农民以及社会主义工人，他们不可能长久同舟共济。

社会民主党在撤销拒绝参与杜马的决议之后，6 月份就宣布，目前他们的支持者准备组建一个专门的议会党团[Fraktion]——眼下他们已经做到了。

凡是与土地问题无关的政治问题，以及与废除警察任意损害农民人身的行为无关的政治问题，农民差不多都是漠不关心的；农民强烈反对给犹太人平等的权利，尤其是"拥有土地的权利"，也强烈反对给妇女选举权，而且他们还是一如既往地深刻怀疑"知识分子阶层"的那些领导人：甚至是遇到一次党大会会场租用这种情况，这些"知识分子阶层"的领导人提前预支了款项，农民就要怀疑款项的来源。仅仅是因为农民"缺乏土地"，还有行政暴政的巨大压力，才促使社会民主党保持团结。棚户区(street)与"俱乐部政治"对社会民主党有切身的影响，一些领导人拥有相当层次的演讲水平，然而几位自视甚高、言语空洞的人(阿拉丁、阿尼金)获得了成功，这非常清楚地表明，政府意在降低杜马辩论的知性水平的选举政策有效果。 219

为了赢得选举，所有党派都不得不在它们的候选人名单上吸收大量的农民，以至于他们很多最是才华横溢的领导人都没有位置了，尤其是因为政府曾指控了相当一部分的领导人，目的就是阻止他们成为候选人；还有其他一些领导人之所以遭到排挤，是因为要求“从成员本身中间”选择候选人。

因此政府对选举结果和农民态度的全部期望都落了空，这一点在3月末就已经能看到了，政府面对着一个压倒性的多数，这个多数由绝对反官僚的、社会与政治上都激进的各种要素组成。

面对这种局势，政府当务之急就是答应银行指定的要求，迅速获得一项“战争贷款”以打击“内部敌人”。现在银行操持着生杀大权。起初银行坚持要求召开杜马，现在杜马召开在即，银行又迫不及待地在杜马召开之前让贷款“签订成交”，因为政府是在茫然无助之际才央求银行施以援手，所以它用以达成交易的那些条件，杜马肯定不会同意。更有甚者，不论官僚制是崩溃，还是向杜马臣服，俄国政府发放的全部债券的命运都是个未知数，这是不可避免的，而且还会彻底破坏贷款业务。[……]

政府的财政处境如此艰难，以至于它不得不向杜马或者银行屈服，不过它更乐意向银行屈服，事实上答应了全部条件：尽管1月末银行的利率大约是9%，任何时候都有可能跃至10%，但是银行的现金储蓄却正在减少，农民联合抵制纳税正在产生影响。支付给铁路和邮政局雇员的较高工资、军队饮食的改善、给哥萨克人的财物、卫戍部队的重新部署、增加的治安开销、用以缓和饥荒的大额“食物预算”、土地赎金支付的免除，最后国家财产和税收收入的直接损失——这一切都造成了预算内部的大规模变动，这些变动要么加重了去年的赤字，要么还继续在让政府犯难。政府不可能再次发行短期的国库兑换券来
220 解决问题。于是，政府接受了银行的诸多条件，这些条件几乎与俄国债券的价格形成了奇异的对比，甚至在对日战争最不利的时期也一样(这是大的金融机构在处理债券交易时的机智策略做到的)，而且这些条件的苛刻程度史无前例，超过了俄国或者其他任何迄今为止“有名望的”伟大政权曾经容忍过的条件。[……]

至少贷款是“没有问题的”(home and dry)——维特伯爵就是因此才不可或缺的;事实上,因为他必须分担人们对内政大臣的全部憎恶,所以就连国外的银行都对维特要与这届杜马接触的想法表示担忧。因此,为了让维特及其内阁不光彩地下台,并用一撮恭顺的保守官员取而代之,相对而言,这些官员在与“社会”的关系上更“不会妥协”,他们用了任何可以用的借口,我们很难弄清楚这些借口的本质。新内阁“修正”了《俄罗斯帝国基本法》草案(这部草案一时不慎落入了新闻界之手)的某些地方,这是为了让它更具有宪法的色彩,但草案还是要获得沙皇的签署,因此立即引发了一场愤怒的抗议,抗议者不仅有立宪民主党,还有各大核心政党。

另外,选举之后,官僚机器还是按照以前同样的节奏在运转。政府公布了一份草案纲要,这份纲要的内容是社会立法的整体纲领,除其他事项外,它还说明政府正在放弃调整资本主义发展的所有努力,认为这么做希望渺茫;财产曾经享有免受上层干涉的自由,但这份纲要可能还要剥夺财产的自由,让财产落入“资本”的魔爪——不过有一些社会的和政治的限制条件。[……]

另一方面,我们看到,政府如何加强保护财产,尤其是地产,以抵抗来自下层的攻击。4 月 26 日,也就是杜马开幕之日,因而法律上也是旧政权的终结之日,也必然是沙皇辛勤“工作”的一日:不但是《农业劳动者法》,而且有关农民银行、财政政令等各项沙皇敕令都标注了 4 月 26 日这个日期,杜马开幕仅 10 至 12 日,政府就公布了这些东西。

杜马开幕的日子到来了,沙皇踱步于过分隆重的盛典和宫廷队列的典礼之中,(据新闻报道称)“颤抖地”登上了御座的台阶,宣读了他完全空洞无物的“欢迎辞”;据说万众期待的“沙皇演讲”曾因“不负责任的”影响中断了,但是真正的原因很可能只是无人赞同演讲的内容。

俄国所有的监狱与成千上万的村社都在等待大赦,因为政府流放、逮捕了村社里的人,然而沙皇的致辞只字未提大赦,这引发了最有 221
力、最负面的后果。这本来可以成为一个标志:就此终止未经审判就流放的做法,之后政府,不论它是否乐意,都要让一大批被流放的人从西伯利亚和阿尔汉格尔斯克(Arkhangelsk)[1]回来,因为他们已经入选杜马。一位被解职的教授(谟罗姆舍夫)当选为杜马主席,一位刚刚被流放的教授(格雷德斯库尔)当选为杜马副主席,他是在阿尔汉格尔斯克的强制居住的住所中当选的。

帕其科维茨,解放运动的一位资深斗士,解放联盟在德国黑森林秘密组建,当时他是联盟的主席,这个时候,他怒不可遏,绕开了正式的程序,提出了大赦的要求。现在真正的戏剧上演了:任何一方都没有想到会以"暴力"(powder and shot)收场,而不是其他结果。官方的《政府公报》刊登了沙皇的欢迎演讲辞。但是该报还是忽视杜马的存在:正如彼得堡的新闻界指出的那样,它似乎是在犹疑要不要把杜马视为是一个国家机构,或者更准确地说,一个革命俱乐部。"旧"俄罗斯的"领袖们"可能也是这么想的。按照法律的要求,在杜马召开之前,谟罗姆舍夫要受到沙皇的召见,据说他给沙皇留下了"好印象"。

杜马的大赦辩论混乱不堪,尽管辩论要遵守一些规定,议员们心中的怒火还是喷涌而出,他们就回应沙皇致辞的演讲稿达成了一致,其内容和形式都很有力,然而就在这个时候,谟罗姆舍夫要再次前往宫廷,是为了沙皇的寿辰。宫廷进行了精心的安排,谟罗姆舍夫坐在了一个尊贵的席位上,因此如果某人有重要的事务要对他说,就不可能接近他。沙皇拒绝亲自聆听演讲稿,并要求宫廷大臣聆听之,毫无疑问,这一程序可能会给农民以沉重打击,他们一直渴望他们的代表能与沙皇"直接沟通"。事实上,更有普遍意义的是,在绝大多数农民眼中,笼罩着沙皇的浪漫光环消散了,很可能这是所有这些事件最有影响力的结果。

然而,杜马的大臣席位,16 天都空无一人,不仅如此,一直到 5 月末,政府都没有递交一项有实质的提案,自去年 12 月份以来,政府一直拖延召开杜马,理由是杜马召开之前,需要"准备"。直至 5 月末,杜马的全部活动就是形成它对沙皇致辞的回应。

---

① 俄国西北部港口城市。——译注

杜马经过长时间的讨论，一致同意这份演讲稿，亨顿伯爵及其支 222
持者，只是因为不同意递交演讲稿的方式，但又不愿损害了一致性，才离开了议会大厅，这份演讲稿包括以下纲领要点：“由四部分组成的”选举权程式，议会对行政机构的控制，目的是减少公务人员的独断统治，这种统治在沙皇和人民之间设置了一个障碍，大臣负责制，一个议会政权，废除帝国参议会，保障个人权利，言论自由，出版自由，结社自由以及集会自由，罢工自由，请愿权，法律面前人人平等，废除死刑，为了向农民提供土地而没收土地，劳动立法，免费的初等教育，税收改革，“以普选权为基础”重组地方自治，军队的司法和法治，少数民族的“文化自主”，大赦一切宗教的、政治的和土地方面的罪行。

沙皇作了回应，同意了以下几点：改变选举权（但不是即刻，因为杜马才刚刚开始工作），劳动立法，普遍的初等教育，更公平的税收分配（尤其是收入所得税和遗产税），改革地方自治并要特别考虑边境地区的性质，私人的和自由的权利（尽管要有“有效的”方法阻止自由的“滥用”），公务人员的法律责任，废除国内通行证，废除农民特殊的“等级”地位，利用农民银行，还有，从国家土地中划拨，重新定居等手段向农民提供土地，但不实施没收。差不多无条件拒绝了所有其他要求，尤其是大赦；只是同意“仔细核查”那些未受指控的被拘留者的情况。

只是为了宣读对杜马演讲稿的回复，在杜马开幕17天后，总理大臣首开金口，并自那天之后，《政府公报》的晚间增刊栏目出现了杜马的会议记录，这份报纸取代了维特的《俄罗斯国家》（*Gosudarstvo*）。《政府公报》承诺逐字逐句地报道，一开始确实如此，但是可能是因为阿拉丁、纳扎热科以及其他人的发言似乎太“狂”了，很快就只能在发言人名单上看到他们，但没有任何发言内容；另一方面，杜马自己决定要向全国各地大规模分发他们的会议记录，并为此储备了一笔资金。[……]

大臣议席依然空无一人。这就是说，政府最初在处理与杜马的关
系时，一遇到难办的要求，就效仿土耳其的程式：置之不理并且不做任 223

何事情[61]。杜马可能要卷入无休止的讨论，丧失了与民众的血肉联系，考虑到有这种危险，[……]立宪民主党很快就引入了立法提案[Direktiven]。

[韦伯论述了政府企图通过一个程序上的伎俩来遏制立法。他还说明了立宪民主党与社会主义革命党的"劳动"(labour)集团的意见分歧。]

"劳动"(labour)集团不参与议会的实践工作，他们认为这些工作毫无意义，相反他们利用杜马作为一个革命宣传的中心。15名劳动集团的成员用一篇呼吁文稿对公众做讲演，在这篇文稿中，他们批评政府对杜马的行径是阻碍议事，此时政府指责他们是煽风点火，省长们也竞相公开"驳斥"他们的论断，在杜马的议事过程中，省长们热情洋溢，坚决、尖锐地批评杜马。

全国出现了前所未见的不耐烦情绪，这影响了杜马内部的情绪，这转而又影响了全国，因为议员们开始巡游各选区倾听选民的意见。与此同时，最难以控制的谣言到处流传，这些谣言有：试图强制推行军事专政的阴谋、各派在彼得宫中所谓的明争暗斗，以及内阁的各种密谋，报纸称这个内阁为"明星内阁"。

之后布罗斯托克(belostok)①的犹太人大屠杀，表明杜马处于权威全盛时期：杜马派遣了一些议员去调查此事，他们立即恢复了秩序，尽管与政府的关系更紧张了。[62]杜马用他们代表的报告反驳了军队指挥层的报告(军队的报告自然是很偏颇的)，因为杜马派遣的代表没有追查公务人员的合法权威，所以他们的报告也同样是偏颇的。杜马就公务人员的违法行径进行了数百次的质询[正式的问题]，但官员的回答总是千篇一律。大臣以及他们的公务人员总是企图脱离严格的事实陈述，发表政治评论，每当出现这种情况，左派议员就愤怒地打断他

① 波兰东北部一城市，位于白俄罗斯边境附近。这次犹太人大屠杀的详细情况可参见本篇德文编者的第62个注释。——译注

们，而且还不准他们中间“双手沾满鲜血的”人（比如，帕夫洛夫将军）发言。“两个俄罗斯”[63]泾渭分明；军队起义、政治罢工以及农民暴动又开始风起云涌。

目前，杜马似乎可能要出现一种二元的政党格局：立宪民主党要么与劳动集团的右翼（“合法”的一翼）组成一个联盟，要么他们就联合“和平革新党”，亨顿伯爵正在组建这个党，吸引了一部分“无党派”议员。[64]只要没有稳固的宪法保障，这个领衔的党派就必须联合劳动集团的右翼，但愿这一选择只是为了与它的整个历史保持一致；温和派迫切要与立宪民主党保持接触，但是如果立宪民主党与温和派形成了一个欠考虑的协定，就可能受到政府蛊惑伎俩的毒害，显然政府从激进的社会民主党人对杜马和立宪民主党人的攻击中获益了。

因此，立宪民主党秘密进行了讨论，一致拒绝加入这样一个内阁，它不是清一色的立宪民主党成员组成的，更何况还有诸如希波夫、亨顿伯爵或者斯塔克霍维茨之流。[65]还有另外一个问题，这就是即便立宪民主党人接管了政府，他们是否有能力保持团结，这个问题的回答很可能是否定的：科特利亚热夫斯基以及其他几个人倾向于各大右翼党派，希彻皮金和其他人则倾向于左翼各派。即便是在一个自由内阁的统治下，从高压的警察暴政下获得解放，也有可能导致一次汹涌澎湃的情感爆发，不仅是激进派，还有阶级敌对势力，以及随之而来的民族敌对势力。但是主要的因素是不能说服沙皇把自己托付给立宪民主党，沙皇只关心自己个人的地位和安危。

叙述杜马议事进程的实际内容没有什么意义，因为他们毫无章法。政府恶意阻碍的策略过去之后，他们终于能够开始工作，此时他们从事工作的强度能够与世界上任何一个议会相媲美。所有的报纸都在报道全体会议，但实际的工作，当然不是全体会议完成的，而是委员会。稍微关注一下委员会会议的每周公报，就能看到幕后的议员多么忙碌。

到7月初，杜马议员引入的全部草案都接近尾声。土地草案，一百好几十位议员在全体会议上讨论了14天，还有91位议员组成的委员会和多个亚委员会奋战了 4 周，终于达到了以下阶段：基本的纲要差不多都确定了，大多数议员都准备表示同意：这些纲要几乎完全与立宪民主党草案的纲要相对应。宫廷人士反对的并不是杜马承诺要做到的事情太少，而是它承诺要做到的事情太多了，其中多数都给政府造成了很大的不便。

政府引入了一项 5000 万卢布的贷款计划来缓和预期的歉收，以此把杜马逼入死角。因为科科夫特舍夫的财政报告（顺便提一下，这
225 份报告的清晰度差得出奇）没能说明进行一项贷款的必要性，所以杜马暂时同意了 1500 万，不过它测定要贷款的金额超过了储备金，因而有待进一步的批准。“核心”党派把持着帝国参议会，其中多数议员都同意杜马的意见（萨马琳要求记名投票的动议一败涂地），这次事件标志着内阁的一次重大失败。局势日益艰难：只有解散或者屈服。

[韦伯论述了政府是如何让自己立足于财产绝对不可侵犯的原则之上的]，（政府）[①]企图引导地产主和农民的利益与杜马鹬蚌相争，自己坐收渔人之利。政府引入了自己的土地草案，同时（在 6 月 20 日）还以一份官方公告的方式直接向全国进行宣传（《政府公报》，第 137 期）。政府此举的煽动性质，仅一个事实就能清楚说明：我们可以看到，尽管杜马坚决否定了充公任何公社份地和私有小额财产，但是政府却在它的公告中说，一切土地充公的“后果”必定是把全部土地划分成相等的部分，也就是说，为了给农民增加微不足道的土地所有量，就要拿走所有私有土地，“最终还要”拿走公社份地（事实是，根据政府自己的估算，平均来看，增加的土地数量相当于任何一个农民村社 1/3 强的土地，包括最富有的村社！）。

政府这种反杜马的举措是直接的、正式的、公开的内阁檄文（而且，更可恶的是，完全是胡说八道），政府当然很清楚，杜马不可能、也不会逆来顺受，特别是政府在最近激烈的杜马会议上不断重复古柯（Gurko）毫无根据的言论时，更是坚决回击。政府也充分意识到，他们

① “（政府）”是中译者所加。——译注

的言论不会给农民留下丝毫印象。这份完全没有价值的公告有一个唯一可能的政治目的，那就是煽动左派的革命激情，以此在杜马中给立宪民主党制造困难。这就是说，政府因为担心杜马的长期存在可能会剥夺它的权位，破坏军队的纪律，所以想在沙皇下台之前，引发一场正式的冲突，于是就对杜马正在表决通过的一份土地改革草案大做文章。政府确实成功实现了它的目的。

毋庸置疑，政府采取的措施与一个秩序井然的国家的任何惯例都格格不入。当然人们也可以说，当杜马决定违背温和派的意见(亨顿
伯爵、斯塔科维其)，对政府的公报作出回应时，杜马的这种开倒车行 226
为也是格格不入。为了回应政府的公报，土地委员会提出了一项“声明”，这项声明在形式上和内容上都很拘谨，但还是向公众作了宣讲，它确立了土地委员会的基本决议，这些决议直指 5 月 13 日的内阁声明(答复杜马的讲演)，现在我们已经能看到这些基本决议了，而且，这项声明还就 6 月 20 日的政府公报(重复了 5 月 13 日的内阁声明)作了评论，指出一部法律未经杜马批准，就不能通过，但是杜马不会肆意要求强制充公。这项声明还强调，只有经过最缜密的考虑，才能通过一部土地法，这就要求公众“平静、和平地等待”法律的通过。

7 月 6—7 日/19—20 日的议会会议持续到深夜两点，当时帕其科维茨引入了一项修正案，立宪民主党内部就这项修正案进行了长时间的磋商，亨顿伯爵也同意之。这项修正案删除了所有涉及土地委员会决议的内容，理由是这些内容并没有通过正式途径告知杜马，而且也没有因为“破坏和平解决土地问题的办法”而严厉谴责内阁，倒是提到了杜马回应沙皇的演讲。

声明的引言曾经表达了一种期望，要求人民“平静、和平”地等待。但是左派(谢尔金本人)猛烈抨击修正案是一次“淡化”，进而要求号召公众行动起来支持杜马。这一意见遭到了否决。

杜马同意了帕其科维茨的修正案之后，也同意了土地委员会的声明，情况是：立宪民主党 124 票赞成(不过并不是所有的立宪民主党人都投了赞成票)，社会民主党人(他们反对保持平静的号召)和右派(他

们反对任何“声明”)53 票反对，加上 101 名“劳动集团党人”(trudoviki)弃权。

无论如何，作为一个议会团体“直接向公众求助”，这都与立宪政府的惯例和精神相悖，这是很清楚的，连帕奇科维茨本人也承认这一点。(唯一类似的事件可能就是，法国议会“公示”决议，尽管这不完全是直接求助。)这也与立宪民主党的原则形成了对比，立宪民主党要在现存“秩序”内不越雷池半步，它在其他方面都严格坚持了这项原则，尽管政府有种种非法的行为。不过，发布那份“声明”本身并不是越界之举。因为帕奇科维茨清楚宣称，发表声明的意图并不是要通过报纸与“人民”沟通，而是要与内政大臣沟通，这就是为什么要在官方的《政
227 府公报》上刊登声明。在某种意义上，杜马是在宣称在报纸上的“修正”权来反击内阁的声明。

杜马没有超越形式合法性的领域，然而，这并不能改变一个事实：立宪民主党人认为，决议是一个政治错误，不过必须承认，在这种情况下，这个错误是难以避免的。对杜马来说，这必然意味着一次挫折，但愿这是因为杜马没有办法“以合乎规定的方式”公布。因为就连帕奇科维茨自己也不相信《政府公报》居然会公布这一声明。因而，杜马完全可以选择，沿着“违宪”的道路继续前进，或者选择一份它认为合适的报纸进行刊印。当然，也可以通过一项决议，谴责政府公报“胡说八道”，人们确实能以十分诚实的态度，宣称政府公报是“肤浅的蛊惑谎言”，这也可能达到同样的效果，因为可以通过报纸做最广泛的宣传。[……]

从策略上说，考虑到杜马的分裂和立宪民主党的孤立，此时似乎是解散杜马的好时机(尽管没有人谋划解散集会)，政府抓住了这一机会。

政府公布了一份帝国《宣言》，紧接着就是杜马的解散和帝国参议会的休会(只有两个纯粹的官僚部门例外)，即使就俄国而言，我们也不得不称这份《宣言》是一件让人惊讶的作品。《宣言》首先认为，杜马已经偏离了它的职权领域，“非但没在立法领域内工作”，反倒专注于调查“经我们的命令任命的地方当局”，专注于“‘基本法’的不完善之

处，但只有我们的帝国意志才可能纠正它的不完善”。

断言杜马专注于基本法，这纯粹是一种捏造，因为杜马从没有企图僭夺沙皇的创制权为己所用。而且，在当局有非法行为的情况下，质询权是杜马的合宪权利。至于立法领域的创造性工作（因为重要的不是全体会议期间的演讲，而是各个委员会的活动），世界上没有哪个议会，让我们重复这一点，比俄国议会做了更多的工作，只不过工作的方式沙皇不能接受而已。

接着政府（失实）论述了 7 月 7—8 日的杜马声明，认为它是一次“向人民的呼吁”，一次“明显的”非法行为。随后就是完全不负责任的断言：农民就是因为这份声明的煽动，也就是说，因为一次甚至都没有公开的“呼吁”，才起义的。进而，政府作出了一个承诺：“俄国工人，只要他没有碰过不属于他自己的财产，就应该有一种合法的、正当的途径扩大自己的地产”，未来的杜马应该落实这项任务；政府宣布杜马的召开日期是 1907 年 2 月 20 日/3 月 5 日，这就意味着 1907 年的预算 228
案不能以法律要求的形式通过。

我们很难找到合适的语言来描述帝国《宣言》的结论部分，它开篇的词句野心勃勃，而且带有威胁色彩：“我们应该对不顺从者强加我们的帝国意志。”《宣言》的开篇部分说，沙皇要举行他那虚伪的宗教涂油仪式，说明他曾经“坚信神圣的恩典”，现在涂油仪式已经是所有君主声明中一个令人讨厌的部分，但又立即补充到，“一次残忍的审判已经让沙皇的期盼化为乌有”；结论声称，现在沙皇决定相信人：“我们相信（！）有思想、有功绩的英雄一定会出现，由于他们自我牺牲的功业，俄罗斯的荣光必定绚烂夺目。”

他们假想这些英雄藏身于苍茫大地的某个角落，然而，纵然这样一次无力的告白能有力地唤醒那些“英雄”，以至于他们能破土而出、彰显自身，但是这个政权的警察体制却没有英雄的安身之所——除非帝国《宣言》的作者认为，诸如前任大臣多诺夫，或者茨波夫将军，或者内政大臣斯托雷平（就在这一宣言发表的同时，斯托雷平提升为总理大臣）之流就是这些“英雄”。事实上，我们最多也只能对这些人说：

"有军刀,傻子都能统治。"

杜马议员[在芬兰的]维堡①向杜马抗议,反对没有预算案就能统治的违宪企图,反对"对每个人强加帝国意志"的言论,温和派的议员没有参加。在这次抗议中,议员们号召人民不缴税款,这是一个上文已经批评过的办法,以及不应征入伍。此次鼓动是否会成功还要拭目以待。就目前来看,因为他们没有做任何准备,一切都还是风平浪静,除非出现去年秋天那样的情况,当时领导人丧失了对民众的控制。

贷款的支付比率并没有出现剧烈的下跌:银行只能与专制主义政权做"生意",现在它们又不得不抛掉它们的债券了;因此就能"人为地固定住"支付比率。如果有人受到了这种情况的蒙蔽,或者受到了一个温顺的议会的蒙蔽,这个议会已经受制于凌辱与欺骗,那么这个人就无药可救了。就目前来说,这个政权似乎不可能找到任何办法,能使国家长久"平静",这篇编年式记录已经在很大程度上清楚地表明了这一点:政权只能努力依靠自己的力量改变局面。另外,撇开"策略"问题不说,政府所作所为的长期后果只能是进一步降低沙皇在农民眼
229 中的价值,纵使政府对选举结果的预期控制,似乎能推迟这一后果立即出现。

此时此刻,我们必须中断这篇编年式记录。至于最近事件更隐秘的背景,我们只可能给出一个非常粗糙的轮廓,尤其是宫廷内你争我斗的观点,就是在俄国国内,这些事件也是不清不楚的。但是我的意图不是撰写某种关于过去6个月的"历史",就现有的资料的可能性而言,我的任务是要说明总体的社会和政治局势,正是警察专制主义,亚历山大三世的政治遗产(人们没能及时批判这一遗产),还有,最近以来的维特临时内阁的所作所为,致使俄罗斯陷入了这种局势,我还要说明,当前俄国必须找到出路来摆脱这一局势,以及谁能决定怎么走。我不可能预言,即便只是未来几个月也不行,甚至俄国本土最了解情

① Vyborg,临芬兰湾,是波罗的海的渔业中心。——译注

况的政治家，也没有试图预言的。

我只能说：现代王朝政权总是有不可避免的倾向和必然性，那就是在国内争取特权，在国外“挽回面子”，正是这种倾向和必然性让俄国的政府没能及时提供它必须提供的东西，之后政府被迫一次又一次地让步，但是这个时候，它一次又一次地试图动用冰冷无情的警察暴政来重建失去的“特权”。受害者正在遭到荼毒，这就是因为他们纯粹的虚荣，那些坚持“议会解决办法”的党派清楚地意识到这一点，这就是为什么当杜马左派用粗鄙和不文明的形式侮辱了大臣，并驱逐他们离席时，这些党派没有进行一次更严厉的谴责。杜马的投票者已经因为政府的行径陷入了极度疯狂的状态，考虑到这一点，人们再也无法想象，现在政府要与杜马就任何纲领达成一致，需要作出什么样的让步。同样难以想象的是，一个文明的政府如何能从这个官僚制布下的陷阱中逃出生天。阶级敌对趋于白热化，这必定会使任何依赖“财产”的企图都呈现出反动的面目，对此我们无需再怀疑。

俄国正在经历惨烈的阵痛之时，即便在这种时候，德国人还有一个荒唐习惯，要寻找“要谴责”的人，“当然”不能去指摘君主及其亲密随从，因此德国人就很喜欢一种极端卑劣的、针对议会政治的批评，在德国无教养者的人看来，犯错的必定是杜马。他们称杜马“政治无能”，没有完成任何“实际的”事务，然后他们又提醒德国的读者注意，不论从何种情况来看，俄罗斯民族都还没有为一个立宪政权做好“准备”。（这就让人很疑惑：沙皇与他的近臣，已经把俄引领到今天这种状态，如果真如德国人所言，那么他们在为什么“做准备”？）

在 6 个星期的时间里，政府呈递给杜马的唯一用以“实际”工作的材料，就是一项关于妇女的大学课程的提案初稿，还有一项关于一个橘园和一个洗衣房的提案。同时，政府（根据它自己创制的一项疯狂的宪法规定）要求推迟辩论一个月，因而妨碍了它自己的创制权。面对这些情况，我们无法想象一个新创立的议会机构能真正完成的事务，要比杜马完成得更多。因此，只有彻头彻尾地傲慢自大的人，才会不顾事实，从口中蹦出这些既陈腐又无礼的言语，这些人对事实一无 230

所知，他们之所以谴责杜马，是因为听信了耸人听闻的新闻报道，或许也是因为他们狭隘的、顽固不化的保守主义。

在长达9个月的时间里，现存政权什么事情都没做，它只是在利用地地道道的东方伎俩，力图削弱它刚刚给予的“权利”。直至6月中旬（旧历），它才出台了第一批真正可行的改革方案，所有这些改革方案都带有地方自治会自由主义的思想世界的印记：杜马一定会同意关于治安法庭的提案，而且一定会就土地草案进行一丝不苟的讨论。但是政府没有采取果断的行动，来落实针对警察专制暴政的保护措施（废除行政逮捕和流放，让所有公务人员面对独立的法庭坚守职责），然而不落实这些保护措施，政府就找不到忠实的人群支持它。不过，如果政府真的决定操纵选举，这似乎是有可能的，那么解散杜马只会产生有利于它的结果。

政府把警察疯狂的暴政统治归咎于恐怖主义者的行为。然而，统计数据说明，强制执行军事戒严令，也就是说强制执行一种无法律的状态，已经导致这类恐怖行为增多，而且这些恐怖分子还得到了人们的同情。一场来自下层的革命，要是没有中间阶级的帮助或者容忍，是不可能的，同样，上层对暴力的遏制，要是没有中间阶级的支持，也是不可能的。在这种情况下，妇孺皆知的谚语可以适用于政府：“这个时候，就让凶手先生们开始吧！”（que messieurs les assassins commencent！）[66]相反，政府显然是在指望，“机器”，即官僚机制，“永不疲倦”，然而即便是最炽烈的热情也总要燃烧殆尽。但是我们根本不知道，当前政权这个东西，未来能否（费尽心机）成功消耗俄国激进主义不屈不挠的活力，尤其是一旦社会民主党和社会主义革命党的组织干部各就各位，就更棘手了——当然这还要在国家经济全盘崩溃之后。

诚然，俄国的自由斗争没有呈现出多少“伟大”的特征，正如人们
231 通常理解的那样，它没能唤醒中立的观察者的感情。这是因为，首先，对我们西方世界来说，除土地纲领外（这份纲领让人难以理解），斗争提出的要求绝大多数都已经失去了新颖的吸引力：这些要求似乎缺少

原创性,如果在克伦威尔和米拉波①的时代,它们就会有原创性,而且考虑到这些要求的内容纯粹是政治性的,它们在现实意义上缺乏原创性。对我们来说,它们(绝大多数!)似乎都不名一文——就像我们每天的面包一样不值一提。而且,双方都缺乏真正“伟大的领袖”,能让观察家的感情志趣汇聚,这是因为甚至是最杰出的政治记者或者社会-政治专家(不乏其人)都没有一个人是政治“领袖”,同样,最勇敢无畏的“实践”革命家也没有一个人是领袖。

所有这一切都很容易让人留下缺乏原创性的印象:此时参与斗争的人讨论的全部观点,不仅是内容,甚至还包括使用的词汇,都是“集体的产物”。[67]然而旁观者的目光,尤其是政治上和经济上都“充分满足的”那些民族,它们不太习惯,而且,也没有能力穷目远望,穿过种种纲领和集体行动的帷幔,多少民众参与了这些集体行动,去凝视个人命运的扣人心弦的场面、坚如磐石的理想、永不衰竭的活力、涌动的希望此起彼伏,还有,他们深陷斗争的迷雾,体会到的撕心裂肺般的失望。

在局外人看来,所有这些个人的命运,本身很富有戏剧性,它们相互交织编造了一张无法穿透的谜网。这是一次持续不断、冷酷无情的斗争,有野蛮的谋杀事件和冷血的暴政,其数量之多,以至于最后人们接受了这些恐怖是正常状况。现代革命就与现代战争一样,昔日骑士较量的浪漫氛围一去不复返了,它把自己呈现为一次机械的过程,一面是实验室和工场智力劳动的器械化产物,另一面是金钱冷酷无情的权力,它就夹在中间,但同时,实际上现代革命也是一次可怕的、无休止的精神考验,领袖与成千上万被领导者都要经历。至少在作壁上观者看来,一切都不过是“技术”和一个神经是否坚韧的问题。

在俄国,一些地方的警察当局通过最微妙的办法和最狡诈的东方伎俩利用了它们的权位,我的论述已经说明,凡是在这些地方与警察当局斗争,仅“策略”上,就不可避免要消耗大量精力,而且还要花大气力处理“党派的技术性事务”,以至于几乎没有给“伟大领袖”留有什么

① 应指法国大革命初期的政治家米拉波(Honoré Gabriel Victor Riqueti de Mirabeau,1749 -1791),《人权宣言》的起草者。——译注

余地。一个人在害群之马(vermin)从中作梗的情况下,根本无法完成伟大的功业。在针锋相对的另一方,我们几乎完全看不到伟大的功绩:俄国公务部门中有很多出类拔萃的个人,甚至是一个外人,只要匆匆瞥上一眼,就能看到他们的存在,在目前的体制下,他们唯一的出路就是成为伟大"治国者"(statesmen)实施伟大的改革:王朝的野心能对此提供关照——这一点俄国与我们一样。正如我们看到的那样,这个政权的国家公文已经耗费掉公务人员巨大的智识努力(个别人常常是鞠躬尽瘁),就连他们的努力也只是一次又一次地为警察自我保存的目标服务,这个目标完全是而且绝对是自我眷顾。

这个目标毫无意义,这种无意义既可怕又可观,我们完全不能想象这个政权蕴藏着什么价值,这些意义与价值,不论它们是"道德的"还是"文化的",实际上都给这些统治者的行为与国家工作人员的"专业工作"增添了某种鬼魅般的品质,尤其是他们中间的"有效率的人",列夫·托尔斯泰的反政治思想很诡异地表现了这种品质,就在他的《复活》一书中。[68]有人已经比较了俄国革命与法国革命。它们有很多其他差异,但指出有决定意义的目标就足够了,与法国大革命的时代相比,甚至对自由运动的"资产阶级"代表来说,这个目标也不再"神圣"了,而且人们期盼解放能带来一系列的收益,但这个目标却渐渐不在其中,这就是"财产"。今天沙皇都在宣扬财产的"神圣性"——他早就可以从自身利益的角度出发了。

现在不论发生什么事情,任何一种斯拉夫浪漫思想都要终结了,事实上也是"旧"俄罗斯的终结。在俄国,外来的超现代的大资本主义力量,尽管遭遇了一个古老的农民共产主义的地底世界,但是大资本主义力量,还是自己解放了它们劳动力身上异常激进的社会主义情感(然后,大资本主义力量就用同样毫不妥协、也最具现代色彩的"反自由"组织满足了他们的社会主义情感),以至于纵使"财产的神圣性"最终压倒了社会主义革命党的农民意识形态——这是极有可能的——我们也很难想象俄国的未来到底会是什么样子。

工业无产阶级代表了微小的人口比例,目前这个比例还没有什么意义,同时农民的理想,不管怎么说,还停留在一个虚幻世界里。

没有哪一次自由斗争,像俄国的斗争一样条件那么艰苦,也没有哪次斗争,人们能那么无条件地欣然就义;他们的这种态度,在我看来,任何一个德国人,只要他还存有他们先辈的一点理想,就应当报以深切的同情。

然而,我们经常看到反动的德国现实政治(realpolitik)的倡导者,
他们在琢磨,唤醒俄国的情感来反对他们是否明智,就如拿破仑三世 233
在 1870 年之前唤醒了我们身上的情感来反对他一样。人们只需读一读俄国极端保守的和半官方的报纸,看一看它们用什么样的技巧充分挖掘了俄国人愚蠢的敌意,直指我们"国有"刊物的民主制度,这是一种向外转嫁民众仇恨的手段——来反对我们。当然,沙皇的可怜统治可能让俄国看上去像是一个"舒适的"邻居,任何战争都会对沙皇的统治造成一种根本的威胁。一个真正立宪的俄罗斯会是一个更强大的俄罗斯,而且,因为它对民众的冲动更敏感,所以也会是一个更好动的邻居。但是,让我们不要自我欺骗,这个俄罗斯正在以某种方式到来,而且就连现实政治也会指示说,此刻我们正强盛,现在我们就对两国之间大量混乱无序的问题,达成一项友好协议,这总胜过把这些问题留给后代,同时刺激这个帝国中那些力争上游的民族的全部理想力量来反对我们。

目前两个比邻而居的伟大民族几乎都不理解对方。一方面,我从没遇到一个俄国民主人士对德国文化有发自内心的同情,这种同情只能来自真正的理解。另一方面,随着财富日益增加,德国人面临诸多压力,加上他们有从现实政治的角度考虑的习惯,现在这种习惯已经是不由自主了,这让德国人很难同情躁动不安、容易激动而且神经质的俄国激进主义。尽管我们在一个充满敌人的世界上需要保持头脑的清明,但是我们,就我们自己来说,不应该忘记,曾几何时,作为一个民族,我们自己脆弱无力并且专注彼岸世界,但就是在这一时期,我们给世界留下了我们最持久有力的遗产,也应该铭记"充分满足"的民族没有未来。

注释

1 [M－D]1905年10月17日沙皇尼古拉二世发布所谓的《10月宣言》，这份宣言承诺了"公民自由"，扩大选举权以及帝国杜马参与立法的权利（帝国杜马就是即将成立的议会）。

2 [M－D]从1905年12月7日至17日，莫斯科街道上发生了一次武装起义，主要由莫斯科苏维埃（工人委员会）发动。由于军队的忠诚和叛乱者力量的薄弱，起义几天后就被扑灭。

3 [M－D]大约1905年10月12日至21日期间，发生了一次总罢工；11月1日，彼得堡苏维埃又号召了一次总罢工（争取8小时工作日），不过几天之后，他们就被迫取消了这次罢工。1905年12月6日宣布第三次总罢工。实际上圣彼得堡和各省对罢工的号召都是置之不理。

4 [M－D]1905—1906年的秋冬期间，黑土地各省、中伏尔加、乌克兰以及波罗的海地区都爆发了严重的农民起义，政府完全是通过大规模的军事干预才扑灭了这些起义。参见 Maureen Perrie，'The Russian Peasant movement of 1905－1907：its social composition and revolutionary significance'，*Past and Present*，67（1972年11月）。

5 [M－D]韦伯是指所谓的第一次政治总罢工，这次罢工开始于1905年10月6日，莫斯科铁路工人率先发难，在接下来几天之内，波及了几乎每一个工业部门和全国多数地区。这次罢工是尼古拉二世——在维特的建议下——发布《10月17日宣言》的原因之一。

6 [韦伯]"黑帮百人团"是警察部门组建的，中央当局是知情的，尽管它多次否认它知道，但现在这已经是铁一样的事实（黑帮百人团的活动包括向自由派政治家写恐吓信，殴打真正的或者他们认为的社会主义者，血腥屠杀犹太人），1905年沙皇公布《二月宣言》之时，"黑帮百人团"首次露面。当然，很有可能也会有"志愿者"加入其中。

7 [M－D]他们婉拒的原因是维特拒绝同意在他的内阁中再有任何自由派大臣。

8 [M－D]"工人一声令下，所有的轮子都要停止运转。"Georg Herwegh："Bundeslied für den Allgemeinen Deutschen Arbeiterverein"（全德意志工人协会的会歌）。

9 [M－D]1906年4月3/16日一个由法国、英国、奥地利和荷兰各国银行组成的银行团提供了一笔22.5亿法郎的贷款团。参见 Dietrich Geyer，*Russian*

Imperialism: The Interaction of Domestic and Foreign Policy 1860–1914, 译者 Bruce Little(Leamington Spa, 1987)。

10 [M–D]参见“俄罗斯人民同盟”(Souiz Russkikh Liudei, League of Russian People),这个组织在舍勒模特夫的领导下成立于 1905 年 3 月。[英译者:韦伯经常称这个组织是“League of Russian Men”。]俄罗斯人民同盟的大多数成员都来自各个地方自治会和贵族团体。人民同盟主张创立一个咨询性的机构,称之为“zemskii sobor”,其成员从传统的社会阶层中选举产生,目的是重建沙皇和人民之间的联系,而官僚制度已经切断了这种联系。参见 Hans Rogger,“The formation of the Russian Right”, *California Slavic Studies*, 3 (1964)。

(zemskii sobor,帝国大会或者省大会,参见术语表。——译注)

11 [M–D]从泽威利(Severi)时代到 2 世纪末期,当内战越来越频繁时,统治者们也赏赐了罗马军队越来越多的金钱。

12 [M–D]法国在 1871 年 2 月 13 日选举产生了国民议会,这是在停火协议签订后不久,这次选举产生了一个异常保守的、来自农村的多数,这个多数强烈要求结束战争。

(注释中的战争应指 1870—1871 年的普法战争,法国大败。——译注)

13 [M–D]在布拉斯特-列托维斯基(Brest-Litovsk),很多学校教师未经指控就 235
被拘禁了数月,学校当局拒绝向这些教师的妻子支付他们的工资[……]。大臣多诺夫颁布了一项专门的政令,禁止向那些有嫌疑参加暴动的农民发放补助金。政府逮捕了那些向参与罢工的农民分发面包的牧师(《权力》,第 1258 页)。在那些闹饥荒的地区,禁止向某些失业者和穷人分发一切免费膳食,只要他们参与了政治上稍有可疑的人物的组织,这些可疑人物不仅包括党派政治家,还包括自由派大学教授的子女,我就知道两个例子。在此期间,《新时代》清点了彼得堡的 30000 名失业者,政府颁布了大量禁令,禁止免费膳食和“人民食堂”的,如果政府认为免费膳食和“人民食堂”的组织者有政治动机(参见《新时代》,2 月 3 日,第 4 页及以下)。

14 [M–D]1905 年 1 月 16 日社会主义革命党人玛丽亚·斯皮里德诺娃在坦波夫市枪杀了一名叫作鲁茨诺维斯基的高级公务人员。哥萨克军官阿布拉莫夫逮捕并折磨了她之后,1906 年 4 月 1 日在光天化日之下枪杀了斯皮里德诺娃。

(坦波夫,Tambov,俄罗斯中西部城市,在莫斯科东南方。——译注)

15 [M–D]1905 年 4 月 17 的敕令,世人称之称《宗教宽容诏书》,宣告宗教宽容,取消对非东正教基督教派的法律歧视。1904 年 12 月 12 日的敕令曾宣布了一些模糊不清的措施，旨在实现农民的法律平等，引入宗教宽容、新闻自由和其他公民自由。

16 [M－D]理性主义的基督教教派，成立于 18 世纪中期。关于史敦达派，参见上文，BD 第 78 个尾注。

17 [M－D]信仰的拯救在于割礼节的“浸礼之火”的教派。

18 [M－D]参见上文第 15 个注释。

19 [M－D]1899 年 2 月，彼得堡大学的学生进行了一次示威，要求给予学生更多的权利，这次示威遭到了残酷镇压。之后出现了一次全国范围的学生罢课，抗议学生恶劣的社会和物质处境，抗议僵化的大学体制。这次罢课以失败而告终。

20 [M－D]根据 1884 年 8 月 23 日的大学章程，督察的权力有相当程度的扩大，他直接对国家教务主任负责。大学校长、系主任和教授都由大臣任命产生，或者说是“应命”，而不是由大学任命。这部章程剥夺了大学自 1863 年章程以来就享有的自治权。督察的任务和职能是监督大学内部的学生和“客籍学生”[没有完全注册的学生]的秩序和良好举止，如果可能的话，还涉及大学外。直到 1884 年 8 月 23 日的法律之前，督察都是由大学议事会选举产生的，任职 3 年，并对议事会负责。根据 1884 年的大学章程，督察直接听命于国家教务主任。

21 [英译者]Privatdozent：无薪讲师，酬劳直接来自同学的缴费。

22 [英译者]Habilitation：教授职称的资格。

236 23 [英译者]Dozent：大学讲师。

24 [M－D]在德意志帝国，州法律规定了“核心评议会”[*engere Senat*]。它的成员有校长(或者副校长)，各系的主任，经大评议会选举产生的一定数量的教授。核心评议会是大学真正的执行委员会。大评议会由一个大学所有积极的正式[*ordentliche*]教授组成。大评议会选举校长(或者副校长)以及核心评议会的评议员，并就各种新的大学机构的编制问题作出决定。

25 [英译者]Exreaordinarius：没有自己所属院系的教授。

26 [韦伯]根据今日的专门用语，有如下(1)“普通的”和“杰出的”教授，两者都是编制内的[etatmäaβige]，也就是说，是大学教师；(2)“Privatdozent”，这类人可能从一个专门的基金中获得一定的酬劳，否则就必须依靠学生缴纳的费用，就像德国就是这样(根据法律，平均每小时可获得 1 个卢布)；(3)教师(教授语言等等),就跟德国一样;(4)各个科研所的其他人员(prosectors,[M-D:解剖学教授助理的名称,他们的任务是准备教学所需的解剖样本],助理等)[……]

27 [M-D]直至1908年4月19日《帝国结社法》公布时,德意志帝国有效力的各部结社法就是各州的结社法。根据巴伐利亚、萨克森、普鲁士、巴登、阿尔萨斯—洛林以及一些较小州的结社法,警察有权派人进入会场,而且如果出现"混乱"的话,有权解散它们。

28 [M-D]参见上文第156页。

29 [英译者]Schöffengericht:多名外行的官员和一名专业法官共同行事的法庭。

30 [M-D]参见上文第209页。

31 [M-D]参见官方的《俄罗斯帝国法律纲要》,是俄罗斯帝国各种法律的一部体系性汇编集子(*Svod Zakonov Rossiiskoi Imperii*)。

32 [M-D]参见俾斯麦援引了1852年9月8日的内阁法令,这项法令要求普鲁士各大臣首先要向主席大臣正式递交"奏折"(Immediatvorträge),以获得他的批准[直接给国家元首正式呈递的报告]。这造成了他与德国皇帝威廉二世的严重冲突,皇帝指责首相,在他作为普鲁士主席大臣的职权内,限制了皇帝的特权,阻止大臣自由与君主接触。在很大程度上,是这场冲突导致了首相的倒台。

33 [M-D]参见1848年3月19日阿尼姆-博泽柏格伯爵内阁在就职仪式时,介绍了普鲁士主席大臣的职责。现在主席大臣获得了同等者中之首(primus inter pares)的角色,而之前一直是一个纯粹共同掌权的体制,虽然会有地区性的差异。不知道韦伯这里指的是哪本书。

34 [M-D]维特更是创制了官僚政府另一项不可或缺的技巧:一个规模庞大、半 237
官方的刊物,《俄罗斯国家》(*Russkoe Gosudarstvo*),它拥有600000卢布的资金。这份刊物的阿谀奉承几近无耻,这让人想起了俾斯麦治下的新闻界乌烟瘴气的时期。[……]

35 [M-D]参见第181页。

36 [韦伯]维特在向一群"小资产阶级"听众进行演说时,作了极其惊人的评论,英国国王"要依靠犹太银行家"。现在,没有必要太相信英国主流记者的论断,他们认为英国国王的特权即将发生一次有力的增强[……],但是可以肯定地说,英国国王有言行得体的意识(这种意识在今天的君主中间并不是随处可见),还有保持谦让礼节却毫不做作的能力,到目前为止,这位国王尽其可能地保持了他的尊严，而且与一些君主相比，这位英国国王很可能为他的国家做了更多意义重大的实践性事务，而那些君主却赋有更有力的正式的和合法的特权。(就礼节性事务而言，这同样是真的：参见这位国王与约翰·本斯的谈话。)[M－D：韦伯可能是指1905年12月11日亨利·坎普贝尔-巴纳门爵士的新内阁觐见英国国王爱德华七世。工党领袖约翰·本斯，作为新任的地方政府理事会的主席，也出席了。]

37 [M－D]影射1894年德意志帝国首相卡普里维倒台之前，普鲁士财政大臣约拿·冯·米奇尔的行径。在就《颠覆草案》(*Umsturzvorlage*)(加重惩罚颠覆政府行为的提案)进行辩论时，有人指控米奇尔阴谋反对卡普里维，目的是自己成为德意志帝国的首相与普鲁士的主席大臣。

(列奥·冯·卡普里维伯爵，Leo von Caprivi，接替俾斯麦担任普鲁士主席大臣和德意志帝国首相，1890—1894年在职。——译注)

38 [韦伯]大资本主义家当然总是会站在官僚制一边来反对杜马，并乐于支持官僚制获得最有影响力的正式权利。德国也是如此，1905年秋，一大批卡特尔(Cartels)的代表，之前没有与社会政治协会协商，就以令人愉悦的方式乞求"国家"进入他们的利益共同体，对他们进行教育(原话如此！)等等。——要充分认识到，在这次如饥似渴的拥抱中，卡特尔可能要扮演布伦希尔德(Brunhilde)的角色，而"国家"，如果它过于放纵自己，国王巩特尔(Gunther)的命运就会降临到它头上。[M－D：参见《尼伯龙根之歌》(*Nibelungenlied*)。布伦希尔德，是国王巩特尔之妻，她赋有超自然的力量，为了不让国王拥抱她，就把国王绑起来，并用一个钩子把他挂在寝宫中。]

(《尼伯龙根之歌》，是写于13世纪早期的日耳曼著名史诗，以西格弗里特和勃艮第国王们的传奇为基础所写，海涅在《浪漫派》中对此书赞赏有加，认为它是中世纪日耳曼最杰出的作品。——译注)

39 [M－D]参见党派和协会列表。

40 [M－D]参见第205页及以下。

41 [M－D]参见第156页及以下。

42 [M－D] 1906年4月24日之后，帝国参议会在它的新形式中，半数成员由沙皇任命，半数根据等级分界线选举产生。

43 [英译者]韦伯此处暗示了"双掷"(Pairsschub)计策，也就是，同时提名相当数量中意的同僚进入某个院，其目的要么是为国王，要么是为占支配地位的党派确保多数席位。参见 Meyers lexikon，1930。

44 [M－D]普鲁士众议院已经否决了《陆军提案》，但《陆军提案》试图通过其他 238
预算法案来筹措资金，1862 年 3 月 6 日，为了挫败它，在哈根（Hagen）的策动之下，众议院决定实行“预算具体化（字面上是‘专门化’）”。在这一问题上，也只是在这一问题上，俾斯麦顺从了代表们的愿望，但是不久就撤销了 1863 年的全部预算，理由是无法妥协的分歧。

45 [M－D]Leges saturae（per saturam）这个术语意思是凡有同一种投票权就归入同一群体，实际上人们的出身是不同的；自格拉古（Gracchi）时期起，就不允许这么做了。Theodor Mommsen，*Römisches Staatsrecht*（Leipzig，1887），第 336 页及以下与第 377 页。

（格拉古，应指罗马的格拉古兄弟，兄长提比留·格拉古[前 162～前 133]、弟盖乌斯·格拉古[前 153～前 121]，是罗马帝国著名的平民政治家，其生活年代正值罗马城邦扩张为地中海霸国的时代。——译注）

46 [M－D]参见上文《俄国资产阶级民主》：第 147 页的第 231 个注释。

47 [M－D]杜马选举权是一种基于财富和财产选举资格的、间接的、政治区域选举权。农民的政治区域是唯一不受财富选举资格限制的政治区域。[……]俄国欧洲部分的省份有 4 个政治区域：地产主、农民、城市居民以及工人（只包括雇佣了 50 人或者以上的公司里的工人）。在每个省级地区内部，地产主政治区域和农民政治区域通过选举产生定额的选民人数，然而，小地产主就先要选举他们作为地产主政治区域的代理人（delegates）。在农民的政治区域中，县这一级，投票分为两个阶段；每 10 户选举 1 名代理人参加乡大会，乡大会选举产生 2 名选民参加县选举大会。城市投票人和工人各自选举自己的选民，工人首先选举每个工厂的代理人，这些代理人再行选举选民。所有这些选民聚集于省选举大会，在省选举大会上选举分配给各省的议员名额进入杜马。在省选举大会这一共同的选举之前，农民选民有权利独立地从他们的成员中选举一名杜马议员。然后，农民选民再与其他政治区域的其他选民联合，从中选举其余的议员名额。参见 H. D. Mehlinger and J. M. Thompson，*Count Witte and the Tsarist Government in the 1905 Revolution*（Bloomington，Ind.，1972）。

48 [M－D]参见上文第 152 页及以下。

49 [M－D]参见术语表：“Tretii element”（第三要素）。

50 我已经在第 22 卷增刊中报道了诸联盟的联盟。[M－D：参见上文第 70 页及以下。]2 月份，诸联盟的联盟提议它的成员讨论一项反对逮捕和解散的保障计划，同时提议通过一项决议，允许举行非阴谋性的集会。我不知道这些提议的结果如何。

51 [M－D]从1881年至1888年，罗伯特·冯·普特卡马担任普鲁士内政大臣。这一时期，德国高压执行了反社会主义的法律，构建了一套用以镇压社会民主党的全面告密体制，形成了政治警察，并且任命了政治上中规中矩的法官。

52 [M－D]这一术语来自意大利语"sindacalismo"。韦伯使用该词时采用了罗

239

伯特·米歇尔斯对法国的工团主义和意大利的sindacalism所作的区分。根据米歇尔斯的说法，就反议会政治这一点，sindacalism与法国的工团主义是类似的，但sindacalism同时还支持工人运动应该参与选举的观点。参见Robert Michels,"Proletariat und Bourgeoise in der sozialistischen Bewengung in Italien", *Archiv für Sozialwissenschaft und Sozialpolitik*, 22(1906)，第715页及以下。

53 [M－D]《社会科学与社会政策文库》第22卷第1期的增刊。[M－D:＝上文《俄国资产阶级民主》第92—93页。]

54 [M－D]10月7日联盟(十月党人)已经于1905年11月10日成立。1905年12月4日，10月7日联盟在圣彼得堡召开了一次会议，借此它第一次进入了公众的视野:《俄罗斯公报》，322(1905年12月6日)，第1页。(参见党派和协会列表。)

55 [M－D]参见上文第2个注释和第4个注释。

56 [M－D]参见上文第170页及以下。

57 [M－D]参考上文第7个注释。

58 [M－D]参见上文第195页及以下。

59 [M－D]参见第52个脚注。

60 [M－D]参见第198页及以下。

61 [M－D]参见奥托曼帝国采取的政治策略，当列强反复要求土耳其在其欧洲部分进行改革时，奥托曼帝国通常都只是支吾搪塞而已。

62 [M－D]1906年6月1日至3日，布罗斯托克(belostok)(波兰语:Bialystok)发生了一次大屠杀，根据官方的统计数据，屠杀期间82个犹太人被谋杀(非官方的数据，人数多达700位)。杜马设立的调查委员会派遣了一个3人代表团前往布罗斯托克，这个代表团的任务是调查当局和军队的行为，同时提供援助。

63 [M－D]"两个俄罗斯"的表述可能是亚历山大·赫尔岑(Alexander Herzen)杜撰的，在19世纪50年代，他提到了独裁政府和人民群众之间难以弥合的

鸿沟。其他人采用了这一表述，尤其是米留可夫，在他的《俄国文化史概要》(*Ocherki po istorii russkoi kultury*)就用了这一表述(St Peterburg，1902)。参见 Robert C Tucker，"The image of dual Russia"，载于 Cyril E. Black(编辑)，*The Transformation of Russian Society：Aspects of Social Change since 1861*(Cambridge，Mass.，1967)。

64 [M－D]和平革新党(Partiia mirnago obnovleniia)组建于第一届杜马立法期间，其成员来自十月党人、右翼立宪民主党人，还有一名贸易和工业党的议员。(参见党派和协会列表。)

65 [M－D]立宪民主党的领袖，帕维尔·米留可夫，秘密讨论了他的政党是否可能加入政府的问题，其间他要求内阁必须完全由立宪民主党的成员组成，而且议会应该大力支持这个内阁。稍后，第米兹·希波夫与政府的代表进行了磋商，他拒绝组建一个这种性质的内阁，理由是杜马不可能支持。参见 Robert L. Tuck，"Paul Miljukov and negotiations for a Duma Ministry"，*American Slavic and East European Review*，1951 年第 10 期。立宪民主党 240
否认了一切关于秘密磋商的谣传。

66 "如果人们要废除死刑，这个时候，就让凶手先生们开始吧。"('Si l'on veut abolir la peine de mort，en ce cas que messieurs les assassins commencent，')阿尔法松·卡(Alphonse Karr，记者)——《新法语引文词典》(*Nouveau Dictionnaire decitations françaises*)，让·马蒂侬(Jeanne Matignon)编(Paris，1970)。

67 [韦伯]这并不意味着就缺乏这样的"领袖"。例如，一个人，如果具有帕奇科维茨的刚强意志，他就可能非常适合担当卡诺的角色。[卡诺(Lazare Carnot)是法国革命军的缔造者，以一位坚定不移的共和主义者和有毫不妥协原则的人而享誉。]民主党，在学术领域和地方自治的政治技巧方面，都有可以引以为豪的人物，这些人物的智识潜力不弱于外国的任何政党。然而，其中一些人因 选举法而无用武之地，而另一些人则因恶毒的警察迫害和政府的态度，被迫采取一种纯粹"否定"的行动方式。

68 [M－D]托尔斯泰，《复活》(*Resurrection*)。从 1899 年 3 月 13 日开始，俄文版《复活》(*Voskresene*)以连载的形式发表在《涅瓦》(*Niva*)杂志上，1899 年 12 月 4 日，审查机构勒令《涅瓦》停止发行。第二年在圣彼得堡出版了一个修订本。托尔斯泰认为，只有通过人性、爱、事功和完全重新恢复平等，世界的救赎才有可能——而不是通过政治行动。

241

俄国向伪民主的转变

本人声明，我没有很多有关俄国的专业知识，并不比其他任何人获取的知识要多。然而，作者确实觉得，他是能够根据从现在掌权的人那里得到的信息，形成一种慎重的判断。尽管我对俄国解放运动抱有强烈的同情，但是必须清楚声明如下内容：考虑到目前俄国各大统治力量的组合，俄国多数政界要人不可能有诚挚的和平意图，更别说对德国人民抱有友好态度。（我是经过深思熟虑才说“德国人民”，而不是“当前的德国政府”。）三国同盟（Central Powers）①还是诚挚地发出了和平宣言[1]，尽管米留可夫教授[2]发表了极富挑衅的，实际上，就如战争一般的言论，不仅如此，三国同盟，如果能不顾米留可夫的挑衅，实际上，正是因为有他的挑衅，再次发出和平宣言，那么这仍然是一个政治上绝对正确的行动。因为我们必须考虑未来。当然，对这些宣言来说，其他事件或者说权力的重大变动，就意味着立即的成功。

即便最了解情况的观察家，也不可能预言俄国革命的进一步进程。甚至是那些对局势的了解要比我通透得多的人，都很怀疑，沙皇会不会在战争期间或者甚至是战争之后被推翻。斯托雷平的土地改

① 指德意志帝国、奥匈帝国与意大利王国三国缔结成的，以德国为中心的“三国同盟”，相对于英、俄、法的“三国协约”（Entente Powers）。——译注

革[3]采取了狡黠的战略步骤，把社会主义革命党人的核心部分之一，也就是旧俄罗斯各地区的农民，一分为二，分成了两个规模不等、但必然相互仇视的部分：一方是新兴的私有地产主，也就是农民中经济实力最强的要素，他们是从村社共产主义脱离出来的，这些人的新地产让他们紧紧依附在位的政权，另一方是农民中无产化的民众，这些人仍然留在村社共产主义内部，他们认为承认私人占有是一种明目张胆的不公正，有利于新兴的私有地产主。

所谓的第三要素，是社会主义革命党原有观点的另一个重要代表，它们可能会采取一种与之前不同的态度，这种可能性似乎很大。第三要素是由大型的自治社团，也就是所谓的地方自治会[参见术语表]的雇员组成，这些雇员数量庞大，长期为地方自治会工作，但收入菲薄。这几乎包括了行政部门的所有"知识分子"，也就是说，我们应该称为"国家经济部门"(national economy，农学、兽医学以及类似的工作)工作的所有员工，还有在世俗小学教学的所有人员；第三要素还包括领取固定薪水(与我们乡村的做法不同)的乡村医生。那就是说，农民在他们的日常生活中，基于信任往来的"知识分子"圈子，几乎都是第三要素的一分子。上一次革命期间，第三要素与国家行政部门泾渭分明，国家行政部门几乎完全为治安目标服务，而第三要素则是社会主义革命党在农村地区的宣传代表。不过，同样，第三要素也反对地方自治会自身的无薪成员，这些无薪成员的根基是土地所有权，特别是农村地区。(革命之后，斯托雷平政府与地方自治会都采取了一些措施，这些措施导致地方自治会工作的实践路线发生了变化，也导致第三要素的组成人员发生了某些意料之中的变化，这些变化使第三要素对革命的当前态度更加飘浮不定了。)

农民中的广大较低阶层日益无产化，加上私有制的新体制，就导致了无地的工业无产阶级大幅度增多，但他们没有因为对土地的要求而束缚于村舍。无地的工业无产阶级曾是上一次革命的推动力量之一。但它人数有限，立宪宣言后的事件进程肯定了一种经验：今日之革命，如果不仅仅是要获得一种短期的成功，就既不能单靠中产阶级和资产阶级知识分子来完成，也不能单靠无产的民众和无产阶级知识分子。

每一次总罢工和武装暴动，一旦资产阶级，特别是俄国最重要的那部分资产阶级，也就是拥有地产的地方自治会人士，拒绝进一步参
243 与之时，就开始走向失败。甚至当反叛的民众拥有了俄国当之无愧的领袖，这些领袖至少在某种程度上是不自私的，这个时候，他们还是缺乏一项武器，这项武器一直都事关全局：信用度(credit-worthiness)。但资产阶级却拥有这项武器。资产阶级能基于他们的信用度获得资金，今时今日，不论是一个长久政府的组织，不管它是否自称为“革命的”，还是任何施展权力的组织，都同样需要资金。人们首先需要生存，一大批雇员，不论他们多么富有理想，都需要有薪水，为此人们就需要金钱以便于获取大量掌权必需的物资。

然而，问题是资产阶级将如何应对另一场革命。当然，俄国少数几个重工业巨头一定会采取一种绝对反动的立场，这是清楚不过的。(不过，他们非常反动，以至于他们的态度必然要引发起义民众的一种情绪，这与我们德国发生的事情是一样的。)自革命以来，多数资产阶级知识分子和地方自治会人士的态度似乎无需置疑，他们曾是改革运动的担纲者。但他们试图获得国内政权的希望化为了泡影，这伤害了他们的自尊，于是他们就更热衷于在国外施展权力的浪漫梦想，为他们的自尊寻求避难所。这是很容易理解的：俄国高级官僚部门的成员，还有军官团体的成员，其中大部分都来自这些有产阶层——也同样来自其他地方。现在，人们更热衷君士坦丁堡(Constantinople)和所谓的斯拉夫人的解放(意味着，在现实中，民族主义的大俄罗斯官僚制支配斯拉夫人)，而不是“人权”和“制宪大会”。这种帝国主义的神话，还有，特别是大俄罗斯要求俄国国内的统治权，甚至在资产阶级知识分子内部，以及整场解放运动如日中天的时候，都很有生命力。人们曾认为唯一的目标是实现自由，但是人们还没有为实现自由赢得一丝的保障，解放联盟[4]几乎所有的领导人早在1905年就把目光转向了君士坦丁堡和西部国界(但彼得·斯楚夫先生不在其列，他受到了不

公正的污蔑)。

解放联盟的领导人不承认有一种乌克兰认同,而且他们只是考虑到“在西部国界创造外部的朋友”有利于俄国未来的扩张,才承认了波兰的自主,他们宣称每一个他们能想到的民族“解放”都是大俄罗斯民族的任务,然而国内的“解放”道路却是一个烂摊子。与此同时,意识形态家们,一直都在努力把俄国转变为一个真正平等的各民族的邦联,他们是早先的扎格马诺夫派[5]的人,这群人要么就是自我欺骗,要么就是没有丝毫的影响力,甚至早年就是这副德性,而且他们还一直都担心引发他们同仁的大俄罗斯沙文主义。正如约拿·哈勒(Johannes Haller)教授在他最近的作品《德国议会中的俄国危险》(*Russian Peril in the German House*)[6]中肯强调的那样,斯托雷平用俄国国内的民族自主问题激发了大俄罗斯民族主义,因而这也成为了他击败民主反对派的杀手锏。[7]这伙帝国主义知识分子坚信奥匈帝国衰落“无法挽回”,加上土耳其在巴尔干战场上节节败退,于是他们的希望燃烧到了一种极端的程度。这伙人成为杜马中备战的主要鼓动者,而且战争一开始,他们的格言就是“战斗到底”。1914 年 7 月尼克莱(Nikolai)大公与“立宪民主党”的领导人进行了磋商(哈勒教授提及了此事),自那之后,[8]这伙政客猛然转向了主战者的阵营。他们希望战争可以加强资产阶级的金融地位。正如立宪民主党的代表在战争刚开始的秘密会谈中所说,俄国政治自由的发展要“按照自己的步调进行”。如果独裁制与官僚制凭借击败德国的成就,以胜利者的崇高威望出现,俄国的政治自由又怎么可能“按照自己的步调进行”。除非这伙俄罗斯帝国主义者遭受一次突如其来的重创,才有可能出现这样的结果。尽管如此,发生革命的可能性似乎还是微乎其微。 244

革命已经到来,归根结底,是沙皇纯粹个人的所作所为导致了这一事实,当然德国战事上的胜利也有一些关系。诚然,沙皇利用了 1915 年的失利,消除了当前的“资产阶级国王”:尼克莱大公的威胁,后者虎视眈眈。[9]但沙皇没能利用 1916 年的局部成功[10],借此以一种体面的和平方式摆脱战争。沙皇希望更大的成功,可能还有他私人对德国皇帝的深仇大恨，决定了他没能这么做。在罗马尼亚失利后，沙皇本可以与杜马的多数达成协议，这个杜马是经过一种明目张胆的、基于阶级的选举权选举产生的，它的多数则是彻头彻尾民族主义的、资产阶级的、保皇的。然而，沙皇致命的虚荣显然妨碍了他走这条道路，因而也妨碍了他接受议会政治。一些轻微的病理因素是否也产生了某种影响，这还是一个未知的问题，沙皇特立独行的“虔诚”表明确实有这种可能，沙皇的虔诚严重冒犯了甚至是他最亲密的支持者的尊严。

沙皇最重要且根本的错误就是，他死命坚持想以自己的方式进行统治。对一位像沙皇一样的君主来说，唯一可能的事情就是幻想自己可以这么做，但事有凑巧，一位有非凡天赋的治国者辅佐了他，保持了
245 可以这么做的外表。前一次革命期间[①]，沙皇的嫉妒和虚荣促使他撤掉了维特伯爵的职位，[11]要不是出乎意料地出现了斯托雷平这样一位干练之才，沙皇当时就可能下台，他乐意无条件服从斯托雷平。没有这样的支持，沙皇完全就是一个半吊子，他变化无常，毫无征兆地瞎指挥，倘若他更有才干一些，这就足以使一切有意义的政治行动都寸步难行，他完全是在拿国家的生存和他的王位来赌博。因为登基时尚在年幼，他没能精通现代行政的技艺。但这不是决定性的因素。考虑到君主的地位受到了必要的限制，有效能的公务人员可以承担现代行政的技艺。但是，人们常常忘记这一点：即便最出色的公务人员也未必是一位好的政治家，反之亦然。沙皇当然不是一位好的政治家。政治是一个要有负责行为的艰难领域，某些特殊的品质是必需的——政治领域要求有严格的客观性，恰如其分的眼光，有节制的自我控制，以及谨慎行事的能力——这些品质不一定与王位一起承袭下来。任何一位君主要保持这些品质都是很难的，因为他们的处境容易造成浪漫的想象，然而这位特别的君主[②]会发现他要保持这些品质，其难度真是无以复加。时至今日，在君主国家里，有一些相当坚实、有力的不同势力，他们需要从自己的利益出发，必要的时候就可能让政治无能的君

① 指1905年至1906年的革命。——译注

② 指沙皇尼古拉二世。——译注

主退位。

战争越是持续,俄罗斯帝国主义者本身,尤其是他们中最有能力的那些人,也认识到越来越有必要废除这位君主(尽管他们绝不是民主的)。而且不论英国是否煽动了革命,他们都会这么做。[12]形势比人强,杜马内部有所谓的"进步集团"[13],其中(一部分)社会意义上高度保守的人士,也认为必须废除沙皇。

伟大政治总是一小群人完成的。成功的关键是:(1)一位毫无政治才能的君主,没有用他的奇思妙想干涉他们的决议;(2)一个足够广泛、有力的社会阶层毫无保留地支持他们;(3)当法规、命令与军事的或者官僚的服从,在本质上失效之时,他们知道如何面对局面进行权力斗争——这就是伟大政治的情形。

只有当议会势力坚强有力,它自主拥有广泛的基础,它的成员深受投票人的信赖,唯有这样的议会势力才能在必要之时,根据它自己 246
和国家的利益,铲除一个完全缺乏政治才能的君主,同时不推翻各项政治制度。十几年来,训练有素的公务人员一直嫉妒杜马,这也是可以理解的,代表财阀利益的各大党派总是摆出一副"保皇派"的架势,处处阿谀奉承,还有无教养者与文人恃才傲物却又华而不实(凡是流行的时尚认为"精致的东西",他们都要盲目追逐),他们都对这个简单的真理不屑一顾。

议会华而不实的吸引力没有鼓动几个人。从纯粹行政的立场来看,议会就是浪费精力,只是为虚荣的人发表演讲提供了一个机会罢了,任何干练的公务人员都会觉得,他们更有资格统治臣民:必须给这些虚荣者小小的特权,并让他们秘密享有某种职位任命权,这样能更好地把他们排斥在真正的权力和责任之外。事实上,这些就是每一个无缚鸡之力、因而在政治上也不负责任的议会的品质,有政治才干的人,以及他们有道德正当性的权力抱负,这个议会一律拒之门外。这就是"伪立宪主义",它必然要损害政绩的品质。举个例子说,德国拥有世界上最好、最诚恳的公务人员。德国在这次战争中的成就已经表明,效能和军事纪律到底能完成什么事情。但是德国政治的惨败也说明了这些东西有它的限度。

议会势力指摘无能的统治者，而且就指摘他一个人毫无能力，这是迄今取得的最伟大的积极成就——通过一次操作简单的选择过程就做到了。相比之下，例如，爱德华七世[①]就发挥了巨大的影响力，他是一位近年来比其他任何君主都更有统摄力的人物，议会势力要把这种巨大的影响力赋予有政治才能的君主。沙皇必须作出抉择：要么真正掌握权力，借助这种权力，任何一位施展政治智慧和自我控制的君主，都能保证他对国家领导的实际影响力(通常是很大的)，要么就是权力空架子的虚荣浪漫主义和自哀自怜；沙皇正朝着权力的空架子迈进，沙皇为此进行了自我炫耀与虚张声势的干涉行为，这对平静、稳重的政治实践产生了毁灭性的影响，也让他的王位岌岌可危。俄国与德国不同，如果事先没有经过相应官员的核查，就出版君主的任何言论和电报，那就是一种犯罪行为(“出版一份宫廷报告”)，要受到惩处。然而，因为这位官员是一位宫廷官员，他的职位没有议会势力作为一个独立的基础来直接面对君主，这就不足以防止沙皇对外泄露他政治上欠妥的言论。沙皇的政治干涉不可预测而且丑态百出，特别是没有
247 任何东西可以预防它。有鉴于此，战争期间就连俄国有产阶级内部的保守人士，实际上特别是他们，成了议会政治的支持者。然而，沙皇更钟爱浪漫的幻想，甚至在最后关头，他都做不到与资产者有产阶层分享形式上的权力，后者在当前的杜马占有主导地位。

然而，就目前的局势来说，借助警察与“黑帮团伙”(Black Gangs)[参见术语表]是不能控制农村的，警察出于自身的利益对沙皇绝对忠诚，黑帮团伙是专门招募的。为了恐吓资产阶级与不听话的大臣，他们筹划了暗杀行动、大罢工与犹太人大屠杀，这些充分表现了他们的能力，诸多事件毋庸置疑地证明了这一点。警察与“黑帮团伙”完全基于自身的权威运作，事实上他们是一支不可小觑的力量。这个国家不可避免要以警察职能为特色，但是，几乎所有的物资管理都恰好掌控

① 爱德华七世(Edward VII，1841－1910)，英国国王，维多利亚女王的长子，1901—1910年在位。——译注

在地方自治会人士手中，沙皇对他们恨之入骨。最重要的是，如果有人蓄意压迫“社会”(society)的这些代表，禁止他们形成组织，或者甚至是逼迫他们进行反抗，农村与各大城市的经济供给就一定会陷入全面瘫痪状态。这种情况清清楚楚地发生了，加上罗马尼亚战役的需要导致了俄国铁路系统的瘫痪，直接导致了革命的爆发。

如果资产阶级知识分子不反对旧政权，任何民众革命，不论多么成功，都很快会折戟沉沙，在流血中偃旗息鼓，1905—1906年冬季就发生了这样的事情，而且，如果有人想象他们的人数多了20倍，那就会发生一次像我们的“李卜克内西①集团”[14]那伙夸夸其谈的家伙发动的武装暴动。然而，不仅是所有训练有素的工人领导，还有资产阶级知识分子的领导阶层，他们都加入了这次革命，这是沙皇的所作所为的后果。甚至就连多数预备军官（现在大多数军官都如此）都暂时准备让他们的军队反对他们自己出身其中的家族的成员。而且，其中最有能力的人认为，只要沙皇浅薄做法的后果一清二楚，那就有某种实践的必要根除沙皇个人不可预测的干涉。沙皇的“根除”走出了一条多数人不愿看到的道路，它导致了王朝的覆灭，但却没有借助一位大公的人身建立一个资产阶级君主制，或者一种军事专政，这一事实迫使大城市中的运动领袖指望无产阶级，在反对沙皇的斗争中，无产阶级的力量是不可或缺的。

罗马尼亚战役致使战线拉长，这对铁路部门提出了要求，于是俄 248
国铁路就不能为内政所用，这是发生饥荒的全部原因。现在我们清楚地看到，无产“知识分子”阶层的领袖，低级官员（包括国家的和非国家的）的领袖，还有铁路工人、邮政工人、电报工人的领袖，他们完全受制于他们的人民，以至于不得不同意克伦斯基(Kerensky)掌权，全面推翻王朝。然而，如果战争继续下去，那迟早都要发生一次公开的或者隐秘的军事专政。当然，我们必须考虑到有产阶层的分量。然而，多

① 卡尔·李卜克内西(Carl Liebknecht，1871－1919)，德国共产党缔造者之一，斯巴达克同盟(1918年)的创立者，在1919年一次斯巴达克同盟成员的起义后被捕，并遭杀害，另可参见第14个尾注。——译注

数职业官员，当然还有杜马内的资产者，今天的杜马是以阶级为基础的，以及临时政府，他们都害怕真正的民主。最重要的是，资金供应者，包括国内的与联盟国家的，也害怕真正的民主。害怕真正的民主是他们希望继续战争的一部分原因，但是另一部分原因是他们担心已经拿出的钱会付诸流水。资金供应者的影响是最重要的。在上一次的革命中，我们可以清清楚楚地看到，维特伯爵领导的政府的所作所为，只要是国外银行和证券交易所认为有利于增加政权信用的事情，不管是作出让步还是采取镇压行为，他们无所不为。当前这个政权的资产阶级领袖们，如果他们想获得信贷的话，也只能如此，他们没有任何选择的余地。1906 年，正是因为得到了一笔外国贷款[15]，沙皇才能解除维特的职务，强加伪立宪主义[16]，最重要的是重建了警察与黑帮团伙，接着他第一次视杜马如无物，然后就是政变。[17]如果资产阶级领袖们能找到合适的人物，那么他们就能获得资金，借助任何看似民主的形式，再一次驯服这个国家。任务本身并不是不可解决，问题只是能否找到这么一个人物。没有哪个国外的观察家知道这个问题的答案。无论如何，一个政权，如果在财政上得到了莫洛佐夫(Morozov)之流的支持，还有大资本主义主力反动派的其他领导人的支持，那么人们就会告诉自己，它不可能是一个“民主的政权”。[18]米留可夫和古茨科夫等诸位先生一直把目光对准国内外各大银行，现在也对准了美国，以便于能从那里[19]得到资金，这主要不是为了战争，而是为了确保他们在与激进派的斗争中能立于不败之地。

在这一错综复杂的关系中，目前政府对农民持有何种立场，这是举足轻重的而且也颇有意味，在 1905 年革命中，农民是当时国内的政治权力格局的一个风向标。

249 客观地说，和平特别能给农民带来真正的利益，而且他们代表了绝大多数俄国人民。就农民自己的理想而言，在没有实现以下两点的情况下，他们的真正利益就不能得到满足，(1)充公所有非农民土地，(2)取消俄国外债。

取消俄国外债这一点尤为重要。如果农民需要负担外债的利息，以下这个过程就要再次丝毫不差地发生：为了偿还利息，这个民生严重不足的阶层就必须交出谷物，政府会为了迫使他们卖掉谷物，就必须对他们课以重税，俄国的经济学家曾经用图表描绘了这个过程。之前就是这样。充公所有的非农民土地会遇到一些困难，估计这一次也不能克服，这些困难与其说来自事情本身，不如说是当执行充公时，人与人之间，尤其是农民自己的当地人群与地区性的人群之间，不可避免地要产生利益的冲突。如果某一个地区的土地充公给农民带来了6公顷土地，而邻近地区产生了15公顷，第一个地区的农民自然就会要求平分，而另一地区的那些农民就想占有他们地区的全部土地。1905年革命的早期阶段，就出现了这些冲突。

此外，还有一个问题：农民不愿意为土地支付任何东西，因而就与资产阶级地产主陷入了难以化解的冲突。只有通过社会主义革命党一次持续数年的专政，才能解决这些困难（不要因此就认为，是某些调唆叛乱者在统治“社会主义革命党”，统治该党的只是一种政客，他们准备忽视土地私有制的“神圣性”，在俄国，土地私有制还是一个很新的观念）。我不知道俄国是否有这种政客。然而，只有缔结和平条约后，他们才可能获得持久的权力。因为只有和平，农民才能回家，才能为他们所用。目前，只有妇女、儿童和老人固守在家，而农民们正受到“纪律”的摆布，在这种情形下，就意味着占支配地位的有产阶层、他们的军官以及公务人员可以无法无天。纪律可能会松弛，军队的进攻能力也可能会减弱，但是有产阶级至少可以借着战争的持续无法无天。

这些人当然是一切农民运动的死敌，因为他们对地产利益牵肠挂肚，而地产利益支配着地方自治会。因而，为了让农民远离他们的家，他们绝对支持为战争而战争的理由延长战争，即便前景完全暗淡无光。只有通过延长战争的办法，才能：首先，让大多数农民在将军的控
制下待在战壕里；其次，有产阶级的新政权能在和平条约缔结之前增 250
强力量；再次，国内外银行的财政支持能够到位，以便于组建新政权，并且控制农民运动。

我们德国的保守派也想在军队出征之际，背着军队就普鲁士选举

权的改革采取某些举措，就这点而言，俄国的局势与我们倒有几分相似。如果政府不保证镇压所有真正的农民运动，反动派，诸如古茨科夫之流，以及类似的人物等，是绝对不会加入当前政府的。他们进入政府就是为了这个目的。这是路人皆知的。另一方面，重工业主力反动派的领袖，还有商会、银行的主席也绝不会订购“自由债券”[20]，各联盟国家的财政资助人，在没有得到相同保证的情况下，也不会贷款给新政权，此外他们还担心失去已经借贷的款项。这也是很明显的。的确，金钱不是万能的。但是从长远来看，没有金钱，就万万不能的。就目前而言，要是“自由债券”能筹集几亿的资金，借助这些资金，政府就可能(1)让大量的农民待在战壕里，因而没有力量；(2)遏制俄国真正的民主派夺取政权的企图。

人们可以限制金钱的这种力量，也可以削弱它作为战争的一种进攻力量的重要性，但只要战争没有全面结束，就不可能完全根除它的力量。迄今为止，唯一可见的事实是，一部分国内资本集团拒绝订购“自由债券”，这明显说明他们不相信资产阶级的财阀政府能维持下去，这一事实预示了两大敌对政党的权力格局。一个极为重要的迹象。

民主派还没有表明，他们对金融势力也构成一种严重的威胁。当然，政府允许一定程度的运动自由，特别是允许在重要的实践领域进行鼓动，同时还承诺了一个“共和国”，还有对未来的模糊承诺，就和沙皇的承诺一样模糊不清，政府通过这些措施向民主派作出让步。目前民主派仍然控制着一部分公共交通与通信，尤其是内陆的电报与铁路。但是他们没有获得银行的贷款，而且只要战争继续下去，他们就没有足够的力量，建立一个持久运转的政府机器。即便是忠于民主派的很多公务人员也都期望获得薪酬，因此民主派需要银行的贷款。然而，银行只会给下列人士贷款：(1)暂时继续战争；(2)不论发生什么事
251 情，让农民听话，因为农民的理想与俄国的国家债权人的利益不相容。

政府从没有承诺召开“制宪会议”。[21]如果(1)进行真正的自由选举，并且(2)农民得到关于形势的正确信息，那么毫无疑问，这样一次

制宪会议就可能产生压倒性多数的农民代表，这些农民代表会赞成(1)土地充公，(2)废除国家债务，(3)和平。因此占统治地位的有产阶层与主要官员，比方说，国内外强有力的金融集团，就会致力于(1)伪造到达农民手中的信息，对选举弄虚作假；(2)如果此路不通，就推迟制宪会议。他们最感兴趣的事情是不惜一切代价，确保在军队服役的农民，也就是人数庞大的、最强有力的农民，不能参加制宪会议的选举。

农民纲领的这三点意见是以"自然秩序"为基础的，然而，很多俄国产业工人的代表却没有表现出任何热情，这些工人都是支持社会民主党的。马克思主义的社会民主党人，尤其是普列汉诺夫认为，农民的真正希望，就与农民1905年的所作所为一样带有乌托邦色彩，一样地"畏缩不前"。作为马克思主义的进化论者，普列汉诺夫，以及类似的伦理思想家，是一切"小资产阶级和农民的平等与共享理想"的死敌，不过物质因素起了一定作用。工人要求[他们商品]有最高的价位，还要求廉价的面包，而农民牢牢掌握着谷物，并且，如果他们可能的话，准备以暴力反抗征用。与战争相关的企业的工人，收入颇为可观。只要农民的真正期望能成功实现，不论是什么样的成功，都能长时间减缓资本主义产业的发展速度。社会主义工人已经在世界上其他一些地方实现了统治(比如西西里的各个城市)，而俄国的工人与其中任何一个地方的工人一样，表明了自己也是资本主义发展的忠实推动者，毕竟资本主义的发展给他们提供了工作。尽管，最要紧的是，他们必须与一种迥异的运动分享权力，这种运动形成了庞大的多数群体，俄国社会主义工人坚信这种运动是"不成熟的"，他们的坚信程度不弱于德国任何一位文人墨客。当然，这清楚地说明了俄国工人不是以一种诚挚的情感与农民保持团结。还有一些社会主义者力促和平，他们对战争事业不感兴趣，也不忠于进化论的思想，而俄国的社会主义工人也没有阻止他们。最后，他们也没有阻止这些社会主义者"在原则上"支持制宪会议独一无二的权能，后者的纲领就是这么要求的。然而，他们确实影响了政府中那些社会主义政治家现实的实践态度，尽管这些政治家有自己的原则。

社会主义工人的领导人，只要给政府设置障碍，或许就能从一个资产阶级政府那里得到一些政治让步——但他们不可能从一个农民的“制宪会议”那里得到让步。而且只要战争持续下去，他们也完全没有能力保持全国的稳定。这里的关键问题是缺乏信用度，只要战争继续下去，这就还是一个至关重要的因素。然而，这些领导人不会冒险去坚决反对继续战争。因为要是不与资产阶级联合，他们就寸步难行，因为只有资产阶级有信用度。要是战争不继续，就不能获得贷款。因而，只要局势一如既往，社会民主党人与社会主义革命党人就只能充当“配角”，而且他们也乐于承担配角，因为他们给政府提供了一种“革命”特征的幻象。不过，从目前来看，能够解决战争与和平这个关键问题的不是他们，而是有产的市民阶层、官员——以及银行。迄今为止，还没有“革命”，有的只是“废除”了一位无能的君主。

纯粹的君主派至少掌握了一半的真正权力，他们只是附和当前的“共和”假象，因为让他们感到遗憾的是，君主没有止步于他的权力的必要界限。最终“共和国”能否因为王朝的愚蠢与缺陷，持续更长时间（或者甚至是长久），这没有什么实践重要性。一切都取决于真正的民主要素，还有农民、商人以及军事产业之外的产业工人能否获得真正的权力。这并不是完全不可能，但是目前还做不到。然而，一旦资产阶级参加了政府，古茨科夫、米留可夫等等就会从美国或者美国手中的银行得到资金，于是时机成熟了，他们完全可以借助官员与禁卫军之力剿灭那帮溜须拍马的社会主义者。如果到时社会主义意识形态家们真的进行一次“革命”行动，他们会发现强大的金融势力与占有统治地位的资产阶级人士联手反对他们。甚至是最激进的政治家，他们试图利用这些势力进行统治，也不得不接受一个痛苦角色，这个角色克伦斯基与齐赫泽（Chkheidze）等人就被迫充当了。[22]

这就是局势的实际情况，很粗略。那些怀疑这些情况的人，中立国家肯定有这种头脑简单的人，我们德国可能也有这种人，他们应该思考以下要点来检验这些实际情况，如果他们是诚实的，那他们必定会承认这些要点的力量：

1. 大多数农民在前线。宣称反对“军国主义”的激进派，目前应该正在急切地为这些农民争取权利，也就是通过不记名投票与选举表达他们意见的权利(需要仔细监督选举的不记名。)正如我们所言，反动派，而且只有他们想(1)让农民留在前线，(2)阻止前线士兵参与投票。只要村社里只有老人、小孩与妇女，农民就会毫无力量。对待在国内的那些人来说，大声嚷嚷继续战争是轻而易举的事情。战争的持续让他们获利，利用机会获得军队的订单。这是妇孺皆知的。因此，如果激进派同意军队不参与选举，那就意味着他们不想要和平，因为他们“不能这么做”。新政府的代表，一方是反动的古茨科夫，另一方是革命的克伦斯基，已经与(主力反动派)布鲁斯洛夫(Brusilov)将军进行了会晤，如果这条消息无误，那检验就是毫无异议的。[23]到底发生了什么？他们向这位将军屈服了。根据最新的消息，似乎军队最终还是通过某种形式参与了选举。但这需要进一步的检验。

2. 三国同盟[24]已经发表了一份公开的、完全一致的声明，而且德国社会民主党[25]也向(他们认为)“激进的”彼得堡领袖发去了一份电报。简单的检验如下：当前的政府，或者与之抗衡的政府，是否会因此而努力推进三国同盟与三国协约之间的和平谈判，前者在国内事务中最强有力的人物是克伦斯基，后者最强有力的人物是齐赫泽。我们很快就能知道答案。

3. 还有进一步的检验：以一份“最后通牒”的形式，发表谈判条件的公告，要求对手在谈判之前必须同意这些条件，这么做是不可能和平谈判的。没有对手会接受这种做法。然而米留可夫教授发表了他的波兰宣言[26]与塞尔维亚宣言书[27]，他确实这么做了——他与“激进”的克伦斯基是一丘之貉。波兰宣言没有说明米留可夫教授对领土这个词的理解。米留可夫教授很清楚，整个德国没有一个人会愿意就那些属于德意志帝国的领土进行谈判，在这些土地上，德意志居民与波兰居民犬牙交错地混居在一起。焦点毋宁说是，1815 年俄国保证的波兰自主，[28]应该根据新的保证重新确立，之前沙皇毫无道理地夺走了波兰的自主。主要的问题是:这片领土的东部边界应该是什么?德国的观点是应该让波兰人决定。目前波兰人已经撤离了杜马,因为杜马不再代表他们。[29]因此,获得杜马授权的米留可夫教授,与波兰人就不再有什么瓜葛了。

此外还有俄国内部的民族问题。乌克兰人扎格马诺夫,曾经为民族问题起草了一项真正民主的纲领:一个完全自由的联邦,它有一个联邦议会,并且对各个自治的地方议会[Landtage]与各民族的立法机构的行为只有形式上合法的控制权。[30]当前的政府不得不确立了一项民族纲领,承诺了平等。[31]但是关于自治,也就是用各民族自由决定的公务人员代替大俄罗斯的官僚团体与军官团体,这项纲领却只字未提,它也没有提到 Landtage[地方议会],或者一些权利,一些与奥地利的捷克人、克罗地亚人与斯洛文尼亚人享有的类似权利。

只要当前的资产阶级政府还在俄国掌权,那么这就是民主不可逾越的限度。当前政府的帝国主义成员,尤其是杜马里的那些人,试图统治其他的异民族,他们要借助一套官僚制度,还有一帮从他们自己的阶层中选拔的军官,也就是有产的大俄罗斯主义阶层。不论俄国是谁主政,一向都是如此。1905 年革命之所以失败,也是大俄罗斯沙文主义的觉醒导致的。在这一方面,就连社会主义者起初也不得不顺从——因为他们担心大俄罗斯沙文主义可能觉醒。俄国境内的任何一个异民族,或者是古茨科夫先生本人,尤其是克伦斯基先生与齐赫泽先生,都不相信,与沙皇的民族承诺相比,古茨科夫先生与杜马其他成员(这些人来自阶级选举)更有可能遵守他们的“民族”承诺。尽管如此,他们还是必须假装这些承诺是真的。

我要重复一下——目前掌权的政治家,不论持有何种信念,都需要银行的资金。这笔资金只有一小部分用于与三国同盟的战争。资本主义利益集团,还有代表俄国有产知识分子阶层的那伙人,利用了绝大部分资金来巩固整个国家的统治。这种巩固的要素之一便是创立一支军队,这支军队对资产阶级政权,就如沙皇的黑帮团伙对沙皇一样忠实。创立这支军队主要是用来对付内部敌人。随着银行与大工业家的财政贷款的到位，这支军队已经开始向内部敌人下手了。要达到对付内部敌人的目的，还必须逮捕所有那些容易受农民影响从而支持农民的人。这些手段与沙皇政权采取的手段一模一样。逮捕已经开始了。执行逮捕的借口就是这些激进人士是秘密的“德国特务”。[32]与此同时，通过散播德国“支持旧政权”的失实论断，政府正在不正当地影响制宪会议的选举（如果选举都在战争期间进行的话）。对此事的一点愚见。

一些有学养的俄国人一直在德国定居，1905 年，他们以最严肃的态度反复问我：(1)如果俄国没收私有土地，德国是否会干涉；(2)如果干涉，社会民主党是否有能力阻止。他们完全不相信这两个问题的否定答案，而对那些了解德国局势的人来说，这两个问题本身有同等的荒唐性。毫无疑问，就这些俄国人为何出现这种想法而言，保守的普鲁士警察的态度做了他们应该做的事情。普鲁士警察的行为有失尊严，而且毫无政治意义，我不想再次谈论之。我相信现在一切都已经过去。然而，1905 年，华沙的主力反动派督军斯卡隆(Skalon)，直接造成了普鲁士警察的荒谬想法，这个人很清楚自己目前的所作所为。[33]今天彼得堡的掌权者，没有哪一个会相信斯卡隆的愚蠢行径。然而，他们完全在重复斯卡隆的行径。俄国的社会主义代表似乎面临选择，要么加入这场可鄙的游戏，要么放弃分享权力。同样他们也不得不赞成忽视三国同盟发布的和平信息，并且不得不容忍公布战争宣言与采访，这些宣言与采访带有“摧毁普鲁士军国主义”，或者“推翻霍亨索伦王朝①”，或者土耳其或奥地利或德意志领土的瓦解等战争目标。[34]否则，他们就没有资金维持自己在国内的统治地位。

俄国伪民主的状况一清二楚，尤其是俄国社会主义领导人的状况，这让德国社会民主党及其领导人背负了重大的责任。

---

① 霍亨索伦(Hohenzollerns)是欧洲历史上的著名王朝，勃兰登堡-普鲁士(1415—1918)及德意志帝国的主要统治家族。其始祖布尔夏德的索伦(Burchard von Zollern)约在 1100 年受封为索伦伯爵，领地在今上内卡河、施瓦本山和上多瑙河之间。16 世纪中叶，这个家族在索伦前冠以“霍亨”(意为高贵的)字样，称为霍亨索伦家族，17 世纪—20 世纪初欧洲大陆的重大政治事件几乎都有该家族的身影。——译注

目前状况是：除物质因素外，俄国社会主义领导人的态度以一个基本的假想为基础：当德国的国境线上矗立着一支黑人、廓尔喀人(ghurka)[①]、野蛮的暴民组成的军队，他们怒火中烧，处于半疯狂状态，渴望复仇，意图摧毁我们的国家，这个时候，他们居然还假定，德国社会民主党还会支持当前俄国杜马虚伪的财阀政治，并在道义上，暗中攻击军队，而军队却正在保卫我们的祖国免受野蛮民族的侵略。他们的态度还以大大低估德国的军事力量与我们的决心为基础，倘若俄国统治者真的再一次终止和平谈判，看来他们可能会这么做，如果真有必要，我们将不惜承担一切困难来推进长久和平。对德国工人来说，绝对有必要知道，此时此刻，俄国根本不可能有什么真正的“民主”，以
256 及为什么会这样。我们可以在任何时候与一个真正民主的俄国缔结体面的和平条约。但我们可能不能与当前的俄国缔结；因为掌权者需要战争来维持他们的权力。

我们的军队经历了近三年的战争，却还是必须远离祖国，这无疑是一个令人不快的想法，这完全是因为组成当前俄国政府的那一半财阀必须让农民留在战壕中，并且利用银行的贷款，这样才能确保他们在国内的权力，也因为社会主义者缺乏信用度，过于软弱，所以被迫与狼共舞。俄国的资产阶级诸要素希望实现秩序井然的状况，而一项体面的和平条约是必要的前提条件，除非俄国发生另一次政变或者权力格局发生某种变动，否则要过好几个月，我们才能看到资产阶级诸要素的广大阵地能够以某种方式，发挥威力。

这一时刻必定要到来。但是在它到来之前，我们必须时刻准备进行坚定不移的斗争；我们没有选择的余地。就事情的本质来说，只要和平趋势确实有希望占据主流，那么我们就应该允许俄国人理清头绪。不过当那些从战争中渔利的群体占据了上风时，我们就不要再论证还有什么和平希望了。

---

① 又称 gurkha，这一族群是信奉印度教，说印欧语的拉其普特人，18 世纪中叶定居于尼泊尔的廓尔喀省，并取得重要政治地位。Ghurkas 有时还特指参与英国军队和印度军队的尼泊尔人，此处应为后一种意思。——译注

人们不应该让当前虚伪的杜马选举权损害了一个王室的道德信誉，除了这个事实外，我们不能从当前这个伪民主中“学到”任何东西。不幸的是，即便是今天，强调这一点，似乎还是合时宜的。

注释

1 [M－H]1917 年 3 月 29 日贝斯曼—霍尔韦格在德意志帝国国会发表了一次演说，宣称德国不会干涉俄国的内部事务，不会要求俄国接受一次不体面的和平。

2 [M－H] 米留可夫在 1917 年 3 月 23 日/4 月 5 日《对话》的一次采访中，很强硬地表达了俄国的战争目标，以及俄国人民对战争的充分准备（《对话》，第 70 期（1917 年 3 月 23 日），第 2 页），重印于《俄国 1917 年临时政府：文献资料》（*The Russian Provisional Government 1917：Documents*），由罗伯特·布劳德（Robert P. Browder）和亚历山大·克伦斯基（Alexander F. Kerensky）选编，第 2 卷（Stanford，Calif.，1961），第 1044 页。同样，在发给俄国驻外外交代表的传阅电报中，米留可夫陈述了一如既往的对外政策，德国人当天就得知了这份电报。

3 [M－H]参见 1906 年俄国主席大臣斯托雷平的土地改革，这次改革的主要目标是在未经农民同意的情况下，把他们迁出村公社，于是集体所有（collectively owned）的土地就变成了个人财产。 257

4 [M－H]参见党派和协会列表。

5 [M－H]扎格马诺夫是为重新构建沙皇国家而斗争的先驱者之一，他以承认各个民族广泛自治为方向。

6 [韦伯]这部作品攻击了霍特茨（Hötzsch）教授的著作，还有他为《十字报》（*Kreuzzeitung*）做的事情。[M－H：参见 Otto Hötzsch，*Rußland Eine Einführung auf Grund seiner Geschichte von 1904－1912*（Berlin，1913），此外他还攻击了霍特茨每周的外交政策评论，自 1914 年 11 月以来，他的评论就定期发表在《新普鲁士报》上（《十字报》）。] 霍特茨是一个经常前往俄国的人，也是一个以其著作为俄国说了不少话的人，他居然会对那些有决定意义的政党群体一无所知，事实上他的书就是这样，它没有一处不是浅薄无知，人们不能认真看待这本书，认为它是政治信息的一个来源。我自己撰写了 1905—1906 年革命的详细记录（《俄国的资产阶级革命》与《俄国向伪立宪主义的转变》(Tübingen, Mohr, 1906)[M－H:作为《社会科学与社会政策文库》的增刊发表。参见本卷的 BD 与 PC]),这两篇文章与它们要论述的事件是同时进行的,只有记住了以下两点,人们才能议论它们:(1)当时只能搜集到零星报的道,相比之下,现在我们在德国了解到的情况已经不可同日而语,(2)自 1906 年起,斯托雷平就开始实施改革。当时不太可能认识到斯托雷平改革的意义。有一些人完全不了解情况,但又愿意用心阅读这两篇文章(例如,赫尔・霍特茨(Herr Hötzsch)就不是这种人),对他们而言,这两篇价值不高的详细记录或许能在一定程度上说明俄国政党的发展趋势(自那以后已经发生了部分的变化),以及这些政党获得的支持程度。

7 [M－H]参见 Johannes Haller, *Die Russische Gefahr im deutschen Hause* (Stuttgart, 1917)。

8 [M－H]参见同上,第 80 页第 1 个注释。

9 [M－H] 1915 年 5 月与 10 月,俄国军队被德国与奥地利的军队击败,自那以后,他们就不得不退出波兰、波罗的海地区以及加利西亚(Galicia)的大部分地区。9 月,沙皇尼古拉二世从他的叔叔尼克莱・尼克拉耶维奇大公那里接管了军队的最高指挥权。这位大公在公众中享有一定的声望。可能就因为这一点,韦伯称他是“资产阶级的国王”。

(加利西亚:中欧一个历史悠久的地区,位于波兰东南部和乌克兰西部。1087 年后成为一个独立的公国,12 世纪被俄国人占领,后来转交给波兰和奥地利。一次大战后国土归还给波兰,二战以后东部割给了苏联。——译注)

10 [M－H]1916 年 5 月,在布鲁斯洛夫将军的率领下,俄国军队在东南前线取得一次局部的进攻胜利。

11 [M－H]1906 年 4 月 14 日,就在刚刚选举产生的新一届杜马召集前夕。

258 12 [M－H]德国政府内部,尤其是外交部俄国司的领导人普塔勒伯爵,认为是英国人煽动了革命。参见 Wolfgang Steglich, *Die Friedenspolitik der Mittelmächet 1971－1918*(Wiesbaden, 1964),第 59 页。

13 [M－H]除极右翼和左翼之外的绝大多数的杜马议员,与帝国参议会的一部分保守人士,在 1915 年夏天合并组建了“进步集团”,进步集团要求“一个有信用的政府”,还有社会的与政治的改革。

14 [M－H]参见“国际集团”或者称“斯巴达克斯集团”,自 1916 年 1 月 1 日起,这个集团就把社会民主党内的反对派聚集到了卡尔・李卜克内西与罗莎・卢森堡(Rosa Luxemburg)周围。

15 [M－H]1906年春，一个盎格鲁—法兰西银行财团同意给俄国提供一笔新的贷款，这笔贷款缓和了帝国的财政问题。

16 [M－H]“伪宪法”是对比沙皇1906年4月23日颁布的宪法而言的。

17 [M－H]1907年6月3日俄国主席大臣斯托雷平解散了第二届杜马，而且，在违背现有宪法的情况下，强制实行了一部新的杜马选举法。

18 [M－H]莫罗佐夫家族是一大声名远播的纺织工业家族。这里韦伯的信息来源是《法兰克福报》的一篇文章，1917年4月11日，第99期（晚间版）：《自由债券——发行自由债券》。

19 [M－H]临时政府执政后不久，就试图确保美国、日本，甚至是英国的贷款。从1917年5月3日起，临时政府就得到了美国的贷款。参见Browder and Kerensky，*Documents*，第2卷，第500—503页。

20 [M－H]“自由债券”是俄国革命政府1917年4月9日/3月27日发行的国家债券的名称，发行价格85％，利息5％，发行周期49年）。

21 [M－H]尽管如此，政府在1917年3月7/20日还是发表了以下措辞含糊的声明：“政府将尽快以普遍、平等、直接与秘密的选举权为基础，召开制宪会议，并且保证光荣的祖国保卫者参与这些选举。”《临时政府公报》(*Vestnik Vremennago Pravitelstva*)，2(1917年3月7日)，第1页。

22 [M－H]克伦斯基(Trudovik A. F. Kerensky)是第一届临时政府中唯一一位社会主义大臣，同时也是彼得堡工人与士兵委员会的副主席。齐赫泽担任了主席，他是一位孟什维克主义者。尤其是克伦斯基承担了苏维埃与临时政府的调停人的角色。

23 [M－H]无法得知有没有这样一次会晤。韦伯可能是指杜马议员前往前线，进行鼓动性的参观，这是在2月23日/3月8日之后。

24 [M－H]参见第256页第1个注释。（即本篇文章的第1个尾注。——译注） 259

25 [M－H]弗雷德里希·艾伯特(Friedrich Ebert)签署了德国社会民主党的电报，这份电报于1917年3月31日借道哥本哈根到达彼得堡的杜马。在这份电报中，德国社会民主党恭贺俄国社会民主党“在通向政治自由的道路上取得的成功。他们最诚挚地期望，俄罗斯民族的政治进步能对确保世界和平作出贡献，自战争爆发以来，德国社会民主党人就一直为世界和平而奋斗。”引自Heinrich Schulthess(编辑)，*Europäischer Geschichtskalender*(Nördlingen，1917)，第1部分，389页及以下。

（弗雷德里希·艾伯特，1871—1925，德国政治家，曾任德意志联邦总统

[1919—1925 年],任职期间曾试图统一第一次世界大战中的国土,他在 1923 年遏制了希特勒在巴伐利亚建立独裁的阴谋。——译注)

26 [M-H]1917 年 3 月 29 日临时政府向波兰人发布了一份有关波兰各地区领土自治的公告:"临时政府认为一个独立的波兰国家的创立是未来新欧洲长久和平的一大象征,这个国家由那些多数人口为波兰人的地区组成。"引文同上,第 2 部分,673 页。

27 [M-H]日本、比利时、葡萄牙、塞尔维亚与罗马尼亚承认了新的俄国政府,在一份回复各国的文件中,米留可夫称自己支持比利时、罗马尼亚与塞尔维亚重新恢复自由。(1917 年 4 月 7 日,第 96 期,早间版,《法兰克福报》的报道。)

28 [M-H]参见 1815 年维也纳会议的规定:俄国要得到华沙大公国的一部分,它应该准许这部分制定一部代议制宪法与国家制度。因而承认这部分领土作为"波兰王国"的自治地位。然而,1830 年波兰起义之后,俄国就废除了波兰的自治地位。

29 [M-H]参见《法兰克福报》,1917 年 4 月 4 日,第 93 期,晚间版:《波兰人在俄国》。

30 [M-H]扎格马诺夫的纲领,名为《自由联盟,乌克兰政治与社会纲领草案》,除其他内容外,这份草案还包括为俄国制定的一部新宪法草案。这份纲领的要点就是给予乌克兰与俄罗斯帝国境内的其他非俄罗斯民族更大的权利。

31 [M-H]临时政府在其 3 月 20 日/4 月 2 日的政令中,以个人宗教或者民族为基础,全面加强对个人权利的限制。布劳德(Browder)和克伦斯基(Kerensky),《俄国 1917 年临时政府:文献资料》(*documents*)第 1 卷,第 211 页及以下。政府向波兰人和芬兰人发布了公告,日期是 3 月 16/29 日与 3 月 8 日/21 日,保证波兰人的自由自决与芬兰重建自治。

32 [M-H]参见《法兰克福报》,1917 年 3 月 31 日,第 89 期,早间第二版:《俄国革命——工人集会为和平》。根据这篇报道,从前线归来鼓动和平的士兵,以德国间谍的名义被逮捕。

33 [M-H]无法回溯此事件。

260 34 [M-H] 主席齐赫泽在一次对工人与士兵委员会的演讲中(1917 年 3 月 16/29),宣称:"革命的格言就是'打倒威廉'!(布劳德(Browder)和克伦斯基(Kerensky),《俄国 1917 年临时政府:文献资料》,第 2 卷,第 1077 页)。在《对话》中(1917 年 3 月 23 日),米留可夫宣称俄国的战争目标仍然是,清除欧洲部分的土耳其，重组奥匈帝国，目的是解放受压迫的民族，还有把亚美尼亚从土耳其中分离出来等。

（此处“威廉”应指德国皇帝威廉二世。——译注）

261

俄国革命与和平

那个渴望与我们战争的政府倒台了,它的渴望程度要胜过任何其他政府,这当然意味着我们对俄国的全部立场都要发生一次根本的转变。显然,我们能够与这样一个俄罗斯保持长久的和平与友谊,只要一种非帝国主义的,也就是联邦主义的民主制能真正有可能在其中长期存在,而且我们会终止与这样一个俄国的战争,并放弃我们对所有进一步保障的要求。这样一个俄国会允许我们改善国内的境况,同时却没有那种可怕的威胁,这三十年来,有俄国这位近邻,就意味着这种威胁一直缠绕在我们心头,因此与俄国签订受监督的军控条约有实实在在的意义,对和平主义者来说,这样的军控条约一直以来都有这种意义。问题是是否真的已经产生了一个民主的、联邦主义的俄国,或者有可能产生,并持续存在。尽管我对俄国解放运动评价很高,但是只要局势还不见起色,我就会一直怀疑这个问题。

俄国政府显然在玩两面派游戏。有些俄国激进人士希望缔结一份体面的和平条约,一些政府成员就针对他们发表了声明,[1]与此同时,另一些成员也发表了声明,目的是让协约国与持帝国主义立场的资产阶级感到满意。[2]政府的外交反复无常,就在这两种做法之间游走。政府集体宣称,它不想进行任何吞并,也不想要赔偿,它只要求签订裁军条约与公断以作为"保障"。[3]然而,外交部长米留可夫教授继续着他的秘密通信，称自己是与协约国保持关系"不可或缺的角色"，并且认同协约国的帝国主义目标。[4]米留可夫拒不承认这些言论，还是当他的部长，并且定期重复他的帝国主义言论，尽管他完全不承认。米留可夫可能不会再公开发表言论了，但毫无疑问，他还会以通信的方式继续与协约国保持联系。

掌权机构的人员构成决定了有多大可能实行非帝国主义的政策。目前有一个正式的"临时政府"。除这个临时政府外，"工人与士兵委员会"内还有一个事实上的第二政府(secondary government)，这个第二政府认定自己的职能是监察其他机构。杜马多数议员都是极端的帝国主义者。杜马议长罗德赞科(Rodzainko)是一位君主派人士，他还是鼓吹俄国与协约国的"不可分离"，还有以俄国的"胜利"作为和平条件，[5]这无异于是无限期推迟和平商谈。古茨科夫先生在临时政府中身居要职；他是一位有效能的行政官员，也是自由—保守的10月17日联盟的成员之一，而且还与大地产利益集团与资产阶级结成了联盟。因为相比于立宪民主党，组建10月17日联盟本来就是为了反对民主与联邦主义，[6]而立宪民主党至少表面上是民主的，某种程度上也是联邦主义。立宪民主党在正式政府的人员构成上占了上风。他们是帝国主义者，还是一个"资产阶级君主国"的支持者，这个君主国向资产阶级交出了权力，因为君主国不可能是完全正当的。《对话》是立宪民主党的首要期刊，一直以来它都主张反战，1914年7月，《对话》与尼克莱大公举行了商谈，之后立宪民主党就开始支持战争了。[7]立宪民主党最杰出的成员，米留可夫教授，他是一位备受尊敬的学者，却深受帝国主义观念的浪漫诱惑的荼毒，战争期间，他是帝国主义观念在俄国内外的主要鼓吹者。鉴于立宪民主党与英国的关系，它绝不会做任何反对英国意愿的事情。诚然，目前不可能产生一个资产阶级君主国，但是在某个合适的时期，就能迅速建立起来。米留可夫教授的战争目标与沙皇的战争目标一模一样。这个政府永远不可能产生一种真正的联邦政治，也就是说，非俄罗斯民族实行自治，各个民族都有自己的地方议会，他们有自己的军官团体与公务人员，是非俄罗斯族的，并且是从他们自己的人民中选举产生。甚至是立宪民主党也很钟情未来的大俄罗斯官员的自私利益,钟情泛斯拉夫神话。

这个政府的激进成员,比如克伦斯基等人,又如何呢?非正式政府(它最强势的成员是齐赫泽)又如何呢?乌克兰的自治派对克伦斯基寄予厚望。[8]然而只要当前这个政府还在掌权,那他们的希望就注定要破灭。即便克伦斯基想认真贯彻联邦主义者的要求,他也没有能力这么做。我们可以看到,尽管克伦斯基公开否定了其立宪民主党同仁的帝国主义要求,但是他并不能真正抛弃这些要求,他甚至不能阻止罗德赞科之流煽风点火的讲演,这个帝国主义的杜马已经成了他们煽情的中枢讲坛,对此克伦斯基也无计可施。他的权力,尽管本身相当有分量,但还是没有资产者阶层的权力那么大,加上资产者阶层还与英国公使暧昧不清。不过,从下文即将谈到的原因来看,政府的构成不可能发生根本的变化。立宪民主党的所有成员都已经宣布与米留可夫保持一致。

诚然,齐赫泽与第二政府的其他成员主观上都很诚实与正直,这是毋庸置疑的,但他们是“知识分子”,迄今为止,经验都表明一个俄国知识分子,不论他参与了哪个政党,只要分享了国家的权力,他就会通过某种方式变成民族主义者与帝国主义者。这个过程可能有不同的形式,但本质上一直就是这样。

只有一个可靠的办法可以检验一个真正民主的和非帝国主义的态度。我们讨论的政治家是否严格要求自己厘清自己的阵地,也就是说,是否要在他的祖国创建一个民主政权?如果不是,那他就是一个帝国主义者,不论他是否想成为一个帝国主义者,也不论他是否认为自己是一个帝国主义者。齐赫泽刚刚上台,就号召德国工人“废除霍亨索伦王朝”,否则就面临万劫不复的战争。外国人对我国内政的这种干涉就是帝国主义。至于俄国的帝国主义是采取一种专制的形式,还是一种自由的或者社会主义的形式,这都无关紧要。凡是有人试图从自己国家的利益领域出发,借助强力干涉其他国家的事务,那他都是一个“帝国主义者”。这里讨论的就是这一点。对齐赫泽及其政党来说,俄国百废待兴。如果他们还是以整个俄国知识分子的方式行事,对其他国家的解放(这也是沙皇政权的一个目标)指手画脚,而不去厘清自己的内政,那么战争就是对他们的唯一答复,就如对沙皇政权的答复一样,而且德国唯一可能的战争目标就是在东部创立军事保障。德国人民非常不愿意接受普鲁士三级议会(Three Class Parliament)财阀政治的统治,但无论如何,它更不愿意接受国外帝国主义文人的统治。一个俄国政治家是不是一个诚实的民主人士,唯一可以检验的办法就是看他是否拒绝干涉其他国家的事务。 264

鉴于以上讨论,我们也必须问我们自己,就算俄国政府现在是一个民主政权,那有什么东西可以保证,它未来还会是一个民主政权呢?又有什么东西可以保证当前统治者的声明就能对一个未来的政权产生约束力呢?对此,只有一个东西可以用以检验:俄国政府是否会立即以自己的纲领为基础迫使其盟友开始和平谈判,否则就威胁甩开它的盟友、自行其是。如果民主派没有力量做到这一点,它就没有力量在俄国的统治中发挥作用。[9]因而就可以肯定地说,帝国主义的资产阶级迟早会占据上风。如果我们对此还有一丝的担忧,那么,我们肯定还要继续战斗,尽管我们对继续战斗很遗憾,并且最终要求保证我们自身的安全。客观地看,目前我们对和平的兴趣不比战争开始时要大。预计未来数月,德国可能出现食物供给问题,而一纸和平条约并不能解决之。世界范围的谷物歉收与海外谷物价格的飙升不利于德国的粮食进口。然而,一旦我们的谷物丰收,我们对和平的兴趣就没有敌人对和平的兴趣那么大了。因为只要战争继续,我们就拥有罗马尼亚的粮食土地,就能使用我们相中的谷物。每个德国人都知道这一点,或者都可能知道。因此,俄国民主派是很不明智的,因为他们总是假想,德国越来越渴望和平,似乎他们都是这么想的。不过,我怀疑他们的举动完全是出于其他的原因。某些人认为,俄国民主派之所以有这种举动,是担心如果他们脱离三国协约,日本就会攻击俄国在亚洲的势力范围,我要再次说明,其实并非如此。要是俄国民主派担心日本攻击的话,那就是愚蠢至极,我也无法想象他们自己不明白这一点。

如果日本政府真的攻击俄国势力范围,那它就可能在未来任何一次冲突中遭到俄国的猛烈报复,而且也不能确保美国不暗施冷箭。日本是知道这一点的。根本的原因还是俄国国内的政治局势。

杜马与临时政府都有各种社会反动要素,其中大地产主举足轻重,他们首要的事情就是确保自己在国内的权力地位。为了做到这一点,他们首先要压制农民,他们一直要求无偿分配私有大地产;其次,
265 他们需要资金。主张民主的农民,可以让他们待在战壕里,接受将军的管制,以此来压制他们。至于资金,只有俄国自己的银行与大工业家,或者协约国肯提供,他们才能获得。反动派自己的金融势力,还有国外的金融势力,都只有在激进与革命的农民遭到镇压,并且战争继续的条件下,才会提供资金。政府的所有贷款都主要用于打击内部敌人,而不是外部敌人,内敌威胁到了政府的地位;至于外敌,政府知道只要不挑衅就不会受到攻击。我们已经可以了解到最近谈判的信息,这些信息清楚地说明了这一点。[10]杜马政府继续战争是为了保住权力。如果制宪会议的选举真的不可避免,那么继续战争,而且仅这一点,俄国的财阀政府就能歪曲选举以有利于自己。倘若政府的激进成员自己组成一个政府,他们也无力保持权力,特别是没有资金与信用度来维持自己。因此他们容忍了别人的两面三刀,甚至是赞成帝国主义的言论。从长远来看,他们这么做是自掘坟墓。

当德国政府要发布战争目标的公告时,俄国的这一切让它进退两难。目前这些公告似乎没有针对性。不过,我们还是希望,德国政府能有诚实的举动,因而也是正确的政治行动,即它会宣布,以全体政府的最近声明为基础,德国准备立即与俄国媾和。[11]

注释

1 [M－H]临时政府在3月27日/4月9日发布了一份声明,由于工人与士兵委员会的坚持,这份声明加入了"不用强力充公他国领土"的措辞。参见Reihard Wittram, *Studien zum Selbstverständnis des 1 und 2 Kabinetts der russischen Regierung* (*März bis Juli 1917*)(Göttingen, 1971),第37页,第43

个注释。

2 [M－H]影射俄国外交部长米留可夫3月27日/4月8日的一篇新闻采访。《法兰克福报》,1917年4月10日,第98期,早间第一版,以《米留可夫论战争目标》为标题,重新刊登了这篇采访。

3 [M－H]《法兰克福报》,1917年3月21日第79期晚间版,以《克伦斯基的战争目标》为题,报道了:"在国际政治中,克伦斯基先生似乎是一位活跃的支持者,他支持君士坦丁堡的国际化,一个俄国保护下的独立波兰,还有一个自主的亚美尼亚。"在5月5日/22日的声明中,临时政府宣布:"临时政府为了一 266
次长久的和平使用了'批准'与'保证'等词语,它对裁军与国际法庭等表示理解。"《法兰克福报》,1917年5月7日,第125期,早间版。

4 [M－H]韦伯可能是指米留可夫4月21日/5月4日的一次讲演,发表于《法兰克福报》,1917年5月6日,第124期,早间第一版,在这篇演讲中,除其他事情外,米留可夫说:"公民们! 我听说在今天早晨示威者们拉开旗帜,写着'打倒米留可夫!',这个时候我并没有为米留可夫担忧,而是为俄国担忧。我们盟国的公使们会说什么? 就在今天他们将向他们的政府拍发电报,告诉它们俄国背叛了它的盟国,从盟国的名单中排除了自己。临时政府不能采取这种立场。俄国永远不会同意一种孤立的和平。"

5 [M－H]《法兰克福报》,1917年5月7日,第125期,晚间版,发表了罗德赞科如下的宣言,韦伯可能是指这篇宣言:"俄国不能也一定不会放弃战争。俄国必须取得完全的胜利。俄国不能终止与其盟国的关系。"

6 [M－H]参见党派和协会列表。

7 [M－H]韦伯是指 Haller, *Russische Gefahr*[参见上文PD(《俄国向伪民主的转变》)第7个注释]第80页,第1个注释。

8 [M－H] 1917年4月4日,资产阶级与社会主义民族主义者组建了乌克兰中央议会(Rada),议会主张乌克兰自治。克伦斯基在杜马中支持他们的要求。乌克兰中央议会5月6日拍发了一封电报,对克伦斯基表示感谢,同时表达了希望,希望克伦斯基现在能竭尽全力以确保落实自治的政治要求。参见布劳德(Browder)和克伦斯基(Kerensky),《俄国1917年临时政府:文献资料》,第1卷,第370页[参见上文PD(《俄国向伪民主的转变》)第2个注释]。

9 [M－D]在"A"(发表于《柏林日报》[*Berliner Tageblatt*]的原稿)有如下的编辑注释:"我们不能同意这个结论。编辑。"

10 [M－H]参考俄国就所谓的"自由债券"与美国的贷款进行的协商。参见布劳德(Browder)和克伦斯基(Kerensky),《俄国1917年临时政府:文献资料》,第1卷,第161页,第2卷,第487页及以下,第500页及以下。《法兰克福报》,1917年4月21日,第109期,早间第二版,报道了俄国"自由债券"开始订购的消息。

11 [M-H]可能是指临时政府4月21日与5月4日的声明,以及彼得堡工人与士兵委员会4月22日/5月5日的声明,这两篇声明重申了放弃征服外国领土的目标,并愿意以民族自决为基础缔结和平条约。参见Wolfgang Steglich, Die Friedenspolitik der Mittelmächte 1917/1918[《三国同盟的和平政策》],第1卷(Wiesbaden, 1964),第90页及以下。

党派和协会列表

Bund(立陶宛、波兰和俄国犹太工人总同盟)

成立于1897年11月25—27日维尔纽斯(Vilna)。目标是建立一个联邦的、社会主义共和国:作为一个民众政党予以组建,它是俄国社会民主工人党(RSDRP,参见该条)的一个分支,不过是作为一个自治的机构。(立陶宛首都维尔纽斯 Vilnius,原称 Vilna。——译注)

立宪民主党(正式名称:人民自由党;通称为 Kadets)

成立于1905年10月12—18日。1906年1月5—11日第二届党大会;主张俄国建立一个以西方宪政为摹本的秩序;第一届杜马中最有力的党,有179位议员。

劳动集团(Trudovaia Gruppa 或者 Trudoviki)

成立于1906年4月后期。那些激进的农民议员、社会民主党人以及没有遵从其政党抵制选举做法的社会主义革命党人的联合;主要代表农民的利益;在第一届杜马中,该党最初拥有96位议员,后来有107位;第一次党大会是在1906年10月3—7日。

俄罗斯人民(或者人)同盟(Souiz Russkikh Liudei)

成立于1905年春天。极右翼、反闪米特人的组织,这个组织1905年秋天号召组建民兵部队反对革命。

地方自治会立宪主义者同盟

1905年11月17—20日在莫斯科成立。由地方贵族组成的右翼组织。此社团曾企图让贵族之外的地产主效忠于它,但失败了,到1906年就无足轻重了。

合法秩序党

1905年10月15日在圣彼得堡成立。滥觞于圣彼得堡的城市杜马;资产阶级政党中极右翼终端的保守政党;1907年解散。

和平革新党

成立于1906年7月。在杜马中,10月17日联盟的左翼和立宪民主党的右翼合并组成的和平革命"议会党团"(Fraktion, Parliamentary Party);1906年8月11日组建为一个政党;第一届杜马中有29位代表议员。

农民同盟(Krestianskii Souiz)

一个与社会主义革命党(参见该条)有瓜葛的非法机构,形成于1905年春天或者初夏;1905年7月底/8月初和11月,农民同盟在莫斯科召开了两次大会;积极参与1905年秋天至1906年春天的农民暴动;1906年期间,它不再发挥任何政治作用。

俄国社会民主工人党(RSDRP)

成立于1898年3月1—3日。1903年伦敦的全党会议上,该党分裂为孟什维克和布尔什维克;1906年4月斯德哥尔摩大会上重新统一;最后的决裂发生于1912年;最初社会民主工人党拒绝参与杜马选举,但是1906年的党大会上放弃了这一决定;1906年6月,一个由16名议员组成的社会民主"议会党团"在第一届杜马中组成。

社会主义革命党

成立于1901—1902年的冬季。民粹派传统的社会主义政党；第一次党大会是在1905年末/1906年初。拒绝参与第一届杜马选举。

贸易和工业党

1905年12月12日在莫斯科成立。代表工业资产阶级的右翼政党，由克列斯托弗尼科夫领导；为了1906年3月的杜马选举，该党与10月17日联盟联袂出击；第一届杜马中有1名代表议员。

10月17日联盟(Octobrists)

1905年11月10日和14日成立于莫斯科和圣彼得堡；第一次党大会1906年2月8—12日；以《10月17日宣言》为基础；由地方自治会运动的右翼和工业资产阶级组成的保守党派；在第一届杜马中，起初有20多位议员，后来是13位。

解放联盟(Souiz Osvobozhdeniia)

非正式地成立于1904年1月2—5日。左派的自由组织，在某种程度上是在流放状态中运动；它构成了资产阶级反对运动的左翼。

俄罗斯人民联盟(Souiz Russkogo Naroda)

成立于1905年11月。1905年—1906年期间，联盟吸收了大量右派团体，成为政治右派中最有力的团体；反闪米特人；组织了"黑帮百人团"(好战的组织)；该联盟1907年被解散。

诸联盟的联盟(Souiz Souizov)

成立于1905年5月8日至9日。是各个行业或者职业联盟的组织，尤其是激进的知识分子的组织。各个联盟有很大的自主权；部分是社会主义的，部分是激进-自由立场的；1905年10月罢工之后就不太重要了。

术 语 表

arkhierei：教会权贵；主教（bishop）；大主教（archbishop）；都主教（metropolitan bishop）

（东正教分为四个牧首区，各牧首区下辖管数个大主教区，主教区领袖称为主教，所有主教都执掌同样的圣事职责，依教区的大小不同，分别称为总主教、都主教[一个大都市里的主教]，范围更大的地区或是国家教会称为大主教。主教以下有修士大司祭、修士司祭、修士辅祭、助祭、诵经士等教职人员。——译注）

arteli：参见 kustar。

ataman：哥萨克人选举产生的领袖，后来由俄罗斯帝国政府任命。

Black gangs：参见 Chernye sotni。

Bulygin Duma：1905 年 8 月 6 日的宣言与法令筹划成立布理金杜马，它是一个只有咨询职能的帝国议会，以一个间接的行政区域选举体系为基础组建，这个议会以一种以税收水平为标准的财产选举资格为基础（census，参见该条）。以内政大臣布理金的名字命名，布理金领导执委会制定了杜马的章程。

bunt：起义，暴动。

Byt po semu：同意！批准或者授权的表达方式。

Caesaropapism:(恺撒-教皇主义)国家与教会统治的合一,其中世俗统治者获准成为教会的最高领袖,包括治理教会的内部事务,不过也要基于他的神圣仪式才能获准。从18世纪起,恺撒-教皇主义这个概念特指晚期罗马与拜占庭的教会体制,在这个体制中,圣灵的帝国与世俗的帝国实现统一。这个概念过去与现在都适用于俄国局势,尤其是彼得一世(1721年)废除了牧首,创立了神圣宗教会议作为国家机构控制教会以来,更是如此。

census(俄文:tsenz):根据财富或财产的选举资格。

Chernye sotni:黑帮百人团。这个称谓表示右翼激进好战组织,自1905年春天以来,黑帮百人团很是活跃,并得到了政府的秘密许可。这个称谓是带有贬义的,这个组织自己的成员也用这个词汇。常常也用来指整个政治右派。

chernyi peredel:(地下重新分配党)。把整个国家的土地分配给劳动人民。该词指普列汉诺夫在"土地和自由党"(zemlia i volia)内部(1878—1881)成立的团体,这个团体反对恐怖主义活动(另见Narodnichestvo)。

Chin (Rank):18与19世纪,根据彼得大帝1722年的"官级表"(Tabelorangakh),一个士兵或者一个政府官员的品级,这个官级表把军事、宫廷官员与公务人员划分为14个品级类别。

Chinovnik:"品级"(见上文)的占有者。官员;官僚,带有贬义。

deiateli:公共人物;社会活跃人士。

desiatina:Destiatin:俄国丈量单位=1.09公顷。

dopolnenie:补足(见下一个词条)。

dopolnentelnyi nadel:需要补足的农民土地份额,以便让他们能维持生存。

(nadel的中译文是份地或者土地份额。——译注)

Duma:原义:观点或者想法;后来引申义:建议;最后引申义:一个咨询者组成的团体或者会议。Gorodskaia duma:城市杜马;1870年以来，城市杜马根据一种财产选举资格选举产生(1892年改变)。城市杜马选举市长。它的任务主要限定于经济、医疗与教育问题。自1906年以来，这个词也指俄国议会：Gorodskaia Duma(帝国或者国家杜马)。亦可参见Bulygin Duma，Soiuznaia Duma。

dvornik：照看者；看门人。

edinovertsi：旧信仰者中接受牧师的那些人；1788至1800年期间，这些旧信仰者与东正教教会取得一致，其中他们有权利根据旧仪式，以及1654—1655年尼康改革之前印制的书籍举行仪式。亦可参见Raskol，Old Believers。

Eparchie：教区(Diocese)。

glasnyi：地方自治机构的成员。(根据1879年与1892年的地方自治章程)由有资格的城市大会选举产生的市政会议的成员。Zemskii glasnyi：根据1864年与1890年地方自治会的章程，选举产生的地方自治会大会的成员。

Holy Synod (Sviateishii Sinod)：神圣宗教会议，1721年以来俄国东正教会的最高行政机构。

iavochnyi poriadok(字面意思：无需预先同意)：意思是联盟或者协会的成立不再需要预先得到当局的许可；他们只要随后递交他们的章程，得到当局的批准即可。这也适用于报纸与刊物。

Kadets：立宪民主党(参见党派和协会列表)。

krai：区域，边境地区。

kramola：阴谋，起义或者暴动。

Krestianskii pozemelnyi bank：农民银行或者农民土地银行(Peasant Bank或者Peasant Land Bank)。国家根据1882年5月18

日的法律创立的抵押银行;其目的是给个体或者集体提供优惠贷款,以此让农民能获得土地。贷款,至多可以达到土地价值的75%,发行期限为24.5年或者34.5年;利息是2.75%。

kulak(字面意思:"咬牙切齿的对象"[fist]):拥有大农场的农民,亦指农村投机商。

kustar:从事家庭工业的农民。家庭工业对俄国有重要意义,特别是纺织、金属与木材工业。从事家庭工业的农民经常一起组成 arteli,即自愿合作组织,这些组织有一个选举产生的长者作为首领。

Marshal of the Nobility:根据1775年与1785年法律,每一个省的贵族组成贵族社团(dvoriaskoe obshchestvo),这个社团选举本省的首席贵族。首席贵族们承担省与县治理的重要职能,从1864年地方自治会制度创立之时起,他们按照职权(ex officio)就成为地方自治会大会的成员。

(从字面意思来看,应该译为"贵族执行官",考虑到现有关于俄国的材料的通译,采用首席贵族的译法。——译注)

mir:农民公社,自己治理自己的事务。与 obshchina(参见该词条)不同,mir 指的是人民,而不是制度。

nadel:分给每个农民家庭使用的公社份地。

nardonaia rada:人民议会。

narodnaia volia(人民意志党):19世纪70年代一部分民粹派人士成立的组织,这个组织的目标是借助恐怖活动在俄国引发一场革命。

Narodnichestvo:19世纪70年代以来,俄国知识分子的运动(民粹主义)。他们通过在农民中间进行宣传的方式,来贯彻政治教育,以促使状况发生变化。民粹主义的理论根据以下观点:俄国的农民公社(mir)的形式已经蕴含了社会的一种社会化组织的萌芽,同时民粹主义理论也以修正的马克思主义观点,以及密尔、孔德与斯宾塞的观点为基础。民粹主义认为,俄国能够避免西欧资本主义的形成过程,因为农民公社内部已经包含了社会主义的组织形式。19世纪60年代末期,民粹派的活动引发了一场大规模的"到人民中间去运动"(idti v narod);这场运动最终以一次逮捕而告终。这次运动期间成立了一个秘密组织:"土地和自由党"(zemlia i volia),土地和自由党的目标是通过恐怖主义行动与阴谋叛乱来改变社会,而不是和平的宣传。1879年土地和自由党分裂为"地下重新分配党"(chernyi peredel)与"人民意志党"(narodnaia volia),前者温和,后者激进。

Oberprokuror Sviateishego Sinoda:神圣宗教会议的首席长官。自1722年开始,起先政府在神圣宗教会议中的代表只是作为国家官员,监督这个教会领导机构的活动,但过了不久,就成为了执掌教会机构的大臣。这个职位一直持续到1917年。

oblast:俄罗斯帝国中一个省级的行政区域单位。

obrezki:农民因1861年《解放宣言》失去的土地。1861年改革后,在很多省区,凡是每个农民分到的土地数量超过了当地制定的标准,或者如果留给地产主使用的土地不到1/3的优质土地时,就要拿走农民的土地份额。

obrok:1861年《农民解放宣言》之前,农民需向地产主以某种方式或者以货币支付的收益。

obshchina:农民公社。直至1903年,农民公社都监督公社的土地与牧场的分配,并集体为支付税收承担责任。它还负责维持村社的秩序。

obshchinoe obshchestvo:村社作为农民自治机构的官方名号。

Old Believers (Raskol,旧信仰者):Raskol是指东正教在17世纪后半叶分裂后的官方用语,在这次分裂中,所谓的旧信仰者(raskolnik或staroobriadtsy)从官方教会中分裂出来,他们保持旧的仪式。后来旧信仰者分裂为一个保留祭司等级制度(popovshchina)形式的群体,与另一个拒绝任何祭司等级制度形式的群体(bezpopovshchina)。后者又分裂出大量宗派。

Peasant (Land)Bank:参见 Krestianskii pozemelnyi bank。

peredel:土地重新分配。

potrebitelnaia norma:消耗标准,也就是说,拥有的土地基本数量必须确保一个农民家庭的生存。

prigovor:合法判决。亦指一个村社大会的决议:*prigovor selskogo skhoda*。

prisutstvie:在俄罗斯帝国的官方用语中,指一个管理或者监督特定事务的长期政府机构。

prodovolstvennaia norma:生存标准。

Raskol:参见 Old Believers。

Raskolnik:至 1905 年 4 月 17 日《宽容法令》为止,旧信仰者的官方称谓。

Redemption payments:要求农民定期支付的款项,以补偿 1861 年农民解放时获得的土地。

Samoderzhavnyi:参见下一个词条。

Samoderzhets:俄国君主的头衔之一:独裁者。

selskoe obshchestvo:自 1861 年以来村公社的官方名称。

Senat(全称:Pravitelstvuiushchii Senat):统治参议院。创立于 1711 年,作为国内行政与司法的帝国最高机构。1864 年司法改革之后,参议会主要是一个最高法院(上诉)。它执行对地方政府与法院的监督工作,公布法律,并负责解释法律。自 1898 年开始,它由 6 个部门组成。

skhod:村社大会。

skreplenie:副署,核实,(通过签字)鉴定。

sobor:参议会,大会,也用于教会的公会议。

Soiuznaia Duma:联邦议会;扎格马诺夫 1884 年宪法草案中规划成为最高代表机构。

Staroobriadchestvo:旧信仰者运动。

Staroobriadchik:旧信仰者;自 1905 年 4 月 17 日《宽容法令》后,Staroobriadchik 就取代了“Raskolnik”一词。

Starost:Selskii starosta。1861 年农民改革后,村社共同体选举产生的村长。

Third Element:参见 tretii element。

tretii element:字面意思:第三要素(Third Element)。指地方自治会官员的词汇:20 世纪早期的医生、统计人员等等,他们既不属于政府,也不属于地方自治会中的各等级的代表,被视为是特殊的激进派。

trudovaia norma:劳作标准,也就是土地拥有的规模能够供一个农民与他的家庭成员一起劳作。

uezd:县,省内部较小的行政单位。

ukase(俄文:ukaz):敕令,命令。一项有法律效力的皇帝命令。

ulozhenie:章程;法令。

uprava:行政机构(参见地方自治会)。

usucapion:在罗马法中,根据先行占有实现财产的获得。

volost:1861 年农民解放之后,若干村舍就合并成一个乡,人口大约在 300 个到 2000 个男人之间。

volstnoi skhod:由农民代表与农民选举产生的官员组成的乡大会。

zakon:法律,章程。

zemlia i volia:参见 Narodnichestvo。

Zemskii glasnyi:参见 glasnyi。

Zemskii nachalnik:地方首领。从 1864 年地方自治会章程的改革之日起(1890 年 6 月 12 日),一位政府任命的官员,通常是从当地贵族中选取，对村公社的决议有控制权。地方首领同时拥有法律与行政职能。

Zemskii Sobor：帝国或者省议会。1850 年斯拉夫主义者君士坦丁·阿克萨科夫(Konstantin Aksakov)杜撰了这个词，索洛维约夫(S. M. Solovev)当作了一个学术用语。

Zemstvo：官方名称：zemskoe uchrezhdenie。根据 1864 年 1 月 1 日法令在俄国欧洲部分的 34 个省创立的俄国农村的自治机关。地方自治会负责道路的建设与维修、地方贸易与产业的发展、民众的公共教育与医疗物品的供应、兽医的供应以及对地方财产的税收评估。县与省的地方自治会举行常规会议选举的一个执行机构(任期 3 年)，称作 uprava(board，委员会)。县与省的首席贵族按照职权就是委员会的成员。各个委员会的主席必须得到省长或者内政大臣的批准。县地方自治会大会的代表由以下投票人群体选举产生：(1)特定的最低数量的土地私有者；(2)村公社；以及(3)根据一种固定的财产选举资格的城市中的所有者。1890 年，在亚历山大三世统治时期，选举权发生了变化，更大一部分的席位分给了贵族地产主。也是从那时起，地方自治会委员会的全部成员都要得到省长的批准。

Zubatovshchina(朱巴托夫主义)：19 世纪末 20 世纪初，莫斯科秘密警察(Okhrana)的头目，朱巴托夫(S. V. Zubatov)在政府的允许下，着手建立工人组织，主要用于抵消革命宣传的影响力，Zubatovshchina 就是表达这一企图的术语。1903 年政府终止了这项计划，它已经遭到了雇主的强烈抵制。

参考文献

注释:编者导言中的方括号内的日期表示第一版的时间。

Anderson, Perry 1974: *Lineages of the Absolutist State*. London: New Left Books.

Antoni, Carlo 1962: *From History to Sociology: The Transition in German Historical Thinking*, tr. Hayden V. White. London: Merlin Press.

Ascher, Abraham 1992: *The Revolution of 1905: Authority Restored*. California: Stanford University Press.

——1988: *The Revolution of 1905: Russia in Disarray*. California: Stanford University Press.

Ash, Timothy Garton 1990: Eastern Europe: the year of truth, *New York Review of Books*, 15 Feb., 17 – 22.

Ashworth, Clive, and Dandeker, Christopher 1987: Warfare, social theory and West European development. *Sociological Review*, 35 (1), 1 – 18.

Baehr, Peter 1989: Weber and Weimar. The 'Reich-President' proposals, *Politics*, 9(1), 149 – 64.

Baehr, Peter, and O'Brien, Mike 1994: Founders, classics and the concept of a canon, *Current Sociology*, 41(1),1 – 151.

Beetham, David 1989: Max Weber and the liberal political tradition, *European Journal of Sociology*, 30(2),311 – 23.

——1985: *Max Weber and the Theory of Modern Politics*. Cambridge: Polity Press.

Bellamy, Richard 1992: *Liberalism and Modern Society*. Pennsylvania: Penn State University Press.

Breuer, Stafan 1992: Soviet communism and Weberian sociology, tr. John Blazek. *Journal of Historical Sociology*, 5(3),267 – 90.

Collins. Randall 1986: *Weberian Sociological Theory*. Cambridge: Cambridge University Press.

——1981: Long-term social change and the territorial power of states. In idem, *Sociology since Midcentury: Essays in Thoery Cumulation*. New York: Academic Press.

——1978: Some principles of long-term social change: the territorial power of states. In Louis Kriesberg (ed.), *Research in Social Movements, Conflicts, and Change*, Vol. 1. Greenwich, Conn.: JAI Press.

Doctorow, Gilbert S. 1975: The government program of the 17 October 1905. *Russian Review*, 34,123 – 36.

Fleischauer, Ingeborg 1979: The agrarian program of the Russian Constitutional Democrats. *Cahiers du monde Russe et soviétique*, 20,173 – 99.

Gellner, Ernest 1992 – 3: The price of velet: on Thomas Masaryk and Vaclav Havel. *Telos*, 94,183 – 92.

Giddens, Anthony 1972: *Politics and Sociology in the Thought of Max Weber*. London: Macmillan.

Greenberg, Martin 1993: A defense of translation. *New Criterion*. 2 (9). 24 – 32.

Harcave, Sidney 1964: First Blood: *The Russian Revolution of 1905*. New York: Macmillan.

Hennis, Wihelm 1988: *Max Weber: Essays in Reconstruction*, tr. Keith Tribe. London: Allen and Uniwin.

Hinkle. Gisela J. 1986: The Americanization of Max Weber. *Central Perspectives in Social Theory*, 7,87 - 104.

Hintze, Otto 1975: Military organization and the organization of the state. In idem, *The Historical Essays of Otto Hintze*, ed. With an Introduction by Felix Gilbert; tr. Felix Gilbert and Robert M. Berdahl. New York: Oxford University Press, 180 - 215.

Hirst, Paul 1991: The state, civil society and the collapse of Soviet communism. *Economy and Society*, 20(2),217 - 42.

Hobsbawm, E. J. 1973: *The Age of Revolution*. London: Cardinal.

Hutton, Will 1994: Markets Threaten democracy's fabric. *Manchester Guardian Weekly*, 16 Jan., 21.

Johes, Robert A. 1983: *The Rise and Fall of the Great Powers*. London: Unwin Hyman.

Kimball, Alan, and Ulmen, Gary 1991: Weber on Russia. *Telos*, 88,187 - 204.

Koselleck, Reinhart 1985: Begriffsgeschichte and Social History. In idem, *Futures Past: On the Semantics of Historical Time*, tr. Keith Tribe. Cambridge, Mass.: MIT Press, 73 - 91.

Lapidus, Gail W., and Zaslavsky, Victor, with Goldman, Philip (eds) 1992: *From Union to Commonwealth: Nationalism and Separatism in the Soviet Republics*. Cambridge: Cambridge University Press.

Lenin, Vladimir I. 1967: Lecture on the 1905 Revolution. In idem, *Selected Works*, Vol. 1. Moscow: Progress Publishers, 778 - 802.

——1964: Can 'Jacobinism' frighten the working class? In idem,

Collected Works, Vol. 25. Moscow: Progress Publishers, 120 - 1.

Mann, Michael 1986: *The Sources of Social Power*, Vol. 1: *A History of Power from the Beginning to AD 1760*. Cambridge University Press.

Merleau-Ponty, Maurice 1973: *Adventures of the Dialectic*, tr. Joseph Bien. London: Heinemann.

Michnik, Adam 1990: *My vote against Walesa*. New York Review of Books, 20 Dec., 47 - 50.

Mommsen, Wolfgang J. 1984: *Max Weber and German Politics, 1890 - 1920*, tr. Michael S. Steinberg. Chicago: University of Chicago Press.

——1974: *The Age of Bureaucracy: Perspectives on the Political Sociology of Max Weber*. Oxford: Basil Blackwell.

Mommsen, Wolfgang J., and Dahlmann, Dittmar 1989a: Einleitung (=Introduction). In Max Weber 1989: 1 - 54.

——1989b: Editorischer Bericht (=Editorial Report for Bourgeois Democracy in Russia). In Max Weber 1989:71 - 80.

——1989c: Editorischer Bericht (=Editorial Report for Russia's Transition to Pseudo-constitutionalism). In Max Weber 1989:281 - 92.

Murvar, Vatro 1984: Max Weber and the two nonrevolutionary events in Russia 1917: scientific achievements or prophetic failures? In Ronald M. Glassman and Vatro Murvar (eds), *Max Weber's Political Sociology: A Pessimistic Vision of a Rationalized World*. London: Greenwood Press, 237 - 72.

Oakes, Guy 1982: Methodological ambivalence: the case of Max Weber. *Social Research*, 49(3),589 - 615.

Parkin, Frank 1982: *Max Weber*. Chichester: Ellis-Horwood; London: Tavistock.

Perrie, Maureen 1972: The Russian peasant movement of 1905 - 1907: its social composition and revolutionary significance. *Past and Present*, 57,123 - 55.

Pipes, Richard 1954 - 5: Max Weber and Russia. *World Politics*, 7, 371 - 401.

Rigby, Thomas Henry 1980: A conceptual approach to authority, power and policy in the Soviet Union. In T. H. Rigby, Archie Brown and Peter Reddaway (eds), *Authority*, *Power and Policy in the USSR*. New York: St Martin's Press, 9 - 31.

Röhl, John C. G., and Sombart, Nicolaus (eds) 1982: *Kaiser Wilhelm II. New Interpretations*. Cambridge: Cambridge University Press.

Roth, Guenther 1992: Interpreting and translating Max Weber. *International Sociology*, 7(4),449 - 59.

Runciman, Walter G. (ed.) 1978: *Max Weber: Selections in Translation*, tr. Eric Matthews, Cambridge University Press.

Scaff, Lawrece A. 1989: *Fleeing the Iron Cage: Culture, Politics, and Modernity in the Thought of Max Weber*. Berkeley and Los Angeles: University of California Press.

——1984: From political economy to political sociology: Max Weber's early writings. In Ronald M. Glassman and Vatro Murvar, *Max Weber's Political Sociology: A Pessimistic Vision of a Rationalized World*. London: Greenwood Press, 83 - 107.

Scaff, Lawrence A., and Arnold, Thomas Clay. 1985: Class and the theory of history: Marx on France and Weber on Russia. In Robert J. Antonio and Ronald M. Glassman (eds), *A Weber-Marx Dialogue*. Kansas: University Press of Kansas, 190 - 214.

Schluchter, Wolfgang 1979: Value-neutrality and the ethic of responsibility, tr. Guenther Roth. In Guenther Roth and

Wolfgang Schluchter, *Max Weber's View of History: Ethics and Methods*. Berkeley and Los Angeles: University of California Press, 65–116.

Skocpol, Theda 1979: *States and Social Revolutions: A Comparative Analysis of France, Russia, and China*. Cambridge: Cambridge University Press.

Suny, Ronald 1992: State, civil sociology, and ethnic cultural consolidation in the USSR-roots of the national question. In lapidus et al. 1992, 22–44.

Szamuely, Tibor 1974. *The Russian Tradition*, ed. with and introduction by Robert Conquest. London: Secker and Warburg.

Tribe, Keith 1989: Prussian Agriculture-German Politics: Max Weber 1892–7. In Keith Tribe (ed.), *Reading Weber*. London: Routledge, 85–130.

Warren, Mark 1988: Max Weber's liberalism for a Nietzschean world. *American Political Science Review*, 82(1), 31–50.

Weber, Marianne 1988, 2nd edn [1st English edn 1975]: *Max Weber: A Biography*, tr. Harry Zohn, with a new introduction by Guenther Roth. New Jersey: Transaction.

Weber, Max 1989: Zur Russiaschen Revolution von 1905. *Schriften und reden 1905–1912. In Max Weber Gesamtausgabe*, 1/10, ed. Wolfgang J. Mommsen in collaboration with Dittmar Dahlmann. Tübingen: J. C. B. Mohr [Paul Siebeck].

——1986: The Reich President, tr. Gordon C. Wells. *Social Research*, 52(1), 128–32.

——1984a: *Zur Politik im Weltkrieg. Schriften und Reden 1914–1918*. In *Max Weber Gesamtausgabe*, 1/15, ed. Wolfgang J. Mommsen in collaboration with Ganggolf Hübinger. Hübinger: J. C. B. Mohr [Paul Siebeck].

——1984b: Deutschland unter den europäischen Weltmächten. In Max Weber 1984a: 161 - 94.

——1978a, 2nd edn [1st English language edn 1968]: *Economy and Society*, ed. Guenther Roth and Claus Wittich. Berkeley: University of California Press.

——1978b, 2nd edn [1st English language edn 1968]: Parliament and government in a reconstructed Germany, tr. Guenther Roth. In *Economy and Society*, ed. Guenther Roth and Claus Wittich. Berkeley: University of California Press, 1381 - 469.

——1977: *Critique of Stammler*, tr., with an introductory essay, Guy Oakes. New York: Fress Press.

——1976: *The Agrarian Sociology of Ancient Civilizations*, tr. R. I. Frank. London: Verso.

——1971: Socialism. In J. E. T. Eldridge (ed.), *Max Weber: The Interpretation of Social Reality*. London: Thomas Nelson, 191 -219.

——1949a: 'Objectivity' in social science and social policy. In Edward A. Shils and Henry A. Finch (eds and trs), *The Methodology of the Social Sciences*. New York: Fress Press, 49 - 112.

——1949b: The meaning of 'ethical neutrality' in sociology and economics. In Edward A. Shils and Henry A. Finch (eds and trs), *The Methodology of the Social Sciences*. New York: Free Press, 1 - 47.

——1948a: Capitalism and rural society in Germany, tr. C. W. Seidenadel. In H. H. Gerth and C. W. Mills (eds and trs), *From Max Weber*. London: Routledge, 363 - 85.

1948b: Politics as a vocation. In H. H. Gerth and C. W. Mills (eds and trs), *From Max Weber*. London: Routledge, 77 - 128.

——1947: *The Theory of Social and Economic Organization*, ed., with an introduction, Talcott Parsons; tr. A. M. Henderson and Talcott Parsons. New York: Fress Press.

——1930: *The Protestant Ethic and the Spirit of Capitalism*, tr. Talcott Parsons. London: Unwin University Books.

Wolin, Sheldon S. 1981: Max Weber: legitimation, method, and the politics of theory. *Political Theory*, 9(3), 401 - 24.

Zaslavsky, Victor. 1992: Nationalism and democratic transition in postcommunist societies. *Daedalus* (Special number on The Exit from Communism), 121(2), 97 - 121.

图书在版编目(CIP)数据

论俄国革命/(德)韦伯著;潘建雷,何雯雯译.—上海:上海三联书店,2024.1 重印
(思想与社会)
ISBN 978-7-5426-5291-1

Ⅰ.①论… Ⅱ.①韦…②潘…③何… Ⅲ.①十月社会主义革命—文集 Ⅳ.①D15-53

中国版本图书馆 CIP 数据核字(2015)第 199416 号

论俄国革命

著　　者 / [德]马克斯·韦伯
译　　者 / 潘建雷　何雯雯

责任编辑 / 黄　韬
装帧设计 / 鲁继德
监　　制 / 姚　军
责任校对 / 张大伟

出版发行 / 上海三联书店
(200030)中国上海市漕溪北路 331 号 A 座 6 楼
邮　　箱 / sdxsanlian@sina.com
邮购电话 / 021-22895540
印　　刷 / 上海展强印刷有限公司

版　　次 / 2015 年 9 月第 1 版
印　　次 / 2024 年 1 月第 2 次印刷
开　　本 / 640mm×960mm　1/16
字　　数 / 250 千字
印　　张 / 20.75
书　　号 / ISBN 978-7-5426-5291-1/C·537
定　　价 / 58.00 元